O AMIGO DO REI

Coleção Globo Livros
História

A Revolução de 1989, Queda do Império Soviético, Victor Sebestyen
A história perdida de Eva Braun, Angela Lambert
O Expresso Berlim-Bagdá, Sean McMeekin
Napoleão, André Maurois
Diário de Berlim Ocupada 1945-1948, Ruth Andreas-Friedrich
Depois da Rainha Victoria, Edward VII, André Maurois
O conde Ciano, sombra de Mussolini, Ray Moseley
Churchill e Três Americanos em Londres, Lynne Olson
Declínio e Queda do Império Otomano, Alan Palmer
Churchill, o Jovem Titã, Michael Shelden
A Primeira Guerra Mundial, Margaret MacMillan
Tratado de Versalhes, a paz depois da Primeira Guerra, Harold Nicolson
A vida de George F. Kennan, John Lewis Gaddis
Napoleão, a fuga de Elba, Norman Mackenzie
O amigo do Rei, Geordie Greig

GEORDIE GREIG

O AMIGO DO REI

QUE FEZ O REI GEORGE VI

Tradução
Vera Giambastiani

G/OBOLIVROS

Copyright © 1999 by Hachette UK Co.
Copyright © da tradução 2014 by Editora Globo

Todos os direitos reservados. Nenhuma parte desta edição pode ser utilizada ou reproduzida — por qualquer meio ou forma, seja mecânico ou eletrônico, fotocópia, gravação etc. — nem apropriada ou estocada em sistema de banco de dados sem a expressa autorização da editora.

Texto fixado conforme as regras do novo Acordo Ortográfico da Língua Portuguesa (Decreto Legislativo nº 54, de 1995)

Título original: *Louis and the Prince*, Hodder & Stoughton, Londres,1999

Editor responsável: Amanda Orlando
Editora assistente: Sarah Czapski Simoni
Tradução: Vera Giambastiani
Revisão: Ana Maria Barbosa
Capa: Diego Lima
Imagem da capa: World History Archive/Alamy/Latinstock
Imagem da quarta capa: Bettmann /Getty Images e Popperfoto/Getty Images

1ª edição, 2016

CIP-BRASIL. CATALOGAÇÃO NA PUBLICAÇÃO
SINDICATO NACIONAL DOS EDITORES DE LIVROS, RJ

M415d

Greig, Geordie, 1960
O amigo do Rei/ Geordie Greig ; tradução Vera Giambastiani
1. ed. - São Paulo : Globo Livros, 2016.
304 p. ; 23 cm

Tradução de *Louis and the Prince, The King Maker*
Inclui bibliografia
ISBN 978-85-250-5586-6

George VI, Rei da Inglaterra, 1895-1952. 2. Reis - Inglaterra - Primeira Guerra Mundial - Segunda Guerra Mundial -Biografia I. Título.

13-06864

CDD: 923.1
CDU: 929.320

Direitos de edição em língua portuguesa
adquiridos por Editora Globo S.A
Av. 9 de Julho, 5229 – 01407-907 – São Paulo, SP
www.globolivros.com.br

Para Kathryn
e
Jasper, Monica e Octavia

O autor

Geordie Greig, nascido em 1960, neto de Sir Louis Greig, é editor do *London Evening Standard*. Foi editor da revista *Tatler* por dez anos até 2009, e antes trabalhou por doze anos no *Sunday Times* como correspondente em Nova York, depois, como editor literário. Começou no jornalismo como repórter do *South-East London and Kentish Mercury*. Mora em Londres com a esposa texana Kathryn, o filho Jasper e as gêmeas Monica e Octavia.

Sumário

Introdução	*ix*
Prólogo	*xi*
1. Um Jovem Médico de Glasgow	1
2. Um Principe à Deriva	15
3. Elo com a Realeza	31
4. O Cerco de Antuérpia	51
5. Prisioneiro em Halle	71
6. Amigo Real	85
7. Na Corte	109
8. Voando Alto	127
9. O Cortesão Supreendente	143
10. No Papel de Cupido	161
11. O Rompimento	183
12. Fora da Corte	199
13. Articulador Político	219

14. Prêmio Real	245
15. O Ano de Três Reis	263
16. Espião Real	277
17. Anos Finais	293
Agradecimentos	305
Bibliografia	309
Notas	313
Índice	325

Introdução

A AMIZADE DE LOUIS GREIG, MÉDICO NAVAL de Glasgow, com o príncipe Albert, foi uma parte importante na dramática transformação desse príncipe infeliz e hesitante em George VI, o último Rei e Imperador britânico.

No filme *O discurso do Rei*, outro médico, o terapeuta da fala australiano Louis Logue, é o personagem que auxilia o reprimido e silencioso filho caçula de George V a superar a gagueira. Esses dois senhores ajudaram a relaxar um pouco a camisa de força das obrigações de seu pupilo real, e ambos, significativamente, foram homens carismáticos estranhos à vida da corte. Mas Louis Greig foi o primeiro a jogar as sementes da mudança.

Louis havia sido um herói esportista, capitão da equipe escocesa de rúgbi, e foi escolhido pelo Rei para injetar firmeza no caráter do jovem Albert. Posteriormente reconhecido pelos palacianos como "o homem que fez o Rei," seu legado perdura; em 2001 a Rainha Elizabeth entrelaçou os dedos das mãos ao enfatizar para mim a importância do relacionamento entre seu pai e meu avô: "Eram tão próximos, tão próximos," disse ela.

A amizade deles formou-se durante a Primeira Guerra Mundial, quando Albert foi injustamente escarnecido por estar sempre doente. Angustiado, George V convocou Louis ao palácio de Buckingham.

"O que o faria senhor se ele fosse seu filho?" – perguntou ao áspero cirurgião naval que trabalhara nos cortiços de Glasgow. "Cirurgia," replicou Louis, resposta essa que contrastava vivamente com a posição cautelosa dos médicos da Casa Real.

O avô de nossa atual rainha, George V, generosamente creditou a Louis ter salvo a vida de Albert. Sua decisiva avaliação médica levou à bem-sucedida cirurgia de emergência de uma úlcera no estômago, realizada no palácio de Buckingham sobre uma mesa de madeira.

Mais tarde, o príncipe Albert iria seguidamente escrever ao pai: "Posso levar Greig comigo?" George V sempre concordava.

Louis e Albert haviam se encontrado antes, quando Louis atendeu o Príncipe, ainda aluno naval aos treze anos de idade. Mas agora Louis viu sua vida totalmente interligada à do real pupilo. Tornou-se, algum tempo depois, secretário particular de Albert; e a relação profissional e a amizade entre eles continuaram após o casamento de Albert em 1923; Louis era considerado indispensável. Na noite da lua de mel de Albert, George V escreveu ao filho que sorte a dele por ter Lady Elizabeth Bowes-Lyon, mas também por contar com Louis Greig.

Porém Louis e o casal real, mais tarde, perceberam que só poderia haver uma pessoa por vez a instilar aço ao caráter real. E que então essa pessoa deveria ser Elizabeth. Ela assumiu o papel de Louis, embora George V e a rainha Mary tenham ficado inicialmente consternados por ter sido o leal mentor e amigo afastado do círculo familiar. Durante muitos anos ele havia incutido confiança, gosto pela vida, e também alargado o horizonte social do Rei. A amizade deles fascinou a imaginação popular, especialmente quando jogaram dupla de tênis em Wimbledon. Foi a única vez em que um membro da família real jogaria no torneio All-England de tênis.

Porém, o mais duradouro legado de Louis foi sua atuação de cupido no namoro de Albert com Elizabeth, que reconheceu o papel de Louis mais tarde, quando se tornou rainha-mãe. George V havia se mostrado especialmente grato, concedendo a Louis uma residência oficial e tornando-o cortesão vitalício.

No entanto, assim que Albert se casou, a ampla e integral função profissional de Louis cessaria. Elizabeth, depois de seu casamento com Albert, indubitavelmente teria o papel principal na missão de ajudá-lo a ser o corajoso monarca que ele se tornou – resultado esse em que Louis também tivera participação-chave. Por influência de ambos, George VI transformou-se numa força do bem, despretensiosa e firme, fazendo o que achava correto, e no processo, tornando-se um Rei completo.

Prólogo

"O lado esportivo da temporada londrina teve novos aspectos de interesse este ano. Os campeonatos de Wimbledon são sempre um importante item social (...) e o interesse do Duque de York pelo jogo de tênis redundou na participação de Sua Alteza Real formando dupla em Wimbledon com o comandante Greig – vindo de uma parceria vencedora nas duplas da RAF em 1920. O fato de o príncipe da casa reinante participar da competição aumentou enormemente o interesse por Wimbledon."

Illustrated London News, 19 de junho de 1926

No ano da Greve Geral uma lufada menor de mudanças soprou no palácio de Buckingham. Louis Greig e o príncipe Albert, Duque de York, entraram na competição de duplas de 1926 em Wimblendon, sendo essa a primeira vez que um membro da família real participava do torneio All-England de tênis.

O segundo filho do rei George V tinha 31 anos e compunha elegante e atlética figura, de calça comprida branca e camisa de manga curta, ao se encaminhar para a quadra número 2 na quinta-feira, 25 de junho, no ano do jubileu de ouro dos campeonatos de tênis de grama. Compleição física delgada, cabelos castanhos curtos penteados para trás e bem repartidos. Seus movimentos eram um tanto canhestros, e ele mostrava estar nervoso. Louis Greig era quatorze anos mais velho, mas em excelente forma física para um homem de 45 anos de idade. No escocês alto de ombros largos e cabeça com uma calvície de monge, o rosto curtido e bronzeado emoldurava olhos azuis intensamente atentos. Em geral, eles brilhavam com humor e um jeito travesso, mas nessa ocasião permaneciam fixos em seu parceiro. Louis ensinara o Príncipe a jogar tênis e se sentia responsável pela performance de seu protegido num foro tão público.

Albert temia que pudessem ser inteiramente eliminados pelos oponentes no mais famoso torneio de tênis do mundo, pois também nunca haviam jogado em tão aberta exposição. Ele proibira o comitê de Wimblendon, sempre atento à promoção do evento, de programar a partida para a quadra central, sugerindo em vez disso um local mais discreto. Decidiram pela quadra número 2. Além de apreensivo com seu jogo, Albert também tinha a preocupação da recente agitação política e trabalhista. As semanas anteriores haviam sido marcadas por uma longa greve nas minas de carvão que dividira o país. Dera-se aos mineiros a opção de aceitar uma redução salarial ou submeter-se a demissões. Confrontada com um *lock-out* nacional, a central sindical Trades Union Congress convocou uma greve geral que teve início em 3 de maio e durou doze dias. A greve perdeu força após intervenções extraordinárias, trabalho voluntário e recuo por parte do TUC, mas que mesmo assim haviam criado um novo clima político – e Albert não queria parecer por demais despreocupado ou frívolo naquele momento tão delicado.

Naquela tarde quente de junho em Wimblendon, os fotógrafos e repórteres dos jornais voltaram a atenção para a esposa de Albert, a Duquesa de York. Sua figura era de compleição pequena, tinha cabelos escuros e sorriso cativante. Livre da influência da moda, aparava o cabelo em franja, corte que não lhe assentava bem,' e se vestia de forma "pitoresca" num estilo próprio e inconfundível. A marca distintiva da pele de raposa em volta do pescoço chamou a atenção da romancista Muriel Spark, que a usou em seu livro *The Prime of Miss Jean Brodie* para denotar a elegância superior da mãe inglesa de Sandy Stranger, a aluna mais inteligente da professora de Edimburgo, que "vestia um ostentoso casaco de inverno acrescido de macia pele de raposa, tal como a Duquesa de York, enquanto

Prólogo

as outras mães usavam tweed ou no máximo pele de castor, que lhes serviria pela vida toda."¹

De um banco de madeira na primeira fileira, ela sorriu e aplaudiu entusiasticamente quando seu marido e Louis, raquetes de madeira sob o braço, dirigiram-se para a quadra com semblante sério. Eles enfrentariam dois veteranos jogadores, A.W. Gore e H. Roper Barret, que já tinham títulos em Wimblendon: Gore, os títulos nas simples masculinas de 1901, 1908 e 1909; e Roper Barrett, as duplas de 1909, 1912 e 1913. Apenas oito meses antes, a própria Elizabeth tinha sido foco de grande atenção da imprensa com o nascimento da primeira filha, a Princesa Elizabeth. Teria sido difícil imaginar que apenas dez anos depois, em 1936, seu marido ultrapassaria o irmão mais velho para ser coroado Rei George VI, e que seu bebê de dois meses tornar-se-ia um dia a Rainha Elizabeth II.

Tão logo começou, a partida já não foi bem para Louis e seu parceiro. Na assistência estava Frank Pakenham, o atual conde de Longford, na época com vinte e dois anos de idade e estudante na Christ Church, Oxford, que os viu dominados e parecendo amadores descoordenados como dupla. "Louis Greig era um campeão e ajudou o Duque no decorrer do jogo, mas a plateia tornava isso difícil, estando tão junto e participando tão intensamente. O Duque saía-se muito mal. Era canhoto, e o público tentava encorajá-lo gritando: 'Tente a outra mão, Sir.' Ele não conseguia mostrar seu jogo, dando às vezes apenas raquetadas impensadas e frenéticas. O Duque estava visivelmente abalado com toda aquela experiência."² A única vez que Pakenham encontrou Albert frente a frente ocorreu anos depois, quando Albert já era Rei. "Por que você aderiu?" – perguntou George VI. Sem saber direito se ele se referia à Igreja Católica, ao Partido Trabalhista, ou a qualquer outra coisa, Pakenham respondeu: "Porque gosto de estar do lado mais fraco." Ao que o Rei replicou: "Eu também." E em 1926, na quadra número 2 de Wimbledon, Albert e seu parceiro de dupla, sem dúvida, se achavam exatamente dentro dessa categoria de fraqueza completa

A derrota deles afligiu a Duquesa, que partilhava a angústia do marido a cada ponto perdido. Suas maneiras doces escondiam um férreo âmago de ambição e de força com que o príncipe Albert havia de contar nos anos seguintes. "Elizabeth era muito diferente das moças festeiras avançadas que seriam vistas como típicas dos anos 1920," escreveu Lady Airlie, influente dama de companhia da Rainha Mary. Elizabeth sempre soube o que queria, e geralmente obtinha. Odiou ver o marido passar por aquele verdadeiro massacre público.

Albert esforçou-se para controlar a frustração; era dono de um temperamento exaltado, às vezes rilhando os dentes de raiva, a que alguns palacianos se referiam como seus "chiados." O jogo desafiou sua paciência ao limite, porquanto Louis corria por toda a quadra tentando rebater o maior número possível das bolas do oponente. Isso algumas vezes resultava em aberta invasão que, por sua vez, tirava Albert do lance, desorganizando-lhes o jogo. A contagem final foi de devastadores 1-6, 3-6, 2-6. O *Sunday Times* mais tarde repercutiu e não deixou barato o tamanho da derrota, mencionando que os vencedores somavam juntos a idade de 110 anos. Foi uma parte da história esportiva da realeza que ficou na memória de muita gente. Mais de 73 anos depois dessa partida, James Callaghan, o ex-primeiro-ministro trabalhista – embora não a tenha presenciado – lembrou-se do comandante Louis Greig como o homem que jogou em Wimblendon com o Duque de York. "Ele saiu em grandes manchetes e com isso me ficou a lembrança."[3]

A amizade entre os dois começara dezessete anos antes quando o príncipe Albert era um rapazinho de treze anos, aluno do colégio naval, e Louis, cirurgião da Marinha. Louis tornou-se mentor e o mais confiável confidente do Príncipe durante o início de sua maturidade. George V sempre encorajou a amizade entre eles e arranjou para que Louis servisse com ele nos mesmos navios da esquadra, e posteriormente na própria corte, fazendo parte da vida palaciana. Chamava Louis de "O Tônico" por causa de seu irreprimível entusiasmo e bom humor. O Rei acreditava veementemente que o modo franco e direto do cirurgião naval escocês seria

Prólogo

benéfico para seu reprimido segundo filho; e foi exatamente o que aconteceu. "Ele é o homem que fez o Duque de York," proferiu Sir Bryan Godfrey-Faussett, experiente palaciano e um dos mais íntimos amigos de George V.[4]

Louis não era um palaciano típico. O que nele mais sobressaía eram sua autoconfiança, sua energia e seu jeito de deixar as pessoas à vontade. Achava-se igualmente a cômodo tanto nos fundões pobres de Glasgow como nas festas de uma grande dama colonial em algum distante porto do Império. Não se considerava um intelectual, mas era inteligente e abençoado com bom-senso abundante e prático. Era mais curioso do que sofisticado em seus gostos culturais; apreciava a poesia de Christina Rossetti, mas também os romancistas populares do momento. De compreensão rápida, encantador e atencioso, com um humor cordial e contagiante, por muito boas razões o pai de Albert o apelidara de "O Tônico."

Albert e Louis deram-se bem desde que travaram conhecimento. O Príncipe sempre precisara da aprovação dos pais, e quando eles se tornaram admiradores de Louis, Albert sentiu-se à vontade para estreitar a amizade entre eles. Era uma aliança que se pensaria improvável. Não só Louis tinha o dobro da idade de Albert quando se encontraram pela primeira vez, como também o início da vida de cada um não podia ter sido mais diferente. Quando Louis nasceu, em 1880, no quarto de cima de uma casa geminada em Glasgow, o fato nem sequer constou dos anúncios de nascimentos do *Herald*. Já a notícia da chegada de Albert, em 1895, nascido numa casa da realeza e assistido por médicos do Rei, foi telegrafada para sua bisavó, a Rainha Victoria, e tornou-se motivo para celebração nacional.

Louis nunca pareceu duvidar nem por um instante de sua capacidade para ter sucesso; o que Albert, às vezes, achava que nunca teria. Sir John Wheeler-Bennet, biógrafo oficial de George VI, estava convicto de que a amizade deles foi o que mais influenciou Albert em seus primeiros tempos. "Ele deu ao tenente Greig sua confiança, sua afeição e admiração, e a amizade formada desempenharia papel extremamente importante no desenvolvimento da própria personalidade e caráter."

A relação entre eles afinal se estendeu por mais de 45 anos. Louis acompanhou Albert em sua maré mais baixa, quando a vida dele esteve ameaçada pela doença e sua carreira pareceu estar em pedaços. Representou um decisivo papel de suporte quando ele fez a corte a Elizabeth Bowes-Lyon. Albert pediu para Louis acompanhá-lo quando foi pedir ao Rei permissão para casar com a mulher que um dia seria sua rainha. A amizade deveria mudar suas vidas para melhor. Isso foi o que George V pretendeu; ele sentira claramente que Albert precisava do Tônico.

1
Um Jovem Médico de Glasgow

―――◆―――

"Bater firme"
Lema da família Greig

Louis Leisler Greig nasceu em 17 de novembro de 1880, o nono de onze filhos, na zona oeste de Glasgow. Seu pai, David, era um comerciante escocês bem-sucedido, cuja firma Greig, Leisler & Co., tinha escritórios em Glasgow e Hamburgo. Louis recebeu o nome alemão do meio em homenagem ao sócio do pai, que também foi seu padrinho de batismo. A mãe, Jessie Thomson, filha de um fabricante de xales e fantasias para festas, era uma rija mulher religiosa com especial interesse em medicina homeopática. Ela participava da diretoria de administração do hospital Western Infirmary e do hospital homeopático Houldsworth, em Glasgow.

Ninguém duvidava de que o grupo familiar era governado por essa formidável mulher, severa, de postura firme e modo puritano no vestir. Usava habitualmente saias compridas pretas e mantinha o cabelo puxado firmemente para trás em coque. No entanto, vestia-se com elegância e cuidado; usava roupas modestas, mas nunca em desalinho em sua alta e imponente figura. Testa alta, nariz patrício e olhar firme mostravam-na uma senhora de cuja palavra não se duvidaria. Seu cabelo, de um exuberante castanho-escuro, quando solto – apenas ao se deitar à noite – descia até o meio das costas. Embora não fosse de grande beleza, ela chamava a atenção, e sua visão clara e nítida do que era certo ou errado tornou-a uma poderosa matriarca.

A predominância em sua vida eram os filhos. Em média ela os dera à luz a cada dezoito meses por um período de 24 anos. Tinha gostos convencionais e era conservadora também na política, exceto quando se tratava de uma firme opinião por melhores condições para mulheres e crianças e, em particular, dava total apoio às *suffragettes*. Seu outro interesse não ortodoxo era homeopatia, e no trabalho em hospitais de Glasgow ela levava medicamentos aos que não tinham recursos ou eram por demais ignorantes para solicitar a ajuda certa.

Dirigia uma casa rigorosa mas também cheia de risos e muita barulheira da numerosa filharada, que raramente dava uma pausa e se espalhava por todos os cantos da residência da família em Lynedoch Crescent. E nenhum dos filhos e filhas Greigs jamais se acanhou em mostrar seus pontos de vista. Jessie sempre afirmou não ter senso de humor. "Vovó Greig só fazia piadas sem querer," recordava a neta, Nancy Maclay, filha de Robert, o irmão mais velho de Louis. Louis gostava de replicar afetuosamente para zombar de seu às vezes involuntário humor e de suas boas tiradas.

O pai de Louis era um personagem mais comedido e sereno, que se contentava deixando a esposa dirigir a casa. Raramente elevava a voz, mas quando o fazia provocava trovejante efeito, o mais das vezes para diminuir o atroar de seus muitos filhos. Magro, cabelos escuros, aos cinquenta anos ele tinha aparência saudável e atlética. Sério com seu trabalho e sua fé cristã, era também, diferente da esposa, intencionalmente engraçado. Deixava escapar pequenos comentários humorísticos ou saídas espirituosas – com frequência irônicos e nunca sem originalidade. O riso parecia sempre prestes a irromper em seu rosto. A vida familiar era de certo modo um esforço exaustivo para David Greig, que no íntimo só almejava uma pacata vida caseira. Se Jessie trazia as crianças até ele para ter sua aprovação – após tê-las persuadido a usar roupas de segunda mão – ele mal olharia por cima do seu jornal para murmurar aprobativamente: "First class, first class."[1] Seus negócios, compra e venda de *commodities*, ocasionalmente o levavam a Frankfurt, porém estaria muito mais feliz permanecendo em seu país. Seus filhos seriam bem mais viajantes e aventureiros, fazendo longas e cansativas excursões à Índia, Singapura e Nova Zelândia. O comerciante David possuía renda suficiente para mandar os filhos homens para as melhores escolas privadas de Glasgow e ter governantas para as filhas. Seu único luxo era uma casa de férias nas Orkneys, uma residência grande de pedra, onde podia caçar, pescar e desfrutar de outras tradicionais ocupações de senhor de terras.

Era difícil crescer no centro de Glasgow sem absorver a energia da cidade. A infância de Louis estava firmemente enraizada na rua Lynedoch Crescent nº 18, no coração da cidade, que permaneceu como casa da família até a morte da mãe em 1915 (o pai faleceu com 62 anos em 1900, quando Louis tinha dezenove). Era uma ampla casa de arenito de quatro andares. Dentro, seu destaque mais notável era a cornija entalhada em cachos de uva e ramos de cevada na sala de estar e uma ampla escadaria curva de ferro forjado que ocupava todo o hall do vestíbulo. Essa parte da casa era um tanto lúgubre, escura e apertada para conter de uma vez todas as onze crianças.

Kelvinside era uma área próspera de Glasgow para famílias em geral ricas. As casas eram sólidas e bem construídas e ficavam em elegantes ruas iluminadas a gás. O jardim em forma de meia-lua na frente da casa dos Greigs, cercado por grades de ferro, era muito bem cuidado e oferecia um bem-vindo pedaço de verde para as crianças brincarem. A casa mudaria de mãos muitas vezes desde que os Greigs viveram ali. Foi durante certo tempo uma pensão, mas hoje ocupam-na os escritórios da Douglas Laing & Co., que mistura e engarrafa uísque.

Embora a moradia de Louis estivesse longe de ser grandiosa, não se diferenciava muito da York Cottage onde o príncipe Albert cresceu. Harold Nicholson, o biógrafo de George V, descreveu o lar de infância de Albert na propriedade de Sandringham como uma assombreada casinha de campo em que os aposentos impregnados do cheiro do carvalho das paredes e as portas de claraboias semicirculares não se distinguiam de qualquer outra casa de Surbiton ou de Upper Norwood. Era semelhante a milhares de outras residências da classe média. O príncipe George recusou a oportunidade de viver com extravagância e em vez disso escolheu sua residência em idêntico estilo ao da grande maioria de seus súditos. A Rainha Victoria sempre teve a estranha habilidade instintiva de estar em harmonia com o que seus compatriotas pensavam e sentiam. Não exatamente uma qualidade comum, o toque de julgar e bem avaliar o humor e o gosto deles. O príncipe George herdou essa tendência e, até certo ponto, Albert também, quando tempos mais tarde ocupou o trono.

Lynedoch Crescent continha aspectos idênticos aos de muitas residências eduardianas ricas. Um harmônio Alexandre de 14 botões com a caixa de nogueira ficava na sala de jantar. Adornava a lareira um relógio de mármore branco, e estatuetas de bronze clássicas ficavam sobre ela, iluminados por candelabro a gás de cinco globos, visível pela janela da rua. Na sala de estar, um grande piano em pau-rosa envernizado ocupava posição central ao longo de prateleiras embutidas para livros; havia o sofá forrado com tapeçaria, o recipiente de cobre para carvão, e uma miscelânea de cadeiras em nogueira, bambu e vime.

Os livros da biblioteca, segundo o inventário de uma seguradora, incluíam a vida do príncipe consorte em cinco volumes, a obra completa de Dickens e várias centenas de outros de literatura em geral. Três pares de galhadas de cervo pendiam no saguão – troféus de animais caçados pelos Greigs em Orkney. Um barômetro de mogno e vasos de cerâmica chinesa exoticamente pintados ficavam expostos em estantes no patamar da escada. Do lado de fora, nos fundos, num pequeno pátio murado ficava a lavanderia.

A infância de Louis foi definida pela barulhenta ninhada de dez irmãos e irmãs. Quase exatamente um ano após o casamento de seus pais em Glasgow, em 25 de março de 1864, nasceu a primeira, Agnes; depois, na ordem Robert, Jessie, George, David, John, Anna e Marjorie Frances até 1879. Louis Leisler nasceu em novembro seguinte, Arthur e Kenneth vieram depois em 1883 e 1888. Mais de 24 anos entre o nascimento do filho mais velho e o do mais novo. Kenneth e Robert eram praticamente de gerações diferentes – este podia ser pai daquele. Num retrato de grupo de todas as crianças, Robert destaca-se crescido, com seu bigodinho, traje formal e clara postura adulta, enquanto Louis aparece como um menino que ainda não atingiu a puberdade. Foi, no geral, uma infância feliz em que os mais velhos tinham papel proeminente na administração da casa. O favorito de Jessie era Robert, a quem ela chamava "marido jovem" pela confiança que nele depositava. David dava-se por feliz em deixar o filho mais velho resolver rixas ou problemas domésticos menores. As outras crianças chamavam Robert de "Coffee," diminutivo de Coventry, o segundo nome, e também porque sua pele, quando ele se acalorava, adquiria um leve tom castanho em vez de vermelho. Uma vantagem desse número de irmãos e irmãs de todas as idades era Louis e os mais moços não se intimidarem com pessoas mais velhas. Diferença de idade nunca realmente os incomodou, e isso fez com que parecessem mais confiantes quanto a outras pessoas, bem mais do que a maioria de seus contemporâneos. Nenhuma das crianças Greig era tímida. Tornaram-se famosas pelo charme espontâneo, o humor brincalhão e a ruidosa tagarelice. Louis era um dos mais travessos. O telhado da casa, alto e com declive íngreme, dava vista para toda a cidade. Era um lugar tentador para explorar, e a Louis nunca mais lhe foi permitido esquecer como certa vez o pegaram nu no beiral do telhado, numa ousada aventura com outro irmão em seu rastro.

Fotografias de Louis com onze anos mostram um garotinho desalinhado e selvagem engalfinhando-se com amigos na rua, jogando críquete na calçada, os cabelos toscamente cortados e as feições com um característico nariz rombudo rodeando o impudente sorriso. A camisa está solta e desabotoada; cabelo revolto sem muito asseio; as bochechas afogueadas, e parece esbaforido ou como se fosse apanhado em delito – enfim, o proverbial moleque, que os pais não paparicavam. Embora sumamente orgulhosa dos filhos, Jessie não os cumulava de elogios. Certa vez ela aconselhou Louis a lembrar-se de que tinha "um tipo de rosto não muito lisonjeiro, que ficaria melhor com chapéu."[2] Louis apenas riu; sua autoconfiança raras vezes podia ser arranhada, nem mesmo as cartas do pai, algumas muito severas, exortando-o a trabalhar duro na escola,assunto que ele já levava a sério ganhando vários prêmios de latim e história. Ambos, David e Jessie Greig, instilavam nos filhos a importância de uma família e uma comunidade cristã. Calou fundo, pois desde cedo Louis mostrou-se prestativo na família e para com os outros – ajudando na casa, adorando ser intermediário, mas sempre exibindo grande senso de independência.

Louis provinha de uma longa linhagem de otimistas. Pelos registros da família, seu avô paterno, Robert Greig, era uma "alma alegre e hospitaleira, apreciador das boas companhias," hábil cavaleiro da Lothian Yeomanry por vinte anos. Foi descrito por seu coronel como "o homem mais divertido do regimento" porque, extravagantemente, toda vez aparecia nos exercícios montado num cavalo diferente. Ele foi também um *city elder* de Edimburgo, membro do Conselho Universitário, e costumava se gabar de ter sido um dos primeiros a reconhecer o talento do professor James Simpson, o descobridor do clorofórmio, dando-lhe o voto quando ele pleiteou uma cadeira universitária, muito tempo antes de sua notoriedade científica. Robert Greig fumava, cheirava rapé e mascava tabaco, e era considerado o melhor avaliador de grãos no mercado de Edimburgo. Perdura a história de um fazendeiro particularmente inescrupuloso visto certo dia a puxar conversa com ele no Grassmarket; quando, mais tarde, indagado sobre o motivo daquela atitude mais tarde, ele confessou a Greig: "Eu só queria ser visto a conversar com um homem honesto antes de vender meu grão." Obtinha de seus negócios com os cereais e com a padaria no bairro Canongate de Edimburgo, confortável padrão de vida; mas a agricultura era o seu real prazer, e ele comprou uma pequena propriedade chamada Glen Park nas cercanias da cidade.

Ter a criançada Greig crescendo e saudável denotava o triunfo de cuidados paternos, mormente em Glasgow, onde era alta a mortalidade infantil. De qualquer forma, a família de Louis sempre foi competente em sobreviver. Um par de castiçais de madeira tinha lugar de honra no aparador da sala de jantar como testemunho da habilidade deles em vencer as desvantagens. Foram talhados de um pedaço da madeira dos destroços do vapor *Orion* naufragado ao largo de Port-Patrick em 18 de junho de 1850. George Thompson e sua esposa Agnes, bisavós maternos de Louis, se agarraram àquela balsa improvisada, que por fim conduziu-os à terra. Um tio de Louis, George Greig, não teve tal sorte e afogou-se na areia movediça, em 1882, na Nova Zelândia, quando trabalhava para uma empresa de navegação. A bisavó de Louis pelo lado paterno, Ann Coventry, era tida como "a moça mais bonita de Kinross," e Jessie Blyth, a avó por parte de pai, também ostentava um belo talhe, embora em seus últimos anos tenha se tornado religiosa fanática e perdido o senso de proporção e de humor. Atribuem isso ao fato de ter de criar, já viúva, uma família de sete filhos."³

O mais celebrado membro da família Greig era Sir Samuel Greig, nascido em Inverkeithin, em 1735, que emigrou para a Rússia em 1764 a fim de ingressar na Marinha russa e que em seis anos seria promovido a almirante, comandando a esquadra russa no Mediterrâneo que aniquilou as forças navais turcas na Batalha de Chesme Bay, na costa da Ásia Menor, em 1770. Catarina, a Grande, nomeou-o grande almirante em 1782, e, seis anos mais tarde, ele foi o comandante em chefe da esquadra russa que derrotou o poderio da Suécia na Batalha de Hogland. Quando morreu, foram-lhe concedidas honras fúnebres e um magnífico monumento na catedral de Tallinn. O filho de Sir Samuel Greig foi também um almirante russo, mas a linhagem familiar acabaria logo no século seguinte com a Revolução Russa. Alguns morreram de fome, outros fugiram ou foram assassinados. O único sobrevivente em linha direta do Grande Almirante, o barão Johan von Greig, contatou Louis em desesperadas dificuldades financeiras nos anos 1940. Louis providenciou-lhe o envio mensal de dinheiro na Áustria, onde ele se tornara sem-pátria, paupérrimo e correndo risco de inanição.

Louis tinha orgulho de seus ancestrais e em criança vestiam-no com o *kilt* MacGregor porque o primeiro Greig cuja origem foi traçada, fora um MacGregor que, junto com a esposa, se instalara em Kennoway, Fife, em 1611. Ambos eram membros do irascível clã MacGregor que se dispersou depois de terem uma estrondosa vitória sobre o clã rival dos Colquhouns, que então, sorrateiramente, se vingou com um ato real decretando ter sido o ataque dos MacGregors uma rebelião. O clã foi declarado fora da lei, e o nome proscrito por 170 anos, até 1775. Muitos foram forçados a se refugiar em outros clãs ou tiveram o nome mudado para Greig, Green, White, Black – na verdade qualquer coisa, menos o nome verdadeiro. O governo empurrou-os para fora de Balquidder, Perthshire, e os assentou, aos pares, principalmente no leste da Escócia. Foram também proibidos de usar o tartan, de andar armados e de se reunirem. A punição a quaisquer três membros do clã encontrados juntos era de os três serem decapitados. O casal morador de Kennoway adotou o nome Greg, posteriormente Greig.

Exatos detalhes da ascendência Greig são nebulosos, visto que um incêndio destruiria os registros da paróquia de Markinch no início do século XIX. O nome de batismo do primeiro Greig de Kennoway nem sequer é conhecido, mas sua esposa chamava-se Bessie, e ambos nasceram antes de 1600. A família mantinha-se distintamente reservada e eram considerados estranhos, inventando seus próprios costumes, como o uso de três testemunhas, em vez de uma, no batizado de crianças.

Glasgow, porém, forneceu os ingredientes essenciais à formação de Louis. Ele desfrutava do que J.B. Priestley chamou "o regozijo, a inocência e a aspiração das famílias que tinham pequenos negócios e profissões" – quando se volta o olhar para a infância dele em Yorkshire. Com seis anos de idade Louis foi para a Academia Glasgow, uma das mais antigas escolas particulares da cidade, onde se saiu bem, ganhando vários prêmios de latim e história, assim como o título Victor Ludorum de campeão dos jogos. Todo dia ele pedalava sua bicicleta de Lynedoch Crescent até o imponente edifício clássico de grés polido na rua Colebrooke. É lembrado nos anais da escola como ótimo atleta, "um *quarterback* que se esquiva bem e é muito bom em lançar para seu ataque (...) bom chutador e bom armador."[4]

Com treze anos ele seguiu para a escola Merchiston Castle, em Edimburgo, como interno. A escola é famosa por ter hospedado John Napier, o matemático que inventou os logaritmos em 1614, e os bastões de Napier – uma calculadora primitiva de multiplicação e divisão. Outra vez Louis se destacou como atleta e como estudante. O desejo de sucesso era forte – a numerosa família o fazia competitivo. Em casa, sendo o terceiro mais moço dos meninos, não permaneceu o centro das atenções por muito tempo, precisando pelejar para ser notado. Essa ânsia de se sair bem, de ser visto progredindo e de agradar os outros persistiu nele pelo resto da vida, tornando-se uma das qualidades definidoras de sua carreira.

Louis escolheu estudar medicina na Universidade de Glasgow por ser o único modo de um rapaz de sua idade ingressar na Marinha. Passara do tempo de entrar como aspirante, tendo dedicado muito dos seus anos iniciais ao esporte. O rúgbi ocupou parte substancial dos seus dias de colégio e de universidade, esporte em que teve um ponto alto quando capitaneou o famoso Glasgow Academicals, onde foi descoberto pelos olheiros como potencial para a seleção escocesa. Embora o irmão mais velho Robert tivesse também, em época anterior, jogado pela Escócia, seria Louis quem mais se distinguiria como jogador. Ele atuava como ala atacante e era não só agressivo, mas extremamente rápido e difícil de conter. Decidira liderar o time escocês. Começava a ver, acolá da família e de Glasgow, um mundo mais amplo e cheio de maiores oportunidades.

Medicina foi uma decisão ambiciosa de carreira; eram necessários seis anos de estudo para a graduação em medicina e bacharel em cirurgia na Universidade de Glasgow. Louis começou em 1898 estudando latim e química; em 1899 fez o curso de zoologia, entrando para a faculdade de medicina em 1900 para aprender fisiologia, anatomia e dissecação; seguiu-se dissecação avançada em 1901; patologia, cirurgia e obstetrícia em 1902; e depois, estudo de cirurgia de nariz e garganta em 1903. Ele estudou com empenho e ganhou o prêmio de segundo lugar em fisiologia sistemática, com honras.

Como toda sua família, Louis falava com um leve sotaque escocês que depois perdeu quando foi para o Sul. Porém o que mudou sua vida e influiu mais que qualquer outra coisa, foi o ano de médico residente nos Gorbals, uma das áreas mais carentes da Grã-Bretanha. Ficou horrorizado com as condições, com tanta indigência, miséria e má saúde, sem esperança de saída do amontoado de cortiços malcheirosos e sufocantes. Pelo resto da vida Louis lembraria de ter lidado com os membros mais vulneráveis da sociedade. O tempo nos Gorbals proporcionou-lhe experiências das mais formativas, quando viu quão desesperadora a vida pode se tornar.[5] A fé daquelas pessoas na profissão dele trouxe-lhe humildade. A maleta preta de médico funcionava como passaporte, uma garantia de passagem livre, sem medo de ser assaltado.

Mas Louis via que Glasgow tinha também um lado próspero e luminoso que oferecia grandes oportunidades. A cidade estava em constante expansão; a população passara de 83 mil em 1801 para quase dez vezes mais, 784 mil em 1911. A classe média andara para a frente quando as Highlands foram desbravadas e os novos *glaswegians* mudaram-se para lá. Nos anos 1820, a cidade fora colonizada por *highlanders* de fala gaélica, e mais tarde, quando a safra da batata irlandesa malogrou, mais imigrantes vieram, amontoando-se em seus espaços. A economia de Glasgow absorvia mão de obra, mas a um custo humano terrível quanto a moradia e saúde. A economia expandia-se: tecelagem do algodão, branqueamento têxtil, fábricas de soda branqueadora, tinturarias, indústria de fundição de ferro e construção de navios prosperavam. Louis viu os comerciantes e as classes profissionais em ascendente mobilidade. Era um caminho que ele se determinou a percorrer.

Havia essencialmente dois mundos na Glasgow do fim do século XIX e começo do XX; prosperidade e indigência eram vistas lado a lado. Existia uma economia vibrante, crescendo cada vez mais rica e esplêndida, que construía magníficos edifícios públicos e residenciais. Havia profusão de cultura elevada, pronta generosidade e humildade – assim como senso de serviço público por parte de muitos dos que fizeram suas fortunas ali. Os prósperos levavam vidas confortáveis, até mesmo luxuosas. Mas o outro lado da moeda era hediondo. "Eu já tinha visto degradação humana das piores, tanto dentro como fora da Inglaterra, mas posso dizer depois de muito considerar, que não acreditava haver, até ter visitado os becos de Glasgow, tamanha quantidade de sujeira, crime, miséria e doença em um país civilizado," escreveu um funcionário da comissão dos teares manuais do Leste da Escócia.[6]

Em 1886, quando Louis tinha seis anos, um terço das famílias de Glasgow morava em apartamentos com um único quarto. Três anos mais tarde, a Comissão Real de Moradia constatou que dormiam mais de quatro pessoas por cômodo, em uma de cada dez casas de Glasgow; mais de três pessoas em quase um terço das casas, e acima de duas em mais da metade delas. Em 1902, o médico diretor de Saúde da cidade, Dr Chalmers, notou que 30% das mortes infantis ocorriam entre os 14% por cento da população alojada em habitações de um só quarto.[7]

Outro médico espantou-se com a dócil aceitação de mortes e de doenças, especialmente das crianças. "Seus corpinhos eram postos sobre mesas ou aparadores para ficarem mais ou menos fora do caminho dos irmãos e irmãs que brincavam, dormiam e comiam naquela espectral companhia. Do começo a um rápido fim, a vida daquelas crianças era breve. Uma em cinco de todas que ali nasciam nunca chegava ao termo de seu primeiro ano." Por toda a vida Louis diria que o período em Glasgow como médico residente mudara sua visão da política e da sociedade. Mas não o fez querer ficar ali. Nunca teve nenhum desejo de construir um futuro na segunda cidade da Escócia.

Momento importante no início da vida de Louis foi o casamento de sua irmã mais velha, Connie, com John Scrimgeour, brilhante corretor de valores cujo pai fundara a J. & A. Scrimgeour, uma das principais instituições financeiras da City. "Mudou a perspectiva da família inteira. Todos os Greigs foram para junto de Connie em Londres e conheceram uma vida mais grandiosa e importante;

novos horizontes se abriram," recordou o sobrinho de Louis, David Greig. John Scrimgeour foi tão bem-sucedido na City que comprou Stedham, uma grande propriedade rural no Sussex. Todo verão ele alugava trechos de rios escoceses com salmão e de charcos com tetrazes, onde pescar e caçar, sempre tendo Louis como convidado. Fez as crianças Greigs perceberem que havia excelentes chances fora de Glasgow e, tal como outros escoceses empreendedores, quase todas elas viram o futuro em outro lugar.

Espírito livre, solteiro, galante, Louis sempre parecia divertir-se, falando sem parar, correndo aqui e ali, dispondo-se a expressar seus pontos de vista enérgica e francamente, sem receio. Alistara-se na Marinha apenas três anos antes de Albert, em 10 de fevereiro de 1906, após seu ano de trabalho nos Gorbals. Designaram-no inicialmente para o *HMS Victory*, porém quatro meses depois, em julho, seria selecionado em promoção acelerada para Haslar, o hospital escola de treinamento da Marinha. Em Haslar ele se especializou em medicina tropical, ganhando a prestigiosa medalha de ouro Haslar. A antiguidade na lista da Marinha era decidida a partir dos resultados desse exame, que teve prêmios no valor de 20£ concedidos para os três primeiros lugares[8] (uma medalha de ouro gravada como primeiro prêmio; um microscópio e uma medalha de prata para o segundo colocado). Já naquele primeiro estágio Louis estava determinado a ser bem-sucedido. Era um *sailor-surgeon* que atuava intensamente – jogando, bebendo, dançando, e preenchendo todo momento livre do dia com algum esporte.

Sua primeira viagem foi a bordo do *HMS Hibernia*, um encouraçado do litoral sudoeste da Esquadra do Canal, que fazia o circuito do Mediterrâneo. Aportado o *Hibernia*, a vida social de Louis se tornava agitada. Ficava fora até altas horas; em seu diário queixava-se de estar "a meio mastro" depois de muito beber. Nos amores, era seguro de si e bem-sucedido. Em maio de 1907 Louis apaixonou-se por uma moça que ele identifica apenas como Mollie. Depois de tratar o ataque de sarampo do ordenança do almirante, ele desembarca na Irlanda para jogar críquete pelo seu navio contra a Universidade de Dublin – mas também para encontrar Mollie, que não mudara nem um pouco, "a não ser para ainda mais encantadora, como se fosse possível." Mais tarde, confessou ter sido uma "noite péssima." No espaço dos mementos de seu Boots Home Diary and Note Book, ele deixa entrever uma abordagem hedonista ao romance, a julgar pelos aforismos que escreveu: "O homem que deseja o amor mas é contido pelo sentimento de que não deve desejá-lo, cai no mais sombrio estado." E acrescenta:

> *If in this shadow-land of life*
> *Thou hast found one true heart to love thee*
> *Hold it fast, love it again*
> *Give all to keep it thine*
> *For love like nothing in this world can last.*

Um mês mais tarde confiou ao diário estar "praticamente amarrado," porém, depois desse rente resvalo para o matrimônio, Mollie não é mais mencionada, e por volta de agosto ele já mudara para algo novo ("conheci charmosa pequena de Derbyshire"). A seguir, uma jovem chamada P.L. atraiu sua atenção ("levei-a para um longo passeio à tardinha"), mas o caminho de um amor verdadeiro foi longe de suave, ele recebeu algumas "enérgicas epístolas" da parte dela, e o romance acabou.

Louis estava na plenitude da vida quando conheceu Albert no Royal Naval College de Osborne, na ilha de Wight, em 1909. Era seu posto seguinte depois do *HMS Hibernia* e, compreende-se, o Príncipe, um apreensivo aspirante naval, olhou com respeito para o elegante oficial mais antigo. Iniciou-se uma amizade simples e ao velho estilo entre um jovem aluno e seu professor, que àquela altura nada teria de extraordinária. Albert teve a nítida sensação de ter encontrado alguém que o compreendia, e também com quem podia conversar facilmente. Louis viu que podia ser de ajuda para um rapaz que precisava de encorajamento e cultivo, e o pôs debaixo da asa.

2
Um Príncipe à Deriva

"Louis Greig pode estar 'meio passado' em futebol, mas nesta temporada seu jogo está de novo cheio de juventude; vimos no sábado o velho cavalo de batalha escocês no melhor de seu jogo."
The Morning Post, 11 de novembro de 1909

O ASPIRANTE SUA ALTEZA REAL PRÍNCIPE ALBERT DE GALES, assim registrado no livro de entrada de Osborne em 1909, tinha uma especial desvantagem ante seus contemporâneos: nunca estivera numa sala de aula com mais de três alunos. Repentinamente foi posto em pé de igualdade com cerca de setenta outros meninos de treze anos, todos bem aprestados para lidar com a vida naval, tendo sido internos de escolas particulares nos precedentes três ou quatro anos. Albert quase não tivera contato com crianças fora do círculo da realeza, exceto em lições de dança duas vezes por semana com filhos de alguns poucos amigos aristocratas do pai, sendo visível sua ingenuidade e falta de sofisticação. Logo recebeu o apelido de "Sardinha" pelo físico delgado; e um terrível gaguejo motivaria alguns funcionários do *staff* a descartá-lo como simplório. Debatia-se na parte inferior da classe, muitas vezes assustado demais para falar, temendo zombarias. As caçoadas usuais e pequenas intimidações tinham seu preço. Certa ocasião, ouviram-no gritar em protesto quando colegas do mesmo ano, o ano Grenville (cada período escolar era designado com o nome de algum almirante famoso), o prenderam amarrado.

Passados dez dias do seu primeiro ano, Albert estoicamente escreveu à mãe dizendo que tudo era ótimo. Essa fachada de coragem foi confirmada por seu irmão Edward, que asseverou à família: "Bertie está indo bem." Mas isso não enganou seu pai, o Príncipe de Gales, que também fora aspirante naval e sabia de todas as tribulações iniciais. "Vai levar um ou dois períodos para Bertie se acostumar," escreveu ele a Henry Hansell, o bem-intencionado mas ineficaz ex-tutor privado em Sandringham. Ter na mesma época um irmão mais velho em Osborne era de pouco conforto – estrita segregação de classes e grupos de idade os mantinha separados a maior parte do tempo. Infelizmente, isso não impedia comparações cruéis. "Seria desejável," escreveu Hansell, "que ele tivesse aplicação e agudeza iguais às do príncipe Edward." Um contemporâneo fez mais tarde o assombroso julgamento que foi como comparar um patinho feio a um faisão.[1] Não é de surpreender que Albert se sentisse inseguro, depois de ser despachado para longe de casa, a York Cottage, com todo seu sortimento de afagos concedidos a uma casa de *royals* na Inglaterra eduardiana.

Albert nem sequer foi levado para a escola pelos pais, como ocorrera com seu irmão dois anos antes. Hansell foi quem o acompanhou. Seus pais estavam muito ocupados, não tinham tempo para o segundo filho. Foi um menininho amedrontado que deu adeus a Frederick Finch, seu criado de quarto, e outros empregados domésticos da York Cottage. No dia seguinte seus pais teriam a atenção desviada por uma demonstração em Downing Street envolvendo milhares de mulheres e muitos homens que apoiavam a exigência de sufrágio feminino. Enquanto essa batalha feminista inicial pelo voto das mulheres era travada, a instituição para onde Albert foi mandado não podia ser mais masculina. Acompanhado por Hansell, ainda estava na carruagem, com o som dos cascos de cavalo nas pedras do caminho a ressoar nos ouvidos, quando teve o primeiro vislumbre da imponente *villa* italianizada que seria seu lar pelos dois anos seguintes.

Faltava-lhe a extrema autoconfiança de seu avô, o rei Edward VII, o corpulento, ressoante *bon viveur*, que ocupou o trono por oito anos, desfrutando o reinado sobre o maior império do mundo. Albert carecia também do instintivo entusiasmo que seu pai, o Príncipe de Gales, sentia pela Marinha. Esse ex-oficial naval,

Um príncipe à deriva

austero e cumpridor do dever, de barba manchada de fumo, mantinha sempre sóbria sua relação com a vida familiar e o dever público, e esperava que os filhos automaticamente entrassem para a Marinha como aspirantes tal como ele próprio fizera na idade deles. Mas tudo foi um choque terrível na delicada sensibilidade de Albert, que passou sua primeira noite mergulhado em lastimável saudade de casa.

Não era consolo o fato de seu novo lar ter sido outrora residência da família real. A academia ficava no bloco dos estábulos da Osborne House, a casa de campo onde sua bisavó, a Rainha Victoria, morrera oito anos antes. Ela amou a residência de verão, descrevendo-a para seu tio, o rei Leopoldo da Bélgica, logo depois de tê-la adquirido, como "tão aconchegante e confortável."[2] Mas a imponente *villa* era de tal maneira malquista pelo rei Edward VII que ele, depois, ignoraria o testamento da Rainha Victoria e o desejo de suas irmãs, doando-a à nação como local de convalescência para oficiais militares.[3] Na época da chegada de Albert, os prédios que alojavam os aspirantes já tinham visto melhores dias; alguns pontos estavam tão deteriorados que os meninos podiam abrir buracos nas paredes com chutes.[4]

Tudo era feito a toque de caixa, assim que os aspirantes eram despertados às seis horas pelo clarim. Logo em seguida, a um toque de gongo, eles se ajoelhavam para rezar. Com outros dois toques, escovavam os dentes; com três toques, às carreiras eles se jogavam na piscina de ladrilho verde, de água gelada, situada na extremidade do dormitório.[5] "Parecia frio demais, porém logo nos acostumávamos, e ninguém ia querer ficar conhecido como covarde!" – relembra um dos contemporâneos de Albert.[6] O pai de Albert havia insistido para que ele fosse tratado como qualquer outro aspirante. Gieves, da Gieves & Hawkes, os fornecedores navais de Savile Row, fizera-lhe uma única concessão: vistas grossas à substituição por caxemira do espinhento cobertor de lã azul de uso padrão, que ele tinha de deixar cuidadosamente dobrado ao pé da cama. Pequeno conforto durante um brutal batismo de fogo.[7] Osborne estava longe de ser aconchegante e confortável para o Príncipe, em seu dormitório cavernoso e sem aquecimento, lado a lado com vinte outros meninos tremendo de frio em suas camas de ferro. Com esquadrias em dimensões de catedral deixando o ar encanado, as janelas de correr ofereciam pouquíssima proteção contra o frio. Era um lugar horrível, gelado e amedrontador para qualquer novato, e Albert se sentia isolado e vulnerável.

Precisava em Osborne de um amigo solidário e de um mentor nos seus primeiros incertos passos para a maioridade. Encontrou isso na pessoa do tenente-cirurgião Louis Greg, então com 28 anos de idade, que sobressaia entre os outros membros do corpo de assistentes por sua reputação como desportista internacional. Era um dos mais brilhantes atletas de sua geração, inicialmente jogando contra os All Blacks da Nova Zelândia em 1905. Em 1906 foi escolhido capitão do time contra a África do Sul; contra Gales em 1907 e 1908, e novamente contra a Irlanda em 1908. Albert então não era o único a destacar Louis dos outros 27 oficiais em Osborne para cobri-lo com generosa porção da reverência a heróis.

Quando Albert chegou a Osborne, Louis já se encontrava no Colégio Naval havia dois anos. Com a função de médico de bordo, ele estava fora da tradicional hierarquia, suas decisões sobre assuntos médicos prevaleciam sobre todos os postos. Cedo ou tarde, todos tinham contato com ele, e Albert não foi exceção. Louis era um oficial naval alto, alourado, de olhos azuis e físico atlético. Sempre "disposto à conversa, informado e atento – nada escapava ao seu olhar sagaz."[8] Em "incessante atividade," sempre com expressão animada. Não era bonito, mas atraente ao jeito rude de homem do mar – e com certeza difícil de esquecer. Bem-posto na farda azul de galões e quepe, mas nunca brunido, "sempre parecia que a roupa caía frouxa em sua irrequieta figura."[9] Ele era o oficial para quem os aspirantes se voltavam quando em apuros. "O príncipe Albert tomou-se de grande simpatia pelo forte e afável homem bem mais velho que ele, cuja alegria o contagiava."[10] A bondade era também um dote que se notava nele. "Louis deixava de lado a comodidade para ser prestativo, e quando alguém mais desorientado precisasse de ajuda, ele seria sempre o primeiro a interferir, a se apresentar, a intervir, a resolver," recorda um antigo colega oficial.¹¹

Albert tinha necessidade de amigos entre os docentes, pois sua evolução acadêmica era um desastre. Estava quase sempre abaixo – era o 68 de 68 nas relações dos exames. Osborne era, na verdade, uma escola técnica, e para ele não era fácil estudar matemática, navegação e ciências depois do risível ensino que recebera de Hansell em Sandringham. Anos depois, Albert conta a um amigo que ele não respondia às perguntas nas aulas de matemática em Osborne porque sua gagueira não o deixava pronunciar o "f" da palavra fração.¹² Entretanto, havia sinais de que tinha a coragem e também as habilidades sociais para ser bem-sucedido fora da sala de aula; é lembrado por seus colegas aspirantes como "agradável" e "popular no geral." Algumas vezes, no entanto, o esforço ficava árduo demais; ele nunca participou de um esporte de equipe como o rúgbi ou o hóquei. Ter um famoso ex-jogador de rúgbi como apoio numa instituição entusiástica como aquela dava a Albert uma agradável sensação de segurança.

Louis tinha mais do dobro da idade do Príncipe – 28 para os treze de Albert – mas as sementes de uma duradoura amizade foram semeadas nos seguintes dois anos durante os quais se viam na maior parte do dia – mesmo sem nenhum dos dois realmente entender a profundidade da conexão criada na época. Afinal, os alunos no geral quase nunca percebem exatamente quando um mestre carismático se torna influência permanente. Como demonstração de amizade, no final de seu primeiro semestre, Albert presenteou Louis com uma fotografia sua em uniforme naval, autografada – um típico presente da realeza. Havia mais do que um leve sentido de adulação em semelhante gesto.

A mudança de Albert para Osborne deu-se após uma infância privilegiada, porém um tanto instável. Ele havia nascido no apogeu do Império Britânico, dois anos antes do jubileu de diamante da Rainha Victoria em 1897, ocasião essa de pompa imperial e de celebração jamais vistas desde a época do Império Romano. Sandringham, onde ele nasceu e onde morreria, era o lugar que considerava acima de todas as outras residências reais como seu lar. Mas o dia mesmo de seu nascimento – 14 de dezembro de 1895 – não teve toda a grande alegria que seria de esperar; ele nasceu no "Mausoleum Day," data da morte por tifo de seu bisavô alemão, de quem recebeu o nome, o príncipe Albert de Saxe-Coburg e Gotha, 34 anos antes, e também aniversário da morte por difteria do terceiro filho da Rainha Victoria, a princesa Alice de Hesse.

A sombra da Rainha Victoria pairava imensa, atemorizando sua prole, que ficara ainda mais nervosa pelo momento desfavorável da chegada do bebê Albert. Mas não precisavam se assustar, porque aquela pequenina viúva rapidamente se apaziguou e se encantou com a diplomática sugestão de que seu neto, o príncipe George, pai orgulhoso, daria o nome Albert à criança recém-nascida, e porque ela seria a madrinha. A Rainha escreveu ao "Querido Georgie," que "é de grande satisfação para nós que tenha sido um segundo menino & desnecessário dizer o quanto *me compraz* que meu grande desejo – que o pequenino agora nascido neste triste aniversário receba o estimado nome de Albert – seja realizado." Para sublinhar sua satisfação ela envia, um tanto inutilmente, um busto de seu príncipe Albert para o bebê Albert em Sandringham como presente de batizado.

As boas-vindas um tanto ambivalentes a Albert eram um indício da natureza da vida familiar numa casa real. Dever, tradição, acatamento e continuidade da linhagem eram as prioridades dominantes. Tinha significado, aos olhos da família, o fato de ele ser apenas o segundo filho do neto da Rainha-Imperatriz, e muitíssimo improvável de assumir a Coroa britânica, que William Gladstone de forma otimista classificou como "a maior herança que se pode ter." Como em muitas casas da classe alta, dava-se pouca ênfase ao aspecto aconchegante, confortador, da vida familiar. E essa falta de demonstração afetiva era algo de que os pais de Albert estavam não só agudamente cônscios como também impotentes para alterar. Ambos em geral reprimiam suas emoções. Pouco antes de casar com o príncipe George em 6 de julho de 1893, a princesa May escreveu ao seu futuro marido, o futuro rei George V: "Desculpe-me por eu estar ainda tão acanhada com você, tentei não ser assim no outro dia, mas ai de mim! falhei. Fiquei zangada comigo mesma! É tão tolo sermos formais quando estamos juntos & não há nada realmente que eu não pudesse dizer a você, exceto que eu o *amo* mais do que tudo no mundo, & isso não posso falar-lhe eu mesma – então escrevo – a fim de aliviar meus sentimentos..." O príncipe George responde: "Graças a Deus nos entendemos um ao outro & penso ser realmente desnecessário dizer-lhe quão profundo é o meu amor por você, minha querida & sinto-o crescendo cada vez mais e mais forte sempre que a vejo; embora eu possa parecer tímido e frio..."[13]

Essa incapacidade em demonstrar o amor que sentiam teria inevitáveis consequências no relacionamento deles com os filhos. Foi num lar distintamente naval que Albert nasceu, com pai oficial veterano da marinha, a Arma Principal. Ele "conservava um jeito brusco, à maneira de homem do oceano, para tratar com todas as situações humanas, uma voz troante, e também vivia aquela atribulação comum aos marinheiros: o tímpano avariado."[14] Foi uma infância severa e disciplinada. O pai de Albert tinha um temperamento explosivo, às vezes imoderado, cuja órbita tendia a ser olímpica e remota – e para o príncipe, assim como para muitas outras crianças da classe alta, era um universo adulto sombriamente observado. O verdadeiro mundo de Albert era a *nursery* e as governantas, os tutores, as enfermeiras e outros empregados que cuidavam dele. Em certas ocasiões o mundo adulto deve ter dado uma impressão mesmo surreal, com o babuíno empalhado segurando uma salva para os cartões de visita no saguão de Sandringham. A casa-grande na herdade da família em Norfolk era como um hotel de fantasia, com suas salas, o salão principal de recepção com lareiras em estilo elisabetano e sofás forrados de azul e vermelho. Cercada com pedras e ostentando chaminés elisabetanas altas e enfeitadas, além de *porte-cochères* de pedra à maneira dos castelos franceses, era o tipo de edifício imponente que Henry James tomaria como modelo para a opulenta casa de campo, Matcham, em *The golden bowl*.

Embora Albert tenha nascido na herdade de Sandringham, não foi na casa-grande, mas no York Cottage em que seus pais viviam muito mais modestamente. Ele nasceu nessa casa comum, decorada inteiramente pela Maples, moveleiros da Tottenham Court Road, sob encomenda específica do príncipe George, no tempo em que ele e sua noiva estavam em lua de mel. York Cottage ficava bem abaixo de outras residência reais e era um lugar adequadamente sem ostentação para esse tímido e nervoso segundo filho nascer. Ele chegou dezoito meses depois do nascimento do príncipe Edward, conhecido na família por David. A princesa Mary, sua única irmã, veio a seguir em 1897, o príncipe Henry em 1900, o príncipe George em 1902, e finalmente o doentio príncipe John em 1905. O início da existência de Albert foi dominado pela *nursery* – uma porta de vaivém dividia o corredor no primeiro andar que dava para o quarto de seus pais e de outros membros da casa. Havia a sala das crianças usada durante o dia, onde elas brincavam (apertada de tantos brinquedos), e os aposentos noturnos onde as três crianças mais velhas dormiam com uma babá. Ali elas tomavam banho em rodízio numa banheira de latão com água quente trazida por criadas. O cenário era idílico, com vista do parque com o exótico cervo japonês e, claro, os milhares de faisões que o pai e o avô de Albert amavam caçar.

Essa criação foi plena de súbitas e inesperadas mudanças. A primeira infância de Albert efetivamente teve fim, juntamente com o século XIX, quando a Rainha Victoria morreu. A coroação de Edward VII em 1902 prenunciou o verdadeiro começo do século XX. O pai de Albert tornara-se Príncipe de Gales em novembro de 1901, reconhecendo o fato de ele ser o próximo herdeiro do trono. Mais de perto, afetaria a vida das crianças a saída de Lalla Bill, a babá e mãe substituta da infância delas, que foi repentinamente transferida. As crianças ficaram ao encargo de Finch, o criado da *nursery*. A dramática mudança a seguir foi a abrupta apresentação do tutor deles: "Este é Mr Hansell, disse meu pai friamente, 'seu novo tutor.' E com isso deu meia-volta, deixando-nos sozinhos com Mr Hansell, que sem dúvida estava tão constrangido quanto nós mesmos," relembra o príncipe Edward.[15] Amável, leal e insípido, Hansell não era o mestre inspirador de que precisavam.

Edward era encantador, bem-apessoado e loquaz. Com seu

cabelo dourado, a língua pronta e o modo natural de adotar um charme sedutor faziam Albert parecer desajeitado, lento e menos interessante. Albert gaguejava, enredando-se nas palavras, tentando arrancar uma sílaba, a face avermelhada quando não conseguia ajeitar a língua num determinado som. As intervenções do príncipe George de modo nenhum ajudavam. "Ponha para fora," gritava[16] – o que teria um efeito inverso. Não era a única incapacidade física do jovem príncipe. Albert era genuvalgo, de joelhos muito próximos, sendo por isso tratado com ajustes de talas várias horas por dia. Não era um tratamento fácil, porém havia momentos felizes, em especial quando visitavam os avós – bem mais exuberantes e mais amorosamente divertidos – na casa-grande.

A mudança mais dramática da infância de Albert foi a de ser despachado, com treze anos de idade, para o internato em Osborne. O Príncipe de Gales havia descartado peremptoriamente qualquer sugestão de enviar seus dois filhos mais velhos para uma *public school*, a instrução de alta classe, insistindo que a Marinha lhes ensinaria tudo o que precisavam saber.

Fora do restrito ambiente do York Cottage, o único contato de Albert com pessoas além de sua família mais próxima fora com os palacianos que trabalhavam para seu pai ou para seu avô. Na maioria provinham de um meio social menor e eram, quase por definição, deferentes, cautelosos e muitas vezes medrosos. Albert logo viu que Louis desempenhava um papel importante na formação do caráter dos aspirantes por meio da educação física. "Ele treinava com rigor os times da escola e era um espetáculo vê-lo e ouvi-lo, pois mesmo em Osborne ele era famoso pela profusão, a ferocidade e a clareza da linguagem — que não deixava dúvida quanto ao significado."[17] Louis era entusiasta da boa forma, corrida diária, os "exercícios Müller" criados por J.P. Müller, preparador físico dinamarquês que esteve em moda pela virada do século, após ter publicado uma série de folhetos sobre o assunto. No consultório, Louis via os aspirantes diariamente aplicando vacinas, mantendo a ficha médica em dia e ocasionalmente emitindo atestados *Hurt* (os mesmos desde a época de Nelson) por ferimentos em serviço. *In extremis*, isso dava pontos para os marujos requererem pensão no caso de perderem definitivamente a saúde.

Albert necessitava desesperadamente de quem acreditasse nele. Mesmo no fim de seus dias escolares em casa no York Cottage, Hansell descreveu-o como "um dispersivo que não vai em frente sem um empurrãozinho (...) precisando de alguma ajuda individual e de encorajamento, sobretudo encorajamento."[18] Louis proveria essa ajuda.

Havia grande pressão da família para Albert ter sucesso. O pai insistia que a Marinha poderia fornecer o modelo para uma vida. Dez anos antes, em julho de 1899, o príncipe George dirigira-se a uma específica plateia de rapazes a bordo do navio escola *Conway*, definindo as qualidades requeridas de um marinheiro: "(1) Veracidade, sem a qual homem nenhum pode ganhar a confiança dos subordinados. (2) Obediência, sem a qual homem nenhum pode ganhar a confiança dos seus superiores. E (3) interesse pelo que faz, sem o qual nenhum homem do mar vale o sal que come."

Felizmente, Louis era um professor carismático e eficaz, que gostava de ajudar os moços; Albert logo aprendeu a se apoiar nele, e também em seu oficial comandante de turma, o tenente William Phipps, que viria a ser um palaciano subordinado ao Príncipe, quase trinta anos depois, quando ele se tornou Rei. Louis sempre tentou pôr em prática a filosofia de que a vida não deve jamais ser enfadonha, rabiscando animados versinhos de pé-quebrado em seu diário a fim de reforçar essa atitude positiva:

I'd rather be a 'has been'	Prefiro ser um *foi*
Than a 'might have been' by far	A ser um um *podia ter sido*
For a 'might be' is a 'never was'	Pois um *podia ser* é um *nunca foi*
But a 'has been' was once an 'are'	Ao passo que um *foi,* um dia foi um *é.*

Louis sempre ousava vencer, mas o que mais o distinguia era sua linguagem. Imprecações faziam parte de acessos explosivos, tanto dentro quanto fora do campo de rúgbi. Seus lançamentos durante um jogo eram apimentados com expressões de tal forma coloridas que, às vezes, deixavam boquiabertos seus parceiros de jogo, sem falar nos adversários. A lenda nos bares e tavernas de Glasgow e de Edimburgo era de que os fãs de rúgbi não iam ao Murrayfield para *ver* Louis jogar, mas para *ouvi-lo* jogar.

Aquilo a que Louis, brincalhão, chamava de suas "expressões elizabetanas" preocupava seu irmão mais velho, Robert, que era membro do Comitê da Seleção Nacional de Rúgbi. Não que ele, pessoalmente, se incomodasse com as imprecações de tintas carregadas, mas por temer que ofendessem outros selecionadores mais pudicos. Durante um jogo internacional, que o Príncipe de Gales assistia, houve um silêncio sugestivo depois de Louis ter falhado em apanhar uma bola muito alta, bem defronte ao lugar onde o Príncipe sentava-se no estádio. Alguns temeram que Louis se complicasse com seu linguajar usual, mas ele estacou a corrida e, com as mãos desafiadoramente na cintura, virou-se para o régio espectador: lenta e exageradamente, ele moveu os lábios em silêncio com as palavras "droga!" O príncipe George achou graça; gostou da brincadeira do capitão do time imitando a si mesmo daquele jeito e admirou a absoluta força total de personalidade com que ele capitaneara a equipe escocesa. O Príncipe de Gales se encantou com Louis e fez de tudo para encorajar a amizade dele com seu segundo filho.

Louis encontrou pela primeira vez o Príncipe de Gales algumas semanas após o começo do primeiro semestre de Albert, quando era o capitão do time de rúgbi da Marinha durante o jogo anual contra o Exército em Queens, sudoeste de Londres. Essas partidas entre os militares eram popularíssimas, atraindo boa cobertura jornalística nacional e grandes multidões. O príncipe George fez questão de comparecer ao jogo, dirigindo desde sua residência londrina Marlborough House através de forte nevasca, acompanhado por Derek Keppel, o chefe da administração da casa. Ambos, vestidos formalmente com sobretudos pretos e cartolas para se proteger da temperatura congelante, presenciaram um dia triunfante para Louis. Não só ele venceu como fez dois gols, derrotando o Exército por quatro gols. A irmã de Louis recebeu uma carta de um amigo dos tempos de Glasgow, impressionado com o irmão dela no campo. "Louis jogou tão bem que é impossível lembrar erros. Ele serviu com perfeição e marcou o seu homem como uma faca."[19]

Os jornais não só elogiaram seu desempenho como notaram que o Príncipe de Gales distinguiu Louis para umas palavras em particular após o jogo. Entre os espectadores estava o irmão mais moço de Louis, Arthur, que viera de Glasgow. "O jogo foi muito bom, especialmente do lado da Marinha. Louis esteve em grande forma e correu o campo como um menino. E realmente convive bem com a realeza. Teve até uma longa prosa com o Príncipe de Gales, que disse 'Meu filho me falou de você,' escreveu Arthur superentusiasmado para a irmã mais velha."[20] Isso acabou sendo mais que uma simples conversa casual. Louis cativou a imaginação do príncipe George, impressionado com o astro do rúgbi que falara com tanta afeição sobre seus filhos.

De muitas maneiras Louis seria pessoa com pouca probabilidade de interessar ao Príncipe de Gales. Podia ser às vezes muito irreverente. Era tão cheio de energia que seus amigos duvidavam que algo ou alguém pudesse controlá-lo. Arguto, afiado, engenhoso e sempre à procura de alguma diversão ou aventura. A família real, em comparação, jamais fora famosa por sua capacidade de rir de si mesma ou, a bem da verdade, de rir dos outros. Se um dia fossem vistos a rir furtivamente em público, sentir-se-iam como se essa exposição lhes tivesse roubado a dignidade, tal como observou a tia-avó Augusta do príncipe Albert escrevendo à mãe dele: "A senhora viu aquela ridícula foto de todos eles *rindo*, Lilly sorrindo – não, demasiado alegre – nada régia."[21]

No dia seguinte ao jogo, o corpo de instrutores, o pessoal e os aspirantes leram avidamente os jornais. "O Dr Greig, novamente considerado candidato a jogar na seleção escocesa, parece agora capaz de manter-se assim para sempre," declarou o *Sporting Life*. O príncipe Edward perguntou a Louis sobre o jogo e mandou depois sua versão dos eventos numa carta ao pai em Sandringham: "O Dr Greig disse-me que o time do Exército era muito fraco em comparação com o da Marinha...", antes mesmo de perguntar pela saúde da rainha Alexandra. "Espero que vovó fique logo boa da gripe," escreveu.[22] O médico e treinador esportivo do Príncipe ia aos poucos tornando-se figura conhecida na corte. Sua amizade com ambos os príncipes, particularmente com Albert, estava criando raízes.

A família de Louis estava surpresa com esse seu contato tão estreito com a família real. Antes da era da televisão era-lhes possível permanecer, na verdade, muito distantes da vida das pessoas, e, consequentemente, mais misteriosos e poderosos. Eram reservados, dignos, longínquos. E, claro, extremamente ricos. Embora a parte maior da fortuna e de suas possessões fossem propriedades inalienáveis da Coroa, muito das pinturas, joias e algumas de suas casas, tais como Balmoral e Sandringham, eram propriedades particulares. A vida da família real era administrada por um grupo de palacianos extremamente devotados, a maioria proveniente da aristocracia ou de famílias de classe alta bem relacionadas, que consideravam os cargos da corte quase uma profissão hereditária. Louis estava impressionado mais pela aura do que pela fortuna deles; era um imenso salto social estar jovialmente palestrando com o herdeiro do trono e seus filhos. O irmão de Louis, Robert, brincava com aquela vertiginosa ascensão social, perguntando-lhe se ele ainda se dignaria falar com sua inferior família em Glasgow. Indagava jocosamente como ele conseguia se manter sem praguejar na presença do Príncipe de Gales. Os irmãos Greig não resistiam a caçoar de Louis, a quem ainda viam como o caçula insolente com cara de boxeador, apesar de seu elevado sucesso.

Louis lera a obra clássica de Walter Bagehot *The English Constitution*, e estava familiarizado com seus conceitos e suas teses de ser absolutamente necessário à família real não se tornar demasiado conhecida ou demasiado exposta, a fim de preservar uma certa atmosfera de mistério, um ar místico. Passar informalmente tantas horas do dia com o Príncipe de Gales e com outros membros daquela poderosa dinastia cujo império se estendia a mais de um quarto da superfície do globo era para ele como alcançar o inalcançável.

Na escola Louis aprendera que a Europa achava-se entrelaçada por uma teia de filhos e netos da Rainha Victoria que ocupavam tronos de grande e também de menor significância. Quando Albert nasceu, havia vinte monarcas reinantes na Europa continental, a maioria dos quais era de parentes seus. Era parente – através da bisavó Rainha Victoria e de seus nove filhos – do Kaiser alemão, do Czar da Rússia e dos reis da Bélgica, da Espanha, de Portugal, da Bulgária e da Romênia. E através de sua avó, Alexandra, ligava-se às famílias reais da Grécia e da Dinamarca. Além disso, havia ao que a Rainha Victoria se referia como "a profusão real" – todos os seus aparentados alemães de Wurtemberg, Hanover, Saxe-Coburg e Gotha, e dos outros miniestados. O mapa da Europa se desenhava principalmente por reinos da prole de Victoria. Era uma época em que as monarquias ainda prosperavam, desde grandes áreas centrais da Europa até os bem menos importantes territórios como Mecklenburg-Strelitz, onde Adolphus-Friederich II reinava. Porém, embora parecessem tão inexpugnáveis, o Império Britânico e o trono e outras dinastias eram mais vulneráveis do que se pudesse imaginar, porquanto vinha se prenunciando uma era democrática mais moderna. Durante o reinado de George V, cinco imperadores, oito reis e dezoito dinastias menores perderam seus tronos. Espalhavam-se também as sementes para a emersão da Índia como república independente. Desde o início de seus anos de escola Albert tornara-se bem cônscio de que seu pai e seu irmão estavam destinados a ocupar o trono da mais antiga dinastia na Europa, diretamente ligada no passado a Egbert, que subiu ao trono de Wessex em 809. Com um pequeno intervalo, causado por Oliver Cromwell durante os doze anos da Commonwealth no século XVII, os descendentes diretos de Egbert reinaram na Inglaterra por 1.100 anos. O significado e o peso da história sobre esses régios príncipes não eram ignorados por Louis e sua família.[23]

Em agosto de 1909, Louis foi chamado a atender a família real formalmente – mesmo havendo muitos outros médicos palacianos disponíveis – quando ele estava tratando Albert de uma tosse seca contumaz e intermitente, na mesma época de uma visita à Inglaterra do Czar com os filhos. A Imperatriz russa chegara a

Um príncipe à deriva

Spithead no iate imperial *Standart* com as jovens grã-duquesas e o Tsarevitch, adequados como companheiros para brincarem com os príncipes ingleses. Nicholas era um monarca fino e culto, que falava inglês como um professor de Oxford, e francês e alemão fluentemente. Seu primo, o grão-duque Alexander, alcunhara-o de "o homem mais polido da Europa." Porém faltava-lhe muitíssimo o conhecimento prático e a liderança necessárias para gerir um país tão vasto e agitado como a Rússia. O príncipe George e o Czar pareciam quase idênticos com suas barbas e porte naval, mas as similaridades terminavam aí. Enquanto George V veio a ser um modelo de monarca constitucional, Nicholas não podia esquecer que era o Autocrata de todas as Rússias até ser demasiado tarde, quando foi derrubado do trono e massacrado com toda sua família pelos bolcheviques. Em 1909, a saúde de Alexei, herdeiro do trono dos Romanovs, causava certa preocupação devido à sua hemofilia. Albert foi tirado por uns dias de Osborne pelo pai, a fim de conhecer seus primos, mas enquanto esteve com eles em Barton Manor, outra casa real na propriedade de Osborne, o que parecia à primeira vista um resfriado contraído dos colegas aspirantes, mostrou ser a temida coqueluche. Ficou em quarentena devido aos óbvios receios pelo Tsarevich. Louis foi chamado para tratar de Albert na quarentena e depois, na convalescença, também na Escócia, em Allt-na-giubhsaich – mais uma propriedade real a 15 km de Balmoral, onde Albert permaneceria até o fim de setembro.

Pouco tempo depois, Albert se viu ameaçado por um surto de gripe, e novamente a perícia médica de Louis e seus modos cativantes para com Albert atraíram a atenção dos pais. No início do século XX a influenza era uma condição séria que muitas vezes causava a morte. A significativa ansiedade que provocava talvez seja mais bem-compreendida pelas medidas de pânico tomadas alguns anos mais tarde quando o Alto-Comando alemão quase adiou sua ofensiva de julho, em 1918, por causa de uma epidemia que se mostrou muito mais letal. Um milhão de soldados americanos estavam na Europa quando irrompeu a influenza; um em cada quinze morreu devido à gripe.[24]

A família de Albert ficou encantada quando o viu livre da doença sob os cuidados de Louis, e sendo sempre "animado" por ele durante o tédio de seu confinamento.[25] O príncipe e a princesa de Gales enviaram uma mensagem de apreço a Louis por intermédio de Arthur Bigge – mais tarde Lord Stamfordham – talvez o cortesão mais influente do século XX. Designado secretário particular assistente da Rainha Victoria em 1880, ano em que Louis nasceu, ele se tornaria secretário particular em 1895, o ano em que Albert nasceu. Continuou na mesma influente posição sob George V e era a própria voz de Sua Majestade; os desejos e ordens do soberano eram transmitidos por meio de suas cartas, escritas num texto fluente em tinta preta e grossa como alcatrão. Dessa vez sua carta era simplesmente para dizer a Louis "quão gratos [o Príncipe e a Princesa de Gales] estavam pela bondosa e infatigável atenção que o senhor prestou ao príncipe Albert durante sua grave doença. Suas Altezas Reais informaram-se por meio de Sir Francis Laking que o tratamento e os cuidados foram admiráveis em todos os aspectos & e se regozijam por saber que o Príncipe está agora em pleno caminho da recuperação. Muito os agrada que seu trabalho e de seus colegas não tenha sido por demais extenuante, e que a epidemia de influenza possa gradualmente ir sendo varrida."[26]

Louis deixou sua marca em Osborne. O Príncipe de Gales admirava suas proezas esportivas, o vigoroso entusiasmo com que ensinava e o encorajamento que infundia em Albert. Sua capacidade médica também o destacava. Louis mostrava-se uma figura calma, impositiva com um toque de leveza sustentada por sua firmeza de opinião. Lidar com a família real era abrir todo um novo horizonte de oportunidades. Louis era um "prestativo de nascença"[27] que tinha prazer em mexer os pauzinhos em benefício de outros. Sentia-se agradavelmente intrigado por estar com um pé dentro da corte, por mais informal e transitório que isso fosse. Constituiu memorável e significativa apresentação à família real do homem que seria seu mais improvável cortesão.

3
Elo com a Realeza

———◆———

"Greig pôs os estudantes em órbita ao redor dele. Foi o herói do momento & e os manteve nessa órbita por meia hora!"
*Anotação no diário de Freddie Dalrympe-Hamilton
a bordo do* HMS Cumberland

GEORGE V SEGUIA DE PERTO TODO MOVIMENTO da vida pessoal e profissional de Albert e, com três anos de reinado, em 17 de janeiro de 1913, providenciou para Albert ser designado para o *HMS Cumberland*, em que Louis Greig servia como cirurgião. Louis embarcara dois anos antes, depois de três anos como oficial médico assistente em Osborne. O cruzador pesado classe *County* de 9.800 toneladas era usado para instrução de alto-mar em cruzeiros de seis meses no estágio final da instrução de aspirantes antes de serem habilitados como oficiais da Marinha. Albert estava com dezessete anos e havia chegado à posição aos trancos, com grande dificuldade desde seus primeiros dias em Osborne e malgrado ser ainda introspectivo e desajeitado em comparação com seu irmão mais ágil. Francis Lambert, um oficial subalterno a bordo, não se impressionou com Albert. "Ele é encarregado da embarcação auxiliar de patrulha, e noutra noite, após o jantar, quando eu estava de serviço, trouxe-a para o lado do navio. É um rapazinho pequeno de rosto corado, gago, e quando me apresentou o barco, foi uma gagueira balbuciada e atrapalhada. Não tinha ideia de quem era ele e quase o mandei longe por falar comigo daquele jeito atordoado."¹

O status de Albert mudaria completamente em 1910, com

a morte do avô, o rei Edward VII, e a acessão do pai ao trono. Seus pais herdaram a invisível mas poderosa aura de soberanos reinantes; e também assumiram todos os palácios reais. O Palácio de Buckingham, o mais potente símbolo da monarquia britânica, passou a residência principal. Inevitavelmente, maior atenção seria agora dirigida a um filho do Rei do que a um neto do Rei. Albert estava, afinal de contas, apenas a duas batidas de coração de ser rei. Tornava-se herdeiro presuntivo, enquanto Edward tornou-se Príncipe de Gales, e prestou juramento ao Rei durante a Coroação, com as ancestrais palavras de homenagem. Edward – mesmo com dezesseis anos – se mostrava sempre mais glamoroso que o hesitante e desajeitado Albert. Era imensamente popular, não obstante o fato de quem vivia na corte já pudesse detectar sinais mal-humorados de impaciência com a pompa e circunstância de seu destino. Cabelos louros, olhos azul-celeste e feições finamente desenhadas, ele era sem dúvida bonito, predispondo ainda mais os cortesãos servis à adulação do menino que seria rei. Muitos preferiam ignorar os óbvios sinais de vaidade e irresponsabilidade naquele mocinho mimado que se acostumara a fazer o que quisesse. "O menino é encantador. Retrógrado, mas doce," extasiava-se Lord Esher, um dos palacianos homossexuais da corte de Edward VII, raramente mencionando Albert em seu diário, exceto para anotar que ele era um "tipo comum."[2] Durante a Coroação, Edward rezingou por ter de usar um "traje ridículo," calções de cetim branco e uma túnica de veludo púrpura orlada de arminho.[3] Albert, sempre à sombra do irmão, era muito mais aplicado e obediente. Ambos eram mantidos a rédea curta pelo pai dominador.

Dois anos antes, em 1911, Albert não tinha ideia se veria Louis novamente quando passasse de Osborne para o curso superior da escola naval em Dartmouth, e assim se despediram. Tanto o professor quanto o aluno esperavam que seus caminhos pudessem cruzar novamente. Coube a George V garantir que isso ocorresse. Pela época da graduação de Albert, Louis Greig já lhe era familiar em reputação, de nome e de vista. Ele aceitou de muito bom grado o apreço e a estima de ambos os filhos por aquele médico da Marinha. Não seria coincidência, quando chegou a hora de Albert servir num navio, o Rei escolher aquele em que Louis já estava embarcado.

George V teve um reinado extraordinário, de perturbações sem paralelo. Iria liderar sua nação através do horror da Primeira Guerra Mundial, e ao morrer em 1936 estava sob a sombra ameaçadora de outra guerra global. Enquanto ele manteve seu próprio império unido, os grandes impérios da Rússia, da Alemanha, da Áustria--Hungria e da Turquia desabaram. A Inglaterra era pressionada por exigências de uma *Home Rule* para a Irlanda e de independência para a Índia. Teve de lidar com agitações crescentes em casa, inclusive uma furiosa batalha constitucional pela reforma, ou mesmo abolição, da Casa dos Lordes. Em 1912, uma greve dos mineiros de carvão durou cinco semanas e custou à nação trinta milhões de "dias de trabalho."[4] O Rei assistiu também ao surgimento do Partido Trabalhista como nova e dinâmica força social representando um abalo sísmico na política inglesa. Foi difícil para um homem que subiu ao trono em seu quadragésimo nono aniversário, com horizontes não mais amplos que os de um *gentleman* rural de Norfolk. E fez frente aos desafios com compreensão, esmero e generosidade. Revelaria um olhar de longo alcance na sua silenciosa reação às mudanças propostas para os Lordes, escutando e reagindo cuidadosamente aos planos de desmonte da Constituição. Mostrou-se uma segura e corajosa figura de frente na Grande Guerra – até mesmo banindo bebidas alcoólicas de toda mesa real até que acabasse o conflito.

As sombras da guerra já assomavam, embora poucos enxergassem os sinais de perigo. O equilíbrio de poder dependia do poderio naval, e Albert via o simbolismo político de seu serviço na esquadra imperial do pai. Depois da Coroação, uma inspeção naval de 167 belonaves inglesas foi a amostra pública de lealdade ao novo soberano e uma exibição da supremacia britânica no mar. Os navios passaram frente ao iate real no Spithead enquanto o Rei recebia a saudação. Porém mesmo isso pouco satisfez, pois, a alguns milhares de milhas ao sul, os alemães despacharam uma canhoneira, a *Panther*, para o porto marroquino de Agadir, provocando uma crise internacional.

Alegavam proteger os súditos alemães no porto atlântico contra ataques berberes. A *Panther* foi provocativamente substituída por um navio maior, o *Berlin*, causando grande indignação nos franceses, que viam aquilo como uma violação de seus direitos no Marrocos. Boatos de guerra entre a Alemanha e a França se espalharam, e a França apelou aos ingleses por apoio nesse episódio, o qual se tornou conhecido como a crise de Agadir.

O mundo parecia ter vários outros barris de pólvora enterrados ameaçando explodir. Logo no início de 1910, muitos homens e mulheres na Inglaterra duvidavam que o governo liberal fosse melhorar o suficiente seus salários e condições de vida. A violência irrompeu em Gales durante uma greve nas docas, e tropas foram chamadas pela polícia local. Winston Churchill, na época ministro do Interior, desviou os soldados e mandou que o trem deles parasse antes de chegar à cena dos tumultos – não queria o Exército Britânico usado para intervir em assuntos industriais. Os Tories voltaram-se contra ele acusando-o de covarde. Não havia trégua no enfraquecimento do poder imperial. Na Espanha, em 1912, dois primeiros-ministros foram assassinados a uma semana um do outro. A confiança de todos no mar ficou irrevogavelmente abalada quando um navio de linha regular, o *Titanic*, o maior vaso nos mares, desapareceu sob as ondas, perdendo 1.635 vidas, inclusive a de J.J. Astor, um dos homens mais ricos do mundo, cuja fortuna era avaliada em mais de 85 milhões de dólares.

Na época em que Louis e Albert seguiam para alto-mar, mudanças fundamentais ocorriam em tecnologia, transporte, poder e política – quando os pacatos dias dos carros de tração animal dos tempos eduardianos se encerraram para sempre. No mesmo dia em que Albert embarcou no *Cumberland*, 17 de janeiro de 1913, o último *omnibus* puxado a cavalos transportava seus passageiros pelas ruas de Paris pela derradeira vez. Foi um ano extraordinário para o progresso; a era da manufatura artesã estava sendo sistematicamente extinta com a introdução, por Henry Ford, do sistema de esteira transportadora para montagem em massa. As eras vitoriana e eduardiana entravam na Idade Moderna, embora aos olhos de Albert nada parecesse muito moderno em seu período de adaptação a bordo daquele navio barulhento movido a carvão. Não havia favoritismo para proteger o filho do Rei, que teve de transportar carvão com o resto da guarnição numa faina que o deixava coberto de fuligem após içar sacas imundas para alimentar a fornalha. Albert "tornou-se, como todo o resto, 'um demônio de olhos rubros e dentes faiscantes' a se esfalfar no breu de uma carvoeira encardida onde as sacas vazias eram baixadas em tipoias para receber o carvão e de novo ser lançadas para cima antes da chegada do lote seguinte de sacas vazias". Enquanto o príncipe se esgotava naquela faina extenuante, o mundo anunciava o surgimento do motor de combustão interna como o meio de propulsão da nova era.

Thomas Cook não teria conseguido melhorar seus itinerários em matéria de recreios glamorosos quando Louis e Albert partiram de Devonport num tempestuoso dia invernal. Rumaram para as Ilhas Canárias antes de cruzar o Atlântico em direção às Índias Ocidentais, aportando de ilha em ilha entre St. Lucia, Trinidad, Barbados, Martinica, San Domingo, Puerto Rico, Jamaica, Havana e Bermudas. O navio então navegou para climas mais frios e os grandes espaços abertos do Canadá – Halifax, Quebec, Gaspé, e St. John, Terra Nova – antes da longa singradura de retorno a Plymouth. Foi uma travessia maravilhosa com poucos percalços. O único transtorno memorável, lançou Louis em seu diário, foi um jantar em que dezenas de pratos e copos se espatifaram no piso do convés quando uma espia partiu e o navio deu um solavanco para vante. Houve então uma breve crise, pois o *Cumberland* boiou à deriva por quase duas horas até a tripulação gerar vapor suficiente para levá-lo de volta à posição.

Oficialmente encarregado de Albert a bordo do *Cumberland* estava o comandante Henry Spencer-Cooper, um jovem oficial conhecido como Scoop, que era um dos amigos íntimos de Louis. Scoop tinha sido o supervisor de Albert em Dartmouth, onde o encorajou a fazer equitação e corrida *cross-country*. Eles caçavam faisão com cães e se tornaram bons amigos. Para Albert era um reforço à sua rede de segurança ter Louis para conselhos e camaradagem a bordo. Uma mudança crucial ocorrera desde Osborne. Albert não era mais um menino saído diretamente da *nursery*; achava-se agora na véspera da maioridade após quatro anos de árduo esforço nas academias da Marinha, fato que o colocava num patamar ligeiramente mais próximo de Louis.

Era um importante rito de passagem para Albert; sua primeira viagem no mar e a primeira ocasião inteiramente separado da família e de seu país. Mas conquanto Louis tivesse boa resistência marítima, a de Albert era bem menor. "Os aspirantes estavam doentes, portanto não dei nenhuma instrução," anotou em seu diário um jovem aspirante chamado Frank de Winton, logo no início da viagem, quando o *Cumberland* entrou na baía de Biscaia. Mas pelo quarto dia, embora ondas maciças ainda golpeassem o navio, as instruções navais para os aspirantes foram iniciadas. Logo assimilaram algumas táticas básicas de sobrevivência juntamente com rudimentos de marinharia. "A maioria de nós aprendeu que é melhor alimentar-se embora tenha-se de vomitar tudo pouco depois. Aprende-se também que, sendo inevitável, isso deve ser feito no bordo de sotavento,"escreveu de Winton. Somente quando o navio alcançou Tenerife, acalmaram-se o mar, o ânimo e o estômago dos rapazes.

Durante a viagem, os aspirantes tinham de mostrar aos oficiais que podiam pôr as teorias da navegação em prática. Caso tivessem mau desempenho, não se habilitariam ás insígnias de oficial. Para os oficiais, tudo era menos estressante; na verdade, parecia às vezes que levavam uma vida de ócio. Louis jogava tênis, hóquei, rúgbi e nadava em todo porto onde surgisse a oportunidade. Também achava tempo para participar de uma série de bailes à fantasia, danças e piqueniques, frequentemente oferecidos por generosas socialites "ladies exuberantes," ansiosas por receberem os jovens oficiais navais.

Sua relação com Albert ainda não mudara daquela de um professor e seu aluno favorito. Albert se dirigia a Louis como "Dr Greig," enquanto Louis chamava o Príncipe por seu primeiro nome. Com o aprofundamento da amizade entre eles através dos anos, Louis o chamaria de "Bertie" quando estavam a sós, porém sempre "Sir" na presença de qualquer outra pessoa. O príncipe então o chamaria

Elo com a realeza

"Greig, e só muito tempo mais tarde usaria o primeiro nome. Louis tinha trinta e três anos de idade ao passo que o Príncipe era como um potro de dezoito anos, de quem ele disse ao irmão Robert precisar de encorajamento e estabilidade. O rapaz era um magricela imaturo para a idade e longe de ser autoconfiante.

Uma foto de Albert no *Cumberland* mostra-o parecendo mais um pequeno limpador de chaminés do que um príncipe da realeza. Seu rosto está tisnado de fuligem, após a manhã inteira carregando sacas de carvão para a casa das caldeiras. Um boné de pano prende as orelhas e o cabelo. A poeira preta em seu rosto faz com que os olhos pareçam muito grandes e brancos. Suas roupas estão um piche. Era evidente que ele não gozava de nenhum favor especial. Esta é provavelmente uma imagem bem mais realista da vida no *Cumberland* do que a do seu conhecido retrato, todo escovado e brunido, solenemente em posição de sentido no elegante uniforme naval escuro.

Por um período de mais de cinco anos e meio, entre 1908 e início de 1914, Louis supervisionou os cuidados médicos e o treinamento de centenas de aspirantes navais. Ele era o que seus colegas oficiais se referiam como um clássico papai do mar – guia carismático a quem os aspirantes instintivamente se voltavam para pedir conselhos e cujo exemplo seguiam. Como sempre, imensa devoção atlética e linguagem colorida faziam-no sobressair. Sua ficha oficial indica especial habilidade para lidar com os mais moços.

Porém Louis não era um mentor beatão nem, certamente, bonzinho; ele atraiu a imprensa marrom em sua primeira viagem de serviço no *Cumberland*, dezoito meses antes de Albert chegar ao navio. Não foi sua prática médica, mas um impudente contato com uma dama estrangeira que o trouxe para os holofotes. Um jornalista do *Daily Mirror* ouvira sobre o seu atrevido comportamento num baile grego em Alexandria e ridicularizou sua inquieta galanteria com um artigo cuja manchete era "O estilo da Marinha":

> Divertida história de um oficial naval nos chega de um dos portos do Mediterrâneo. A população local empenhou-se em receber seus visitantes

britânicos, e o baile foi um acontecimento elegante. Um oficial, cujas proezas como jogador de rúgbi não eram desconhecidas, foi apresentado a uma senhora estrangeira de nome impronunciável. Não teve pejo nenhum em dizer com um sorriso sedutor: "Sinto muito. Realmente não consigo pronunciá-lo. Terei de chamá-la de Dolly." E Dolly ela ficou sendo pelo resto da noite.[5]

Em suas primeiras viagens no *Cumberland*, Louis aproveitava qualquer chance de ir a terra firme. Sempre disposto a uma noitada na cidade – drinques e danças ou algum ocasional emocionante andejo pelo cassino local. Seu companheiro de crimes era quase sempre Freddie Dalrymple-Hamilton, um despreocupado oficial naval escocês, já amigo de Elizabeth Bowes-Lyon, que ele havia conhecido quando se hospedara na residência da família Glamis Castle, na Escócia, em agosto de 1911. "Minha primeira visita. Muito contente por ver Lady Rose novamente. Fui apresentado à sua irmã mais moça, Elizabeth, que é um anjinho!!!"[6] Ele estava sempre pronto para alguma diversão um tanto à la Bertie Wooster. "19 de agosto: Traje à fantasia – Elizabeth com uma roupa antiga dos tempos georgianos. Dançamos um *reel* escocês durante o qual minhas calças caíram e eu tive de sair em emergência!!!" É muito pouco provável que tanto um quanto outro sequer houvesse mencionado Elizabeth Bowes-Lyon entre eles nessa época, embora Dalrymple-Hamilton tivesse uma certa queda por ela.

Em Monte Carlo, em 1912, ele e Louis jantaram no Café de Paris e depois "perderam cerca de sete libras nas mesas de jogo. (No ano 2000 seria o equivalente a 280 libras.) No dia seguinte, eles ofereceram "um grande chá dançante para dezesseis senhoritas" e depois compareceram ao jantar de gala dado pelo comandante do *Leonardo da Vinci*, um *dreadnought* italiano. Em Gênova, os dois marujos foram a nightclubs e bares, traçando uma sequência de "coquetéis & outros venenos medicinais que tais" antes de se juntarem a uma multidão de trezentos estudantes também em festa. Pela narrativa de Dalrymple-Hamilton, Louis foi a alma da noite: "Os estudantes muito satisfeitos com nossa presença, fizemos discursos e fomos ruidosamente aplaudidos. Greig, no meio da rua, estendeu e sentou-se no casaco dizendo estar tonto com a dança deles ao seu redor. Era o herói do momento & e os manteve em órbita por meia hora!"[7]

A energia de Louis parecia sem limites; desembarcado, jogava partidas de rúgbi ou hóquei pela manhã, seguidas por três sets de tênis durante a tarde, e depois saía à noite. Mesmo que fosse uma simples cantoria em grupo, lá estava ele. "Tivemos uma noitada alegre. Eu representei *Farmer Giles*... é claro que Louis Greig também cantou."[8]

Louis estava no auge de sua forma física, e Dalrymple-Hamilton achava exaustivo acompanhá-lo. "Não me senti particularmente bem hoje cedo. Banhei-me no clube e fui a duas lojas com Greig. À tarde, jogamos hóquei contra o time do cruzador ancorado no porto, & folgo em dizer que os derrotamos por três a zero. Um jogo bom e rápido, um tanto cansativo especialmente após três partidas de tênis em que Greig insistiu para eu ser parceiro."[9]

Embora os primeiros tempos na Marinha tenham sido para Louis de muita diversão, ele queria, substancialmente, mais da vida do que vertiginosos circuitos de festas e jogos. Questionava o mérito de seu fácil estilo de vida de busca aos prazeres; seu lado escocês-puritano lhe agulhava culpa, mesmo que também passasse por fases de má sorte. Ele quebrou uma costela e teve um dente da frente arrancado num jogo de rúgbi particularmente duro contra o *HMS Implacable*. Desnecessário dizer, havia mais do que a ocasional ressaca quando generosas porções navais de bebida ficavam ao alcance fácil. "Jantei a bordo do *Tereraine* & subi pelas paredes," registrou envergonhado em seu diário, resumindo aquela temporada como "melhor fisicamente porém pior moralmente – o primeiro graças a Muller (exercícios); o último, graças à oportunidade."

O que dava à sua vida um senso de propósito eram os deveres médicos e o treinamento físico de seus aspirantes. Louis tinha dois consultórios, um para oficiais e outro para o restante da tripulação. As enfermidades e indisposições iam de tentativas de suicídio a sífilis. Ele procurava levar as coisas de forma leve: ao tratar o aspirante Arbuthnot atacado pelo sarampo alemão, considerou o que chamou de "a desagragravel questão da nacionalidade do sarampo! Eruptiva como um alemão. Quente como o sarampo." No entanto era um problema sério que podia pôr o navio inteiro em quarentena. Geralmente não era assunto para gracejos, como na vez em que um marinheiro chamado Martin foi encontrado "muito caído, sem fôlego, parecendo estar mal." Dois dias depois Martin estava morto. Dez dias mais tarde Louis lidou com um suicídio: "Notícias assustadoras. WHG atirou em si mesmo, às 2h30 madrugada. Pobre rapaz. *Cherchez la femme*. Relembrando tempos atrás, ele me disse que o faria caso as coisas não dessem certo." Trabalho de médico em navio era imprevisível.

Louis sempre teve consciência, desde a morte do pai quando tinha dezenove anos, que a sua era a única geração de homens sobrevivente na família. Nunca pôde mostrar seus êxitos ao pai. David Greig morreu antes de ele ter jogado pela Escócia e mesmo antes de ter se formado. Isso deixou-lhe o anelo de provar a si mesmo de um modo ainda mais forte do que se o pai estivesse presente para dar-lhe a aprovação que ansiava. Albert achava-se em situação similar, mas por motivos muito diferentes. Queria também, desesperadamente fazer o pai orgulhoso dele, mas até então falhara em boa parte. Em casa, com seus joelhos valgos, fora considerado quase um aleijado; na escola, ficara entre os últimos da classe, sempre gaguejando e hesitante. A bordo do *Cumberland* ele finalmente teve sucesso, passando nos necessários testes para se tornar oficial. Louis sempre afirmava que Albert tinha potencial para o êxito. Admirava sua coragem e determinação em perseverar diante do insucesso. "Ele é um cara de primeira ordem, sempre tentando, mas do que ele precisa mais que tudo é de uma mão amiga, de algum encorajamento," disse Louis ao irmão Robert. De certo modo, Albert era o patinho feio, famosa e injustamente comparado com o irmão mais velho, um faisão elegante. Louis sentia que isso não era verdadeiro e sempre esperou que um dia um cisne seria comparação melhor – um cisne ainda filhote, de penugem, desesperado para alçar voo. Para Albert foi um impulso enorme ter alguém como Louis acreditando nele. Muitos anos mais tarde, Martin Charteris, ex-secretário particular da Princesa Elizabeth e também quando ela se tornou Rainha, comparou a contribuição de Louis ao papel de um psiquiatra. "Ele escutava, estimulava, ajudava. Ele possibilitou a Albert ajudar a si mesmo. Foi o médico que acreditou ser possível aprumá-lo depois de uma infância que trazia em si suas próprias peculiaridades. Louis era o homem certo no lugar certo para ajudá-lo a alcançar seu potencial."[10] Mas havia uma dimensão adicional em seu papel com o Príncipe. Por mais fora de moda que possa parecer hoje em dia, com tanto cinismo em relação à família real, Louis era um dedicado monarquista. Ter a chance de ajudar o filho do Rei era algo de que se sentia orgulhoso, patriótico e privilegiado.

Nesse entretempo em que trabalhava e se divertia com o mesmo vigor, Louis sempre pressentiu que oportunidades maiores o esperavam. Durante uma violenta tempestade na baía de Biscaia, deitado no beliche, a cabeça rodando de enjoo e tontura, ele tentou expurgar sombrios pensamentos espelhados nos versos que copiou em seu diário:

> *Quando seu coração pesar*
> *E sua cabeça entristecer*
> *Não pense em seus incômodos*
> *Mas no bom tempo que teve.*

Copiou também versos de Dante Gabriel Rossetti:

> *Olhe para mim! Meu nome é Podia ter sido;*
> *Também me chamam Não mais, Acabou, Adeus.*

Inevitavelmente ocorria uma sensação de imobilidade, de estar preso a bordo de um navio com um grupo de aspirantes navais enquanto o "mundo real" passava por ele. Mas o que as anotações no diário de Louis indicam mais claramente é que ele detestava estar perdendo oportunidades: "A cada ano que vivo fico mais convencido de que o desperdício da vida está no amor que não demos, no poder que não usamos, na prudência egoísta que nada produzirá, & que se esquivar de sofrer pode ser também esquivar-se da felicidade. Ninguém jamais ficou mais pobre, a longo prazo, por ter uma vez na vida desembestado e soltado as rédeas." Mas seu otimismo natural logo afugentaria para longe tais reflexões graves e sombrias, que fundamentalmente iam contra a natureza do seu caráter.

Para Albert, a viagem às Índias Ocidentais foi uma oportunidade maravilhosa para escapar da claustrofóbica sombra de sua família. Foi na verdade seu primeiro passo adulto. Foi difícil para Louis e Albert não se divertirem no Caribe de 1913, com os encantos das praias cheias de palmeiras, fruta-pão, mangas, cocos, mar de águas mornas e clima tropical. Solidificaram a amizade passando tempo juntos, dentro e fora do navio. Havia períodos de sobra para o ócio em terra, e o Príncipe teve ocasião de relaxar mais do que a maioria dos outros aspirantes, agora que se tornara mais difícil tratá-lo como os demais, o pai sendo o Rei. Ele era selecionado para convites de grandes senhores expatriados, e Louis em geral ia de acompanhante. Dignitários locais queriam apertar a mão do filho do Rei-Imperador, e ele precisava de alguma proteção contra superadorosos aduladores.

Albert rapidamente descobriu os perigos e os prazeres da atenção de desconhecidos e fez uso de um colega aspirante muito parecido com ele fisicamente. Esse sósia funcionou como um perfeito engodo para afastar espectadores curiosos e entrou num pacto secreto com Albert, substituindo-o em funções menores onde não precisaria discursar. Algumas vezes ele não teve como escapar. Em Bridgetown, Barbados, onde plantou uma árvore comemorativa, foi abordado por caçadores de autógrafo. "Minha letra é tremendamente ruim," disse, "e tenho um montão de nomes. Vocês querem todos?" Em Kingston, Jamaica ele foi vítima de uma "loucura de agarramento." Qualquer parte de sua roupa ou do corpo era trunfo.[11] Mais de oitenta e cinco anos mais tarde, o bisneto de Albert, o Príncipe William, enfrentaria dificuldades similares quando no Canadá em uma de suas primeiras viagens ao exterior.

Quando a 10 de fevereiro o *Cumberland* ancorou em St. Lucia, na segunda maior das Ilhas Windward, situada entre São Vicente e Martinica, Louis desembarcou com Albert. "Depois do almoço fizemos a visita no hospital até três horas. Então troquei de roupa e joguei tênis na quadra da polícia com Mr Cooper e o Dr Greig," registrou Albert em seu diário.[12] Louis treinava-o no tênis, mas ele ainda não era bom o suficiente para jogar no time do navio com Louis quando o *Cumberland* jogou com St. Lucia três dias mais tarde.

Louis nem sempre tinha vontade de escoltar Albert nas excursões em terra. Um homem de trinta anos tinha outras ideias para suas licenças em terra além de servir como acompanhante de um noviço adolescente, em especial um príncipe, quando qualquer coisa errada seria rápida e publicamente conhecida. A responsabilidade em geral caía em Louis. Em 26 de março ele escreveu, um tanto amuado, que "tinha de levar HRH (Sua Alteza Real) a uma regata, um negócio cruel." Reclamação rara, mas a tarefa de pajear continha sempre o elemento de tomar conta. Não podia haver travessuras animadas em bares e cassinos como nas viagens anteriores de Louis no *Cumberland*, e nada de "passar da linha."

Durante todo o cruzeiro, mesmo a milhares de milhas distante de qualquer capital europeia, a política nunca se alheava. Albert inteirou-se que seu tio-avô, o rei da Grécia, fora assassinado, e a bandeira do navio foi então posta a meio mastro. O rei George V enviara de Windsor a triste notícia, claramente abalado. "Nosso querido velho tio Willy, rei da Grécia, foi assassinado em Salônica, por um grego. Foi horrível. Ele saiu para seu passeio pelas ruas, quando aquele irracional chegou por trás dele & varou-lhe o coração com um tiro."[13] Porém, mesmo com tais eventos calamitosos, era difícil para um adolescente, tão longe de casa, atentar para as amplas implicações de um regicídio. O ano de 1913 prenunciou mudanças, mas Albert, encasulado em casas reais ou isolado na Marinha, não estava na verdade em posição de notar isso. Foi o ano em que se publicou *Morte em Veneza*, de Thomas Mann e apresentou-se *A Sagração da Primavera*, de Stravinsky. O cinema começava a se tornar entretimento de massa para milhões de pessoas, com Charlie Chaplin realizando 35 filmes curtos em 1913. Tudo anunciava novos começos e ideias. Os fundamentos de uma guerra calamitosa iam lentamente surgindo – embora só evidentes para poucos – pois guerra e matança foram infelizmente um destaque anual da primeira década do novo século. Imperdoavelmente, a cremalheira que por fim deslancharia a mais horrenda carnificina, ia sendo engatada aos poucos.

Os dias em terra nas várias ilhas parecem, em retrospecto, um período pré-guerra de bucólica inocência das Arcádias. Na ilha de St. Lucia, Louis alugou oito cavalos em Soufrière, aldeia próxima do Gros Piton e do Petit Piton, dois vulcões recobertos de florestas, crateras elevando-se em abruptos perpendiculares a 750m de altitude, criando um dos mais dramáticos panoramas marinhos de todo o Caribe. Louis, Albert e sete outros cavalgaram por 16km ao longo da costa onde podiam ver *soufrières*: ventos do vulcão que exsudam gás sulfídrico, vapor e outros gases, e depositam enxofre e outros compostos. Passaram horas memoráveis a localizar o colorido papagaio de St. Lucia, o *Amazona versicolor*, antes de visitar Laffittes parando para almoço com Malet Paret, cavalgando de volta via outras nascentes de enxofre. Os moradores estavam fascinados com um filho do Rei, e Louis anotou "a entrada real deles em Soufrière." Tudo isso foi como um sino para Albert, uma revelação – após os anos nas residências frias, nervosas, do avô e do pai – ver-se nas longínquas Índias Ocidentais, com o ensejo de nadar, jogar tênis, com ofertas de coquetéis de rum e quilômetros de praias de areias brancas.

Deixando St. Lucia, foram rumo ao sul para Trinidad, a mais meridional das ilhas do Caribe, disposta geograficamente a apenas sete milhas da costa venezuelana. Louis desembarcou para assistir o MCC jogar contra as Índias Ocidentais e depois, à tarde, jogar um pouco de tênis. Era uma vida de fantasia, nadar no mar, o baile a rigor na casa de um residente inglês, Sir Townsend Fenwick, e ainda outro baile na noite seguinte no palácio do governo, em Port of Spain. No sábado, 1º de março, Louis e Albert, com o comandante e o embaixador britânico fizeram turismo de carro por mais de 90km pela montanhosa ilha, até a baía de Manzanilla na costa leste. Na volta, jantaram novamente na casa do governador. E assim seguia esse padrão de lazer, conforme iam de Trinidad para Barbados, com mais uma usual rodada de *"at homes,"* tênis no Savannah Club e bailes. Louis acompanhou Albert a uma gincana de pôneis, na qual o Príncipe venceu a corrida de 200m para pôneis de polo, e foi *placé* no Polo Scurry de 100m. Albert também venceu a Farmyard em que os competidores montados não só tinham de percorrer o trajeto, mas também imitar algum pássaro ou animal da fazenda. Teve que imitar um jumento, e seu zurro perfeito foi premiado.

Bermuda foi a parada seguinte. "Scoop, eu, S.A.R. & de Salis jogamos tênis & comemos morangos com creme." Ali, a tendência de Louis para a informalidade causou-lhe uma vergonha quando, depois de levar alguns aspirantes para jogar futebol, ele os trouxe para um chá dançante no palácio do governo. O problema foi que nenhum dos rapazes trouxera outro sapato além das chuteiras. "Tremendo gelo na chegada," anotou Louis.

A viagem foi mais divertida para Louis; o Príncipe estava ainda entre os mais inferiores em questão de posto, tratando de tarefas humildes. Enquanto Louis tinha sua própria cabine e um consultório, os aspirantes viviam em circunstâncias bem menos nobres sob o convés de baixo, como Swinton recorda: "Uma das primeiras coisas que tínhamos de fazer era aprender a armar a rede, soltá-la e dobrá-la, tudo feito de forma esmerada sob as instruções do aspirante artilheiro Mr T Ahearn, um baixote de barba ruiva e voz esganiçada."

A rotina para Albert foi a mesma na maior parte dos dias. Alvorada e revista às seis horas, com tempo apenas para uma rápida xícara de chocolate antes da educação física coordenada por Louis; banho e desjejum; divisão do trabalho; grupos de trabalho por posto ou na sala de aula com o instrutor; e sempre a última coisa à noite, armar a própria rede."[14]

Deixando o calor do Caribe para trás, eles navegaram em direção aos climas mais frios da América do Norte. Entraram pelo rio St. Lawrence a caminho de Quebec, onde aportaram, e os aspirantes foram levados para ver as cataratas de Niágara. Albert foi seguido de perto pelos repórteres desejosos de, pelo menos, um membro júnior da família real fazer-lhes algum comentário. O *Toronto News* citou-o dizendo: "De fato, não me importo de ser entrevistado. Mas não aguento esse enxame de mulheres com câmeras. Não fui incomodado por nenhum homem, mas essas mulheres me perturbam. Elas são *suffragettes*?" Tais comentários mostraram falta de sofisticação e desconforto social, mas no geral ele conseguiu simpatia da imprensa. O *Montreal Daily* descreveu-o "de cabelos claros, rosto corado, compleição clara com um toque de bronzeado no rosto, ele parecia estar vendendo saúde e animação." Teve o maior prazer em reportar que "não havia 'S.A.R.'; havia apenas 'rapazes,' e o Príncipe era um deles" no jantar para os aspirantes no Place Viger Hotel. É interessante comparar o constrangimento do príncipe Charles, então um menino de quatorze anos, em Gordonstoun, quando foi visto num *pub* e interrogado por um jornalista *freelance* ao pedir um *cherry brandy*, por certa vez o ter bebido numa caçada. Albert não foi menos inocente quando a garçonete veio anotar os pedidos.

"Vou querer vinho do porto," disse um deles.

"Vamos pedir uma garrafa de borgonha," sugeriu outro.

"Para mim um refrigerante," pediu o príncipe polidamente, e ele mesmo pagou pelo pedido.

Albert era ainda um menino fazendo a passagem para a vida adulta. Sua ingenuidade e falta de malícia eram transparentes; ele precisava da mão de alguém mais velho e experiente a orientá-lo. A viagem às Índias Ocidentais e ao Canadá certamente abriu seus olhos para novos mundos. Na baía de St. George, Louis e o Príncipe foram recebidos por um comerciante beberrão chamado Reid, "um bom sujeito, milionário dipsômano."[15] Em sua casa não se servia refrigerante; de preferência, gim em garrafas até Reid ficar definitivamente vermelho. Seguiram para St. John's, Terra Nova, lugar onde Albert lembrava ter ido "para terra com Dr Greig (...) e depois de automóvel para ver a criação de Reid de raposas negras e saímos pela costa. Retornamos para sua casa, tomamos chá e voltamos para o navio."[16] Louis admirou baleias esguichando, focas brancas, e comprou curiosidades. Ele anotou que "2 divertidas fotos de PA &

de mim, foram tiradas quando desembarcamos." Foi uma mudança bem-vinda de clima e de ritmo, com apenas um revés quando Albert, numa lancha, quase foi jogado ao mar por uma rajada de vento.[17]

Já iam os meados do verão quando eles finalmente voltaram para a Inglaterra, aportando em Plymouth em 8 de julho de 1913. Todos os aspirantes tiveram uma semana de licença antes de continuarem o treinamento ao largo do Nore, no estuário do Tâmisa. O périplo terminou formalmente com uma visita do Rei e da Rainha à cidade portuária de Cowes, em 3 de agosto, quando soou o apito de bordo para eles, enquanto Albert e o restante da tripulação permaneciam em posição de sentido. Na formatura dos outros oficiais, Louis foi pessoalmente lembrado para agradecimento por seu empenho para com Albert – o qual havia preenchido todas as exigências para ser oficial. O Príncipe foi imediatamente designado para o *HMS Collingwood*. O Rei esperava agora que ele progredisse por si mesmo. Nesse interregno, Louis permaneceu no *Cumberland* por quase um ano mais. Porém, com a perspectiva de guerra se intensificando, ele pediu para ser transferido para os Royal Marines. Incorporou-se ao batalhão de Portsmouth em Deal, no momento em que a ameaça de conflito com uma Alemanha cada vez mais agressiva tornava mais e mais plausível que ele logo se tornaria um cirurgião de guerra.

Durante a crise de Agadir, quando a Alemanha provocativamente havia mandado uma belonave à costa marroquina, o instinto inicial de Winston Churchill foi de evitar qualquer confronto enquanto os alemães incitavam a França a uma rixa sobre esse porto insignificante da costa atlântica. Mas Churchill temia o pior, e por isso, como ministro do Interior advogava uma aliança preventiva de Inglaterra, França e Rússia, com o fim de garantir a permanência da Bélgica, da Holanda e da Dinamarca fora de hostilidades. Herbert Henry Asquith, o primeiro-ministro liberal, impressionou-se o suficiente para nomear Churchill Primeiro Lord do Almirantado em outubro de 1911, com a principal tarefa de fazer com que a Royal Navy mantivesse a supremacia sobre a esquadra alemã.

Por volta de 1914 Churchill tentou diminuir a corrida de

armamentos e reduzir o que ele chamou "a perniciosa concentração de esquadras em nossas águas" propondo que a Alemanha e a Inglaterra enviassem seus navios à África e ao Extremo Oriente. Ainda tentando aliviar as relações anglo-germânicas, sugeriu conversas secretas apaziguadoras com o almirante Tirpitz, ministro alemão da Marinha, porém isso foi vetado por Henry Asquith, que temia "um terrível estardalhaço na imprensa europeia."

Como solução conciliatória de meio-termo, Churchil enviou um esquadrão naval inglês para a regata de Kiel em meados de junho de 1914. Posteriormente ele relataria um efeito bastante promissor desse gesto diplomático que, no entanto, teve curta duração. "Oficiais e marinheiros andavam lado a lado pela hospitaleira cidade, jantavam no refeitório ou no cassino dos oficiais dos navios, cheios de boa-vontade. Juntos ficaram, de cabeça descoberta, no funeral de um oficial alemão morto quando pilotava um hidroavião inglês." Mas enquanto ocorria a regata, o arquiduque austríaco Franz Ferdinand foi assassinado em Sarajevo por um bosniano de nacionalidade sérvia. Churchill não viu nisso prelúdios de nenhuma guerra envolvendo a Inglaterra, confiante de que ninguém se atreveria a desafiar o poderio da Marinha britânica. Após uma reunião do Gabinete para discutir as implicações de uma crise na Europa, Asquith escreveu a George V: "Felizmente parece não haver motivo para não sermos mais do que meros espectadores."[18]

A beligerância da Áustria e da Alemanha rapidamente sepultou esse otimismo. No início de agosto, depois de estar a Europa enredada numa terrível série de efeito dominó, com um país a arrastar o outro para o conflito, Churchill viu que a guerra era inevitável para a Inglaterra. "Não considero mais que a ruptura com a Alemanha possa ser retardada por muito tempo," escreveu a Lord Robert Cecil. Sua profecia para a esposa naquele mesmo dia, desacorçoado, confirmou-se mortalmente certa quando previu "uma guerra terrível."

De formas muito diferentes, Louis e Albert seriam testados no conflito que ocorreria; a viagem deles às Índias Ocidentais seria vista em retrospecto mais como um cruzeiro aprazível do que uma preparação para homens em vias de entrar numa calamitosa guerra global. Louis participou das hostilidades como cirurgião nos Fuzileiros Navais, enquanto Albert foi um oficial ávido por se submeter à prova em seu primeiro posto propriamente dito a bordo do *HMS Collingwood*, que se preparava para confrontar a soberba Esquadra Alemã de Alto-Mar. Harry Hamilton, o tenente sênior comandante dos canhões durante a maior parte do turno de Albert no *Collingwood*, era gentil e atencioso porém não se comparava com Louis. A timidez e a gagueira ainda afligiam o tenente de dezoito anos, que por razões de segurança era identificado a bordo como Johnson. "Johnson está muito bem, cheio de vigor jovem e contentamento, mas eu não consigo obter uma palavra sequer dele; trata-me com grande respeito e parece sentir muito medo de mim! Ainda bem que ele é tratado exatamente como todos os outros subalternos "ranhosos"; foi mesmo um belo espetáculo vê-lo polindo os metais esta manhã antes das distribuições!"[19] Oficiais subalternos como Albert eram conhecidos como "ranhosos" [*snooties*] devido a seus uniformes terem três botões nos punhos, supostamente para evitar que limpassem o nariz neles. E ele era em si o próprio "*snooty*" sem um mentor para manter seu ânimo elevado.

Na ocasião seguinte em que Louis e Albert se encontraram, a Inglaterra estava em guerra, e o Príncipe voltar-se-ia para ele em busca de ajuda como nunca o fizera antes. Albert estava prestes a descobrir o quanto Louis era essencial para seu desenvolvimento de homem.

4
O Cerco de Antuérpia

―◆―

"Os heroicos fuzileiros decidiram abrir caminho através das linhas inimigas a qualquer custo. Depois de uma peleja quente com o inimigo, conseguiram atravessá-la. Greig ficou para trás permanecendo na estação ferroviária e não foi mais visto depois disso."
The Scotsman, outubro de 1914

OS ACONTECIMENTOS QUE LEVARAM OS INGLESES À GUERRA foram assustadoramente rápidos após o assassínio do arquiduque Ferdinand em junho de 1914. A morte dele lançou a Europa numa crise, ao liberar um encadeamento fatal que o governo inglês, inicialmente, se recusara a crer que levasse a um conflito geral. Em 24 de julho, Asquith minimizou as consequências políticas secundárias entre Áustria, Alemanha, França, Rússia e Sérvia, no resumo escrito dos acontecimentos que enviou ao Rei. Até mesmo Churchill, Primeiro Lorde do Almirantado e responsável por assegurar que a Marinha estivesse preparada para a guerra, mostrava-se otimista quanto à possibilidade de evitar a guerra. "Ainda há esperanças," escreveu ele à esposa, Clementine, em 31 de julho, "embora as nuvens estejam cada vez mais carregadas. A Alemanha percebeu, acredito, a magnitude das forças contra ela & procura tardiamente refrear sua aliada idiota. Estamos agindo para acalmar a Rússia."[1] Infelizmente, os beligerantes austríacos não aceitariam as desculpas da Sérvia, nem as promessas de castigo para o assassino do Arquiduque.

Quando a Alemanha invadiu Luxemburgo em 2 de agosto, foi um claro sinal também de invasão da neutra Bélgica. Mesmo que a Inglaterra hesitasse em ser arrastada a uma guerra pela honra de promessas verbais de ajuda à França, o tratado assinado com a Bélgica exigia ação. Os alemães impudentemente ignoraram cada ultimato inglês e estavam determinados a avançar pela Bélgica, com o objetivo inicial de derrotar o exército francês antes de se voltarem para o leste, em direção à Rússia. E assim, no dia 5 de agosto, a Inglaterra declarou guerra à Alemanha.

Em 22 de agosto, o I e o II Exércitos alemães estavam agrupados na região central da Bélgica. Frente a eles, tropas de três nações: a Força Expedicionária Britânica entre o rio Mons e a fronteira francesa, os belgas protegendo a cidade-fortaleza de Namur, e a ala esquerda dos franceses nas adjacências de Charleroi. Duro golpe sofreu o moral inglês, em casa e na batalha, quando a Força Expedicionária Britânica teve de recuar do Mons ao ver ambos os flancos expostos após o exército francês ter se retirado por conta própria, e Namur ser abandonada pelos belgas. A descrição de Churchill da expressão de Lord Kitchener quando lhe contou o revés foi que "seu rosto torceu-se e descorou como se tivesse levado um soco."

Isso foi quando e porque Churchill decidiu enviar os Fuzileiros juntamente com duas outras brigadas navais para Ostend, com o propósito de desviar a atenção dos alemães e dar a impressão de que uma força armada maior estaria prestes a desembarcar. Mais de 3 mil *marines*, inclusive o batalhão de Portsmouth, desembarcaram em Ostend. O Alto-Comando alemão caiu na trama de Churchill quando circularam rumores de uma grande tropa estar sendo reunida, que se transformou na convicção de que 80 mil russos faziam parte dela. Porém, embora em teoria fizesse sentido enviar excedentes de marinheiros que de outra forma não estariam lutando, a verdade é que eles não tinham treinamento, eram frequentemente relutantes e estavam completamente despreparados para o tipo de combate que se esperava deles.

Em outubro de 1914, Louis Greig, agachado dentro de uma fria e lamacenta trincheira na desolada costa belga, assistiu às rajadas em arco de *schrapnel* sobre a cidade de Antuérpia em chamas. Foi um dos mais lúgubres panoramas da Europa Ocidental: uma deprimente planície de campos abertos, intercalados

O cerco de Antuérpia

de pastagens e terras aradas, sobre um lençol de água que flui quando se faz qualquer escavação além de alguns arrancos de pá. O porto se transformara num inferno espumante depois dos constantes bombardeios alemães, e os exércitos ingleses e belgas pouco podiam fazer agora para evitar que ele caísse nas mãos das forças avançadas alemãs.

Foi a primeira mostra da guerra para Louis, apenas cinco meses depois de ter sido transferido para os *marines*. Ele desejara um desafio a mais na vida profissional; o cerco de Antuérpia foi um rude choque para todos os marinheiros que se viram lutando em terra, testados ao limite extremo. Sem delongas, Louis se viu lançado numa guerra caótica. "Escapei por pouco hoje. Um estilhaço varou a parte carnuda do meu ombro esquerdo, mas não havia tempo para intervalos," anotou Louis em seu diário, um gasto caderno encapado de preto que ele carregou consigo durante toda a guerra. Vestido com o uniforme cáqui de campanha dos fuzileiros, com o emblema da Cruz Vermelha bem visível no braço, Louis tratava os feridos onde eles tombavam ou os removia para um posto temporário de primeiros socorros com a ajuda dos padioleiros e do pessoal de ambulância de St.John. Ele tinha um motociclo com *sidecar*, mas a maior parte do tempo ele contava com o carro de outros para lhe dar carona ou ajudar a transportar feridos. "O capitão Coade foi atingido no peito, no posto avançado & trazido para mim. Como ele estava um pouco fora de si, levei-o para Antuérpia e o deixei num hospital da Cruz Vermelha inglesa dirigido por Mrs O'Gorman, um bom estabelecimento com enfermeiras e médicos da Inglaterra."

Louis havia requisitado uma granja de criação de porcos e a transformado em hospital temporário onde ele e um médico belga cuidavam dos feridos trazidos da frente. O odor de esterco de porco enchia o ar enquanto ele e seus auxiliares instalavam camas provisórias. A granja fora abandonada, seus donos ou estavam mortos ou se juntaram à onda de refugiados das armas alemãs. Tudo longe do ideal em termos de higiene e conveniência, porém melhor do que ficar numa vala ou numa trincheira. Louis tentou arranjar para que os carros da Cruz Vermelha chegassem o mais perto possível a fim de levarem os casos mais graves para hospitais mais bem equipados pela estrada principal – porém frequentemente os feridos tinham de ser carregados em maca pela lama, por terrenos acidentados, arriscando levar tiros de fuzil. Os ferimentos tratados eram em geral estilhaços no pé e na perna, mas ele tinha de estar pronto para todo tipo de eventualidade. "Dois casos precisaram ser operados & enfaixados. Outro começava a gangrenar, e um cabo foi atingido por bala de fuzil que entrou pelo lado esquerdo do peito, passou por trás do coração & se alojou na pele, no lado direito," anotou ele. Louis estava animado, mas ao mesmo tempo horrorizado. Todos aqueles longos e às vezes tediosos anos de estudo de anatomia e cirurgia na Universidade de Glasgow, encontraram seu propósito nos campos de batalha de Flandres.

Os recursos eram escassos e ele precisou tratar dos feridos sem nenhum anestésico ou atadura apropriadas. Improvisava com panos velhos e reclamava vigorosamente que materiais médicos fossem trazidos das bases de suprimento. Passava noite e dia entre os gritos agonizados dos marinheiros atingidos. Em suas idas e vindas a Antuérpia seu carro foi alvo de bombardeio, e precisou dar voltas para contornar crateras abertas por granadas, tentando atinar onde a próxima poderia cair. "Tentei achar meu batalhão que fora mandado sair durante a noite para dar reforço aos belgas. Só depois de alguma dificuldade encontrei-os nas posições," escreveu. O panorama geral era grave e desanimador para o batalhão de Portsmouth: estavam na defensiva, em terra estranha, sob constante fogo de forças superiores:

> Vimos as famosas granadas de 42cm, e seus efeitos eram dos mais aterrorizantes; o solo, por muitos metros em torno, estremecia, e sentia-se o deslocamento de ar mesmo a distâncias consideráveis. Conforme chegávamos perto, as granadas iam regulando o alcance da estrada de ferro e das casas, e por fim uma 42 atingiu-a em cheio; literalmente nada restou dela. Retornávamos às nossas posições quase incapazes de nos mover, devido à fuzilaria que despejavam sobre nós. Nossas trincheiras não tinham cobertura de proteção mas eram bastante fundas, e conseguíamos permanecer ali praticamente sem baixas. Ocorria um estranho efeito nas granadas altamente explosivas

O cerco de Antuérpia

que estouravam. Depois da granada detonar, ouvia-se um curioso som musical, como de um grande mosquito, gradualmente chegando mais e mais perto, não muito rápido. Ficava cada vez mais ruidoso, e por fim, com um malévolo baque, atingia o parapeito da frente ou a parte de trás da trincheira, e viam-se então os fragmentos de granada em vários tamanhos que tinham causado esse som curioso, até nem desagradável, em sua passagem pelo ar.[2]

A luta para salvar a Bélgica continuou sob condições dificílimas. As tropas aliadas eram despreparadas, faltando-lhes coordenação e comando. No entanto, estrategicamente eram de suma importância; Antuérpia era o maior porto da Bélgica, assim como uma das mais poderosas fortalezas da Europa. Os alemães estavam empregando apenas tropas de reserva na área, mas por volta de 3 de outubro, 60 mil homens se aproximavam da cidade. Churchill viu a defesa dela como crítica, ainda mais no caso de a Holanda decidir juntar-se à Alemanha, ou insistir na plena neutralidade, isolando assim aquele porto sitiado de qualquer ajuda pelo mar. "Nenhum avanço alemão à costa marítima, sobre Ostend, sobre Dunkerque, sobre Calais e Boulogne, parece possível enquanto Antuérpia não for tomada," escreveu Churchill.[3] Em memorando datado de 7 de setembro ao primeiro-ministro, ele sublinha essa importância: "Antuérpia protege a vida da nação belga: salvaguarda um local estratégico que, caso capturado, será de uma ameaça extrema.[4] A situação tornou-se mais grave quando a Bélgica soube que a Alemanha planejava sitiá-la por terra. Era preciso a intervenção britânica para evitar uma rendição imediata.

Quando os fuzileiros navais desembarcaram na Bélgica, descobriram, com grande consternação, que Ostend não organizara nenhuma defesa. Os belgas haviam confiado em sua neutralidade e estavam despreparados para a invasão das forças alemãs. "Pusemo-nos a cavar trincheiras e instalar obstáculos de arame farpado em círculo à volta da cidade-fortaleza, num raio de cerca de três quilômetros," registrou Louis. A chegada deles ali pareceu dar algum alívio, pois os alemães inicialmente recuaram sua força principal por mais ou menos 80km. Porém, infelizmente, era a calma antes da tempestade prestes a devastar a cidade sitiada. Antuérpia pode ter sido o que realmente importava para os aliados àquela altura dos acontecimentos, porém a defesa dessa segunda maior cidade da Bélgica acabou sendo uma das menos gloriosas tentativas da Inglaterra na Primeira Guerra Mundial. Winston Churchill, em particular, foi responsabilizado pela rendição da cidade e pela retirada da Força Expedicionária Britânica de 120 mil homens. Churchill foi criticado colericamente por abuso de poder como Primeiro Lord do Almirantado ao criar a Royal Naval Division, uma nova tropa formada das reservas navais. Foi prontamente apelidada de "o exército particular de Churchill." Ele temia, acertadamente, que a Grã-Bretanha não tivesse tropas terrestres suficientes, mas infelizmente seu novo exército – uma coleção caótica e mal equipada de marinheiros, muitos dos quais relutavam em lutar em terra firme – não era solução.

Entre os "novos recrutas" estava o terceiro filho de Asquith, Arthur. "Estritamente entre nós," escreveu o primeiro-ministro a Venetia Stanley, "não dá nem para dizer o que acho de toda essa loucura. Os Marines, é claro, são tropas esplêndidas & podem ir para qualquer lugar & fazer qualquer coisa: mas nada pode justificar Churchill (que conhece todos os fatos) por ter enviado para lá as outras duas brigadas navais."[5] Também inflamados estavam os oficiais de alta patente do Almirantado, furiosos com o que consideravam um ostensivo *empire-building* às custas da defesa do próprio país. "Acredito realmente que Churchill não está bem da cabeça," escreveu o capitão Herbert Richmond, assistente de operações, em seu diário. "Esses homens que vão entrar na luta nada sabem. A coisa toda é tão ruim que Churchill devia ser enforcado antes de poder pô-la em prática." Um oficial da Divisão Naval se sentiu sequestrado pelas ambições de Churchill. "Consideramos Churchill o 'inimigo público nº 1' pela simples razão de termos despendido tempo e energia, com grande custo financeiro, em treinamento de serviço no mar para a eventualidade de uma guerra. Quando a guerra acontece, somos transformados em soldados sem qualquer opção, ainda que mantendo a terminologia e muitos hábitos e práticas navais. No entanto,

O cerco de Antuérpia

permanece o fato de que éramos uma força terrestre."[6]

Quando a crise aumentou, Churchill se ofereceu como voluntário para ir pessoalmente a Antuérpia. Já havia planos para uma visita sua a Dunkerque. Foram feitas então mudanças para que ele pudesse ver por si mesmo as dificuldades e as relatasse a Kitchener na volta. Houve intensas discussões a respeito do tempo possível para os belgas continuarem defendendo a cidade e de quando os ingleses dariam início à principal operação de socorro. Churchill visitou as irrisórias defesas em torno da cidade em 4 de outubro. Achou os defensores belgas "cansados e desanimados." O solo estava encharcado depois que grande parte do terreno fora inundado para tentar manter os alemães à distância. A visão de Churchill levado para todo lado num Rolls-Royce, usando um sobretudo escuro e cartola, não podia ser edificante para as desalentadas tropas no terreno. A antipatia era absolutamente mútua, pois ele não estava nem um pouco satisfeito com o que viu. Numa das seções de trincheiras ele considerou a linha parcamente guarnecida e perguntou "onde estavam os malditos homens." Não o aplacou ouvir que todos àquela altura disponíveis estavam em seus postos.[7]

Louis e seus camaradas fuzileiros, infelizmente, não tiveram opção quanto a lutar ao lado dos mal treinados, malsinados, batalhões da Royal Naval Division de Churchill, muitos dos quais estavam ali claramente contra a vontade, sendo mais estorvo que ajuda. Mas não havia tempo para Louis estender-se sobre as temerárias ordens de Churchill, dado que os eventos em terra as ultrapassaram.

O Exército alemão avançou rapidamente sobre Antuérpia, saqueando dezenas de cidades e vilarejos. "A visão da cidadezinha de Orchies era de partir o coração, incendiaram casa por casa até restar de pé somente paredes nuas & nenhum habitante vivo, salvo um gato que recolhemos," escreveu Louis.

As trincheiras eram largas e rasas, dando pouca proteção às exaustas e inexperientes tropas. Foi um dos primeiros exemplos de uma paisagem transformando-se grotescamente em terra devastada, com tenebrosas e satânicas cenas de lama, desordem e destruição, panorama esse que se tornaria excessivamente familiar nos anos à frente. Pesadas bombas explodiam em salvas de três ou quatro, a densa fumaça preta perto ou mais exatamente dentro dos inúteis abrigos, nos quais os homens permaneciam agachados. Qualquer prédio em destaque – castelo, torre ou moinho de vento – ficava sob constante tiroteio. Granadas explodiam na estrada, e bosques distantes se cobriam de lufadas brancas de fumaça. Um cenário lúgubre, em que uma fortaleza após a outra ao redor de Antuérpia eram destruídas por grandes canhões, e linha após linha de abrigos era varrida por fogo de barragem dos canhões de campanha. Churchill, desanimado, assistia a cidade cair "enquanto a infantaria alemã, fraca em número, bisonha em treinamento, inferior em qualidade, forçava seu caminho para a frente em direção à *segunda mais poderosa praça fortificada da Europa.*" Ele estava na verdade mais do que um pouco xenofóbico aqui, pois o exército alemão era considerado, até mesmo por seus inimigos, como bem treinado. Era justamente uma razão a mais para o tamanho erro de julgamento ao opor as Brigadas Navais contra eles.[8] Para os soldados no terreno foi desalentador. Sob bombardeio alemão, transportar os feridos tornava-se ainda mais perigoso para Louis e seus padioleiros. "Passamos por sérios ataques com granadas de estilhaço e tivemos que nos refugiar atrás de uma casa. A caminho novamente durante uma calmaria, entramos direto noutro aperto, dessa vez um pesado tiroteio; nos abrigamos numa vala aberta e logo uma bomba explodiu bem na nossa frente, cobrindo-nos de terra. Quando as coisas estavam ficando realmente complicadas, topamos com uma trincheira onde havia um pessoal do meu batalhão, e ali precisamos ficar por mais de uma hora absolutamente impossibilitados de levantar a cabeça devido ao fogo da artilharia."

Houve duras escaramuças conforme a máquina militar alemã se movia para a frente, até que por volta de 8 de outubro os fuzileiros só esperavam a ordem bastante prevista de um recuo para Antuérpia. As condições de combate eram traiçoeiras, e as perspectivas futuras estavam longe de auspiciosas. Louis se viu num cenário surreal de cadáveres e ruas vazias. "Dirigi-me ao castelo onde estavam nosso hospital-base e o Quartel-General. Tudo me parecia deserto, e exceto um cavalo morto nada vi. Soube que ha-

O cerco de Antuérpia

viam bombardeado a estrada principal para Antuérpia.

Ao passar por uma casa onde alguns outros fuzileiros navais estavam aquartelados, Louis encontrou-os em estado de choque porque uma bomba havia caído dez minutos antes, matando três deles. "Encontrei o castelo deserto. Tudo que ficou foi uma mensagem – *Fomos para Antuérpia* – e uma sepultura recém-cavada. O grupo médico e nosso QG haviam se retirado para mais perto de Antuérpia. Estávamos por conta própria. Seguiu-se um dia horrível de fugas, evitando granadas & vivendo nas ruas & celeiros, à espera de ordens do QG que nunca chegavam."

Por todo lado rumores de uma retirada total – bem recebidos, pois o moral estava baixíssimo. Justamente quando se pensava que tudo a fazer era esperar para então voltar para casa, chega das trincheiras um mensageiro com ordens para que reforços fossem imediatamente enviados para dar cobertura à retirada de extraviados de certa divisão naval. Os belgas também estavam em retirada, e com isso deixaram outras tropas vulneráveis. De coração pesado, os fuzileiros começaram a rumar de volta ao *front*, e depois de marcharem por uma hora e meia, encontraram parte do aparvalhado "*exército imbecil*" de Churchill, não em desordem e amedrontado como lhes haviam dito, mas dormindo e detestando a perturbação. Louis ficou furioso com aquela letargia. "À força de muito xingamento nós os tiramos de lá e disparamos tiros ao ar para fazer os tedescos pensarem que permaneceríamos ali." No caminho de volta, eles presenciaram uma visão da Bélgica quase apocalíptica. "Passamos por ruas absolutamente desertas, exceto por gente morta aqui e ali. Via-se destruição por todo lado, e em três diferentes lugares incêndios enormes ainda fumegavam, um dos quais num depósito de petróleo. Passei por uma casa onde o batalhão de Beith (o 4º Batalhão de nossa brigada) estava escondido, tendo perdido homens cerca de dez minutos antes de minha chegada. Todos em extrema tensão nervosa."

A situação era ainda pior para os belgas, pois centenas de refugiados do país perambulavam pelas estradas principais numa lastimável fileira, deixando para trás os lares destruídos. Antuérpia estava paralisada, e sua gente só podia esperar e ouvir o estrondo das bombas cada vez mais perto e mais intenso. As famosas espiras, os museus, as igrejas, os amplos armazéns ao longo do rio Scheldt e os grandes hotéis davam uma falsa impressão de calma, serenidade e prosperidade.

Na caótica zona de guerra fora da cidade, as dificuldades ficaram piores para os fuzileiros quando um grupo de homens da Royal Navy Division dividiu-se em dois por engano. Uma metade se perdeu da outra. Haviam parado para se abastecer de água, mas quando um grupo voltou, o outro fora embora. Uma preocupação maior tinha sido como atravessar o rio Scheldt evitando ficar encurralado pela vanguarda alemã. "Pareceu que estávamos presos como ratos numa armadilha, mas agimos e por fim retomamos caminho com 'o ridículo exército de Winston,' e encontramos uma ponte de botes pela qual cruzamos o Scheldt," escreveu Louis.

A cadeia de comando das tropas britânicas se rompia, como estava fadado a acontecer. Os fuzileiros estavam nervosos e exaltados, a missão deles parecendo sem foco e sem esperança. "Depois de esperar por uma hora encontramos o homem encarregado do batalhão de vanguarda, e ele disse que *achava* ter perdido o rastro do batalhão. Portanto lá estávamos nós, uma tropa perdida, sem receber ordens, sem saber para onde ir."[9]

Os ânimos se deterioraram ainda mais quando outros três homens morreram numa única explosão de dinamite. Louis estava permanentemente ocupado com os feridos. Ziguezagueou por uma terra de ninguém plana, lamacenta, cicatrizada, até chegar a seu anterior quartel-general e tentou descobrir para onde o hospital-base fora removido, mas ninguém sabia.

> Comecei de carro com dois operadores de ambulância e dois padioleiros, porém atolamos e tivemos de abandonar a viatura; e continuamos a pé. Nos deparamos com violentas rajadas de *shrapnel* & tivemos de procurar refúgio atrás de uma casa. Mergulhamos para dentro de uma vala aberta & uma bomba explodiu bem defronte, cobrindo-me de terra. Achando as coisas um tanto intensas demais, corremos para outra trincheira onde havia gente do meu batalhão, & ali permanecemos por mais de uma hora sem podermos nos erguer

O cerco de Antuérpia

por conta do bombardeio. Parecia que os alemães regulavam os tiros com método considerável. Atingia tudo ao nosso redor. Felizmente, a maioria estourava defronte ou atrás & tivemos poucas baixas. Uma granada alcançou uma casa em cheio, levando tudo pelos ares. Retrocedemos então de volta às nossas trincheiras. A explosão havia matado meu amigo, o médico belga, & seus assistentes. Nossa brigada recuou cerca de 3km para a retaguarda & ocupamos nova posição nos abrigos.

Os recrutas da Royal Naval Division estavam se tornando a ruína da vida dos Fuzileiros. Eles tinham ido na frente, mas em vez de se manterem na estrada em direção a cidade de St. Nicholas, conforme as ordens, haviam feito um desvio incorreto e tomado a direção errada. Um motociclista *marine* foi enviado para tentar trazê-los de volta, mas quando os alcançou, eles haviam decidido avançar para a Holanda. Apenas algumas horas depois, mudaram de ideia e retomaram o alinhamento com os fuzileiros novamente. Estavam famintos, inúteis e eram um peso para qualquer operação militar. Louis achava-se no limite, não sabia mais o que fazer com suprimentos e ajuda médica se esgotando. "Descobri que era o único médico com a tropa, exceto por alguns socorristas do corpo de ambulância de St. John com uma tala ou duas, não tínhamos absolutamente nada de bandagens ou remédios, visto ter perdido valise de campanha na noite anterior." A situação se tornou tragicômica, segundo Louis, quando "um dos atores de praxe" – um soldado da Divisão Naval – atirou em si mesmo e num amigo, e teve de ser carregado numa padiola.

Era uma marcha de 16 km para St. Nicholas, e Louis tratou de pegar carona num dilapidado carro velho e tentar requisitar uma ambulância para transportar os feridos. Na chegada, outras más notícias o esperavam. Um certo pânico se instalou quando o burgomestre lhes disse que os alemães estavam retornando por terem sido empurrados por outras tropas aliadas. Caso fosse verdade, aquilo era um desastre. Louis sabia não haver outra opção a não ser continuar em movimento. "Nossa tropa, por essa ocasião – exceto os 600 fuzileiros – era da utilidade de uma dor de cabeça, pela fadiga, pela falta de munição e de treinamento – portanto nada havia a ser feito senão alterar nosso rumo e tentar encontrar o corpo principal de nossas tropas a fim de escapar dos alemães."

Foi nesse estágio que eles toparam com o último trem de refugiados a caminho de Ostend. Os fuzileiros navais e os homens da Royal Naval Division se dispersaram entre os civis a bordo do trem e sentiram-se, finalmente, a caminho de casa. "Encontramos o trem de refugiados num vilarejo chamado Steykern e depois de nos livrarmos dos pertences domésticos de alguns deles, conseguimos espaço para ficar em pé," escreveu Louis. Mas a sorte não estava favorável. A viagem foi interrompida pelo fogo de artilharia vindo de ulanos dando tiros de inquietação. Tudo que podiam fazer era manter a cabeça abaixada e tentar passar de qualquer jeito. Porém o tiroteio pesado alemão aterrorizou o maquinista fazendo-o parar o trem. Foi um momento apavorante, pois Louis sabia que significava um impasse final. Entardecia quando o tiroteio começou, justamente quando o pôr do sol definhava na escuridão da noite, tornando ainda mais difícil a defesa da posição deles. Ninguém sabia com certeza de onde os alemães atiravam. Alguns fuzileiros saltaram do trem e tomaram de assalto uma casa de onde pareciam vir os disparos. Outros assumiram posições defensivas dentro do trem para revidar os tiros, enquanto as mães refugiadas e seus filhos se amontoavam no chão aterrorizados. Bíblias da família, garrafas de vinho, brinquedos, casacões, cobertores, panelas cheias até a borda e malas gastas estavam jogados em todo canto disponível do trem por desesperados belgas fugindo do próprio país. Crianças eram enfiadas debaixo dos bancos, enquanto os adultos escudavam-nas de possíveis balas. Famílias inteiras rezavam e suplicavam ajuda. Durante uma pausa na luta, Louis cuidou de alguns refugiados e soldados atingidos pelo tiroteio. O som das balas martelando o aço das portas, ricocheteando pelo vagão, abalavam-no. Todo estrépito chegava como um choque, parecendo cada vez mais estrondoso, vindo de várias direções, conforme os alemães iam cercando o trem. Ele contou sete alemães mortos no cruzamento onde o trem havia parado, e medicou uma mistura de ingleses, alemães e belgas. Os casos piores que tratou foram um cotovelo estilhaçado que

O cerco de Antuérpia

requereu um torniquete para evitar maior sangramento e o de uma mulher e o seu filho, ambos gravemente feridos na cabeça. Perto dali, um soldado alemão levara um tiro no estômago.

O trem era um meio de comunicação e linha de suprimentos crucial para os aliados, pois Antuérpia estava em perigo de cair nas mãos inimigas e, se isso ocorresse, a Alemanha efetivamente controlaria a Bélgica. O trem de sessenta vagões, mais de oitocentos metros de comprimento, serpenteara seu caminho pelos trilhos na direção de Ostend, abarrotado de refugiados belgas – na maioria mulheres, crianças e alguns bebês – ansiosos por escapar do avanço do exército alemão. Mas quando 1.200 fuzileiros e membros da Royal Naval Division subiram a bordo para se juntarem ao êxodo, o trem virou alvo de prioridade para o inimigo.

Louis continuou a atender gente durante a calmaria, quando a luta pareceu ter acabado. "Fui chamado para atender os feridos & quando vi uma meia dúzia de alemães mortos no cruzamento," recordou ele. Os fuzileiros supunham que apenas alguns tiros ao acaso haviam sido disparados, mas isso se mostrou não ser o caso. "Mais fogo cerrado recomeçou contra o trem, principalmente na parte da frente." O tiroteio vinha de uma casa perto da estrada de ferro. Foi quando os fuzileiros a atacaram e, a essa altura, numa sequência não muito clara de eventos, foram cercados por mais tropas alemãs.

Em retrospecto, continua a parecer não ter sido acidental a parada do trem. De acordo com um posterior relato feito por um oficial da Royal Naval Division, o maquinista do trem havia desaparecido, levando com ele uma válvula essencial do mecanismo da locomotiva. Perto da caldeira, na máquina, o foguista deitara-se no chão com um bebê ao lado, paralisado de medo. Os Fuzileiros descobriram também que os trilhos haviam sido sabotados. "Quando saíamos, alguns tiros foram disparados contra nós por franco-atiradores, porém eventos subsequentes levam a crer que aquilo foi um tipo de sinal. Após andarmos alguns quilômetros o trem parou com um solavanco. Soubemos mais tarde que a linha fora arrancada. Sobreveio violenta fuzilaria proveniente do prédio da estação, com grande número de baixas," Louis escreveu. Mesmo que os fuzileiros tivessem mantido o controle do trem, teria sido em vão. Era difícil defender um trem cheio de refugiados desarmados e aterrorizados. Rendição ou retirada eram inevitáveis, considerando estarem superados em número e armas.

A sequência exata dos eventos não está clara, mas Louis se alarmou quando centenas de homens da Royal Naval Division de repente apareceram para se render. Seguiram-se gritos de *"Nous sommes prisonniers"* vindos dos belgas, acompanhados por mais brados de rendição da parte da Royal Naval Division. Quando Louis perguntou por que se entregavam, disseram-lhe que aquela era a única escolha, devido à exaustão em que se encontravam. Louis estivera integralmente voltado para tratar feridos, deixando de acompanhar o lance tático que ocorria, portanto ficou mais surpreso do que a maioria dos outros pela súbita capitulação. A apatia e a ineficiência da RND foram os elementos da derrota. Ele ouvira gritos de "Fuzileiros por aqui" e viu muitos deles correndo pela linha da estrada de ferro em direção a Ghent. Os que hesitaram foram feitos prisioneiros de guerra pelos alemães. Louis estava convencido que tudo aquilo podia ter sido evitado.

> Tive a certeza de que todos os vagões tinham se rendido para uma patrulha avançada de cerca de 25 ulanos, 12 dos quais haviam sido mortos (contei-os mais tarde) & o resto havia escapado depois de pedir reforços & e falei isso aos companheiros. Minha observação foi corroborada pelo fato de que por cerca de uma hora depois de os fuzileiros partirem, houve silêncio absoluto, tempo durante o qual senti que eles podiam todos ter partido. Mas aí chegou de surpresa uma força de infantaria alemã e levou-os todos prisioneiros. Tivesse tido ideia, por um momento sequer, que não retornaria (já que na posição de médico pela Convenção de Genebra eu tinha prerrogativas), sem dúvida eu teria escapado junto com os Fuzileiros que foram embora pelos trilhos, mas fui retido pelos feridos até que ficassem em melhores condições. Ao todo eles capturaram cerca de 900 soldados e 5 oficiais da Royal Naval Division, e mais ou menos 200 *Marines* inclusive eu próprio.

A família de Louis na Escócia não sabia se ele estava vivo ou morto,

O cerco de Antuérpia

no outono de 1914. Apenas dois meses depois da declaração de guerra, uma carta do Almirantado chegou à casa de Robert Greig, Capelrig, Newton Mearns em Renfrewshire, levando a notícia de que Louis estava desaparecido, em algum lugar da Bélgica. A família Greig se preparou para o pior, embora esforçando-se por não perder as esperanças. Passaram-se vários dias sem qualquer informação. Connie, a irmã mais velha de Louis, escreveu de casa, em Londres, tentando confortar a mãe deles, habitualmente vestida após a morte do marido em 1900 com roupas pretas compridas até a altura dos tornozelos. A velhice definhava Jessie Greig rapidamente. "Estamos muito aflitos sobre Louis e rezamos a Deus para que ele esteja a salvo em algum lugar. Não devemos perder as esperanças. São tempos difíceis para todos nós."

O desaparecimento dele teve cobertura na imprensa em razão de sua celebridade como desportista. "Desaparecido o famoso jogador de rúgbi" foi a manchete do *Scotsman*, que dava mais alguns detalhes de quando ele foi visto pela última vez. Quase nenhuma outra notícia circulou até que um oficial da Royal Naval Division, que conseguira fugir, publicou um relato de sua jornada no último trem de Antuérpia – no qual se acreditava que Louis estivesse viajando. Os Greigs leram e recortaram o artigo que descrevia sua atuação.

> Alcançamos uma estação no norte de Flandres e pegamos o último trem de refugiados para Östend às 6h30 da noite de sexta-feira. Ele parava e recomeçava a andar a intervalos de dez minutos, antes do inferno se desencadear. Um tiro ressoou, seguido por um verdadeiro furor de fuzilaria. Estávamos cercados pelos alemães, que não paravam de atirar de todos os lados, além de uma metralhadora suplementar acionada sobre nós enquanto acima do trem circulava um aeroplano iluminando o local com luzes de holofotes.
>
> Os vagões estavam abarrotados por mulheres, crianças e bebês de colo e por nosso grupo, composto de 650 oficiais e soldados. Na total escuridão, mulheres e crianças gritavam quando o fogo recomeçava. Olhei para o outro lado da locomotiva para ver se não havia ninguém lá e divisei um alemão tentando entrar, mas meu revólver fez o que era preciso.
>
> Quando os alemães começaram a atirar indiscriminadamente em

mulheres e crianças dentro do trem, foi tomada a decisão de nos rendermos. Espadas foram embainhadas e revólveres e munição jaziam no chão, mas nenhum alemão apareceu para aprisionar os soldados britânicos. Esperei até ver um grupo de cerca de 150 homens andando em nossa direção. Não podia distinguir quem eles eram, então gritei na direção deles e descobri que era um grupo de 139 fuzileiros. Disseram-me que recusavam render-se e iam abrir caminho e seguir adiante. Por oito horas os fuzileiros e o restante dos reservistas da Marinha marcharam a passo acelerado até chegarem a Salzette às 4h30 da manhã de sábado e pegar o trem para Ostend, e de lá para casa.

Alguns dias depois *The Times* publicou confirmação de que Louis estivera no trem. Dizia como "os heroicos Marines decidiram abrir caminho através das linhas inimigas a qualquer custo. Depois de algumas contendas com o inimigo, conseguiram atravessá-la. Greig ficou para trás, permanecendo na estação ferroviária e não foi mais visto depois disso." O jornal elogiava o "humanitarismo do doutor Greig" pela recusa em abandonar seu deveres de médico pois tratava dos feridos de ambos os lados, mesmo que isso lhe tivesse custado a chance de escapar. Uma semana mais tarde, os Greigs foram informados que ele havia sido feito prisioneiro. Foi um enorme alívio para Jessie, que não sabia se o filho estava vivo ou morto. Porém mesmo as notícias sobre sua captura não seria motivo para alegria. O *Penny Pictorial* informou que soldados ingleses foram fuzilados sem interrogatório depois de terem sido aprisionados. Citava as ordens de um tenente comandante da 7ª Companhia do 112º Regimento de Infantaria Bávaro: "A partir de hoje não mais haverá prisioneiros. Todos serão executados." Mesmo que os relatos fossem propaganda suja disseminada pelo governo alemão, era um texto perturbador. Um trecho do diário de um oficial alemão revelava a intensidade do incentivo ao ódio dessa luta: "Eles não tinham piedade. A visão das trincheiras e a fúria – sem dizer da brutalidade de nossos homens em bater até a morte os feridos ingleses me afetaram tanto que pelo resto do dia não tive condições para mais nada." Mas os Greigs, como sempre, tentavam permanecer otimistas porque, pelo menos, Louis ainda estava vivo.

Os Greigs não eram as únicas pessoas abaladas pela captura

dele. Louis estivera cortejando uma amiga de infância da família chamada Phyllis Scrimgeour antes de partir para a França, e ela ficara imensamente aflita com seu desaparecimento. Aos trinta anos, era uma mulher impressionantemente bela, de cabelos ruivos e olhos azuis. Os Scrimgeours haviam partilhado muitas férias de verão com os Greigs, quando as duas famílias alugavam casas vizinhas em Orkney. Louis admirava seu destemido senso de aventura; ela praticara esqui através da Lapônia em roupas regionais. Ela se orgulhava em especial de sua habilidade como motorista, numa época em que poucas mulheres tinham possibilidade de pegar na direção de carros. Era efetivamente ativa, brilhando no tênis, na canoagem, no ciclismo, na natação e no iatismo a vela. E no começo dos anos 1930, essa mulher enérgica, irreprimivelmente jovial e sincera, se apaixonou por Louis. Desde sempre tivera olhos para o homem mais velho e mais sofisticado, o antigo herói esportivo – e vibrou quando ele pareceu tão interessado nela quanto ela nele.

Phyllis era atraente com seu cabelo enrodilhado em basto coque. "Ela era ardentemente competitiva e odiava perder, porém, mesmo quando isso acontecia, as nuvens logo se moviam e ela voltava a ser toda sorriso e alegre novamente," relembrava uma contemporânea.[10]

Outras a recordavam como uma jovem extraordinária, de bom coração, com perfeita ideia do que queria, e disposta a aplainar o caminho para realizá-las. Em suas longas e floridas saias, blusas de cores vivas, e uma ampla coleção de chapéus de feltro, quase sempre atravessados por uma pluma, Louis achava que ela era toda personalidade e charme. Como Louis, ela vinha de uma grande família, e também como os Greigs, eles eram inveterados inventores de apelidos. Phyllis virou Phig enquanto seus irmãos eram Beg (Beryl), Egg (Elsie), Cag (Carron), Mog (Marjorie), Dunk (Humphrey) e Stunk (Stuart). Apenas o outro irmão, Michael, escapara de uma diminuição do nome. Phyllis era uma poderosa figura que não suportava tolos, e mesmo no início dos seus trinta anos já dava sinais de uma nascente Lady Bracknell. Sua voz podia ser discernida numa multidão, não só pelo volume e pela clareza como também, algumas vezes, por uma fina ressonância. "*LOO-EE*," chamava ela – e jamais houve qualquer dúvida quanto a ele ouvi-la ou quanto a Phyllis ser ignorada. Ela era exatamente o tipo da pessoa "maior que a vida" por quem ele havia esperado. Encontrara alguém que estaria segura de si e aguentaria manter-se imperturbável em sua companhia, e com um tremendo senso de humor. Ambos provinham de estirpes altivas e partilhavam também um forte desejo de ter sua própria família. Phyllis tinha a vantagem de ser uma pequena herdeira. Seus pais, Walter e Minnie Scrimgeour de Hemsby Hall em Norfolk, lhe haviam prometido um modesto dote. Os Scrimgeours eram família muito antiga que, em 1093, combateu pelo rei Malcolm da Escócia perto de Monymusk no rio Don. Quando o porta-estandarte do Rei tombou, Hugh Carron apanhou a bandeira e atacou violentamente o inimigo. Mais tarde, o Rei anunciou, em reconhecimento à sua bravura, que ele seria chamado Carron, o Scurmisher. Esse último apelido tornou-se Scrimgeour, o nome de família do conde de Dundee, que soletrava Scrimgeour com um "y" de preferência a um "i". O atual Conde permanece o porta-estandarte hereditário do brasão da Escócia.

O romance foi bem acolhido pelos outros Greigs e Scrimgeours, uma vez que a irmã de Louis, Constance, havia se casado com um Scrimgeour, John, primo em primeiro grau de Phyllis. Louis e Phyllis não estavam noivos, porém havia mais do que um entendimento entre eles, e muita esperança da parte dela. Quando Louis foi dado como desaparecido, Phyllis ficou desolada a esperar notícias na casa de seus pais. Ela se encolerizava contra os alemães quando caminhava na rua e nas cartas que escrevia para os irmãos e irmãs de Louis.

Enquanto esperava em Suffolk, sofrendo por notícias de Louis, Phyllis soube que o irmão Michael morrera no *front*. Um dos amigos dele, o tenente Gordon V. Carey, escreveu do Hospital Geral nº 4, Versailles, descrevendo os últimos momentos de Michael:

> Ele estava de pé a céu aberto; perfeitamente calmo sob uma saraivada de *shrapnel*, mantendo seus homens reunidos – mas quando voltei para o posto de socorro, disseram-me que ele tinha sido atingido exatamente

O cerco de Antuérpia

no momento em que alcançava a trincheira de apoio, e eu conclui que fora morte instantânea. Todos gostávamos dele; e os outros oficiais da minha Companhia muitas vezes disseram como seria deplorável se algo lhe acontecesse Ele estava sempre calmo e imperturbável quando outros se atarantavam; e seu jeito singular de apresentar as coisas era seu melhor recurso para nos deixar animados. E agora, num período de 12 horas, todos se foram.

Phyllis sabia que isso seria fácil de acontecer também com Louis. Numa semana de combate em Antuérpia, sete oficiais e outros cinquenta soldados da Royal Naval Division tinham morrido. O número de feridos era de 158, e 936 foram capturados e enviados para campos de prisioneiros de guerra.

Pouco servia de consolo para os Greigs ou os Scrimgeours, quando contabilizado o devastador custo da guerra, que Churchill fosse execrado pela parte que teve na queda da Antuérpia. O editor do *Morning Post*, H.A. Gwynne, liderou o ataque num artigo em destaque intitulado "The Antwerp blunder" [O erro estúpido de Antuérpia]: "A tentativa de socorrer Antuérpia por meio de uma pequena tropa de Fuzileiros e de Conscritos da reserva naval foi um grave erro pelo qual Mr W. Churchill deve ser considerado responsável."

Eram os tempos iniciais da guerra e ninguém podia ter previsto que essas perdas seriam insignificantes em termos de número absoluto, e que mais tarde cerca de sessenta mil homens morreriam num só dia. Churchill defendeu sua reputação com vigor, argumentando que o retardamento da tomada de Antuérpia foi estrategicamente proveitoso para os exércitos aliados. Porém outros viam o ocorrido como apenas um ato de vanglória e vaidade que desperdiçara homens e moral. No Almirantado, o comandante Richmond já ficara furioso somente pelo fato de a Brigada de Fuzileiros ter sido sequer enviada. Em seu diário, ele escreveu no dia 4 de outubro: "O cerco da Antuérpia está feio. Espero que se consiga aguentar. O Primeiro Lord está enviando seu exército para lá; não me importo que sua turba de meia pataca vá, mas me oponho fortemente que 2 mil inestimáveis Marines sejam enviados só para serem encurralados na fortaleza & se tornarem prisioneiros de guerra."[11]

Infelizmente era para ser esse o destino de Louis. Phyllis não tinha ideia do que lhe acontecia. Estaria ferido, sendo bem tratado? Estaria em perigo? Não saber se ele estava vivo era difícil de suportar para ela, uma mulher forte, resistente, corajosa e ardentemente leal – a quem só era dado rezar para que o homem com quem esperava casar retornasse à casa são e salvo.

5
Prisioneiro em Halle

———◆———

"Precisava convencer as autoridades do hospital de campanha mais próximo de que eu era médico, caso contrário seria fuzilado."

Diário de guerra de Louis Greig, 1914

LOUIS LEVANTOU OS OLHOS DO TRABALHO DE BANDAGEM que fazia num soldado alemão e viu cinco outros apontando-lhe baionetas caladas. Gritaram para que levantasse as mãos, entregasse o revólver do coldre e se afastasse do companheiro ferido. Na escuridão do devastado terreno em torno da passagem de nível de Morbreach, apenas alguns quilômetros distante de Bruges, Louis cuidadosa e vagarosamente saiu de perto do cabo alemão ferido e tentou explicar a seus captores armadíssimos que ele era médico. Não acreditaram que um fuzileiro naval inglês tivesse ficado para trás para cuidar de um alemão, quando a maioria de seu batalhão já havia se retirado. "Perguntaram-me como iriam saber se eu era realmente médico. Fiz alusão ao meu emblema da Cruz Vermelha, mas disseram que aquilo não era prova suficiente. O fato de que eu estivera ajudando um dos seus soldados não parecia fazer diferença. Fui informado de que teria de convencer as autoridades do hospital de campanha mais próximo de que eu era médico, caso contrário seria fuzilado."[1]

Louis foi acusado de fingir de médico com falsa documentação, o que, aos olhos deles, era o mesmo que ser espião. Para salvar-se do pelotão de fuzilamento, teve de convencer dois médicos alemães de semblante pétreo de sua qualificação médica respondendo perguntas sobre anatomia humana. Só então decidiram que continuasse no tratamento de soldados e civis feridos em batalha. Mas dessa vez ele teria de fazê-lo com um fuzil apontado para sua cabeça. Os alemães estavam longe de gratos por seu trabalho: eram taciturnos, amedrontados e irascíveis.

Foi uma longa noite com mais de 150 homens de ambos os lados que tinham sido atingidos e precisavam de tratamento. Havia muito pouco pessoal do corpo médico. Um dos casos mais graves era um marinheiro inglês com o cotovelo direito despedaçado precisando com urgência de um torniquete. Outro fuzileiro fora atingido na parte baixa da coluna, e seus intestinos estavam fora do abdome. "Disseram-me depois que ele tinha treze perfurações precisando sutura," anotou Louis em seu diário. Uma mulher jovem e uma criança jaziam inconscientes, feridas a bala na cabeça e no peito. Outros não conseguiam andar com ferimentos nas pernas. Havia cadáveres espalhados ao longo da estrada de ferro, alguns pendurados nos lados dos vagões, onde tinham sido baleados. Um aeroplano alemão fazia voos rasteiros com holofotes lançando fachos de luz sobre o trem, cegando os refugiados ainda amontoados dentro dos vagões. Os prisioneiros que podiam andar foram levados para um vilarejo próximo e ali encarcerados. Ninguém sabia o que os alemães tencionavam fazer com eles. Enquanto isso, Louis permanecia no cenário da batalha forçado a continuar tratando dos feridos. "Botei os feridos em padiolas à 1 da madrugada, depois conseguimos um abrigo improvisado quando já eram 2h. Então eles quiseram que eu começasse a limpar feridas, fazer curativos, mas eu me neguei pois cumprira todo um turno, e eles tinham lá mais dois ou três médicos." Louis podia ser obstinado nos melhores momentos, porém ali ele estava furioso com seus captores e insistiu para que lhe fosse permitido descanso. Estava fisicamente esgotado depois de trabalhar a noite inteira num ambiente carregado de emoção da guerra. Tivera apenas pequenos preciosos momentos de sono nos últimos dias, e o entorpecimento nauseante da derrota e da captura deixara-o exaurido. Via que ninguém estava sequer remotamente agradecido por seu esforço em salvar vidas entre as tropas alemãs, que custara a ele a liberdade. Passava das três da madrugada

Prisioneiro em Halle

quando Louis foi trancado num cômodo escuro e abafado com oitenta outros prisioneiros britânicos. "Havia apenas espaço para se ficar de pé e o ar estava insuportavelmente quente e bafiento, mas depois de algum tempo fui para perto da lareira e sentei com a cabeça encostada na chaminé. Estava tão cansado que dormi naquela posição até às oito da manhã," anotou ele.

No dia seguinte mudaram todos para o vilarejo de Exaarde, onde foram mantidos por três dias dentro de uma igreja: eram 1.200 prisioneiros: 200 Fuzileiros, 600 marinheiros da Royal Naval Division, 400 belgas e quatro oficiais da Royal Naval Division. O sentimento deles de total impotência calou ainda mais fundo quando um marinheiro chamado Hanson foi executado. Hanson pensou ter avistado alguns outros marines aproximando-se e corajosamente gritou "Não venham para cá" no momento em que outros soldados ingleses estavam sendo reunidos. "Eles são alemães!" – gritou. Um guarda golpeou-o com a coronha do fuzil, e Hanson reagiu agarrando-lhe a arma, investiu contra ele, e ambos rolaram pelo chão. Outros guardas alemães se apavoraram e correram para o meio dos prisioneiros aliados, dando indiscriminadamente golpes mortais de baioneta em três deles e ferindo meia dúzia de outros. No dia seguinte ordenaram ao oficial inglês mais antigo dar a notícia a Hanson de que fora sentenciado à morte. "O pobre oficial cumpriu a ordem depois de escrever várias cartas a pedido de Hanson (este havia machucado o pulso direito num soco durante a briga da noite anterior). Foi permitido ao oficial ficar junto dele até as 9h30. Às 10h Hanson foi fuzilado. Inútil comentar," escreveu Louis.

Era difícil para Louis conformar-se com o cativeiro. Sabia que podia ter escapado se tivesse abandonado o alemão ferido que tratava. Nunca lhe ocorrera que seria feito prisioneiro de guerra, pois a Convenção de Genebra previa que os médicos seriam favorecidos com permutas como gesto humanitário que beneficiava ambos os lados. Mas os captores de Louis se recusaram a reconhecer tais regras de guerra. Já era ruim os alemães desprezarem a Convenção, mas quando ele arriscara a vida medicando um dos seus homens, era insuportável.

Porém Louis não tinha tempo para remoer sobre sua sorte. Logo a seguir foi despachado em longa e desconfortável jornada para Halle, na Saxônia, onde uma usina de aço e ferro desativada seria seu lar pelos oito meses e meio seguintes. Muitos soldados alemães davam vazão ao seu ódio pelas tropas inglesas levadas através da Bélgica, da França e depois pela Alemanha. "Conhecemos o exemplo vivo da 'kultur' alemã & da polidez prussiana, quando em várias ocasiões nos cuspiram e noutras, para jamais esquecer, sermos cuspidos com a maldição *Dieu le punisse!*" Numa estação, um oficial apareceu e de modo ressentido interpelou: "O que tinham de fazer na Bélgica?" Desafiadoramente, Louis gritou de volta: "Pode me dizer que diabos faz você precisamente aqui?" O alemão respondeu com uma cusparada.

Mas nem todos os alemães que encontravam eram hostis. Um cabo alemão havia trabalhado como escriturário em Londres e queria casar-se com a noiva que vivia em Hampstead. Louis não partilhava de sua opinião de que alemães poderiam voltar a Londres sem problema. "Espero que nunca mais sejamos apoquentados por esses bárbaros beberrões cervejeiros comedores de salsicha," escreveu.

Louis viajou num vagão de terceira classe com bancos de madeira, enquanto os soldados comuns foram amontoados nos vagões fechados do trem usados para transporte de gado. "O país inteiro foi simplesmente erodido por fogo de artilharia," anotou. A alimentação na viagem consistia de gordura de porco em água quente. "Nossa fome era grande no início, mas nosso entusiasmo pelo festim de Lucculus rapidamente esfriou," menciona Louis enquanto eram lançados para um destino desconhecido na Alemanha. Trens passando em direção oposta tinham escritos a giz nos lados: "Para Paris" e "Expresso para Londres." Onde quer que o trem parasse, mais insultos: "*Englische Schweinhund*" – que hoje parece clichê de insulto – era o escárnio mais usual. Foi uma viagem deprimente para um destino ainda mais repugnante. Quando Louis cruzou a fronteira para a Alemanha, pensou: "Minha primeira viagem para a Alemanha. Queira Deus que seja a última."

A usina em Halle fora condenada como imprópria para uso humano pelas autoridades municipais antes da guerra, e destinada à demolição. Toda a maquinaria fora retirada, e havia duas camadas de arame farpado em volta das paredes externas. O pátio central era um pântano de lama no inverno ("todos usávamos tamancos, pois nada mais servia"), e no tempo seco virava uma nuvem de poeira. Os prisioneiros recebiam dois cobertores e dormiam em camadas de palha num chão de pedra geralmente úmido e lamacento.

Mais de 3 mil prisioneiros estavam enclausurados por trás dos enormes portões de madeira e dos altos muros de pedras cinzentas. Pelo fim da guerra aquele lugar já havia ganho a reputação de ser um dos piores campos alemães de prisioneiros de guerra,[2] administrado por regras mesquinhas e vingativas normas, com os prisioneiros constantemente incomodados. Podiam ser despidos para revista no pátio em condições de um frio congelante nos meses de inverno e sentenciados ao confinamento solitário por histórias de faltas triviais, muitas das quais forjadas. A palavra de um alemão era sempre aceita de preferência à de qualquer outra nacionalidade. Justiça, em consequência, inevitavelmente tosca. Quando Louis estava em Halle, as autoridades permitiram que a Cruz Vermelha soubesse que ele se encontrava vivo. Aos poucos as cartas começaram a chegar, vindas da família e de Phyllis. Mantimentos dos pacotes da Cruz Vermelha eram muitas vezes confiscados ou roubados, e fumar era proibido, embora lhes fosse permitido receber fumo. O pior sofrimento para Louis era o enfado e, mais ainda, a frustração de saber que teve a oportunidade de estar livre.

Decidira se manter em boas condições físicas e saudável, a despeito das péssimas circunstâncias. "Minha ginástica Muller é uma fonte de interesse para os sentinelas, que não têm certeza se é dever deles enfiar uma baioneta em mim, na remota possibilidade de eu ser perigoso para a *Vaterland* ou por desrespeito a seus uniformes."

Sua dieta consistia de porco cozido com chucrute, *Kriegsbrot*, café e sopa aguada, embora algumas vezes houvesse carne de cavalo no menu. "Certa ocasião sem dúvida tivemos carne de cachorro como comida. Os oficiais franceses latiam espalhafatosamente dias a fio quando esse cardápio era servido. Salsicha, manteiga e geleia podiam ser compradas na cantina, mas frequentemente estavam na lista dos *"verboten"* para prisioneiros ingleses, que eram constantemente atormentados. Louis subornou um rapazote alemão que trabalhava na cantina e falava um pouco de inglês, para ser bem alimentado.

Uma das prioridades de Louis era manter um bom padrão de higiene. Ele zombava dos prisioneiros russos por se recusarem a tirar a roupa e tomar um oportuno banho de mangueira. "Costumavam apenas gargarejar e cuspir, e não se preocupavam muito com o asseio geral do corpo," anotou. Houve debates furiosos entre as duas nacionalidades sobre a necessidade de uma janela permanecer aberta ou fechada durante a noite, em seus apinhados alojamentos. A história chegou ao burlesco, com um "rusky" fechando e um "ingla" abrindo, sem parar, tal qual uma cena de Punch e Judy. Por fim, Louis retirou as dobradiças da janela para acabar com a discussão. Os russos eram uma visão bizarra, muitos com longas barbas e uniformes mal assentados. Desleixados, carrancudos e indiferentes ao resultado da guerra, era uma turma letárgica que procurava se manter isolada. Mas nas primeiras semanas prisioneiros de diferentes nacionalidades foram alocados para dormir em barracas, mescla de gente que só contribuíra para aumentar as tensões.

Louis notou que o campo se tornara atração turística. Os residentes locais alemães, cujas casas davam frente para a fábrica, tiravam proveito de sua excelente vista. "Eles evidentemente promovem 'chás-prisão às tardes, pois fica um magote de gente nas janelas olhando com binóculos a maravilhosa coleção de prisioneiros recolhidos pelo nobre exército alemão. Para dizer a verdade, ela consiste, como vejo, de russos estultos, franceses reservistas do interior, ingleses feridos, alguns padres e médicos."[3]

Persistente como um *terrier*, Louis nunca parou de lutar por seu direito, como médico, de ser permutado. Descobriu estar negociando com uma burocracia insana – questão que atingiria o estágio de farsa quando lhe informaram que oficialmente ele não era prisioneiro de guerra, mas estava apenas confinado para sua própria segurança, porque os habitantes locais eram muito hostis aos *englanders*. Poucos dias depois seu status mudou; *era* afinal prisioneiro de guerra. Para o completo esclarecimento do assunto, uma notificação do campo declarou que médicos eram prisioneiros de guerra, enquanto outra nota, em seguida à primeira, deixou copiosamente claro que médicos *não* eram prisioneiros de guerra. Louis quase foi à loucura com a possibilidade de negociar sua troca invocando alguma base lógica ou legal. Tudo que podia fazer para não cair em total desespero era torcer para que alguém do Alto-Comando alemão entendesse que um intercâmbio de médicos ajudaria também o país deles.

Como major – posto que lhe foi conferido quando se transferiu para os Fuzileiros – Louis recebia cinquenta marcos por mês, acrescido para cem marcos quando decidiram que ele não era prisioneiro de guerra, apenas um hóspede do Kaiser. Esse pagamento e os privilégios eram sem sentido visto que o dinheiro extra nunca chegou e, de qualquer modo, a moeda alemã perdera o valor depois que a prisão adotou sua própria moeda. Soldados rasos e marinheiros recebiam trinta marcos por mês, porém eram cobrados mesquinhamente um marco por dia pela comida. Isso não impedia, porém, as frequentes revistas dos prisioneiros, revirados roupas e palhas à procura de moeda estrangeira com o fito de reforçar a caixinha de guerra do Kaiser. Louis ficou muito orgulhoso por ter conseguido esconder cinco *sovereigns* por trás das insígnias do quepe e das mangas por toda a duração do seu cativeiro.

Aliviava o tédio com triviais confrontações com os guardas. Em fevereiro, Louis escapou por pouco quando um rústico sentinela alemão ameaçou matá-lo a baioneta. "Dei parte dele e soube que 1) Deixei um portão aberto. Isso eu neguei. 2) Se fechei o portão, o fizera violentamente. Refutei isso. 3) Ri de um dos sentinelas. Desisti então de objetar. O sujeito foi para o *front* logo depois. Espero que tenha sido morto rapidamente." Foi uma longa e depressiva internação para um homem hiperativo por natureza. Achou jogar xadrez com os russos frustrante porque eles queriam os jogos prolongados por dias, e ele era por demais impaciente. Os jornais não eram muito melhores como distração. Empurravam goela abaixo uma constante dieta de propaganda hostil que tornava difícil uma avaliação da guerra. Às vezes a matéria era a tal ponto desfigurada que ficava ridícula. Um artigo levantava se seria insultuoso aos cachorros que se aludisse ao inimigo como cães ingleses. Outro dava a entender que a expressão "Deus castigue a Inglaterra" era um cumprimento diário usual em muitos lugares da Alemanha. Um carvoeiro até botou o *slogan* nos seus briquetes de carvão.

Os alemães tentavam tirar proveito de qualquer prisioneiro bem relacionado. Uma das grotescas manobras das autoridades alemãs foi um telegrama enviado de Berlim exigindo que todos os ingleses que tivessem influência no próprio país dessem seu nome. Nenhum se dignou a responder. Foram inquirições como essa que tornaram imprudente para Louis escrever para Albert enquanto esteve na Alemanha. Chamaria muita atenção. Ele lera artigos insultuosos nos jornais locais sobre a família real inglesa, e para bem poucas pessoas falou de sua amizade com o Príncipe. Ainda mais também, a essa altura, Louis continuava mais famoso por ter sido capitão da equipe de rúgbi escocesa do que por conexões com a realeza.

O pensamento dele, no entanto, continuamente se voltava para o progresso de Albert no *Collingwood*. A guerra do Príncipe fora bem menos agitada. No fim de junho de 1914, Albert estava a bordo de seu navio quando o assassínio do arquiduque Ferdinand acendeu o estopim que deflagrou a guerra. Porém, no que concernia à família real, esse foi apenas mais um golpe contra dinastias reinantes do que um acontecimento de significado político. Albert sequer considerou valer a pena mencioná-lo em seu diário. "Depois do almoço às 14h30, chegaram 50 moças da Escola Rodine (*sic*)," escreveu. Providenciamos um tour pelo navio e dançamos antes do chá."[4] Logo depois, Albert partiu com o esquadrão de combate para Scapa Flow nas Ilhas Orkneys no extremo Norte da Escócia. O papel do *Collingwood* era vigiar o acesso setentrional para o Mar do Norte. Mas, dado o fato de a Esquadra de Alto-mar Alemã estar postada 500 milhas para o sul, nos litorais alemães do Mar Báltico e do Mar do Norte, Albert quase nada viu de combate. Três dias após declarada a guerra, provavelmente ele veria ainda menos ação

Prisioneiro em Halle

por motivo das violentas dores de estômago que teve. Era o início de uma grave doença que esgotaria a maior parte do seu serviço militar. No tempo em que Louis tentava discutir uma forma de sair da Alemanha, Albert se encontrava acamado ou tentando persuadir as autoridades navais de estar suficientemente apto para o combate. Louis não sabia desses problemas, pois quase não tivera oportunidade de contatá-lo. Porém, repetidas vezes se perguntava como seu jovem amigo estaria se saindo.

Uma fuga também passou-lhe pela cabeça, mas ele sentia que sua melhor aposta era ainda tentar a permuta, especialmente depois de um médico francês, o segundo-tenente Hubert de Larmandie, ter conseguido negociar sua liberdade. Em março de 1915, de Larmandie escreveu de Paris para a irmã de Louis, Anna, logo depois de sua soltura, propondo um plano para lograr as autoridades alemãs que ainda impediam os prisioneiros ingleses de receber pacotes com alimentos.

> Sua saúde [de Louis] e ânimo estão excelentes, e muito embora a vida lá não seja exatamente alegre, conseguimos vencer a monotonia das longas horas do dia. Louis, sempre que pode, pratica esporte, ou melhor dizendo, seus exercícios Muller, que o mantêm saudável. Joga cartas, lê, etc. Quando vim embora, não era mais permitido aos ingleses receber pacotes de alimentos; então ele e eu combinamos o seguinte sistema: quando tiverem alguma encomenda por favor endereçam-na para Madame Marion no Havre, e minha avó a enviará com o endereço de um camarada francês que ainda está em Halle. Desde 1º de janeiro ele está proibido de fumar, sob pena de detenção. Temos passado por revistas corporais feitas pela polícia civil com o fito de nos tirar dinheiro e cartas, mas parece que a gente desenvolve uma engenhosidade singular quando passa seis meses de vida em prisão – e os alemães nada encontram.

As cartas de sua família animaram Louis imensamente. No *Boxing Day* do Natal de 1914 sua mãe enviou-lhe um cartão endereçado com mão trêmula simplesmente escrevendo "Para o Cirurgião de Estado-Maior Greig, Campo de Prisioneiros em Halle, Alemanha." Levava apenas notícias resumidas de seus irmãos e irmãs, mas qualquer bilhete vindo de casa levantava muito o moral. "Esperamos que esteja bem, estamos sempre pensando e falando em você, e queremos saber como está passando. Deve ser difícil para você lembrar que é mesmo Natal nessas atuais condições. A. (Anna) e eu jantamos em Capelrig (com o filho mais velho dela, Robert); J. (seu genro John) e C. (Connie) estão em Hemsby passando Xmas. Esperam encontrar-se com Arthur quando estiverem lá. K. (Kenneth) estava ainda em Singapura na última vez que soubemos dele. Os melhores votos de todos aqui. Muito amor, sua Mãe."

Foi a última vez que ele soube da mãe, que estava cada vez mais fraca naqueles últimos meses, a velhice cobrando seus direitos. O peso de ter um filho por trás das linhas inimigas só piorava o caso. Ela morreu em sua casa de Lynedoch Crescent cercada pela família, enquanto ele ainda se encontrava prisioneiro. Quando soube da notícia ficou ainda mais indignado com os alemães por mantê-lo ilegalmente, impedindo-o desse modo de dar o último adeus à sua mãe. Intensificou os esforços para sair de Halle. Enviou mais cartas em francês e inglês para o comandante do campo encaminhar para Berlim. Após escrever a Robert, que lhe dera a notícia da morte da mãe, ele respondeu a uma carta de condolências de sua cunhada Meg num pedaço de papel quadriculado. "Não consigo dizer nada sobre nossa grande perda. Para mim ela era simplesmente 'a Grande Mulher,' embora eu estivesse sempre troçando dela & mal posso me imaginar chegando aí sem ela." A carta foi lida, como toda correspondência, pelos alemães, e visada com a marca vermelha do censor: *Geprüft* (aprovada).

No tempo que Louis esteve em Halle, Robert ainda trabalhava na Escócia, sendo muito velho para se alistar. Seu irmão mais moço, Arthur, ingressara nos Gordon Highlanders, e Kenneth estava na Marinha a bordo de um navio em Singapura. Louis pensava muito na família e também em Plyllis, trocando cartas tão afetuosas quanto possível naquelas circunstâncias.

As cartas de Louis para casa eram otimistas, sem dar muitos detalhes de suas condições na prisão, devido à censura severa. Ele pedia exemplares da *Spectator* e mantimentos, mas muitas vezes a geleia ou o chocolate eram confiscados por seus captores. "Nenhum pacote – exceto um vindo de um abençoado doador

Prisioneiro em Halle

anônimo de McVitie – chegou às nossas mãos," escreveu ele à irmã Anna em 3 de janeiro. Recebia poucas notícias verdadeiras do andamento da guerra, apenas fragmentos dos jornais locais – por exemplo, que a Itália havia declarado guerra à Áustria e que o *Lusitania* fora posto a pique. "Os jornais alemães disseram que, embora compreendendo ser necessário, eles e outras nações civilizadas lamentavam isso." As notícias raramente eram boas. "Em 26 de maio, soubemos do afundamento do *Majestic* e do *Triumph* por um submarino alemão – seriamente alarmante, se for verdade."

Distração melhor do que as notícias do exterior foram as várias tentativas de evasão. Louis estava fascinado pela ideia.

> Foi encontrado outro buraco no teto de um compartimento de dormir, e certamente uma tentativa de fuga estava *en train*. Muito alvoroço e interrogatório. Descobriu-se que um belga estava de posse de um velho casacão alemão dos que nos foram distribuído durante uma desinfecção. Ele o estava usando para tapar um buraco em sua *palliasse* (enxerga). Isso foi uma blasfêmia para a mentalidade alemã, fazer do uniforme imperial tão mau uso & teve como resultado um extravasamento de teutônica eloquência da parte do comandante, no fim do qual o belga disse: "*Je ne comprend pas.*" "O quê!" – berrou o major. "Você esteve oito meses neste país & não aprendeu alemão. Deve aprender, pois agora você faz parte da Alemanha." *Nous verrons.*

Louis nunca desistiu da esperança de ser trocado em permuta, e bombardeava as autoridades alemãs com cartas, argumentando sempre que estava sendo mantido ali ilegalmente. Tal persistência surtiu efeito oito meses após sua captura. Em junho de 1915, ele foi transferido para um campo em Augusbad, no Mecklenburg-Strelitz, perto de Berlim, onde o bajularam por alguns dias com doces e conversas, também açucaradas, antes de permitir-lhe retornar à Inglaterra em permuta com um médico alemão.

Augusbad tinha um regime bem mais descontraído:

> O comandante era muito gentil e educado, mas muito germânico. Ele arrematava toda conversa dizendo que eu precisava escrever aos jornais quando chegasse em casa, contando como os prisioneiros eram bem tratados na Alemanha. Eu disse que oito dias em Augusbad não eram iguais a oito meses e meio em Halle. Perguntou-me se eu achava que levaria

muito tempo para que os sentimentos desfavoráveis entre a Alemanha e a Inglaterra se apaziguassem. Respondi que eles iam durar por toda a sua vida – e a minha; e que se eu tivesse filhos duraria pela vida deles também.

Louis foi então escoltado para Berlim onde terminou se envolvendo numa raivosa altercação com soldados alemães que insistiam em acusar a Inglaterra de ter começado a guerra. Mostraram-lhe o que alegavam tratar-se de balas "dumdum," entalhadas com a finalidade de causar ferimentos horríveis e desnecessários. Louis riu e apostou com eles cem marcos como estavam sendo, na verdade, vítimas da propaganda de seu próprio país e que exibiam nada mais do que uma bala comum. Quando furiosamente eles rechaçaram seus comentários vociferando contra ele por uma ofensa tão bárbara, o trem partiu, com ele a caminho da liberdade. Puseram-no em um compartimento de terceira classe "com bancos de madeira danados de inconfortáveis," junto com alguns outros médicos que também estavam sendo permutados. Seguiram via Cologne e Aix-la-Chapelle para Bruxelas, onde permaneceram por alguns dias numa abarrotada enfermaria de hospital. Logo lhes indagaram se haviam apreciado a estada na Alemanha. Louis controlou a língua, sentindo que aquele não era momento para afrontas. Sob vigilância de guardas armados foram levados para Antuérpia antes do pulo final para a liberdade numa estação holandesa chamada Rosendaal, onde lhes proporcionaram "uma gloriosa recepção com cigarros e uma xícara de chá muitíssimo bem-vinda." Chegaram finalmente à sua terra em 2 de julho, de navio em Tilbury Docks, onde rebocadores saíram para saudar seu navio soando buzinas, e com bandeirolas estendidas por todo o cais.

A provação de Louis fê-lo perceber o quanto gostava de sua família, da qual sentira imensa saudade. A morte de mãe quando ele estava longe reforçou ainda mais esse sentimento. As cartas da família tinham sido seu salva-vidas durante os longos meses de prisão. Também achava-se agora seguro de que queria ter sua própria família, e que Phyllis era a mulher certa para ele. Com a idade de trinta e quatro anos, estava pronto para estabilizar-se e reiniciar sua vida. Louis escreveu umas linhas para o príncipe Albert colocando-o a par de que estava de volta são e salvo. Queria saber dos progressos de seu jovem amigo. Mas não havia tempo a perder. Tinha apenas doze dias de licença, dois dos quais foram empregados viajando de um lado para outro da Escócia para rever a família. Porém, todos esses planos foram alterados quando Louis foi repentinamente convocado ao Palácio de Buckingham para uma audiência com o Rei.

6
Amigo Real

———◆———

"É tão bom ter como conviva um
verdadeiro amigo alegre e animado."
*Príncipe Albert escrevendo à rainha Mary
sobre Louis Greig*

EM JULHO DE 1915, A "CIRCULAR DA CORTE" do *Times* anunciou que o rei George V teria apenas dois visitantes oficiais no Palácio de Buckingham. O primeiro era o Marechal Conde Kitchener de Khartoum, Ministro da Guerra; e o outro, o Cirurgião L.L. Greig, da Royal Navy. O Rei esperara ansiosamente notícias do cirurgião escocês desde sua captura em outubro.

Louis estava felicíssimo, livre depois de quase nove meses detrás de arames farpados, numa dieta de carne de porco gordurenta e pão preto. Era meio surreal estar caminhando através do pátio de cascalho do Palácio de Buckingham rumo à porta privativa em visita ao Rei. O protocolo e a formalidade no palácio não tinham obviamente diminuído com a deflagração da guerra, e ele foi escoltado pelas escadas atapetadas de vermelho, passando por criados trajados com impecáveis fraques vermelhos de botões dourados, para encontrar-se com o monarca.

Louis fez um relato vívido de sua própria experiência como prisioneiro de guerra, mas também queria aproveitar aquela audiência privada para narrar as privações e a coragem dos soldados britânicos ainda em cativeiro. O destino dos prisioneiros de guerra era uma preocupação cada vez maior de todas as nações apanhadas no conflito; pelo fim da guerra, centenas de milhares de soldados haviam sido feito prisioneiros. Alguns foram torturados, outros fuzilados;

uns tantos morreram de doença; muitos passaram falta de alimento, roupa e abrigo. Mesmo naquele estágio inicial da guerra, Louis achou seu dever falar a favor dos ainda prisioneiros.

Depois de terem conversado sobre o período em Halle e discutido o andamento geral da guerra, o Rei encaminhou o assunto em torno do príncipe Albert, cuja saúde havia piorado muito enquanto Louis estivera fora. George V quis se encontrar com Louis por se lembrar dos seus cuidados com Albert durante a epidemia da influenza. Quando a Inglaterra declarou guerra à Alemanha às 11h da noite de 4 de agosto de 1914 (meia-noite no horário alemão), o rei George descreveu em seu diário privado os receios que tinha pela segurança de seu filho de dezoito anos. "Queira Deus que isso não vá longe & proteja a vida do querido Bertie." Ele não tinha como prever que a maior ameaça ao bem-estar de Bertie não seriam os "hunos" mas sim a própria saúde dele. O Rei expôs detalhadamente todo o rol de suas moléstias gástricas, que haviam praticamente tornado Albert inválido de guerra. Queria o parecer e a orientação de Louis.

Albert havia tentado levar uma vida normal como aspirante da Marinha no *Collingwood*, em vez de ser diferenciado por privilégios como filho do Rei. Quando George V subiu a bordo para uma inspeção, Albert fez continência "batendo os calcanhares como todos os demais perfilados em linha. Não trocaram palavra."[1] Porém, por mais que ele tenha tentado enquadrar-se e progredir, sua carreira foi seriamente prejudicada por incapacitantes dores de estômago. Perdeu vários quilos e foi confinado ao leito. Ataques de depressão e ansiedade afundaram sua autoconfiança.

Os primeiros sintomas ocorreram em 23 de agosto de 1914, e Albert os anotou em seu diário. "Após o almoço eu tinha o turno da tarde, mas fui para a enfermaria com uma dor de estômago tão violenta que quase não conseguia respirar. Fizeram uma fomentação quente no local, que aliviou um pouco a dor... injetaram morfina no meu braço. Puseram-me de cama na cabine do comandante às 8 horas, e eu dormi a noite toda."[2] Vômitos, diarreia e dores violentas deixaram-no debilitado, sem energia e com pena de si mesmo. Era muito mais do que uma dor física; todo o seu estado psicológico estava afetado. Albert percebia que sua carreira naval estava em risco.[3]

Diagnosticado com apendicite, foi transferido para o navio-hospital *Rohilla* em Wick. Depois de examinado, por insistência do Rei, por Sir James Reid, o eminente clínico que havia sido o médico favorito da Rainha Victoria, decidiram que ele precisava ser desembarcado o mais cedo possível. Mas sua remoção foi interrompida quando o *Rohilla* foi chamado de volta à armada em Scapa Flow para transportar outros marinheiros doentes. A expectativa cresceu quando o serviço de informações deu a entender que a Esquadra de Alto-mar Alemã estava prestes a desfechar um ataque à esquadra inglesa. A Marinha queria remover para longe em segurança e rapidamente o maior número possível de seus enfermos. Albert permaneceu a bordo até 29 de agosto, quando numa maca de lona foi suspenso por guindaste para dentro de um rebocador, com mais 45 outros pacientes – e dali para o cais de Aberdeen, depois para a Grande Enfermaria do Norte. Quando lá estava, a esquadra inglesa teve sua primeira vitória formal, afundando três cruzadores e dois torpedeiros alemães na Batalha da Angra de Heligoland. Albert ficou profundamente desalentado por ter perdido essa primeira chance de participar da guerra.

Naturalmente, ele mantinha a esperança de que uma operação do apêndice poria fim aos seus problemas. "Receio que o senhor tenha se assustado ao saber que eu estava doente. Estou muito melhor agora e bem mais tranquilo," escreveu ao pai. "Sir James Reid chegou ontem e me examinou. A dor praticamente sumiu, embora tenha sido bastante forte domingo passado."[4] No mês em que ele ficou convalescendo em Aberdeen, Louis estava na Bélgica com os Fuzileiros preparando-se para o cerco de Antuérpia, e ignorava completamente os problemas de Albert. Se a apendicite fosse a única queixa, seria apenas uma inconveniência menor. Mas os problemas de saúde dele eram muito mais sérios, e aquele foi apenas o começo de três anos de quase constante licença para tratamento.

A posição de Albert ficava ainda pior comparada com seu mais glamoroso irmão mais velho, o muito *fêted* Príncipe de Gales. Em novembro de 1914, ao mesmo tempo em que Albert se restabelecia em Sandringham, o príncipe Edward foi adido ao estado-maior do marechal Sir John French, comandante-em-chefe da Força Expedicionária Britânica na França. O irmão mais velho fora para o 1º Batalhão de Granadeiros da Guarda e destacado para a Companhia do Rei; com um metro e setenta e três de altura, ele se descrevia zombeteiramente como "um pigmeu entre gigantes." Embora Edward nunca tenha estado na trincheira, pelo menos permaneceu na zona de combate. Foi impedido de tomar parte ativa no *front* por Lord Kitchener, que lhe disse: "Se eu tivesse certeza de que o senhor seria morto, não sei se seria acertado impedi-lo. Mas não posso correr o risco, que sempre existe, de que o façam prisioneiro até que tenhamos estabelecido uma linha de frente."[5]

Albert sentia-se humilhado por ficar à toa em casa enquanto quase todos os seus contemporâneos estavam na guerra, mas eram poucas suas chances. Para seu desalento, a doença e a dor não cediam. Os únicos tiros que deu nessa época foram em um veado louco que atacou sua irmã, Princesa Mary, e o capataz, Bland, quando cavalgavam no terreno de Sandringham. O futuro pareceu sombrio quando Sir Frederick Treves, o Cirurgião Real, disse ao Rei que Albert não deveria voltar ao mar e prolongou o período de convalescença. Quando Albert reclamou, concordou-se que ele poderia voltar para o navio, mas só depois de servir em terra por várias semanas. Assim, em novembro de 1914, Albert incorporou-se ao Estado-Maior do Almirantado em Londres. "É uma boa coisa porque agora ninguém poderá dizer que não estou fazendo nada," escreveu à sua mãe, em 24 de novembro de 1914.[6] Winston Churchill mostrou-lhe a Sala de Guerra do Almirantado em Londres, e deu-lhe a tarefa de mapear o movimento dos navios de ambos os lados. Mas isso não bastou para manter contente um inquieto rapaz de dezenove anos de idade. "Nada para fazer, como sempre" é uma entrada típica de seu diário.[7]

Passariam mais de seis meses após a remoção de emergência do *Collingwood* em maca antes de Albert retornar ao seu navio em 12 de fevereiro de 1915. Porém, mesmo então, seu bom estado de saúde foi de curta duração; em maio a doença retornou, e Albert ficou fora de combate novamente. "Passei todo o tempo muito bem, de um modo geral, desde que retornei para cá; mas ultimamente a infernal indigestão me atacou de novo,"[8] escreveu. As autoridades se tornavam cada vez mais preocupadas, e o médico da armada procurou Sir Watson Cheyne, professor de clínica médica no King's College, Londres, para uma segunda opinião. A saúde de Albert vacilava novamente, e em julho, quando o Rei recebeu Louis no Palácio de Buckingham, já se convertera em crise para a família real. Dois dias após esse encontro de Buckingham – e após consultas com outros médicos – o Rei relutantemente deu a ordem, quando em visita à Grande Esquadra em Scapa Flow, nos dias 7 e 9 de julho de 1915, para que Albert fosse removido de novo para o navio-hospital a fim de maiores observações. Era a segunda vez que se via forçado a deixar o *Collingwood* para um navio-hospital – o *Drina*, dessa vez – e isso foi muito desencorajador.

É difícil avaliar o sentimento de fracasso de Albert. Ele temia ser enviado para casa e ver-se em trajes civis enquanto seus contemporâneos arriscavam a vida. Os não alistados no serviço militar eram frequentemente tachados de covardes, e enviavam-lhes penas brancas pelo correio. Seus temores podem ser compreendidos tomando-se uma carta que seu irmão, o Príncipe de Gales, escreveu à Rainha em 6 de dezembro de 1918, argumentando que Albert deveria ficar o maior tempo possível na França após o Armistício: "Bertie pode ser muito mais útil desse modo do que ficando a esmo, na Inglaterra, onde passou a maior parte da guerra – não por sua culpa!! Mas ficando com os exércitos até a paz ser assinada, apagará qualquer dos injustos questionamentos que gente torpe fez no ano passado sobre ele – a senhora deve se lembrar."[9]

Não foi possível Louis encontrar-se com Albert após sua conversa com o Rei no Palácio de Buckingham, porque seria imediatamente embarcado no *HMS Attentive*, o navio auxiliar do 6º Esquadrão de Contratorpedeiros. De volta diretamente para a linha de fogo, tomou parte em numerosos *raids* ao longo da costa belga. Fez também várias excursões ao *front* com os Fuzileiros, a Nieuport, a Ypres e às linhas britânicas perto de Dixmude. Uma parte de sua missão era organizar os recursos médicos para a brigada de artilharia dos Royal Marines. "Continuo a visitar as posições de artilharia duas vezes por semana para atender algum doente," anotou. Era esse exatamente o tipo de agitação e ação que Albert tanto desejava. Louis sobreviveu a um *raid* alemão sobre o *Attentive* no início de setembro, quando "uma granada explodiu perfurando o convés superior e caindo sobre o dispensário, no deque abaixo, onde os estoques médicos do Esquadrão eram armazenados. A bomba tinha as características de uma granada de *shrapnell*, mais ou menos o tamanho de uma bola de golfe e com orifícios a fim de causar expansão." Louis saiu incólume, mas dois homens foram feridos e morreram pouco tempo depois.

Albert não foi bem servido pelos médicos seniores do palácio ou da Marinha, que procrastinaram a ação para resolver seus problemas de saúde. No *Rohilla*, chegaram a um diagnóstico inconclusivo e inútil de que Albert tinha "um enfraquecimento da parede muscular do estômago e consequente condição catarral"[10] em razão dos quais foram prescritos descanso e uma dieta mais judiciosa, além de lavagens intestinais noturnas. Albert estava desesperado, nada parecia indicar melhoras; ansiava por ficar bom e lutar. Enquanto convalescia, fez o comandante James Ley, do *Collingwood*, prometer que não partiria para o combate sem ele. Mas apesar das promessas, o futuro do Príncipe não se mostraria muito auspicioso pois teve outra recaída. A família real estava naquele momento extremamente sensível àquela sua condição de semi-invalidez enquanto tantos milhares de soldados de sua idade perdiam a vida em combate. A crença familiar de ele estar, de alguma forma, em falta por não tomar parte na guerra não melhorava em nada o estado psicológico de Albert.

Lord Stamfordham enviou ao comandante Ley uma robusta carta cheia de emoção romana, aconselhando que permitisse a Albert arriscar a saúde e, se necessário, a vida, em vez de fazê-lo perder a oportunidade de tomar parte numa batalha naval: "Ao que o senhor diz, S.A.R. tem evidentemente melhorado de forma considerável;

não há razão para se esperar algum engajamento naval em futuro próximo, mas se o inesperado acontecer e chegar ordem para a esquadra entrar em ação um dia depois de recebida esta carta, o Rei preferiria correr o risco de que a saúde do Príncipe sofra a que ele passe pela amarga e duradoura decepção de não estar em seu navio na linha de batalha."[11]

É difícil saber no interesse de quem essa ordem foi dada. Forçar um aspirante enfermo para o mar teria sido apenas um estorvo para o restante da tripulação e mera ilusão quanto a qualquer contribuição de Albert ao esforço de guerra.

O confronto com a esquadra alemã foi protelado, mas a doença de Albert persistiu. Em outubro de 1915 – mais de onze meses após ter adoecido pela primeira vez – ele ainda estava mal e sem um diagnóstico correto. Era frustrante sentir-se bem por alguns dias e em seguida, sem aviso, a doença voltar. Teve uma recaída depois que seu pai feriu-se ao cair e ficar sob o cavalo quando inspecionava tropas em Hesdigneul. Evidentemente a tensão nervosa piorava a condição de Albert. Teve de tirar outros três meses de licença, tempo em que foi adido novamente ao Almirantado para "atribuições leves." As perspectivas de Albert só pioravam. "Não acham que eu esteja apto para voltar ao mar até abril," escreveu desanimador a Bryan Godfrey-Faussett, um dos mais antigos servidores palacianos e velho amigo de seu pai. "É horrível ter ainda mais três meses de espera. Estou ansioso para voltar ao meu navio, e tenho me sentido assim pelo que me parecem séculos."[12] Albert incumbiu-se de alguns compromissos da realeza pouco exigentes em março de 1916, como o de inaugurar o estande de tiro da Câmara dos Comuns, abominando que isso fosse o mais perto que chegaria de disparar uma arma durante a guerra. Louis escreveu da Bélgica, tentando animá-lo. Pela resposta de Albert ficava evidente que ele quase nada mais fazia senão repousar, enfarado e desanimado. "Ainda levando vida de inerte, agora partilhada com um príncipe sérvio jogado aqui desde a semana passada. Duro de roer, ele não fala inglês."[13]

Para animá-lo Louis enviou-lhe como *souvenir* de guerra um fragmento de Zeppelin, uma enorme nave aérea dirigível, mas, conhecendo bem o endiabrado senso de humor de Louis, Albert entrou em repentino pânico, temendo que o fragmento fosse falso. "Por favor, não me diga que foi uma brincadeira, eu o entreguei ao Rei para expor na sala de relíquias de guerra em Windsor," escreveu.

Albert confidenciou a seu antigo médico o receio de nunca acabarem os problemas de saúde, confiante de que Louis era a quem apelar. Tinha amigos de sua idade, mas em vez de escrever a eles, preferia velhos "para-choques" como Bryan Godfrey-Faussett, a serviço de seu pai na residência York Cottage. Louis era o mais perto que tinha de melhor amigo. Muitas vezes parecia que Albert procurava alguém em quem pudesse confiar e se recostar, e que ele aspirava, na verdade, por uma figura paterna confortante, exatamente como em sua escolha das amigas mulheres (inclinação essa que, de modo muito perceptivo, Sarah Bradford, sua biógrafa, apontou), habitualmente pendendo mais para o modelo mãe substituta. Às vezes suas cartas para Louis durante a convalescença eram de autopiedade, mostrando desesperança quanto ao atendimento médico que recebia. "Percy (um amigo) não passou no exame de saúde e não acho que volte por um bom tempo ainda, pois mandaram-no a Plymouth para observação, e ele caiu nas mãos de Rolleston (clínico da Marinha que se tornou *royal doctor* em 1923), o mesmo que me examinou, e não creio que tivesse ideia do que estava errado comigo. Portanto, é muito provável que o mesmo aconteça com Percy."[14]

Albert frequentemente reiterava a Louis seu desejo de voltar ao mar. "Bertrand Dawson (o médico sênior do palácio) virá de novo esta semana; espero então estar de volta pelo fim do mês, na pior das hipóteses," escreveu.[15]

Entrementes, enquanto a carreira de Albert afundava rapidamente, a vida de Louis teve uma mudança positiva quando ele pediu Phyllis em casamento logo depois de retornar da Alemanha. Ele conhecera sua noiva em Londres numa festa oferecida pela família Duguid, amigos desde Glasgow, um dos quais se casara com uma Scrimgeour. Os Greigs haviam sido adotados pelos Scrimgeours bem mais cosmopolitas, que regularmente os convidavam à sua majestosa e elegante casa em Park Lane. "Os Scrimgeours passariam algo de refinamento aos entusiásticos Greigs; e se ligariam de forma total. Gostavam do senso de humor e da energia deles," recorda Nancy Maclay, sobrinha de Louis.* Louis tinha 35 anos e queria acertar-se, iniciando sua própria família. O amor, a lealdade e a afeição de um pelo outro, associados ao inabalável otimismo que compartilhavam, seria a base de um longo e feliz casamento. Phyllis sabia ter encontrado sua perfeita alma gêmea quando escreveu comovida ao noivo: "Foi detestável ter de deixar Swan Bister (a casa de verão nas Orkneys). Eu me diverti algumas vezes – sem justificativa! De qualquer modo, Louis, você é o único homem com quem eu posso ser totalmente natural & amistosa & não posso evitar de me sentir alçada vários graus em autoestima por você achar que vale a pena se interessar por mim."

O casamento deles aconteceu na quarta-feira, 16 de fevereiro de 1916, na igreja de St. Mary, Hemsby, Norfolk, seguido de uma recepção na casa dos pais da noiva. O padrinho de Louis foi seu irmão, Arthur, uniformizado de segundo-tenente do 3º Batalhão dos Gordon Highlanders. A irmã da noiva, Elsie Scrimgeour, e sua sobrinha, Esther Scrimgeour, foram damas de honra. Outra sobrinha, Pamela Scrimgeour, segurou a cauda do vestido da noiva. Phyllis usou *faille* branco enfeitado de renda e tecido prateado, uma cauda curta de brocado cor prata presa aos ombros com botões de laranjeira, um véu rendado antigo (que fora usado por sua mãe no casamento dela) preso a uma coroa de botões de laranjeira.

O príncipe Albert não pôde comparecer ao casamento, mas leu sobre ele nos jornais, em seu leito de doente. Perdeu um glorioso casamento no campo. A noiva levava um buquê de lilases brancos, presente do noivo. As damas de honra usavam tafetá cinza-pálido enfeitado de renda branca, faixas cor de malva na cintura com os chapéus combinando. A daminha Pamela estava com um vestido de musselina branca com fitas de cetim malva, uma capa curtinha

---

*Nascida em 1908, filha do irmão de Louis, Robert Greig, ela se casou com Lord Maclay.

de renda holandesa, e levava no braço pequena cesta com lírios do vale. Após a cerimônia, oitenta convidados retornaram para Hemsby Hall, onde Louis presenteou Phyllis com um *pendentif* de platina com diamantes e pérolas; e as damas de honra receberam conjuntos de broches com a cruz naval engastada de pérolas, rubis e safiras. Os incrédulos repórteres dos jornais locais anotaram que foram oferecidos 134 presentes "valiosíssimos." Descreveram a nova Mrs Greig na reportagem do casamento como "exímia *chauffeuse*, golfista e esquiadora que certa vez passara todo um inverno na Lapônia, usando trajes lapões – e que costumava chefiar grupos escoteiros de fadinhas."

No começo do namoro de Louis, Phyllis foi apresentada a Albert, e ele ficou feliz por seu amigo, escrevendo em 28 de fevereiro de 1916 do Palácio de Buckingham, ainda de cama, enfermo, para parabenizá-lo pelo casamento. "Li sobre a cerimônia nos jornais ilustrados de ontem. Como está você e como lhe trata a vida? Comigo tudo meio mofado, estou em licença médica já por muito longo tempo, desde julho. Agora quase bom, espero voltar à esquadra em abril. Se você estiver em Londres venha me visitar qualquer tarde pois gostaria muito de vê-lo."

A essa altura, Albert determinava o andamento da amizade. Aborrecido, solitário e precisando de camaradagem, voltou-se para Louis. Timbrou um vistoso "A" maiúsculo em tinta preta no canto esquerdo da frente do envelope para indicar o conteúdo pessoal da carta. Endereçada para Hemsby Hall, foi enviada ao *HMS Attentive*, e depois para o Brown's Hotel em Dover Street, Londres, espelhando a falta de pouso próprio nos primeiros tempos do casamento de Greig. Albert queria enviar logo um presente de casamento e, em 9 de março de 1916, Henry Hansell, seu antigo tutor, escreveu em seu nome tomando as providências. "Hoje o príncipe Albert esteve tentando achá-lo, com muito empenho! Mallowes, o camareiro do Bath Club, acabou de telefonar dando-me seu paradeiro. O Príncipe de Gales e o príncipe Albert deram-me instruções para efetuar a entrega de um pequeno presente de núpcias. Poderia por favor, telegrafar-me a data de seu casamento? E informar-me para onde mandar entregar na segunda-feira? Enviarei também, de minha parte, uma lembrança. No corre-corre."[16] Uma cigarreira de prata, com a assinatura de Albert e a data do casamento gravadas na tampa, chegou devidamente.

Em maio de 1916 Albert foi finalmente autorizado a embarcar no *Collingwood*, depois de outro apelo emocional a seus médicos. Estava quase louco de tédio. Logo completaria dois anos que sua saúde começara a declinar. "O que acho a parte pior é que não se vê nunca uma mulher, qualquer que seja – e isso faz parte da vida aqui – então a gente se embolora e fica farto de todo mundo. Ambos os meus irmãos mais moços estão em casa agora, o que anima um pouco as coisas, embora ele se tornem uma praga às vezes."[17] Três semanas mais tarde, Albert estava de volta à enfermaria do navio com os sintomas usuais, só que dessa vez por ele ter se fartado de cavalinha escabeche. Aconteceu então o que ele sempre chamava "Grande Dia," a oportunidade de entrar em combate – e Albert, como por milagre, conseguiu deixar a indisposição em segundo plano e lançar-se à ação.

Na quarta-feira, 31 de maio de 1916, o *Collingwood* recebeu ordens de posição de combate contra a esquadra alemã, e por volta das 5h37 da tarde, de acordo com o diário de Albert, eles abriram fogo sobre alguns cruzadores ligeiros. Era o começo da Batalha da Jutlândia. Um cruzador afundou depois de duas salvas, e em seguida um segundo foi também posto a pique. Outro cruzador foi atingido quando surgiu à vista, em meio ao nevoeiro e à fumaça. Quando baixou a total escuridão da noite, o mar silenciou e a tripulação foi para seus postos de defesa noturna; Albert jubiloso por enfim dizer que tomara parte na guerra.

Seu amigo tenente Tait descreveu a incrível recuperação (embora temporária) de Albert numa carta ao Príncipe de Gales: "Enorme tensão, movimento afinal. Velocidade máxima à frente. Ao toque de "Ação" – você bem pode imaginar a cena! Johnson (*nom de guerre* de Albert) salta de seu beliche. Doente? Nunca se sentiu melhor! Forte o suficiente para ocupar sua torre e sustentar uma ação prolongada? Claro que sim, por que não estaria?"[18]

Pela primeira vez o Príncipe de Gales estava até um tanto invejoso do irmão. "Fico contente pelo velho Bertie estar lutando, com isso vai poder se ufanar," escreveu ele a Godfrey-Fausset, agradecendo-lhe por ter enviado uma cópia da carta sobre a Jutlândia escrita por Albert. "Parece tê-lo curado do leve retorno ao seu velho queixume, que era uma chatice sem fim, e que realmente espero ter acabado de uma vez por todas!!!"[19]

Albert mandou a Louis uma vibrante descrição de como se sentiu engajado numa batalha naval: "Fazia exatamente um mês que estava de volta aqui, quando se deu o show da Jutlândia e dele participamos devidamente, ainda que não tenhamos sido atingidos ou sofrido avarias. Enchemos de bomba os navios dos boches, e irromperam chamas etc. depois que cada uma de nossas salvas acertaram em cheio. Foi uma noite ótima, e eu aproveitei de fato cada momento dela. Não sei porque, mas a gente se sente muito diferente numa hora como essa e não liga a mínima para o que possa acontecer, contanto que as granadas atinjam o inimigo."[20]

O moço de 21 anos, contentíssimo, enviou também ao Rei uma excitada narrativa de sua primeira prova do paladar da guerra. "O que vi foi muito diferente do que imaginava. Imaginava nossos mastros caindo para os lados, chaminés arremessadas para o ar etc. Na realidade, nada disso aconteceu, e estamos exatamente tão intatos quanto antes. Ninguém saberia, olhando para o navio, que estivemos em ação. Foi certamente uma grande experiência que tivemos, mostrou estarmos em guerra e que os alemães podem vir para a luta se quiserem."[21]

A família encantou-se com sua exuberância, e o que esperavam agora era uma recuperação permanente. "Bertie está muito orgulhoso por ter estado em ação, mas sente por seu navio não ter sido atingido (embora alvejado várias vezes) e não ter nada para mostrar que esteve em combate," escreveu o Rei a seu tio, o duque de Connaught.[22] Sua experiência na Jutlândia injetou autoconfiança e propósito em Albert, que disse à esposa de Godfrey-Fausset: "Estou perfeitamente bem e me sinto muito diferente agora que olhei para um navio alemão cheio de alemães e o vi ser atingido com nossos tiros. Foi uma grande experiência pela qual passei e que não se esquece facilmente. Como e por que não fomos atingidos me escapa, já que atiraram em nós por um largo tempo (...) Foi um grande aborrecimento ficar doente de novo, mas a ação me pôs em forma rapidamente."[23]

Apesar do júbilo de Albert sobre a Jutlândia, os alemães descaradamente cantaram vitória, por terem perdido menos navios que os ingleses (onze de 62 mil toneladas comparados com quatorze de 111mil toneladas). Mas o que realmente importou foi que eles se retiraram, e que a Marinha Britânica ainda controlava os mares. Foi um momento potencialmente decisivo na guerra. O Kaiser sempre teve a esperança de que uma batalha rompesse o bloqueio marítimo dos portos alemães do Mar do Norte; os ingleses sempre quiseram destruir a esquadra alemã, deixando apenas os submarinos como adversários navais.

Embora a batalha tenha sido um grande impulso para o moral no país, houve estatísticas assustadoras para digerir. Os ingleses perderam mais que 6 mil marinheiros; 1.017 no *Indefatigable*, 1.266 no *Queen Mary* e mais de 2 mil no *Invincible*. As perdas alemãs foram 2.551. Num momento de bravata, o Kaiser declarou que "o fascínio de Trafalgar acabou." Foi uma afirmação vazia, no entanto, pois a Marinha alemã não se aventurou mais a sair e mostrar-se novamente pelo resto da guerra. Mas foi igualmente frustrante para os comandantes navais ingleses não terem destruído a esquadra alemã, fato reconhecido pelo almirante Jellicoe, que disse a Beatty: "Perdi uma das maiores oportunidades que um homem já teve."

Três dias depois da batalha, qualquer celebração foi posta de lado pela morte de Lord Kitchener quando seu cruzador *Hampshire* bateu numa mina e, em quinze minutos, submergiu, levando a tripulação inteira de oitocentos oficiais e marujos do navio. Poucas horas antes de ser afundado, o *Hampshire* passara pelos navios da esquadra, entre eles o *Collinghood* – com Albert a bordo – e os homens tiveram a oportunidade de ver Kitchener no convés, alto e grisalho em uniforme de campanha, o sobretudo abotoado de cima abaixo. "Sua perda para a nação é imensa & não podíamos perdê-lo agora, mas isso redobrará o esforço de vencer a guerra," escreveu o Rei a Albert.[24]

O entusiasmo de Albert ao provar da guerra logo amainou. Em agosto de 1916 ele caiu doente mais uma vez. Voltou a mesma depressiva procissão de médicos – Sir Frederick Treves, Bertrand Dawson e o Dr Stanley Hewett. Todos agora de opinião que uma úlcera duodenal causava o problema, mas nenhum recomendava cirurgia. Consideravam-na muito arriscada; e assim, enquanto titubeavam, a carreira e a saúde de Albert permaneciam no limbo.

Não foi senão em maio de 1917 que permitiram a Albert apresentar-se de volta às suas atribuições navais. O Rei concordara em transferi-lo para o *HMS Malaya* como tenente interino da belonave de 27.500 toneladas. O Rei queria novamente Louis perto do filho, e um mês depois Louis recebeu ordens de embarcar no navio como segundo cirurgião. Albert estava encantado. "É tão bom ter como conviva um verdadeiro amigo alegre e animado," escreveu ele à Rainha.[25]

Os dois amigos puderam passar tempo juntos, e cada vez mais Albert contava com Louis tanto para apoio médico quanto emocional. A doença lhe aplicara uma pesada cobrança na vida, e esse efeito atordoante exacerbou-lhe a gagueira, derrubou sua confiança e o fez duvidar de sua capacidade e valia. Excluído da convivência de seus contemporâneos navais, ele se viu sem muitos amigos. Como príncipe real, nunca lhe fora fácil fazer amizades, já por haver a suspeita de que algumas pessoas estavam mais interessadas em seu status de realeza do que em sua pessoa. Albert era muito ansioso e facilmente se abatia com críticas, inclusive suas próprias. Não era fácil para ele ver sua ficha de guerra até então mostrando apenas insucessos. Era agudamente cônscio de sua incapacidade de corresponder às expectativas do pai. Louis representava uma influência serena, cuja opinião tinha valor para Albert assim como para seu pai. Era uma proveitosa ponte entre pai e filho.

A bordo do *Malaya*, Louis se incumbiu da saúde dele, anotando no diário em 16 de junho que estava "cuidando da dor de PA. Dei-lhe NaSO4." As cólicas do estômago e a náusea vinham em ondas. Por vários dias ele ficava impossibilitado de se mover, para logo depois sentir-se melhor. Num dos períodos em que esteve bem, ele e Louis desembarcaram em Orkney. Passaram algum tempo em Scapa Flow;

e nos dias aprazíveis visitavam Swan Bister, a casa de veraneio dos Greigs, para tardes de tênis e natação. Albert inclusive sentiu-se bem a ponto de encomendar um terno ao alfaiate local. As Orkneys eram lugar de lembranças particularmente boas para Louis. Lá passara os verões de sua meninice, aprendendo a pescar e a atirar; cortejou Phyllis, e a amizade entre eles se transformou em romance. Swan Bister era uma modesta propriedade rural de onde se descortinavam pastagens agrestes nas colinas salpicadas de ovelhas. Localizava-se na verdadeira ponta das Ilhas Britânicas, onde o tempo parecia parar, onde a atividade interrupta de um barulhento refeitório dentro de um estrepitoso navio a vapor parecia a anos-luz de distância. Era pois o lugar perfeito para uma tranquila recuperação.

O Rei fez uma visita à esquadra, e Louis foi chamado para atualizá-lo sobre o estado de Albert. Seus cuidados médicos e pessoais com o Príncipe eram tidos agora como essenciais, e não passavam despercebidos. No domingo, 24 de junho, quando o Rei subiu a bordo do *Malaya*, Louis gratamente registrou: "Ele teve a bondade de me dizer o quanto apreciava minha presença ali." Louis pode não ter percebido, mas era aos poucos arrastado para o núcleo da família real. O Rei insistiu para que passasse algum tempo com ele próprio e o filho, e na quarta-feira, 27 de junho, Louis os acompanhou num almoço e também num jantar. Tratava-se de um excepcional destaque para um cirurgião júnior; porém, no que dizia respeito ao Rei, a saúde de Albert tornara-se assunto de urgência, e ele precisava de Louis para cumprir um papel central no sentido de encontrar uma saída das crises cada vez mais graves do filho. Além disso, ele gostava da companhia de Louis; este sempre tinha assunto, dava opiniões firmes e regalava-o com pitorescas histórias de seu período na Alemanha.

Apenas dois meses depois de embarcar no *Malaya*, Albert passou por outra recaída, precisando ser transferido para o hospital de South Queensferry. "Pessoalmente sinto não estar apto para o serviço no mar, mesmo quando tiver me recuperado desse pequeno ataque," escreveu ao pai em desespero.[26] Por essa época Louis já estava à sua disposição. Fazia mais de três anos que haviam começado os problemas de Albert, mas os médicos palacianos eram os conselheiros mais seniores, e quem mandava. "Desola-me saber que você está novamente sofrendo de seu antigo problema, é realmente muita falta de sorte justamente quando já estava tão bem e esperávamos que tudo estivesse sanado," respondeu seu pai em 6 de agosto de 1917. "Soube que (...) você está confortável, que tomam todos os cuidados & que Greig está com você."[27]

Estava claro para cortesãos como Clive Wigram, secretário particular assistente do Rei, e um dos mais íntimos amigos de Louis, que o Dr Greig era decisivo para o bem-estar do Príncipe. "Louis era capaz de dar-lhe um senso de perspectiva, assim como conselhos médicos úteis É uma das poucas pessoas em quem Albert confia: a ninguém mais ele conta os plenos detalhes de seu problema. Outra vantagem é Louis tê-lo conhecido bem a cada passo da sua vida na Marinha."[28]

Após oito anos de instrução e serviço na Marinha só foi possível a Albert registrar 22 meses de serviço no mar, e seis deles foram em vagarosa viagem de treinamento que atracava de ilha em ilha nas Índias Ocidentais. Estava desapontado e também sentia ter decepcionado seu pai, que sonhara tão alto para sua carreira naval. Em 10 de agosto, Albert informou o pai que estava se desligando do navio para voltar para casa com Louis e, também, Tait:

> Passei duas noites no Hotel Caledonian (em Edimburgo) com Greig. Ficou praticamente acertado que partirei daqui no domingo à noite, chegando em Londres segunda-feira pela manhã. Tait e Greig vão também. Marcamos uma consulta com Hewitt para as 10h. O Dr Rolleston está enviando um relatório completo do meu caso para ele esta noite (...) Posso adiantar-lhe que o comandante Boyle, o Dr Rolleston e Greig são, os três, de opinião que eu não posso aguentar a vida no mar, pelo menos no futuro próximo. Posso levar Greig e Tait a Windsor comigo para que possamos tratar seriamente das coisas como estão? O Comandante Boyle considera uma boa medida a tomar, e concedeu-lhes licença. Pessoalmente acho que não estou apto para o serviço no mar, mesmo quando me recuperar desse pequeno ataque.[29]

Três dias mais tarde, na segunda-feira, 13 de agosto de 1917, Louis e Albert chegaram a Londres pelo noturno às 7h30, e foram direto para o Palácio de Buckingham, onde Louis resumiu os fatos para

Hewitt, Rolleston e Cheyne durante o café da manhã. À tarde, Albert foi descansar e Louis escapuliu para almoçar com sua irmã Anna e também para ver Phyllis, antes de voltar na hora do chá para o Palácio de Buckingham e acompanhar Albert a Windsor de trem. "Jantar em Windsor com TM [Suas Majestades]," escreveu no diário.

Louis era agora um constante intermediário entre o Rei e seu filho e os outros consultores médicos. Ele era uma das únicas pessoas que gozavam da confiança de todos os participantes. Louis era a favor de uma linha de ação: cirurgia para remover a úlcera. Seria rápido e de impacto dramático. Estava claro para ele que esse era o único caminho para acabar definitivamente com o problema; tinha a desvantagem de implicar riscos. Mas o parecer de Louis não era o único solicitado. Havia ainda a fieira dos médicos seniores do Palácio, que se mostravam cautelosos e intranquilos quanto a quaisquer medidas que significassem mesmo o mínimo risco. Descansar é melhor do que arriscar, podia ser o *slogan* deles. Era frustrante para Louis, o confiante cirurgião resolvedor de problemas acostumado a decisões instantâneas sobre males muito piores e a se responsabilizar pelas consequências. Como cirurgião naval na guerra, e também no trabalho de prática geral em Glasgow, ele amputara braços, abrira abdomens, arrancara dentes e fizera partos. Na Bélgica e na França, ferimentos às escâncaras precisaram ser costurados. Na sua opinião, uma úlcera de tanta gravidade, que não reagia a descansos, precisava de cirurgia. Não que ele fosse mais corajoso ou audaz do que os outros médicos; simplesmente, sua experiência como cirurgião de guerra fazia com que pouca coisa o intimidasse. Acreditava em fazer o diagnóstico e se apegar a ele, mesmo diante de forte oposição do palácio. Louis sempre argumentava que total confiança no médico e ação rápida eram cruciais para a recuperação do paciente. Se o paciente se sentir seguro, todo seu estado psíquico se equilibrará para o bem da cura. Frustrava Louis o fato de Albert estar rodeado de tantas outras opiniões de médicos, embora ele respeitasse imensamente a maioria deles. Sem o poder para insistir numa operação, só lhe restava dar sua opinião e esperar. E durante um tempo Albert achou que esperar fosse a decisão certa, principalmente em agosto 1917, depois de ter tido um desafogo da doença por alguns dias. Não era de surpreender que ele concordasse com os médicos do palácio. Estes sublinhavam o risco de qualquer operação cirúrgica. Todavia, Albert mantinha Louis sempre atualizado, mesmo quando às vezes ele esteve fora.

> Bem, parece que não haverá operação, no fim das contas. Treves e os outros estiveram aqui hoje e na reunião que tiveram depois da consulta ficou decidido não operar. Parece que Rolleston & Watson Cheyne queriam que ela fosse feita. Mas concluíram, por fim, que uma operação seria arriscada, muito séria e de resultado incerto quanto a uma cura permanente. Eu não quis passar por riscos desnecessários, em especial agora que estou me sentindo tão bem. No momento permaneço aqui – com uma dieta especial, é claro – e como antes, sob observação. (...) Quero agradecer-lhe tudo que fez por mim enquanto estive no navio, e espero que sejamos um dia colegas a bordo novamente.[30]

Quando chegou o fim de agosto, os médicos principais do Palácio de Buckingham em conselho decidiram que Albert tivesse uma pequena temporada de campo, para maior repouso. Era mais uma protelação, com os doutores apostando que sua recuperação temporária se firmasse. Eram por demais cautelosos para uma decisão firme a longo prazo. Pediram a Louis que o acompanhasse ao País de Gales como hóspedes de Sir Harry Verney, secretário particular da Rainha Mary. Albert estava animadíssimo com essa viagem em companhia de Louis, e com a ideia de distanciar-se de Londres e dos temidos doutores. "Perguntarei a Sir Harry quais são as atividades físicas que poderemos ter por lá. Esperemos que haja golfe, não é?" – escreveu a Louis.[31]

Por volta de 5 de setembro, os planos da ida ao País de Gales estavam firmes. "Cavalgar, pescar & jogar tênis são os exercícios que se poderá ter. Isso nos será suficiente, penso eu (...) Não estou levando nenhum uniforme. Apenas um *smoking* para o jantar e umas roupas velhas para os dias. Eu disse a Verney que vamos preferir uma vida de interior sem formalidades. Ele tem um pequeno automóvel, o que ajuda bastante. Espero que esses arranjos lhe sejam convenientes. Estou achando que será melhor irmos logo, o mais cedo possível, que lhe parece? Estou ficando farto disto aqui."[32]

Albert sentia-se melhor – temporariamente, outra vez, como se verificou – e estava entusiasmado como um escoteiro indo acampar no verão. "Estou providenciando almoço para nós no trem. O que gostaria de beber? Aqui, como sabe, não posso ter coisas como uísque," confidenciou ele para Louis,[33] revelando sua animação por passar alguns dias por conta própria. Toda bebida alcoólica ainda estava banida das casas reais por ordem de George V. O calendário naval normal deles foi suspenso, uma vez que as obrigações médicas de Louis para com o Rei se tornaram prioritárias e o escusavam de retornar ao *Malaya*.

Louis estava casado havia dezoito meses e recentemente comprara uma casa em Godstone no Surrey. Suas ausências não devem ter sido fáceis para Phyllis, que, às vezes, sentia estar compartilhando o marido não só com a Marinha como também com Albert, pois o Príncipe ocupava a maior parte do tempo de Louis. Este se via cada vez mais à disposição da família real, seguidamente tendo de correr para Sandringham, Windsor ou ao Palácio de Buckingham num último minuto. Phyllis sempre soubera que esposas de marinheiros tinham de suportar longas ausências dos maridos, mas era ainda mais frustrante tê-lo na Inglaterra e não poder estar com ele tanto quanto gostaria.

No País de Gales, Louis teve uma longa e séria conversa com seu paciente, chegando-se então a um ponto de inflexão crucial quanto à abordagem da doença. Louis persuadiu Albert de que era necessário operar sua úlcera para resolver o problema de uma vez por todas. Em conluio, combinaram persuadir o Rei de que era a única solução prática que restava. Qualquer coisa era melhor do que a permanente incerteza e os surtos de depressão que arruinavam sua vida. Louis insistiu com Albert para dizer ao pai que optava pela cirurgia a fim de acabar com o ioiô de num minuto estar bem e no outro de cama. Em 22 de setembro Albert buscou o jeito de uma conversa franca com o pai, encaminhando uma carta veemente de Louis com as razões médicas para uma operação. A opinião escrita de Louis, preto no branco, foi mais difícil de ignorar. Albert ainda anexou uma carta lamentosa preparando o terreno:

> Desde minha última carta tenho levado uma vida tranquila, andando a cavalo e jogando tênis o mais do tempo. Mesmo assim não tenho, na verdade, me sentido bem. A dor e o enjoo me atacam com frequência. Na última vez, me senti depois perfeitamente bem por uns três dias, mas voltou tudo de novo.
>
> Tenho conversado longamente com Greig sobre esse assunto, e estou anexando uma carta que pedi a ele que escrevesse. Nela, o senhor saberá que não poderei levar uma vida normal, sem dor. Minha comida precisará ser muito insípida e cortada em pequenos pedaços. Meu estômago funciona bem entre os ataques, e as dores que sinto são na verdade devidas ao alimento quando começa a sair do estômago, pois força a passagem através de um orifício – que está muito pequeno exatamente porque é uma obstrução.
>
> Meu pleno entendimento é de que uma cirurgia recuperar-me-á a saúde. Espero que não se importe que lhe diga isso, mas suponho que o senhor deva saber quais são meus sentimentos a respeito do assunto.[34]

Albert não aguentava mais e estava desesperado por conseguir alguma solução. Ao mesmo tempo, não queria ofender o pai tomando uma atitude que o desagradasse. Sentia-se bem com a presença apoiadora, prática e bondosa de Louis, como deu a entender numa carta para casa:

> Greg poderá dormir em Palácio, quando voltarmos para casa na próxima quarta-feira, para que ele fique à disposição? Certamente nalgum momento o senhor terá de conversar com ele a meu respeito. Não há, na verdade, nada de muito grave comigo, porém me deprime demais não poder comer nada, principalmente quando estou me sentindo bem. Por favor, que tudo isso permaneça entre nós, e desejo que não se preocupe a respeito. Não creio que eu possa melhorar sem uma operação e gostaria de acabar logo com isso. Sei exatamente onde se situa a dor e tudo mostra que isso é a melhor coisa para mim. Poderia por favor mostrar esta carta e também a carta de Greig para mamãe? Sinto muito por esta carta não se mostrar animada, mas eu quis lhe contar tudo sobre mim. Receba todo o meu afeto, muito querido papai.
>
> Seu devotado filho Albert.[35]

A resposta do Rei George em 24 de setembro foi imediata e compreensiva. Ele conversou com Dawson, a *éminence grise* do setor médico do palácio que pareceu, finalmente, mudar de opinião quanto à ideia de uma cirurgia. Sua justificativa para concordar foi a de que a condição persistia. Muito convenientemente, ele pareceu esquecer que a condição estivera persistindo por quase três anos.

> Sinto muito por você continuar com os enjoos a cada três dias, certamente mostrando que as coisas não estão como deviam. Conversarei com Greig assim que retornarem na quarta-feira, e veremos o que é o melhor a se fazer. Bertrand Dawson deixou muito claro que se você continua com náuseas mesmo levando a mais tranquila das vidas, e com as mais simples das comidas, isso mostra que uma operação seja provavelmente necessária. Entendo bem quão depressivo tudo isso deve ser para você. Mostrei a última carta que me enviou, e também a de Greig, para sua mãe, e não a mencionarei a ninguém mais. Claro que Greig pode ficar num aposento aqui no Palácio quando vier, na quarta-feira.[36]

Não obstante, tendo chegado à beira do precipício, os médicos palacianos então retrocederam, mas em 24 de outubro os doutores se mostraram outra vez indecisos. "Encontrei-me com Bertrand Dawson & entramos num acordo acordo por um teste de uma semana," anotou Louis no diário, cada vez mais frustrado pelo passo lento das cautelosas eminências médicas. É importante lembrar que Louis era na verdade um mero cirurgião júnior, e tinha de se curvar à alta hierarquia deles. "Minha querida Phee," escreveu a Phyllis, "Dawson quer que eu permaneça pelo menos uma semana para ver como fica o resultado de uma dieta total."[37] Em particular, Louis predisse a Phyllis que a dieta não funcionaria, e ele estava certo.

Enquanto seu filho sofria, o Rei, naturalmente, passava pelas aflições em maior escala da guerra a ceifar centenas de milhares de vidas. George V queria uma opinião clara, firme, e se voltou para Louis, tal como fizera em 1915, quando de seu retorno da Alemanha. A resposta de Louis foi direta e franca: "Se ele fosse meu filho ou meu irmão, eu o operaria." Nesse ponto o Rei, por fim, deu sua autorização para prosseguir. Em 27 de novembro ficou finalmente acertado que Albert passaria por um procedimento cirúrgico. A presença dele em Sandringham para a celebração do aniversário da Rainha Alexandra foi cancelada para que ele pudesse estar disponível em Londres na quinta-feira, 29 de novembro, às dez horas da manhã.

Sir Hugh Rigby dirigiu a operação, mas incluídos na equipe médica estavam Sir Frederick Treves, Bertrand Dawson, Stanley Hewett e também Louis. Cirurgião de sucessivos soberanos, Rigby posteriormente removeria uma das costelas de George V, ao tratar de uma septicemia em que um abscesso atrás do diafragma precisou ser drenado. Sir Frederick Treves removera tão habilmente o apêndice de Edward VII quinze anos antes, que seu paciente pôde sentar e fumar um charuto na manhã seguinte. Lord Bertrand Dawson foi considerado o principal estadista médico do seu tempo. (Foi feito barão em 1920 e visconde em 1936 por seus préstimos à medicina.) Era um sinal da gravidade da cirurgia, assim como da distinção do paciente, que tão prestigiosa equipe de médicos fosse reunida. Sulfas ou antibióticos não estavam disponíveis nessa época, e isso foi em parte o motivo de tantas protelações.

Era intensa a pressão sobre Louis, que sentia ter sido unicamente sua a decisão que por fim trouxera todos eles à mesa de cirurgia. Por cinco dias seguidos a coluna Circular da Corte publicou um boletim médico detalhando o progresso do príncipe. Em 4 de dezembro a página declarava: "Sua Alteza Real, o príncipe Albert acha-se melhor esta manhã. A temperatura é normal, e a tosse está diminuindo." Albert começava a ter sua vida de volta, finalmente.

O Rei ficou cheio de alegria e disse a amigos que dava crédito em especial ao parecer franco que ouviu de Louis, o qual foi imediatamente recompensado com a entrada para a Real Ordem Victoriana. Essa é uma das poucas honrarias concedida exclusivamente como dádiva pessoal do soberano. Os outros médicos foram também condecorados pelo Rei, com diferentes graus de honra da Real Ordem Victoriana.

Embora encantada por seu filho voltar a ter saúde, a Rainha Mary deu a entender em seu diário que os especialistas responsáveis falharam com ele antes da operação. "Foi um sucesso total & eles encontraram a causa de todos os males pelos quais ele tem passado desde 1915," anotou em 29 de novembro de 1917.[38] Era difícil não concluir que um diagnóstico imperfeito sobre a "causa de todos os males" o havia mantido naquele mau estado de saúde. John Wheeler-Bennett, o biógrafo oficial de George VI, também deu a entender que a operação de apêndice, se feita em 9 de setembro de 1914, poderia ter sido fora de tempo.

Albert sentiu-se em grande débito para com Louis. E mais tarde disse a seu ajudante de ordens James Stuart que Louis fora o responsável por "salvar sua vida."[39] Inevitavelmente, Louis e Albert ficaram ainda mais chegados. Pouco havia na vida do Príncipe que eles não tivessem analisado juntos em suas demoradas conversas sobre os caminhos para restaurar-lhe a saúde, inclusive seus receios de perturbar ou desapontar o pai, e sua relutância em forçar uma discussão sobre a cirurgia. Albert derrubou todas as suas barreiras com Louis. Descontraiu e confiou ao amigo os mais íntimos e desconfortáveis aspectos não só de seus sintomas físicos, mas de como estes o haviam minado mental e psicologicamente. Louis fez Albert acreditar que podia retomar o controle da própria vida. Na primeira biografia oficial de Albert, o historiador Taylor Darbyshire deu a Louis o crédito pela decisão de operar, observando que "foi por sua enérgica recomendação que o Rei finalmente consentiu na cirurgia da úlcera duodenal." Essa visão de Louis como o homem que guiou o Rei durante as crises de saúde de Albert foi endossada pela Rainha Mary. Ela pegou o livro de Darbyshire de sua biblioteca particular no Palácio de Buckingham e, depois de autografar a página do título presenteou-o a Louis. Também ela voltou-se para Louis por conselhos de saúde, apreciando suas brincadeiras bem-humoradas tanto quanto sua capacidade médica. Louis pousara firmemente no aprisco real e deleitava-se em seu papel de cortesão não oficial. Pelos sete anos seguintes, ele e Albert seriam praticamente inseparáveis.

O Rei e a Rainha o convidaram de imediato para ficar na York Cottage para o Natal. Seria, pretensamente, para ajudar Albert na convalescência, mas o Rei simplesmente queria ter seu novo conselheiro à mão, muito embora não ocupasse nenhum cargo oficial além da posição de amigo e "guarda" médico de Albert. Até os outros médicos estavam impressionados com o colega mais moço e suas claras opiniões. Frederick Treves disse-lhe: "Meu jovem, seu pé está na escada do sucesso."

Porém Louis retorquiu com enérgica ênfase: "Se há algo que eu queira abandonar é o exercício da medicina." Ele só se tornara cirurgião como forma de juntar-se à Marinha, quando se viu velho demais para alistar-se como aspirante. Não desejava ser médico o resto da vida.

Louis estava longe de ter "nascido para servir" no modo tradicional com que algumas famílias aristocráticas passam as mesmas posições na corte de uma geração para a outra. Mas estava para juntar-se ao círculo interno de favoritos palacianos. George V o distinguia, e Louis sentia-se lisonjeado. Sua vida toda estava para ser alterada para sempre devido à entrada dele para o serviço real em tempo integral. O Rei estava determinado a fazer com que a amizade de Louis e sua influência sobre Albert fossem permanentes.

7
Na Corte

"Greig vai para lá também; sorte a minha de contar com um amigo assim, não acha? É uma pessoa excelente."
Albert escrevendo a seu tutor Henry Hansell

LOUIS VIU-SE FRENTE A FRENTE COM A PIOR FIGURA da casa real, a 22 de setembro de 1916, em sua primeira manhã na York Cottage, a modesta casa do Rei na propriedade de Sandringham. Charlotte tinha as maneiras mais horríveis à mesa, mas no que concernia ao Rei, ela nunca errava. Mesmo quando Louis a viu tirando rudemente a torrada de seu prato, ninguém pareceu perceber, quanto mais se importar. É que Charlotte fazia só o que queria, e era um membro aceito do *entourage* pessoal do Rei. Ele era louco por sua papagaia de estimação, "o membro mais privilegiado do círculo doméstico."[1] Presente da Rainha Victoria, ela chegava para o café da manhã empoleirada no dedo dele e perambulava pela mesa saqueando os pedaços que pudesse. Caso Charlotte se distraísse e fizesse sujeira na mesa, o Rei sub-repticiamente deslizava o pote de prata da mostarda sobre a parte suja para que a Rainha não notasse. "A papagaia repetiu a façanha hoje, e foi muitíssimo constrangedor," queixou-se Louis.[2]

Charlotte era a companhia mais constante do Rei; mesmo em seu leito de morte em 1936, ela ficou ao alcance no aposento ao lado, viajando depois para Londres com os participantes do funeral.[3]

Após o desjejum na York Cottage, Louis foi para o quarto e escreveu a Phyllis sobre sua heterodoxa apresentação a Charlotte. "O abominável pássaro é esquisito & todos os dias no café da manhã vem direto para mim, mesmo que eu chegue o mais quieto possível & nunca faça festa para ela."[4]

Esquivar-se do pássaro acabou sendo a menor das mudanças que a família real trouxe para a vida de Louis. Ele começava a se conformar com o fato de que sua carreira naval estava para ter fim prematuro. Quando estiveram no País de Gales com os Verneys, ele e Albert entravam pela noite considerando se não seria melhor para este deixar a Marinha e se juntar à Real Força Aérea. Caso o Rei concordasse com o plano, estava evidente para Louis que ele acompanharia o príncipe Albert e aprenderia também a voar. Albert já havia alertado Hansell, seu ex-tutor, em 6 de novembro de 1917 para essa possível mudança na carreira.

> Estou terminando minha licença médica na qual devia fazer radiografias. Passei horas no raio X hoje, e os resultados até aqui parecem ser muito favoráveis – estou melhor do que nunca. Uma declaração será publicada quase de imediato, e então irei atrás de trabalho. Vou me candidatar a um aeródromo se for possível, e então Greig poderá ir também. Torço por isso. Conheço Greig há muito tempo e nos damos muito bem. Charles Cust concorda plenamente, ele é sempre uma boa pessoa para se ter ao lado. O que desejo é um trabalho útil e permanente, que me mantenha ocupado pelo menos por um ano até que eu fique de novo apto para o mar. (...) Anseio por voltar ao trabalho novamente, agora que meus miúdos resolveram comportar-se decentemente para variar. De qualquer forma, é uma grande notícia.[5]

Albert ainda se encontrava fortemente sob influência do pai e confiava nos cortesãos palacianos favoritos como o ajudante de ordens do Rei, comandante Sir Charles Cust, para falar com o Rei sobre assuntos difíceis. O relacionamento de Cust com George V vinha desde a época em que ambos eram jovens oficiais navais no Mediterrâneo. Antiquado, franco e com um senso de humor um tanto pesado e picante, Cust era uma das poucas pessoas que se arriscavam à ira do Rei por se queixarem das maneiras de Charlotte à mesa – ou da falta delas. Numa época em que quase ninguém se atrevia a contradizer o soberano, ele era considerado uma excelente válvula de segurança, particularmente por um filho mais moço bastante cauteloso. Cust certa vez disse afoitamente ao Rei em Balmoral: "Vocês não têm na casa toda nem um livro que valha a pena ler. Sua assim chamada biblioteca nada mais é do que baboseiras belamente encadernadas."[6] Essa tirada resultou em apressada compra de um conjunto inteiro de novos livros.

Mas dessa vez Albert não precisava ter se preocupado: o Rei imediatamente aceitou a sugestão da mudança de carreira. Um boletim divulgado pelo Palácio de Buckingham declarou que "não seria possível a Sua Alteza Real reassumir seu serviço no mar." Logo depois o Palácio anunciou que o tenente provisório príncipe Albert fora designado para a base aérea de Cranwell para serviços executivos."

Albert, animado, rabiscou um bilhete para Hansel: "Desta vez minha sugestão deu certo, e papai aceitou de imediato. Greig vai para lá também: sorte a minha contar com um amigo assim, não acha? É uma pessoa excelente."[7]

Essa foi a última mudança dramática na vida de Louis; em junho ele se tornou pai quando Phyllis deu à luz uma linda e saudável menina a quem deram o nome de Bridget. Louis adorou o novo acréscimo à família, e ficou dividido entre as longas horas que seu trabalho com Albert exigia e o desejo de passar mais tempo com a esposa e a filhinha, que ele apelidou de Biddles. Os deveres de Louis para com a realeza, tanto quanto seu serviço naval, mantinham-no longe de casa. Ele havia esperado ansioso pelo seu primeiro Natal com a família, mas teve de dar a notícia a Phyllis de que não poderiam passar a festa juntos. O convite de Sandringham era para ele somente, como era geral no caso com os cortesãos. A corte era um mundo muito masculino, e apenas os membros seniores de longa data com residência em casas concedidas que ficavam dentro de terrenos da propriedade de Sandringham levavam as esposas. A visita de Louis era vista sob a mesma ótica de um adido especial do Exército ou mesmo da Marinha; embora ele estivesse na casa da família real, estava sempre de serviço, e disseram que não teria oportunidade de passar algum tempo com a esposa.

Apesar de ser entusiasmante para Louis estar em Sandringham, isso significava Phyllis passar o Natal sozinha com o novo bebê. No entanto, ela sabia ser melhor ter Louis numa Norfolk plana e segura do que no mar enfrentando a Marinha Alemã, ou de volta às trincheiras com os fuzileiros. Mas ainda assim era decepcionante, e Louis tentou suavizar a notícia de sua ausência com uma carta chistosa de autozombaria sobre a outorga da Ordem Victoriana pelo Rei: "Em prosseguimento às minhas desculpas, aconteceu o pior & eu surjo agora um completo comendador: o *staff surgeon Louis Greig MVO*, horrível ultraje. Acho que ganhar uma Victoria Order numa grande guerra como esta é chegar às raias do limite (...) Estarei aqui por um mês, minha patinha, & como aguentarei isso não sei nem imaginar."[8]

Ele também remeteu um presente de Natal: "Se você receber um par de pegadores de prata muito antigos, não jogue fora. Eu os enviei. Meu amor, minha querida, é para você e para Bridget, o meu anjinho a quem começo a adorar. Uma chuva de beijos para você, querida Phee. Carinhos do seu marido Louis."

Phyllis compreendia ser aquele um convite que não se podia recusar. Estava feliz pelo Rei ter se interessado por ele. Escreviam um para o outro todos os dias, ansiosos pelas notícias. Louis queria saber como estava sua pequena filha, enquanto Phyllis queria furos em primeira mão da vida com o Rei.

Louis foi claramente um hóspede predileto e muito benquisto no Natal e viu-se coberto de presentes. A família real estava imensamente grata pelo restabelecimento da saúde de Albert. Os outros médicos foram também generosos com os elogios. "Tenho uma carta muito amável de Bertrand Dawson agradecendo-me por toda minha importante ajuda! Também Ridley me dirigiu palavras gentis de agradecimento quando nos despedimos, nesse mesmo tom. Seria divertido se eles soubessem da minha ignorância," confidenciou a Phyllis. O que impressionara o Rei e os outros médicos era a extrema confiança e a inflexível certeza de Louis em seu próprio julgamento, que felizmente se comprovaria correto. Eles apreciavam sua conversação refrescantemente aberta, direta, e ocasionalmente *outré*. Louis era um bom narrador de histórias e gostava de contar lorotas sobre seu tempo detrás das linhas inimigas que divertiam o Rei. Os membros mais velhos da realeza, em especial, gostavam dele. A Princesa Victoria, irmã do Rei, por exemplo, deu-lhe um elegante cinzeiro de prata para charutos. Depois do almoço do dia de Natal na York Cottage, Louis sumiu quietamente para o quarto a fim de escrever para casa sobre sua surpresa com outros pródigos presentes:

> Minha querida Phee
>
> Acho que não lhe desejei um Feliz Natal & agora é tarde demais; porém, minha doçura, posso desejar muitos e muitos felizes Anos Novos & que possamos, como você diz, passá-los sempre juntos. A carta de Mamãe (a sogra dele) mais a nota de cinco simplesmente me soterraram & nem consigo agradecer o suficiente.
>
> Nunca tinha visto nada parecido com os presentes que essas pessoas oferecem. Na véspera de Natal, nos reunimos todos na sala de bilhar após o chá para a hora dos presentes. Uma cena realmente maravilhosa. O Rei

e a Rainha presentearam-me com seus retratos autografados, emoldurados em lindíssimas e antigas peças douradas com uns trinta centímetros de altura. Sua Majestade também me deu uma cigarreira de valor inestimável com monogramas gravados. O príncipe Albert me presenteou com um par de abotoaduras de ouro. Da princesa Mary & dos outros meninos ganhei caricaturas de Raemakers sobre a guerra. Mrs Wig (esposa de Clive Wigram, o secretário particular assistente) ganhou da Rainha um gracioso broche esmaltado ornado de pérolas – uma coisa linda – e também enormes livros sobre a vida de animais selvagens. A princesa Mary ganhou um conjunto de estola e regalo feito de arminho. PH (o príncipe Henry] ganhou abotoaduras de pérolas. Além do que, cada um deles ganhou uma peça de prata como salvas ou porta-torradas etc. para seus futuros lares. Espero que todos vocês tenham tido um Feliz Natal juntos & sinto-me roubado pelo que haja perdido. Detestaria viver entre famílias completas estando você assim longe. PA continua cada vez melhor & animado. Espero que tenha recebido meus pobres pegadores de prata, gatinha minha. Eles por si não são lá grande coisa, porém levam junto uma montanha de amor & carinho para você, Phee querida & para Biddles.

Do seu sempre carinhoso marido Loopot.

Minha amada, quase esqueço de cair de joelhos pelos lenços. Eles são lindos & estavam me fazendo falta, vieram na hora certa. Obrigado *mille fois*.

O Natal era um importante ponto focal para a família real desde que Edward VII o estabelecera como ocasião para magníficos festejos e presentes. Era por tradição um acontecimento grandioso e luxuoso que o príncipe Edward descrevia como "Dickens num cenário Cartier."[9] Antes da guerra eram abatidos sete bois para abastecer de quartos de carne todos os moradores da herdade de Sandringham. A ambientação principal das festividades ocorria no salão de baile, onde uma árvore de Natal de oito metros de altura, resplandecente de velas e decorações, criava um espetáculo suntuoso. Mas George V preferia uma celebração mais tranquila e reduzida na aconchegante York Cottage, que a guerra tornava ainda mais sóbria que o habitual. Era difícil para Louis não ficar agudamente cônscio de sua situação privilegiada e segura quando diariamente lia no *Times* uma nova lista de nomes dos soldados mortos em ação.

A guerra valia sobre tudo e tornou o período de Louis em

Sandringham particularmente incomum. Durante o Natal, o Rei anunciou um pariato para o almirante Sir John Jellicoe por seu corajoso papel na Batalha da Jutlândia comandando a Grande Esquadra. Era em parte uma bajulação, pois Jellicoe fora preterido na sucessão para Primeiro Lord do Mar por Sir Rosslyn Wemyss. A conversa em todas as casas era incessantemente sobre a guerra – mesmo nos remotos descampados de Norfolk, onde a vida parecia tão distante dos massacres e da destruição na linha de frente. Um inevitável assunto no Boxing Day – e tema da maioria dos sermões pelo país naquela semana – foi a blasfema e megalomaníaca jactância de Natal do Kaiser às suas tropas de que "Deus é o declarado e incondicional aliado do povo alemão." Quase todas as páginas nos jornais se dedicavam à guerra. Na véspera do Natal, o *Times* exaustivamente lembrou que era o 143º dia do quarto ano de guerra. No entanto, apesar da terrível dor e ansiedade para tantas famílias com filhos feridos, mortos, desaparecidos ou ainda lutando, a vida no país continuava com um surpreendente grau de normalidade. *Peter Pan* se apresentava para salas lotadas no New Theatre de Londres e *A kiss for Cinderella* era encenada no Queen's Theatre. Os jornais estavam repletos de anúncios para empregados domésticos; e compravam-se ainda animais de estimação e presentes. A vida habitual não havia parado, mesmo com os tempos difíceis e o racionamento obrigatório. Sir Arthur Yapp, diretor da Food Economy, advertiu que um excesso de festejos natalinos poderia ter "um efeito direto nas atividades militares." Seu medo era de que se as famílias excedessem na semana de Natal suas rações de 60 ou 90 gramas por dia, "o efeito sobre nossa tonelagem seria o bastante para retardar o transporte de alguns milhares de soldados americanos para o Front Ocidental." Nem sempre os políticos e os altos funcionários mencionavam esse tipo de restrição. Lord Bertie, embaixador na França, ficou escandalizado com um ministro inglês que, viajando com cinco acompanhantes e três criados, consumiram vinte e sete garrafas de vinho, trinta e nove copos de *liqueur* e dezenove garrafas de cerveja – tudo às expensas dos pagadores de impostos.[10]

A cozinha de Natal em Sandringham não era pródiga, pois a contribuição de George V à guerra era deixar de servir bebidas alcoólicas em todas as suas casas. Essa renúncia foi participada no boletim *Court Circular* em abril de 1915, porém, em vez de obter respeito, ele foi objeto de brandos motejos. No entanto, segundo Louis, ele foi "totalmente honesto em sua abstinência – aborrecia-o às lágrimas mas ele, e *malheureusement* nós, a cumprimos."[11] Nem todos se ajustaram tão facilmente. Dizem que Lord Rosebery, depois de beber um copo de cerveja de gengibre, teve tamanho ataque de soluços que não pôde continuar conversando com a Rainha Mary. Entrementes, em 27 de dezembro, Louis e o resto da família real não puderam deixar de ler a destacada reportagem do *Times* sobre os correspondentes especiais do jornal a desfrutar de restaurantes, em locais ao alcance da artilharia da linha de frente, com uma variedade no menu bem mais ampla do que Sandringham podia ostentar:

> *Oysters*
> *Hors d'oevre (meia dúzia de tipos)*
> *Sopa de vegetais frescos*
> *Linguado finamente sauté em profundo dourado*
> *Frango assado, vitela e vegetais*
> *Típico pudim doce achocolatado*
> *Café*

Louis sentia-se um tanto culpado por sua situação, escolhido pelo Rei para cuidar de um único paciente na casa real enquanto centenas de seus contemporâneos arriscavam a vida na guerra. "Esplêndida a Ordem de Serviços Distintos do Reino Unido. Pobre garota, seu abominado marido não pode ganhar uma DSO & sinto por você, mas imagino sofrer maldição por dizer isso," escreveu ele a Phyllis.[12] Na verdade, Louis havia ganho a Croix de Guerre do Rei da Bélgica por sua heroica tentativa de resgatar soldados belgas feridos perto de Antuérpia em 1914.

Louis gostava muito do seu protegido real, mas aludiu ao irmão, Robert, algo sobre o distanciamento da família real da vida da maioria das pessoas. "*Tout va bien* & a monarquia ainda está de pé, mas se ela vai durar *après* a guerra não sei. O rapazinho [Albert] é realmente A1 e esforçado cidadão inglês & gosto muito dele."[13]

Louis penetrara no mundo rarefeito onde os palacianos seniores ou possuíam uma renda privada ou recebiam do rei Rei suficientes privilégios para tornar suas vidas mais confortáveis do que seus saldos bancários permitiriam. Os recursos de Louis eram modestos. "Fiz um cheque de 5 libras, gatinha," escreveu a Phyllis da York Cottage, "gastei 2 libras numa casaca; então o dinheiro voa rápido. Queria que o tempo voasse assim (...) também tive de pagar por uma miniatura da Ordem que todos têm de usar na lapela para o jantar toda noite (maldito desperdício de dinheiro.)"

O Rei não foi insensível ao problema, e Louis escreveu a Phyllis logo depois do Natal dizendo que o Rei lhe havia oferecido uma casa em sua propriedade de Norfolk: "O Rei tem uma casa muito bonita perto daqui, ricamente adornada por dentro com painéis de carvalho recobrindo as paredes & sem móveis. Ele disse que não cobraria muito pelo aluguel! Eu lhe disse que talvez depois da guerra pudesse tratar disso com ele. A casa é um tanto exposta & talvez um pouco grande, mas ela seria ótima por muitos outros motivos, embora no momento atual não se possa pensar nisso."

A logística de frequentar a casa real em meio a uma guerra não era fácil. "Mandei buscar minha espingarda, pois informaram-me que serei convidado para a caça na primeira parte da visita. Só Deus sabe de onde vão sair os cartuchos," queixou-se a Phyllis.

Afora essas pequenas inquietudes, Louis se divertia à larga. Sentia-se perfeitamente à vontade e não achava a vida na York Cottage nem um pouco intimidante – final, a Louis nunca faltara segurança quanto a gente. "É como se fosse um pároco e esposa em casa nova," comentou certa vez Cosmo Lang sobre o Rei e a Rainha numa visita que lhes fez antes de se tornar arcebispo de Canterbury.[14] Com certeza havia uma grande distância da pompa na corte e das *lévees* do Palácio de Buckingham, que usualmente se realizavam no maior dos salões de baile, com o Rei em uniforme de gala completo de Almirante de Esquadra ou de Marechal de Campo, e a Rainha sob a pesada pedraria de colares e braceletes, a cauda do vestido carregada por dois pajens de honra em farda escarlate, enquanto o *lord steward* e o *lord chamberlain*, empunhando seus bastões brancos caminhavam de costas diante deles. A voz de Lord Cromer, o *lord chamberlain* [camareiro-mor] soaria sem cessar apresentando as senhoras, enfadonha e inutilmente. Menos mal para Louis que esses rituais tenham sido suspensos durante a guerra. Em Windsor a vida era quase igualmente formal, esperando-se das senhoras da casa o uso de luvas às refeições e em todas as ocasiões oficiais.

Tudo era muito mais atenuado na York Cottage, onde o Rei sentia-se de fato em casa. Em suas memórias, Lady Cynthia Colville, dama de companhia da Rainha Mary, captou o estilo de vida semiformal na York Cottage quando lá esteve com o Rei e a Rainha.

> Atravessamos rapidamente o portão principal e passamos da "casa grande" – que não é dos mais atraentes exemplos da arquitetura nacional, mas ainda assim uma impressionante reprodução do estilo elizabetano, cercada por aprazível jardim. A porta principal estava aberta e com as luzes detrás, ao longe podia-se discernir a criadagem de pé em respeitosa formação para saudar a chegada do soberano e sua entrada para aquela mais diminuta morada. Como cerca de quarenta pessoas abarrotavam a York Cottage tive sorte em conseguir um quarto de dormir com saleta, razoavelmente espaçoso, embora escuro; e a vista algo monótona para um pequeno pátio talvez ajudasse a manter a atenção no trabalho, mais livre das distrações de panoramas e vida campestres.

A casa principal da herdade ainda era ocupada pela rainha Alexandra e sua filha, princesa Victoria, que não se casara – ao passo que George V, sua mulher e cinco dos filhos continuavam espremidos na casa mais modesta do terreno. Louis encantava-se de visitar a velha Rainha e sua filha solteira. "São encantadoras, e nunca se cansam de minhas histórias alemãs," gabava-se para Phyllis.

Surpreendente para Louis foi o padrão de tiro. O Rei era um atirador fenomenal, detonando uns 30 mil cartuchos por ano com seus calibre 18mm fabricados por Purdey. Muitas vezes, o tiro era em grande escala. "Sete atiradores em quatro dias de Sandringham mataram 10 mil perdizes. O Rei, certo dia, disparou 1.700 cartuchos atingindo mil faisões. Poderá essa terrível matança durar muito tempo?" – perguntou Lord Lincolnshire.[15] No início, Louis não esteve em nenhum dos dias de grande percurso. "Ainda não dei nenhum tiro, claro, os grupos de caçadores estão todos completos. Honestamente prefiro não ir, é um tanto opressivo com carregadores, guardas, ajudantes, cães para cada atirador," escreveu ele. Porém em certos dias Louis ia, apenas ele, com o Rei e Albert; o Príncipe Henry, o irmão de dezessete anos de Albert, algumas vezes seguia junto: "Estarei fora para um calmo exercício de tiro com HM (sua majestade) & PA & Príncipe Henry. Espero que, se acertar em alguma coisa, não seja em Sua Majestade," brincou Louis com Phyllis. Fazia-se um cartão formal da caça depois da excursão, que era apresentado como um histórico de cada bolsa de caçador. "HM é um esplêndido atirador & abate-os com tiros incríveis. As perdizes são espantadas e vêm grasnando acima de nós," contou a Phyllis.

As maneiras diretas de Louis nem sempre eram bem recebidas, como ele bem tentou explicar a seu irmão Robert:

> Sinto que o bilhetinho vai diverti-lo porque a coisa toda é por demais infernal de engraçada para ser descrita. Eis que cá estou eu, com meus hábitos caseiros & metido na linguagem elizabetana, despencado & vivendo exatamente naquela época. O cenário é uma casa pequena, onde estamos apenas o Rei, a Rainha, a Princesa Mary, o PA, um ajudante de ordens, duas damas de companhia & e eu. Fazemos todos juntos todas as refeições e nunca saímos. Podes me imaginar pegando o último pedaço de omelete & depois ficar sabendo que Sua Majestade ainda não havia se servido. As coisas começavam a ficar pretas até que um muito bem-vindo (para mim) fidalgo chegou trazendo um segundo reforço da cozinha real. Na realidade, todos são muito simples & amistosos e extremamente acessíveis. O ajudante de ordens e eu nos alternamos a cada noite nas cadeiras ao lado da Rainha e da Princesa Mary & as conversas são muito boas. HM é danado de engraçado; tem um modo de falar estimulante às refeições & eu quase morro de rir com seus comentários. Por Júpiter! Como eles odeiam os hunos & não me incomodo com o que dizem deles.

Ele gostava de contar para seus parentes o dia a dia da família real na privacidade:

> Muito *en famille* aqui & tudo tão simples como em qualquer outra família. Por exemplo, Abstinência & Racionamento – *Her Majesty* anterior simplesmente os amaldiçoa, mas *Her Majesty* atual suporta nobremente, & o Rei atual foi aos poucos sendo persuadido a aderir de forma muito cuidadosa pela Rainha, que é quem administra a casa toda. O único senão é que simplesmente nunca se escapa de estar com a família, pois fazemos todas as nossas refeições juntos, o que às vezes fica difícil e causa um problema quando, por exemplo, como eles dizem, Sua Majestade está um tanto *"morningy"* ["mal amanhecido"]. Até aqui ele está em ótima forma quando o tempo está bom & e a caça é boa. Eles são assustadoramente anti-germânicos & a linguagem deles é desabrida e traz um sopro de ar fresco até certo ponto ao assunto. Estão loucos para bombardear as cidades deles & fazer represálias etc.

A Rainha Mary, com cinquenta anos em 1917, tinha a reputação de reservada e temível, mas Louis achou-a surpreendentemente cordial e acolhedora por trás da aparência distante. Ela o tomou como confidente sobre suas pequenas indisposições de saúde, pedindo-lhe que não contasse ao Rei quando alguns remédios lhe eram prescritos. Se o marido a proibisse de tomar determinados comprimidos, ela falava com Louis para consegui-los. Segundo um contemporâneo, ele se dava bem com ela porque "a tratava como ser humano e ela o adorava por isso." Assim que notou como os *royals* gostavam de presentear, ele entrou no espírito da coisa presenteando-a com um troféu de guerra. "Dei à Rainha uma das minhas argolas de Zeppelin para porta-guardanapo, e ela simplesmente se deslumbrou com a prenda & vai levar para Londres na quarta-feira e mandar fazer uma gravação – foi um total sucesso," escreveu ele a Phyllis na véspera do Ano-Novo em 1917.

Embora Louis estivesse fascinado com seu vislumbre da vida privada da família real, estava cônscio das limitações disso. "Ao todo, a vida é muitíssimo agradável, embora por quanto tempo ainda vá durar e até quando vai ser agradável, só Deus sabe," escreveu a Robert. E aquele com certeza era um mundo em si mesmo, onde inclusive as horas era outras; todos os relógios em Sandringham estavam meia hora adiantados a fim de ganhar-se mais tempo para a caça de inverno. Essa comodista distorção do tempo permaneceu em vigor até 1936, quando o rei Edward VIII, durante seu breve reinado, a aboliu num brusco movimento para introduzir uma modernidade e mudança muito necessárias.

Louis continuou a transmitir a Phyllis sua privilegiada visão de mosca na parede sobre a vida da corte. Não era fácil relaxar a tensão, pois Louis estava na verdade sempre de serviço. "Saí para uma longa caminhada com Mr & Mrs Wig & gostei muito de *falar com humanos & não com realezas*," confidenciou.[16] "Eles são, todos eles, de uma gentileza sem par, mas mesmo assim não fiquei triste em me afastar um pouco daqui e remar para fora da costa. O príncipe George precisa ir a Londres, e eu agarrei a oportunidade de levá-lo & me eclipsar com alguns dias de licença."

Durante sua estada, a guerra pairou pesada sobre a cabeça de todos. Em janeiro de 1915, os Zeppelins sobrevoaram Sandringham e bombardearam a área. A Rainha Alexandra mostraria um vivo espírito beligerante ao pedir a Lord Fisher, o Primeiro Lord do Mar, armamento para repelir o ataque: "Por favor entregue-me muitos foguetes com ganchos e pontas para defender nosso litoral de Norfolk. Tenho certeza de que o senhor pode inventar algo dessa natureza, que poria abaixo alguns desses corvos imundos."[17]

Ela esteve exposta a ataques de Zeppelins por toda a guerra:

> Passamos por alguns momentos horríveis aqui – faz apenas quinze dias que tivemos aqueles abomináveis Zeps sobre nós. Começaram às dez horas daquela noite de sábado. Estávamos todos no andar de cima, no quarto de Victoria, quando de repente fomos surpreendidos por um terrível estrondo! Todos correram aqui para cima e nos pediram para descer. Confesso que não fiquei nem um pouco amedrontada – mas sem dúvida foi uma sensação bem estranha – a pobre Victoria estava pálida de terror (...) os Zeps retornaram por volta das quatro horas da madrugada jogando bombas por todo lado![18]

Devia ser muito difícil para aqueles que nunca estiveram na linha de frente dos combates da guerra entender o horror, e a Rainha Alexandra não era exceção. Embora fosse ardorosamente antialemã, ela jamais poderia compreender a magnitude e a degradante natureza dos massacres. Numa carta datada de 8 de julho de 1916, durante a Batalha do Somme, ela escreveu: "Queira Deus que tudo corra bem na França neste instante." No fim desse mesmo mês de julho, os ingleses haviam tomado três quilômetros e perdido aproximadamente 171 mil homens. No entanto, não foi só ela que sentiu uma exaltação com as primeiras notícias desse avanço. Sua biógrafa, Georgina Battiscombe, acreditava que aquela falta de compreensão da Rainha sobre a guerra era "partilhada pela maioria dos seus compatriotas" devido em parte à censura e também à reticência dos soldados que retornavam para falar sobre o que haviam visto ou pelo que haviam passado.

A principal tarefa de Louis em Sandringham era vigiar Albert. "O rapaz está atualmente muito bem & meu trabalho, por ora, é uma sinecura. Saio com os grupos de caçadores e fico com um cada vez, disse a Phyllis. Alguns dias mais tarde ele atirou lado a lado com o Rei. "Acabei de chegar de outra bela caçada, cerca de 400 faisões & umas 400 galinholas com algumas lebres & perdizes. Talvez tenha usado algum dos cartuchos de Sua Majestade, mas não sei. Me diverti muito."

Com Albert precisando de menos atenção, Louis era chamado para conselhos médicos ao restante da família. Mas Louis e o Príncipe achavam tempo para falar do futuro deles na Força Aérea. Ambos estavam nervosos com o negócio de aprender a voar. Gostava de Albert e admirava a coragem com que tratava seus problemas – com grande determinação e pouco lamento. Sentia que o Príncipe era um rapaz com grande potencialidade latente a realizar.

Porém não só Albert requeria sua atenção, conforme disse a Phyllis: "A Rainha está com uma leve dor de garganta & tive de dar uma olhada nisso & receitei-lhe uma lama de iodine para gargarejar. O resfriado da Rainha persiste & e ela hoje está usando a ducha nasal que usas. Quase morro de rir tentando ensiná-la como fazer. Derramou tudo sobre uma das suas roupas "esplendífero-grandiosas," mas perseverança foi seu moto & no fim parece ter dado certo."

Ele também aprendeu que diplomacia e perícia médica eram ambas necessárias. "A mão do Rei está melhor, mas ele não vai caçar. A parte externa da mão tem um lugar inchado & estou certo de que foi uma simples picada de mosquito, mas ele é uma dessas pessoas que juram ter sangue bom & que nunca incham, então diz que se trata de uma luxação. Como o tratamento é o mesmo, deixei-o ter sua luxação – para ganhar tranquilidade & perder mais auto-respeito."

Dinheiro continuava uma preocupação para Louis – mesmo quando gastava o de outras pessoas. Ele simplesmente não gostava de parecer estar tomando algo como favas contadas, explicou a Phyllis quando tentava pensar num jeito de voltar a ficar com ela uns dias. "Estou muitíssimo perturbado esta noite com a ideia de não ir, mas descobri que SM tem de pagar minha passagem além do meu extra & não me agrada pedir, talvez seja um tanto exagerado nessa conta, a volta em primeira classe sem a taxa regular para fardados."

Mas por fim ele foi ver Phyllis e Bridget. Sua ausência foi imediatamente sentida. Sir Bryan Godfrey-Fausset queixou-se em seu diário estar desanimado depois que Louis saiu. Albert também sentiu falta, e no dia da viagem escreveu lastimoso: "Uma pena que você precise ir. Sentiremos muito sua falta."[19] Três dias depois, escreveu: "Muito obrigado por sua carta, ela cruzou com a minha no correio. Continuo muito bem, aumentei meio quilo de peso esta semana e agora tenho 62 quilos. Não estou exagerando nem um pouco. Não precisa se preocupar sobre isso, pois sei o que posso fazer." E acrescenta como pós-escrito em 23 de janeiro: "Acabei de receber sua carta. Alegra-me saber que chegará aqui dia 2. "

A relação entre Louis e Albert mudou essencialmente dos papéis de médico e paciente para os de um príncipe e seu cortesão durante aquele natal em Sandringham. Louis ainda não tinha uma função oficial, mas propuseram a ele tornar-se ajudante de ordens em tempo integral, o que lhe daria um pequeno estipêndio além dos vencimentos da Força Aérea. O Rei pediu-lhe pessoalmente que aceitasse o emprego de cuidar de seu segundo filho. A contribuição que ele traria em termos de desenvolver a confiança em si do rapaz bem como de manter-lhe a saúde eram imensos. "Ele infunde coragem, e todos na idade de Albert precisam disso."[20] Mais que qualquer outro, Louis era capaz de fazer o Príncipe se sentir valorizado. Por muito tempo Albert se sentira fracassado, e agora, pela primeira vez na vida, ele acreditava que seu futuro poderia ser brilhante.

Nessa época, depois de muito hesitar, George V curvou-se à pressão da opinião pública para apagar qualquer traço germânico de seu nome retirando Saxe-Coburg-Gotha em favor do nome mais solidamente inglês de Windsor. Louis seguiu o exemplo. Ele tinha o nome do meio *Leisler* porque seu pai fora grande amigo de seu sócio de negócios em Hamburgo. Naquele clima de rancor antigermânico Louis sentiu ser necessário extirpar seu segundo nome. Nos registros oficiais, depois de 1917, tornou-se Louis Greig em vez de L.L. Greig. No Boxing Day, ele se gabou para Phyllis que havia dirigido uma carta ao banco declarando: "Minha nova assinatura agora é permanente, portanto não adianta tentarem falsificar a assinatura antiga," gracejou.

George V inicialmente permanecera impermeável à maior parte das críticas sobre sua família ou ancestralidade germânica; parecia considerar tais elos históricos acima de meras fronteiras e disputas nacionais. Procurou inclusive, um tanto ingenuamente, explicar a Asquith que seu primo príncipe Albert de Schleswig-Holstein "não havia na verdade lutado ao lado dos alemães," apenas tinham-no "encarregado de um campo de prisioneiros ingleses," perto de Berlim. "Bela diferença," observou o primeiro-ministro satiricamente para Venetia Stanley.[21] Nem todos eram tão compreensivos. Lloyd George comentou com sua secretária depois de ter sido convocado ao palácio em janeiro de 1915: "Imagino o que meu amiguinho alemão tem a me dizer."[22] A família real foi por muito tempo míope ao efeito de seus vínculos germânicos, já que se consideravam britânicos de forma inalienável, apesar da linhagem. George V ficou furioso quando H.G. Wells falou de "uma corte forasteira que não inspira," retorquindo: "Posso não ser inspirador mas o diabo que me carregue se sou forasteiro." Um historiador chamou de "momentânea perda de coragem" quando a família real enterrou seu nome alemão para converter-se em Casa de Windsor. Isso veio a ser no fim um lance tático magistral que atendeu à onda de patriotismo que atravessava toda a Grã-Bretanha. (Mas o Kaiser aproveitou para uma boa piada deixando constar que teria grande prazer em assistir a uma apresentação teatral da conhecida peça *The merry wives of Saxe-Coburg-Gotha*.) O fervor anglicizante teve na hierarquia social um efeito de pedra jogada na lagoa. Sua Alteza Serena o Príncipe Louis de Battenberg abandonou a fórmula de seu título alemão, assumiu o sobrenome Mountbatten, e se tornou o Marquês de Milford Haven.

A guerra foi particularmente complicada para a família real em razão de suas amplas e entrelaçadas conexões de parentesco por toda a Europa. A Rainha Alexandra, por exemplo, tinha parentes lutando de ambos os lados. Um sobrinho, filho de sua irmã Thyra, Duquesa de Cumberland, estava no exército alemão, enquanto outro sobrinho, o Príncipe Maurice de Battenberg, morreu lutando do lado inglês em Mons. A morte deste fez parecer ainda mais amargamente injusta a demissão forçada de seu tio, Príncipe Louis de Battenberg do cargo de Primeiro Lord do Mar quando, nos primeiros estágios da guerra, Battenberg foi afastado na maré de ódio nacional contra a Alemanha. Ninguém duvidou que ele fosse um qualificado homem do mar; foi simplesmente dito que ele tinha de sair. "É um caráter generoso, que se sacrificou pelo país ao qual serviu tão bem e que agora o trata de forma abominável," escreveu a Rainha Alexandra amargamente.[23] Trinta anos depois, o filho de Battenberg e futuro Lord Mountbatten, constatou que os mesmos antecedentes alemães não foram obstáculo para ele tornar-se Vice-Rei da Índia. Acham alguns que foi a demissão vergonhosa do pai que o fez tão ambicioso. O Mountbatten moço escreveu à mãe – da Escola Naval de Osborne, onde era aspirante, queixando-se da zombaria a que estava sujeito devido à demissão do pai. "O que a senhora sabe dos últimos rumores de fora que chegaram aqui? Que papai era espião alemão e foi discretamente levado para a Torre sob a vigilância dos *beafeaters* (...) Já há três dias passo por péssimos momentos por causa disso."[24]

Não obstante as mudanças de nomes, o Natal em Sandringham fora um enorme sucesso. Pela primeira vez, Louis e Albert estavam em pé de igualdade ao se prepararem para aprender a voar. De certo modo Louis estava triste por deixar a Marinha, mas com o Rei tendo se manifestado seria difícil não deixar-se levar. Ele passara mais de onze anos na Martinha, a "Arma Principal," e como havia decidido não ser médico para sempre, achou que seria benéfica uma mudança de carreira. Intimidava-o um pouco a ideia de aprender a voar tão tarde na vida. A maioria dos pilotos estava na casa dos vinte, e ele se achava próximo dos quarenta. Ainda mais preocupante era o alto número de fatalidades em Cranwell, onde ficariam aquartelados. Louis viu que aquele patrocínio real poderia levá-lo em diversas direções e dar-lhe chance de conhecer muito mais gente interessante do que empacado a bordo da enfermaria de um navio. Era hora de abraçar um mundo mais amplo, mais alto e de mais grandeza; e pelo menos seria uma aventura.

8
Voando Alto

―――◆―――

"Fico feliz em saber que o senhor concorda com meu propósito de ficar com os Greigs."
Príncipe Albert em carta ao Rei

Os PRIMEIROS TEMPOS DA AVIAÇÃO se estenderam pela vida adulta de Louis. Ele era estudante de medicina quando os irmãos Wright inauguraram a era dos voos ao decolarem de Kitty Hawk, Carolina do Norte, em 1903. Enquanto Louis supervisionava Albert como aspirante naval em Osborne, o piloto francês Louis Blériot voou através do Canal em apenas quarenta minutos em 25 de julho de 1909, golpeando de forma considerável o orgulho inglês. H.G. Wells captara brilhantemente a imaginação popular de um combate aéreo com a serialização de *The War in the Air*, na revista *Pall Mall*. Sua ficção alertou milhares de leitores para a real possibilidade de um conflito internacional nos céus com aquele recém-nascido recurso de máquinas voadoras armadas. A cena mais impressionante foi a descrição de um ataque a Nova York por uma frota de dirigíveis, um lembrete dramático sobre o fim do isolamento protetor de qualquer ilha pela água. A óbvia implicação para as Ilhas Britânicas era que "a pequena ilha cercada de águas cor de prata chegava ao fim de sua imunidade, (e) que não mais, em parte alguma do mundo, haveria lugar para que um Smallways (o fictício herói aviador de Wells) pudesse erguer a cabeça orgulhosamente e votar por guerra e por uma enérgica política externa, e ir embora protegido de tão terríveis coisas."

Foi no dia de Ano-Novo, 1918, que Louis e Albert souberam que iniciariam oficialmente suas carreiras na aviação a bordo do

HMS Daedalus. Não era um navio, era uma faixa de terra estéril em Cranwell, no Lincolnshire, apenas dezenove quilômetros a nordeste de Grantham, onde os pilotos e metralhadores aéreos eram treinados. "Segui para Cranwell & esperei por PA a quem estou "adido" – o que quer que isso signifique. Sou na verdade *in loco parentis* & uma espécie de *equerry* (oficial ajudante de ordens) & posso dar-lhe uns apertões nas rédeas," escreveu Louis ao irmão, Robert, sobre a mudança de carreira em 15 de janeiro. Louis também estava preocupado com suas finanças, e indagou sobre uma pequena carteira de ações que Robert administrava para ele – "quais as notícias sobre aquelas malditas Coalites? Estão British C ou apenas Coaldix porque subiram de forma incrível?" Fez cuidadosa conta de quanto custaria em gorjetas para a criadagem sua visita a Sandringham. "Não vejo muito jeito de sair da casa deles por menos de dez libras, mas vou tentar & escapulir," escreveu para Phyllis.

Como ajudante de ordens, o trabalho de Louis era cuidar de Albert e certificar-se de que estivesse seguro e saudável. No início de 1918 o Príncipe mostrava-se fisicamente bem, porém compreensivelmente hesitante quanto a voar. Em nada ajudava sua autoconfiança a atitude ambivalente do pai em relação à RAF. George V era naval até a medula; a Força Aérea, afinal, era para onde ele despachara Albert como último recurso depois de ter sido declarado inapto para o serviço no mar. Um dos ministros da Aviação de George V, Samuel Hoare, relatou que ele era "intensamente preconceituoso quanto a voar, quanto ao ministro da Aviação e quanto à Royal Air Force."[1] Dificilmente isso era boa base sobre a qual instilar confiança em Albert, que deve ter se sentido jogado de um lado para outro como navio na tempestade, tentando encontrar um porto que o recebesse bem.

A ideia de um serviço armado aéreo surgira em 1911, quando o Comitê de Defesa Imperial recomendou a criação do Royal Flying Corps juntamente com uma ala naval, uma unidade militar e uma escola central de aviação para treinamento dos pilotos. A natureza competitiva das duas armas levou à formação separada do Royal Naval Air Service e do Army's Royal Flying Corps. Somente em 1918 uma única força aérea foi criada pela lei da Força Aérea de 1917. O amálgama ocorreu em 1º de abril de 1918, quando Louis e Albert estavam em Cranwell – com o serviço aéreo unificado para ser depois conhecido como a RAF, a Royal Air Force.

Mas a animação de Louis e Albert inicialmente amorteceu devido às disputas na embrionária RAF, exatamente em seu escalão mais alto. Lord Rothermere fora escolhido como o primeiro-ministro da Aviação – e o general Sir Hugh Trenchard, o pai da Royal Air Force, tornou-se o primeiro Chefe do Estado-Maior Aéreo. Infelizmente, os dois titãs entraram em colisão, e Trenchard demitiu-se, causando grande apreensão aos homens da nova Força Aérea. Logo depois, Rothermere foi forçado a renunciar. Trenchard foi então, simplesmente por sua popularidade, trazido de volta ao comando da Independent Air Force (IAF). Sua tarefa era a de implementar a política de bombardear a Alemanha.[2] Louis e Albert eram participantes secundários no jogo, mas o efeito desagregador de parte dos descontentes se fez sentir em toda a linha de comando. "Como se pode imaginar, tudo está muito instável por aqui," queixou-se Albert ao Rei.[3]

Cranwell oferecia pouco conforto para seu pessoal, instrutores e estagiários. Os prédios, em sua maioria, eram de chapa de ferro corrugado e pintados de preto, um contraste desolador com a arquitetura palaciana de Osborne. O pessoal também era diferente; a Força Aérea era bem menos "socialmente requintada." De um modo contido tipicamente inglês, Albert escreveu à Rainha Mary mencionando que eram "muito simpáticos, ainda que uma curiosa mistura de gente de todas as posições na vida." Estava dizendo na verdade que não vinham da restrita base dos moços bem relacionados das *public schools*, como era predominantemente o caso da Marinha. Sarah Bradford observou em sua biografia de George VI que, funcionasse a Marinha na mesma linha dos tempos de Nelson, seria pouco provável que ele tivesse podido entrar, devido ao elitismo *snob* que havia. O príncipe Edward achou os Granadeiros bem mais do seu gosto, era onde ele estava cercado por mentalidades afins, "todos meus amigos & os amigos dos amigos."

Louis instou com Albert para olhar as coisas da melhor maneira, o que ele fez, enviando cartas otimistas para casa. "A viagem para cá com Greig na segunda-feira foi muito boa," escreveu tranquilizando o pai, em 9 de fevereiro de 1918.[4] "Nossas acomodações são bastante confortáveis, um quarto de dormir e uma sala de estar. A vida é bem diferente daquela vida do navio (...) Já devo ter lhe contado que comando alunos, 500 deles (...) sou conhecido como o Oficial que Comanda os Rapazes. Terei eu mesmo que discipliná-los, autorizar os seus pedidos de licença etc. O trabalho é totalmente novo para mim e o achei muito difícil neste começo, mas naturalmente vou me acostumar.[5]

Uma vez mais Louis viu-se como o único amigo mais chegado de Albert, e sabendo que este, de certo modo, ia ficar isolado e completamente sozinho morando na base aérea, convidou-o para se mudar para a casa que ele e Phyllis haviam alugado. Era uma pequena casa neogótica vitoriana, em South Rauceby, uma cidadezinha a poucos quilômetros da base. Naturalmente, isso tornava bem mais difícil para Albert fazer amizade com seus contemporâneos de Força Aérea, mas ainda assim era o que ele preferia. Era-lhe muito mais fácil residir com Louis e Phyllis que o proviam de todas as necessidades pessoais e do companheirismo de que ele precisava vivendo longe da base. Sem nunca ser capaz de qualquer ação sem o beneplácito dos pais, ele escreveu à Rainha perguntando se podia morar com Louis:

> Não tive oportunidade no outro dia de lhe perguntar se haveria alguma objeção a que depois do dia 1º de maio eu fique com os Greigs na casa deles, cerca de 7 km daqui. Ele me convidou e eu aceitei, e disse que iria saber, quanto à senhora e a Papai, se estaria tudo bem. Eles estão aqui com muita dificuldade de residência para os oficiais, e logo o Comandante deverá assumir este barracão onde agora estou como sua casa. Isso significa que terei de me mudar para algum outro barracão. Naturalmente, durante o dia farei aqui meu trabalho normal, e apenas dormirei lá. Se a senhora e Papai aprovarem o oferecimento direi a Greig que está bem. Já combinei com ele que pagarei pela pensão para que não precisem me tratar como hóspede. Mrs Greig também me convidou para morar com eles. Espero que vocês não considerem isso um pedido estranho de se fazer, mas quando Greig me falou eu agarrei a oportunidade e imediatamente aceitei, sei como é bom escapar daqui depois de acabado o trabalho (...) Outro oficial morreu em voo ontem, e isso me entristeceu muito.[6]

Voando alto

A ansiedade de Albert perpassa a carta, ele a justificar seu pedido, que teme seja negado. Não queria mudar-se para os alojamentos da Força Aérea. Além de menos confortáveis, o converteriam em centro de atenção, sujeito aos usuais gracejos importunos no trabalho e à inevitável comparação com seu mais glamoroso irmão mais velho, a quem a imprensa começara a se referir como Príncipe Encantado.

O Rei e a Rainha aceitaram de imediato o pedido. Afinal, consideravam ter sido originalmente deles a ideia de Louis perto do filho. "Fico feliz em saber que concordaram com meu plano de morar com os Greigs depois de 1º de maio. Foi muita gentileza a deles convidar-me. Os alemães tiveram novamente sorte com as condições do tempo para a ofensiva. Durante esta semana três estagiários foram mortos em voo; um deles morreu ainda hoje de manhã."[7]

Uma grande vantagem de morar com Louis — a primeira vez que Albert não vivia numa casa da realeza — era a maior sensação de independência da sua família e um afrouxamento das rédeas do Palácio. "Os Greigs me puseram muito confortável em sua casa, e faz a maior diferença poder sair do acampamento depois do trabalho, escreveu tranquilizando a Rainha Mary, em 8 de maio de 1918.[8] Não havia ambiente para cerimônias. Louis recrutou seu inquilino para ajudar a construir um galinheiro, desenterrar batatas, capinar o jardim e outras tarefas ao ar livre. Era uma vida simples de campo, apenas com Louis, Phyllis e a pequena Bridget. Fazia muito tempo que o Príncipe não se sentia tão relaxado e alegre, e sua autoconfiança cresceu. "Não esqueço a cabeça sobre mim mesmo hoje em dia, pois me sinto uma outra pessoa," disse à sua mãe.[9] Louis e Phyllis encorajavam Albert a pensar sobre a casinha de South Rauceby como sua própria. Não precisava impressionar ou comportar-se de forma cuidadosa. A casa funcionava de maneira bastante informal, e era isso que agradava o Príncipe. O príncipe Henry, irmão mais moço de Albert, então com a idade de dezesseis anos, às vezes vinha para o fim de semana e também desfrutava da hospitalidade relaxante dos Greigs, tão diferente de sua própria vida de família. "Eu me senti tão bem e me diverti tanto. Sinto falta dos cachorros e das galinhas correndo pela quadra de tênis, e de nossas idas de carro a Sleaford. Espero que o dentinho de Bridget já tenha melhorado. Senti muita saudade de Biddy ontem à noite (...) De novo agradeço-lhes as gentilezas."[10] Era um fim de semana comum de família do campo com um bom almoço de frango assado, mas aquela informalidade e naturalidade tão despretensiosas eram algo novo para Albert. Era barulhento, casual e animado: o tipo de vida que os príncipes raramente viam. Muito mais tarde, Louis recordou essa época num programa da BBC, sobre os primeiros anos de Albert, nunca antes difundidos. "Ele passava muito do seu tempo na jardinagem e dirigindo o carro; mas se ocupava inteiramente de suas obrigações em Cranwell durante o dia e, claro, era sempre bom com as crianças. Foi extremamente simpático com minha filhinha de cinco anos de idade na época; nada parecia dar-lhe mais alegria do que brincar com ela e banhá-la."[11]

De muitos modos Louis era uma figura paterna e uma figura mais solidária de irmão mais velho. Treinava-o no tênis e o levava para dirigir pelos caminhos do campo. Também era firme, e não hesitava em admoestar Albert caso se comportasse mal. Quando Albert, de raiva, jogou longe a raquete de tênis depois de perder um ponto, Louis passou-lhe uma descompostura em termos categóricos. Ele nunca perdera o uso colorido de linguagem. Era também bom em manter o Rei sossegado. "Greig sabia atuar como para-choque e intérprete entre o príncipe e o pai (...) e não era a menor das qualidades de Louis sua perícia e bom humor nos jogos, o que lhe possibilitava agir como parceiro condescendente, porém não obsequioso demais com o tímido jovem príncipe."[12]

Albert passava muito tempo com Phyllis, que ele logo descobriu ser muito competitiva e detestar perder no croquet ou nas cartas que frequentemente jogavam à noite. Ela ensinou os príncipes a jogar Lou, talvez o mais perigoso dos jogos de cartas. Com apostas de apenas um pêni, era fácil acumular dívidas estranhamente altas; os Greigs e os príncipes achavam mais prudente apostar pauzinhos de fósforo. Albert e Phyllis uniam-se para caçoar de

Louis por seu desassossego e inabilidade em sentar-se tranquilo por mais de um momento. "Vocês devem ter passado um tempo quente com cinco crianças. Espero que Louis tenha se mostrado em boa forma. Ponha-o para descansar, se precisar !!!!" – queixava-se Albert a Phyllis, quando tinham com eles outras crianças em casa. O outro irmão mais moço de Albert, o príncipe George, na época com quinze anos, também se apegou muito a ela. Ambos os jovens sentiam-se à vontade para se expressar em total liberdade sobre os pais. "Estou lhe enviando dois pentes, pois não vendem um só. Espero que não os quebre muito rápido. Estou contente por estar de volta de Aldershot; no todo, aquilo foi bem ruim – nosso mui querido "barbudo" (presumivelmente George V) ficou bastante aborrecido por eu não querer ir," escreveu a Phyllis.[13] Eles podiam falar com Louis de forma aberta e irreverente sobre o Rei e a Rainha, sabendo que isso seria entendido no contexto de uma conversa privada em família.

Louis era cada vez mais uma âncora na vida de Albert e, se ficasse fora mesmo por poucos dias, Albert lhe enviaria mensagens. "Gostaria muito, quando eu chegasse, de jantar com você e seu irmão na sexta-feira à noite – e ir ao teatro e dançar no Princes Club depois," escreveu a Louis quando estava em Sandringham para um fim de semana.[14] Louis ensinou Albert a dirigir nas estreitas estradas da região rural em torno de Cranwell. A maioria dos oficiais na época usava motocicletas para se deslocar, mas Albert – como sempre cerceado pelos pais – não tinha permissão para manejar veículos. "Só salafrários andam de motociclo," pontificava o Rei.[15] Quando o comandante A.E.F. McCreary, subcomandante de Albert perguntou-lhe se ele gostaria de dirigir uma *"gharry,"* como eram chamadas as motocicletas, o Príncipe respondeu: "Oh, o senhor não conhece meu pai. Ele não me deixa andar nem de bicicleta."[16] Era-lhes permitido, isso sim, caçar com os beagles de Cranwell, e com os cães de caça dos clubes Blankney e Belvoir. Um passatempo especial era jogar tênis na Escola de Educação Física de Cranwell.

Era uma boa distração dos contínuos "problemas de dentição" da recém-nascida arma aérea. O pessoal originário da Marinha e do

Exército desafiadoramente usava cada qual sua antiga farda e continuou identificado separadamente até que o novo uniforme cáqui da RAF – que precederia o posterior azul da Força Aérea – fosse decidido. Nessa comunidade, ainda muito longe de ser um grupo unido, Albert ficava compreensivelmente vacilante sobre o serviço normal de voar. A lista de pilotos mortos era alarmante.

Albert escreveu em 1º de maio a Godfrey-Fausset, ameaçando desistir de voar – "no geral, uma tarefa exagerada." Porém, três dias mais tarde, foi fazer seu primeiro voo em péssimas condições de chuva e vento, voando por vinte minutos numa altura de apenas algumas centenas de metros. "Foi uma sensação curiosa," escreveu à mãe no dia seguinte, "que para acostumar precisa de muita repetição. Gostei no geral, mas não acho que me agradaria voar como passatempo."[17] Louis estava impressionado com o constante e corajoso empenho de Albert para ser bem-sucedido. "Lembro-me bem quando tivemos quatro dias de tempo ruim e eu, um velho, estava contente por não ter voos. Na manhã do quarto dia o príncipe veio ao meu quarto, enquanto ainda ventava e chovia e me disse: 'Se eu não levantar voo hoje não creio que voe de novo.' Então, muito a contragosto, eu o acompanhei a Croyton para um voo curto – e o resultado foi que ele agiu bem, pois nunca mais teria dúvidas."[18]

Ao tempo em que Albert hesitava em voar, Louis se via com dificuldade ainda maior para isso. Tinha quase quarenta anos e competia com pilotos que tinham a metade de sua idade. Estava também apreensivo quanto às extraordinárias habilidades necessárias para o combate aéreo, pois diariamente no refeitório dos oficiais eles ouviam mil histórias de desastre e triunfo. O tenente Norman Macmillan, piloto contemporâneo do Esquadrão 45 RFC, posteriormente disse que era necessário ter uma espécie de visão 3-D: "Estávamos continuadamente em alerta com o inimigo contra o qual devíamos lutar. Tínhamos de olhar à frente, acima, em volta, atrás e abaixo de nós. Precisamos desenvolver um sentido totalmente novo de observação, de visão, o inimigo podia estar em toda parte. Tínhamos de viver em esfera em vez da vida horizontal do solo."[19]

Voando alto

No espartano refeitório dos oficiais, Louis e Albert sentavam-se à frente de um fogo de carvão ouvindo histórias sobre aterrorizados pilotos novatos incapazes de detectar a presença de aviões inimigos, e de como os líderes de alas precisavam "dar desconto" quando acompanhados por noviços. Alguns pilotos, como Gwilym Lewis, posteriormente relatavam ser um milagre alguém sobreviver a uma *dogfight*, um combate aéreo embolado. "Era incrível que um camarada envolvido não pudesse ver metade do que acontecia. Os olhos não registravam à grande distância. Tínhamos que distinguir coisas – um cintilar de sol num minúsculo pedaço de metal era tudo que precisávamos para perceber que algo havia, longe, no céu. Entrávamos nas *dogfights* e mal se sabia o que estava acontecendo. Era de graça ser abatido."[20]

O treinamento era em geral feito numa bizarra base *ad hoc*. A média de tempo para treinar um piloto durante a guerra era de oito meses, dos quais dois numa Unidade de Cadetes onde exercícios e instruções militares eram administrados; outros dois meses numa escola de aeronáutica para aprender sobre aviação e ajustagem; três meses num esquadrão de treinamento, onde os cadetes aprendiam a voar; e um mês num curso de pós-graduação para ser capaz de combater em voo com metralhadora. Em 1916 formularam-se novos testes de qualificação para melhorar o padrão de pilotagem: o piloto tinha de ter pelo menos quinze horas de voo solo. Precisava também ter voado um avião de serviço; efetuado um voo de 60 milhas através do país e feito duas aterrissagens de noite ajudado por labaredas no solo. Porém as urgências da guerra faziam com que muitas vezes essas regras fossem ignoradas, e em 1917 a maioria dos pilotos que iam para a França tinha apenas em média dezessete horas de voo. Muitos tinham menos de dez horas de voo solo. Os que aprendiam mais rápido eram enviados primeiro para a França, e com frequência os pilotos mais promissores eram abatidos porque não voavam capacitados o suficiente. As enormes baixas de 1917 levaram à criação de uma escola para instrutores, e por volta de setembro a média de tempo de voo dos pilotos que iam para além-mar aumentara para quarenta e oito horas.[21]

A mudança mais significativa na relação de Louis com Albert foi a de ambos serem aprendizes da RAF juntos, confiando muito mais um no outro. A amizade de Louis se deslocava mais para a vida particular, à medida que planejavam idas a Londres para jantares ou teatros, em geral com amigos de Louis. "Seria ótimo ter uma noite realmente boa, preciso de uma sacudida, as coisas aqui estão criando mofo," escreveu Albert da York Cottage.[22] Quando ele se correspondia com os pais, Louis era praticamente o único amigo que mencionava. Parelha estranha, de muitas formas oposta, mas que apreciava a mútua companhia. Albert, agora com vinte e três anos, estava longe de ser sofisticado, e recebia bem um guia experiente a enfronhá-lo num mundo mais amplo. Por exemplo, Louis apresentou-o a mulheres glamorosas fora do seu usual círculo social. Uma dessas novas amigas foi Madge Saunders, uma ex-corista da África do Sul, que ficara famosa em musicais e também com seu papel apimentado num filme de nome *Tons of Love*. Nascida em Johannesburgo em 25 de agosto de 1894, era apenas um ano mais velha que Albert e claramente, a julgar pelos comentários que fez a Louis, ele se interessou por ela. Era uma mulher voluptuosa, de cabelos negros, busto cheio e um senso de humor ainda maior. Estava perfeitamente cônscia do seu poder de atração e tinha fama de nunca hesitar quando queria um homem. Albert não era o indômito e despreocupado representante da Era do Jazz como seu irmão mais velho – e foi tocado pela maneira franca, natural e acessível dela. Enquanto o príncipe Edward tinha numerosos casos e sentia-se à vontade e livre de culpas, Albert era de progressão cautelosa nesses assuntos, e tal como acontecia com a maioria das coisas que tentava pela primeira vez, faltava-lhe segurança e jeito. Nunca houve dúvida que tivesse interesse pelas mulheres, porém achá-las era um problema, e Louis se tornou um útil acompanhante. Louis amava o brilho e a elegância do mundo do *showbiz*, mantendo amizade com algumas das mais conhecidas atrizes de teatro. Era um gosto inteiramente platônico e aberto, e aliás, frequentemente Phyllis ia com Louis a diversas dessas festas. Ele simplesmente gostava da efervescência e da verve do exuberante mundo teatral, e tinha prazer em apresentar os que faziam parte desse mundo a seus amigos.

Após conhecer Madge Saunders por intermédio de Louis, o Príncipe percebeu que precisava lidar com ela discretamente por ela ser uma atriz. Estava ciente de outros príncipes da realeza que encontravam sedutoras atrizes jovens e eram submetidos a chantagens pela devolução de seus bilhetes amorosos. Albert não queria ser apanhado dessa forma e deixou isso claro para Louis. "Muito grato pela sua carta sobre os planos para sexta-feira," escreveu. "Se não se importa, prefiro não escrever para Madge Saunders, não sei o endereço dela e também é muito arriscado fazê-lo daqui, pois ela não usa outro nome. Nesses casos, é sempre melhor não haver cartas. Se você puder fazer os arranjos, melhor. Aliás, este sábado vai ser sem dúvida muito divertido, e o que Rigby (Sir Arthur Rigby, cirurgião da realeza 1870-1944) vai achar quando vier nos ver só Deus sabe!!! Gosto do seu modo de explicar as coisas!!"[23] Não fica claro o que Rigby ia encontrar, mas Albert estava, finalmente, tendo alguma diversão.

Saunders veio para a Inglaterra em 1913 com um contrato para trabalhar no New Theatre como atriz substituta no papel de Etelka em *The laughing husband*. Excursionou por toda a Grã-Bretanha com diversas trupes e, em 1918, quando Albert a conheceu, fazia o papel de Elsie Grey em *Very good Eddie*; mais tarde no mesmo ano, apresentou-se no Gaiety Theatre como Grace Douglas em *Going Up*. Mas o que Albert não sabia era que, ao mesmo tempo em que atraía seus olhares, Madge estava agindo no que considerava uma aposta mais realista de casamento: saía com Leslie Henson, um dos mais destacados atores de comédia da primeira metade do século. Henson era famoso pela capacidade de contorcer o rosto em exageradas expressões elásticas. "O resultado era inolvidável, e em cenas de angústia ou de êxtase ele foi variadamente descrito como parecendo um mandarim prestes a espirrar ou uma traça que comeu roupa de lã em excesso."[24] Ela pode inclusive ter jogado um admirador contra o outro ao mesmo tempo, mas se isso ocorreu, Albert não tomou conhecimento. Em 1919 ela casou-se com Henson, e nunca mais foi vista pelo príncipe. O casamento durou pouco tempo e nem sequer foi mencionado na autobiografia de Henson.

As mulheres tornavam-se cada vez mais parte da vida de Albert, e invariavelmente ele e Louis falavam sobre moças que ele conhecia e de quem gostava. Bem pouco havia que não contasse a Louis, a única pessoa que o Príncipe encontrava quase todos os dias. Albert necessitava do guia e mentor mais velho: manifestamente, ele não era pessoa de iniciativa, de tomar a frente das coisas, faltava-lhe *savoir-faire*, sofisticação e autoconfiança. Algumas vezes carecia de discernimento. A próxima mulher em sua vida foi ainda menos conveniente; era casada, e requestada simultaneamente por outro apaixonado. Louis via com pouco entusiasmo Albert enamorando-se de Sheila Chisholm, uma atordoante beleza australiana de 28 anos, que se casara no Cairo, em 1915, com Lord Loughborough, homem de má fama, herdeiro do Conde de Rosslyn. Ela era amiga íntima de Freda Dudley Ward, a amante do Príncipe de Gales, que a descrevia como a moça mais bonita que jamais vira. Como a amizade clandestina deles era observada por Edward, este apelidou Albert e Sheila de "*Do's*", talvez por causa de uma afetação da fala de um deles ao pronunciar a palavra "*Do.*"

Porém, enquanto Louis conseguira manter discreta aquela amizade com Madge Saunders, e tenha sido ela inocente paixão passageira, os galanteios para com Lady Loughborough toparam com violentas objeções do Rei. Albert queixou-se a Edward que estava sendo forçado a parar de vê-la. Edward expressou sua irritação pela interferência do pai numa longa e lamentosa carta para Freda: "Cristo! Como detestei & desprezei minha maldita família quando Bertie me escreveu 3 longas cartas cheias de tristeza, onde me conta que está com a faca no pescoço por causa de sua amizade com a pobrezinha da Sheilie."[25] Mas aquele *affair*, segundo o Príncipe de Gales, não foi um caso físico. "Como não há realmente nada entre S & B não vejo por que eles não concordem em ser apenas grandes amigos mas, como já disse antes, cortem essa conversa de amor!!!"

Embora Edward acreditasse que a ligação deles era simplesmente platônica, isso nada valia para o Rei, para quem as aparências eram mais importantes que tudo. Ordenou a Albert evitar ver Sheila, e até mesmo ameaçou não fazê-lo Duque de York, a menos que renunciasse àquela amizade.[26] O que Edward sabia, mas Albert aparentemente ignorava, era o fato de Lady Loughborough estar simultaneamente tendo um caso amoroso com um *émigré* russo chamado Dmitri Obolensky. Edward sabia também que Lord Loughborough tinha ciência do caso e que estava compreensivelmente furioso.

Apesar de Louis muitas vezes agir como um útil para-choque e interprete entre Albert e seus pais, manter o Rei calmo sobre os romances do Príncipe não era fácil. Em geral, prendia-se aos assuntos profissionais básicos ou de saúde quando falava com o Rei sobre Albert. Mas Louis ocasionalmente também traria à baila assuntos mais delicados a favor dele. "Greig me disse que esteve com a senhora em Aldershot. Fico muito feliz que tenha conversado com ele sobre as coisas comuns aqui," escreveu Albert em Cranwell para a Rainha Mary em 20 de junho de 1918. Louis era um constante guia para todos os aspectos da vida dele. Sempre o impulsionava para a frente.

Albert precisava de fortes doses de bom senso para pôr a vida em perspectiva. Com frequência, as trivialidades do Palácio se tornavam ridiculamente importantes. Por exemplo, Albert tendia a ficar muito aflito com questões de protocolo ou status. Ficou furioso quando o Estado-Maior da RAF deixou de consultá-lo com antecedência sobre uma visita de sua irmã, Princesa Mary. Sentiu-se menosprezado, posto de lado, e usou Louis para tentar resolver o caso.

> Sei que ele (nosso general) quer que Mary venha aqui no dia 30 de julho para entregar as medalhas dos jogos que estão sendo organizados. Ele não me perguntou – nem eu esperava que o fizesse – se eu achava que ela devia vir. Falo apenas para o caso de isso lhe ser uma surpresa, mas mostra a disposição de espírito. Um dos oficiais deixou escapar numa reunião de preparativos para os jogos que Mary ia ser convidada. Suponho que isso tenha sido feito por ordem de Briggs. Se vocês consentirem que ela venha, então deveriam pedir aos Greigs para a hospedarem, pois sei que ficariam encantados. Briggs, claro, quer que Mary fique com ele!! Ele é uma terrível provação para todos nós.[26]

Louis era bom em reduzir a tensão em tais baboseiras com gracejos leves e espirituosos. Quando o Rei resmungou com Albert por ele ir a um *nightclub*, Louis interveio para argumentar que eles não iam a uma "confraria orgiástica," mas ao mais respeitável dos *dining clubs* que mais parecia uma "confraria geriátrica," além do que, todos estariam de *black tie*. Ele conseguia fazer o Rei parar e ocasionalmente rir; "Louis tinha um jeito de fazer a tensão desaparecer e de evitar confrontos e explosões súbitas," lembrava um palaciano.[28] Aquela pode ter sido a era das melindrosas e dos *smokings*, mas o rei George V, homem do *tweed* da nobreza rural, não gostava de tais novidades. Louis conseguiu que Albert tivesse seu divertimento.

Em agosto de 1918, Louis e Albert foram transferidos para Hastings, no litoral de Sussex, para aumentar a experiência de exercícios aéreos; passaram também por numerosas sessões de ordem unida no pátio. Mais uma vez o Rei interferira para que Louis ficasse ao lado de Albert. Clive Wigram escreveu para ao General Sir Godfrey Paine em 2 de julho de 1918 em nome do Rei para assegurar a permanência de Louis perto do Príncipe. "Sua Majestade aprova totalmente a transferência do príncipe Albert de Cranwell para Hastings, mas espera que seja possível providenciar igualmente a ida de Greig."[29] Ambos tinham achado Cranwell um lugar turbulento com grupos rivais do Exército e da Marinha perpetuamente em disputas, e estavam satisfeitos com a mudança. Albert desanimara ao saber que o curso de instrução do qual estava encarregado havia sido desaparelhado e que oficiais de menos antiguidade eram seus superiores. Foi um golpe. "Fiquei muito abatido com tudo isso, como o senhor bem pode imaginar; esse trabalho me interessava, e dei o máximo do meu empenho para que fosse bem-sucedido," queixou-se ao pai.[30]

A amizade entre eles se aprofundou na convivência e por trabalharem juntos para superar os desafios da carreira de piloto. Ao mesmo tempo em que Louis desejava estar mais envolvido com a guerra, ele também via o potencial de uma carreira na Força Aérea, e queria ter a satisfação pessoal de ajudar Albert. Aprazia-lhe dedicar-se ao rapaz. Sempre viu nele um enorme potencial nunca alavancado para transformá-lo em excelente profissional. Era muito afeiçoado ao Príncipe e se empenhava o máximo possível para "injetar-lhe aço" enquanto o guiava no alcance de sucesso pessoal e satisfação profissional.

A sensação de fracasso a pairar sobre a carreira de Albert nunca desapareceu completamente, embora Louis jamais o tenha julgado em tão severos termos. Havia sinais de que setores de sua vida melhoravam. Ele saía e circulava, e mais garotas iam entrando em sua vida. Louis, por outro lado, desfrutava a vida com a esposa e a filha bebê e esperava aumentar a família. Porém, dominando os dias de ambos estava a guerra; e cada um deles sentia estar perdendo a oportunidade de participar da arremetida final para a vitória.

O príncipe Albert aos 15 anos, cadete naval em Osborne.

Louis, com 30 anos, em uniforme de cirurgião naval, na Ilha de Wight em 1910.

O aluno mal-amanhado: Louis com 10 anos.

Alinhado: Louis oficial da Marinha em uniforme de gala.

Tempos de escola: Louis jovem jogador de rúgbi na Merchiston Castle School, em Edinburgo.

A esposa de Louis: a indômita Phyllis Scrimgeour.

Encontro de amor: o noivado de Louis e Phyllis, em 1916.

Trio idêntico em linha: o príncipe Henry, o príncipe Albert e Louis em Cambridge, quando o Rei pediu a Louis tomar conta de seus filhos.

Dias de Cambridge: Phyllis e o príncipe Albert na quadra de tênis da casa de Southacre, em Cambridge, durante o tempo de universitário de Albert.

Aprendendo a regra de formas cerimoniais: o príncipe Albert, com Louis e Phyllis, dois passos atrás, numa cerimônia de formatura em Cambridge, 1920.

Médico de campanha: Louis cirurgião dos Fuzileiros Navais Reais em 1914, pouco antes de ser capturado pelos alemães.

Rivais no romance: o príncipe Albert, em primeiro plano, e Louis, o segundo à sua esquerda, com James Stuart, o rival de Albert, na extrema direita.

Em companhia do biscoito: a duquesa de York, Sir Alexander Grant, Louis e o príncipe Albert, em visita à fábrica de biscoitos de Grant, a McVitie & Price, em 1923.

Descansando: Louis e o príncipe Albert em tempo livre na base aérea de Cranwell, em 1918, quando aprendiam a voar.

Brincadeira: o príncipe Albert e Louis disputando uma corrida de "carrinho de mão" na base aérea de Cranwell, em 1918.

Mantendo a forma: Albert e Louis na ginástica durante os últimos meses da guerra.

Dupla inseparável: Albert e Louis em 1919.

Tennis set and match: Louis e Albert em Wimbledon.

Esporte aquático: Louis e Albert na corrida de barcos da regata Oxford--Cambridge de 1922.

Airosos ao passo largo: Albert e Louis na base aérea de Cranwell, em 1918.

Fumando: Louis e o Príncipe de Gales acendem seus cigarros.

Nas corridas: Louis com o filho Carron de seis anos e sua irmã Jean, em 1932, numa corrida de pôneis em Barnes.

Em casa: Louis com a família em Ladderstile, Richmond.

Viagem secreta: Louis e o príncipe George, duque de Kent, preparam-se para o voo aos Estados Unidos, em 1941.

Promessas no Oriente Médio: Louis em missão diplomática junto ao rei Farouk, em 1943.

Na quadra: Louis e Albert em Wimbledon, 1926.

O camarote real de Wimbledon: da esquerda para a direita, a princesa Elizabeth, Louis com Elizabeth Hardinge, filha do Secretário Particular do Rei Alex Hardinge, e a princesa Margaret.

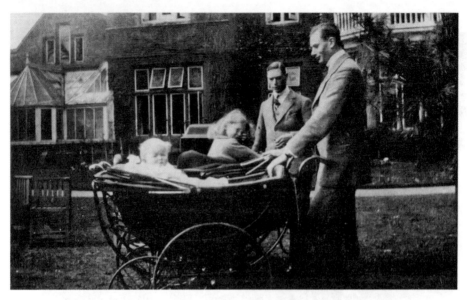

O príncipe Henry e o príncipe Albert com Bridget e Jean, filhas de Louis, em 1920.

Louis, nomeado *deputy ranger* da propriedade, goza de sua residência real.

Caricatura de Louis rindo com cachimbo.

Supervestidos: Albert e Louis prontos para seu voo à França em 1918.

O futuro Rei, segundo a partir da esquerda, depois da faina do carvão a bordo do cruzador *Cumberland*.

No palco: Marjorie Gordon apresentada ao príncipe Albert por Louis.

Phyllis Monkman: outra atriz de teatro e do cinema apresentada por Louis à sociedade real.

Ligações secretas: a garota que Albert queria calada. Madge Saunders e Leslie Henson, com quem posteriormente ela se casou.

9
O Cortesão Surpreendente

> "Ficamos *chez le roi* esta noite & vamos a Bruges amanhã dar uma olhada no porto de Zeebrugge & depois para Bruxelas, onde creio que iremos encontrar o Chairman da Firma (George V) que está chegando. Espero entregar-lhe o jovem sócio (Albert) & ir para casa, mas no momento posso apenas aguardar."
>
> Louis escrevendo para casa após o Armistício

NO OUTONO DE 1918 OS ALIADOS SENTIAM A VITÓRIA do outro lado do Canal, e Albert disse ao pai que desejava chegar à França antes que a guerra acabasse. Portanto, foi-lhe concedida permissão para que ele e Louis se apresentassem ao Quartel-General da RAF em Autigny. Fazia um dia claro e fresco quando decolaram num bombardeiro Handley Page, em 23 de outubro, para uma visão dos estágios finais da guerra que se arrastara por quatro anos e custara mais de 9 milhões de vidas. "Foi uma viagem boa, mas cansativa," anotou Albert, "aproveitei bem todo o voo, embora ele (o piloto) tivesse de aterrissar em Marquise porque um dos motores não funcionava bem. Não estava muito frio, voamos todo o tempo mais ou menos a mil pés."[1] Eles puderam testemunhar os últimos dias de bombardeios e atividades antiaéreas, e logo foram igualmente tomados pela exaltação de um exército vitorioso às vésperas de ver o colapso da máquina de guerra alemã. "Todos os oficiais (ingleses) em ótima disposição de ânimo e não encaravam os *raids* senão como mais um voo costumeiro, o que sem dúvida é o caso," contou Albert ao pai.[2] Naquele mês, o Alto-Comando Alemão começou a aceitar a derrota inevitável e propôs um plano inicial de paz totalmente risível, que ainda deixaria tropas alemãs em solo belga e francês. Teria sido mais uma pausa que uma retirada, e certamente nenhuma rendição. David Lloyd George, Georges Clemenceau e o presidente Woodrow Wilson exigiam total capitulação e a evacuação de todo território ocupado pela Alemanha. Porém foi preciso algum tempo mais para que o espírito da rendição fosse aceito. No início de outubro, *Vorwats*, o principal periódico do Partido Social Democrata Alemão, propôs um alistamento em massa de recrutas que ainda não haviam sido chamados a pegar em armas como último esforço para desbaratar os aliados. Foi mera bravata, a guerra estava efetivamente ganha, o avanço aliado era irresistível. Louis e Albert deram sua contribuição para a arremetida final mais como observadores que participantes, mas estavam contentes por presenciarem o ato final. Um desconhecido soldado alemão de nome Adolf Hitler era um dos feridos, temporariamente cego por uma granada inglesa em 14 de outubro perto do vilarejo belga de Werwik e levado na retirada para um hospital ao norte de Berlim.

A paz pela qual toda a Europa ansiara finalmente aconteceu às onze horas da manhã de 11 de novembro de 1918. "O grande dia chegou & ganhamos a guerra," escreveu o Rei a Albert."[3] "Por fim a matança acabou e poderemos voltar à vida normal em nossos lares," escreveu Louis. Quatro impérios foram divididos numa profusão de repúblicas, e as terríveis consequências da guerra condenaram o mundo à sua pior depressão econômica contemporânea. Contudo, naquele momento houve irresistível júbilo pois os massacres perpetrados em escala nunca antes imaginada haviam finalmente cessado.

Pela primeira vez Louis atuou como ajudante de ordens de Albert num evento oficial da realeza no estrangeiro. O Príncipe representou George V quando o Rei Albert dos belgas fez seu triunfante retorno a Bruxelas para celebrar sua libertação, em 22 de novembro de 1918. O Príncipe de Gales fora convidado, mas estava comprometido com o Corpo Canadense. Uma segunda escolha foi o Duque de Connaught, tio do Rei, mas ele havia

O cortesão surpreendente

voltado à Inglaterra e relutava em viajar para o exterior novamente. Assim, Albert – a terceira opção – representou seu país em nome do soberano. Ele aprendeu a esconder o sentimento de frustração e o enfraquecimento de sua autoconfiança por nunca ser a primeira escolha do Rei, enquanto seguiam para a Bélgica. Havia abundância de motivos a desviar seus cuidados na observação dos arredores dilacerados pela guerra. "Viajei de carro para Paris com Greig na quinta-feira, passando por Rheims e Château-Thierry. A antiga cidade é uma visão terrível; a catedral bombardeada foi totalmente reduzida a escombros. (...) O caminho inteiro daqui até Arras é um cenário da mais completa desolação. Nos faz desejar que tivéssemos feito o mesmo na Alemanha."[4]

Louis não pisara na Bélgica desde que fora prisioneiro de guerra em 1914 e ficou feliz por estarem suas velhas lembranças de derrota e captura suplantadas agora pela alegria da vitória aliada. Ver os derrotados belgas, outrora uma desordenada e aviltada nação, tomarem as ruas para dançar e aplaudir era uma visão jubilosa. Orgulhosamente trajando seus novos uniformes da RAF, os dois amigos acompanharam, montados a cavalo, a família real belga na parada da vitória, o príncipe inglês à direita do monarca. O Rei Albert usava uniforme de campanha e um gasto capacete; sua rainha, elegante num traje cinza-claro, portava um buquê de orquídeas. A multidão se entremeou nas ruas ao desfile lançando-se à frente, vibrando de alegria enquanto eles percorriam cidade. Abriram caminho serpeando até a Place de la Nation, onde foram recebidos pelo burgomestre Max, o herói de Bruxelas, e pelo cardeal Mercier, o salvador espiritual da Bélgica livre. O Rei proferiu seu discurso comemorativo na Câmara dos Deputados, o mesmo lugar em que apenas algumas semanas antes os alemães haviam usado como clube e cassino de oficiais. Do Palácio de Bruxelas, onde ele e Albert eram hóspedes do rei belga, Louis escreveu ao seu irmão Robert:

> Viajamos por toda parte & acabamos participando da solene entrada à cidade, quando tivemos de montar em cavalos desconhecidos em meio a uma estridente multidão que agitava bandeiras & jogava

flores. Ficamos *chez le Roi* esta noite & vamos a Bruges amanhã dar uma olhada no porto de Zeebruggue, depois para Bruxelas onde creio que iremos encontrar o Chairman da Firma (George V) que está chegando. Espero entregar-lhe o jovem sócio (Albert) & ir para casa, mas no momento posso apenas aguardar. Os boches pouço dano fizeram a não ser insultar o povo & saquear-lhe o dinheiro. É estranho ver o burgomestre Max e o cardeal Mercier em carne e osso, ambos estão perfeitamente vivinhos.

Louis já mirava além da guerra, para quando pudesse passar mais tempo com a família: "Não sei o que poderá acontecer com a Força Aérea depois disso, mas se eu puder conseguir uma pequena aposentadoria, acho que meu nome é "topo." Se possível vou na direção de uma vida calma *chez moi* & ver meus filhos burrinhos crescerem. É maravilhoso que a paz tenha chegado, quase inacreditável."[5]

Porém as ideias de ir para casa tiveram de ser adiadas, pois em dezembro Louis foi convidado a acompanhar Albert noutra viagem à França, com George V, o Príncipe de Gales e grande comitiva dos mais íntimos cortesãos do Rei, inclusive Sir Derek Keppel, Sir Charles Cust, Coronel Clive Wigram, Lord Cromer e Lord Claud Hamilton. Tratava-se de grande acontecimento, dividindo-se eles em três grupos, cada qual alocado em castelo próprio. Albert, Cromer e Louis foram acomodados juntos em Romont, antes de seguirem de trem para Paris. Saudou-os na estação do Bois de Boulogne o Presidente Clemenceau, seu primeiro-ministro M Pichon e uma bateria de alto oficiais do exército francês. Louis tomou lugar no cortejo de carruagens ao lado do Príncipe de Gales e de Albert; desfilaram passando pelo Arco do Triunfo e, descendo pela Avenue des Champs Elysées, pela Place de la Concorde e atravessando o Sena para o Quai d'Orsay, onde o Rei apeou. O tempo inclemente não esmoreceu o arrebatamento das multidões que agitavam bandeiras e bradavam "*Vive le roi, vive l'Angleterre,*" e "*Vive le Prince de Gales*" até ficarem roucos. A França esperara um longo tempo para celebrar sua liberdade.

Louis viajou com Albert e o Rei por vários dias, percorrendo os devastados campos de batalha, onde se emocionaram com as evidências apocalípticas dos estragos e perdas de vidas. Arados tombados, carroças abandonadas, casas vazias e cicatrizes de balas nos muros eram apenas alguns dos sinais do caos. Por todo lado havia caudais de tropas marchando. As batalhas tinham acabado, porém um dos maiores ajuntamentos de homens armados jamais reunido estava espalhado de um lado a outro da Europa, muitos deles soldados desiludidos e desorientados após tanta carnificina, desordem e destruição. O Rei e seu séquito almoçaram numa casa da cidade de nome Avesnes, que havia servido de QG do marechal von Hindenburg e usado pelos alemães como um quartel do exército durante a ocupação da cidade. O prefeito contou-lhes que quando o Imperador alemão e o Príncipe herdeiro visitaram a cidade, todos os habitantes foram confinados às suas casas. Os alemães também forçaram as mulheres de Avesnes a saudar todos os seus oficiais.

O Rei levou com ele Louis e Albert para um momento privado de contemplação e oração através do alagado campo de batalha onde toscas cruzes de madeira se enfileiravam, cada uma delas marcando o lugar do corpo de um soldado inglês que perdera a vida. O Rei sabia que aquela era uma pequeníssima amostra dos milhões que haviam sacrificado a vida em favor de seu Império e do restante de seus aliados. O grupo régio percorreu a planície varrida de vento para observar o desolado cemitério. Permaneceram de pé no frio, em silêncio, em seus grossos sobretudos de lã até o tornozelo, antes de o Rei levar Louis e Albert para um momento de pesar ainda mais privado junto ao túmulo de seu primo Príncipe Maurice de Battenberg, que morreu lutando no Exército Britânico em Mons. Um fotógrafo do Exército registrou a cena do Rei curvado e recolhido, com Albert e Louis apenas alguns passos atrás.

No Natal de 1918, Albert e Louis encontravam-se vinculados ao estado-maior do general Sir Hugh Salmond em Spa, na Bélgica. Havia uma imensa quantidade de assuntos a tratar e pôr em ordem. Após a alegria inicial da vitória, veio também uma sensação de anticlímax e exaustão. Embora não tivessem lutado na arrancada final para a vitória, eles também só desejavam ir para casa. A Bélgica era um país machucado, exaurido e triste, enquanto engrenava sua própria reconstrução. A chance de um simples desafogo, inclusive uma ocasional batalha de bolas de neve, era muito bem-vinda, como Alec Cunningham-Reid, um colega da RAF descobriu:

> Estávamos divididos em dois refeitórios e, como havia caído muita neve, um refeitório desafiou o outro para uma batalha de bola de neve (...) o príncipe Albert, num movimento de flanco, e alcance de um metro, deslocou o quépe do que parecia ser Lord Doune, o ajudante do General Comandante, o qual retaliou, numa área de alcance ainda menor, depositando destramente um perfeito tiro duplo nas costas do Príncipe (...) o major Greig e o coronel Tyrrel, chefe do Corpo Médico da RAF no fragor da batalha perderam a noção e atacaram-se mutuamente até caírem prostrados, mesmo sendo ambos do mesmo lado.[6]

Louis, com tempo de sobra disponível, fez uma memorável visita com Albert à princesa Victoria da Prússia, irmã do ex-Kaiser, no Palácio de Schaumburg em Bonn. A mãe da princesa Victoria era a filha mais velha da Rainha Victoria, que havia casado com o imperador alemão Frederick III, e cujo filho, irmão da princesa, se tornou o Kaiser Wilhelm II. Victoria se casou com o Príncipe Adolph of Schaumburg-Lippe, e mais tarde, para consternação da família, com um garçom russo que tinha a metade da idade dela, Alexander Zoubkoff, e que a abandonou, deixando-a com dívidas e forçada a vender todas as suas posses. Mas em 1918 ela era uma figura triste, impenitente e envergonhada. Tal como centenas de outros alemães, ela se surpreendeu com a hostilidade mostrada pelos aliados para com ela e seu país. Albert não lhe tinha simpatia conforme demonstrou em carta para casa:

> Ela parecia não ter muita ideia de quais eram nossos sentimentos em relação aos alemães. Todas as atrocidades, o modo de tratar os prisioneiros, afiguravam-lhe uma revelação, pois a esse respeito tudo lhe fora sempre mantido oculto. Greig contou-lhe algumas de suas experiências como prisioneiro, que acredito ter lhe dado alguma ideia de como as coisas eram então. Ela indagou sobre o senhor e sobre a família, e almejou podermos ser amigos de novo e dentro em breve. Disse-lhe polidamente que não acreditava que isso fosse possível por muitos anos ainda!!! Ela falou a todos ali que seu irmão não queria

a guerra ou os *raids* de zepelins e submarinos, mas isso, é claro, não passava de engodo para se conciliar conosco.[7]

O Príncipe de Gales também não se impressionou com a falta de arrependimento de sua prima em segundo grau, e expressou sua desaprovação quanto a ela – na verdade quanto a todos os alemães – numa carta a Freda Dudley Ward em 9 de janeiro de 1919. "Dei um passeio pelo centro da cidade (Bonn) depois & me diverti fazendo aqueles cidadãos hunos civis descerem da calçada por nossa causa; não foi difícil, todos eles estavam devidamente com o rabo entre as pernas (...) *Gud*! como os odeio, ainda mais agora que estou realmente na Alemanha & fico muito satisfeito em saber quão humilhante deve ser para esses hunos nos verem!!"[8]

Louis e "PA", como Albert era sempre aludido nos diários de Louis, entraram numa rotina, partilhando refeitório e passando a maioria dos dias juntos, frequentemente presenciando eventos históricos, tais como as reuniões da Comissão de Armistício. "Todos os hunos, chefiados pelo general von Wiklisfelt de um lado da longa mesa & o general Nugin do outro," observava Louis assistindo aos procedimentos burocráticos em que "as notas eram lidas em francês, depois em alemão, e então em inglês." Louis sentia-se constantemente indignado pela extensão dos danos causados pela guerra. "Vim para casa por Divant, que é uma amostra típica do abuso dos hunos. Tabuletas penduradas por toda parte: 'Aqui foram mortos muitos cidadãos de Divant fuzilados pelas hordas saxônias.'" O grupo da comitiva apegava-se a todos os momentos despreocupados que podia, inclusive a corridas *steeple chase* locais e caça ao javali selvagem em Luxemburgo.

Uma dramática mudança de rotina ocorreu no início de dezembro, quando se juntou a eles o Príncipe de Gales. Fora da Inglaterra, Albert havia desfrutado a chance de relaxar longe do Palácio de Buckingham com todo seu protocolo familiar e formalismos. Edward estava ainda mais contente por escapar, e trouxe com ele toda a energia e efervescência da Era do Jazz. "Fomos ao Palace Hotel cheio de *whizzbangs* (moças namoradeiras: "whizzbang" era gíria de trincheira para um tiro rápido de morteiro ou de artilharia leve) com quem dançamos & depois fui com Claud & alguns amigos canadenses a um *nightclub* onde ficamos até às quatro horas," anotou Edward.[9]

Mesmo nessa fase, Albert estava mais para tradicionalista e conciliador, ao passo que Edward parecia incapaz de evitar confrontações com o Rei, com a corte e com seu próprio destino. Ele se lamentou para Freda Dudley Ward a respeito de sua aversão ao protocolo exigido de um príncipe: "Tivemos um grupo bastante animado na noite passada & HM estava em ótima forma & a viagem fez-lhe muitíssimo bem & está quase humano; é estar longe da *buckhouse* & da legítima vida de corte que proporciona isso! Oh, essa vida palaciana, minha bem-amada, isso é o que vai apressar o fim, caso não seja modificada; o povo não pode & não suporta tal coisa hoje em dia & como entendo isso tão bem & abomino toda essa asneira."[10]

Em Lille, Louis e Albert tiveram uma série de noitadas loucas com Edward. "Meu irmão me levou para jantar com alguns amigos da RAF onde cantamos & dançamos & contamos bandalheiras no refeitório deles até 2h30 (...) esta última semana tem sido uma espécie de curso de 'como envelhecer rapidamente' & meu irmão & eu precisávamos muitíssimo de uma noite assim divertida."[10]

Mas as festas foram bruscamente interrompidas em 19 de janeiro de 1919, quando chegou um telegrama do Palácio de Buckingham com a notícia de que o Príncipe John, o irmão mais moço de Albert de apenas treze anos, havia morrido durante o sono. Ele sofria de epilepsia desde a idade de quatro anos e vivera recluso na Wood Farm, Wolferton, um canto remoto da propriedade de Sandringham, por algum tempo. Mais tarde, a Rainha Mary encarou o acontecimento como uma libertação. "Nem posso expressar como me sinto agradecida a Deus por tê-lo levado de forma tão tranquila para o lar celestial, dormindo serenamente; nenhuma dor, nenhuma luta, apenas paz para a pobre alminha atribulada."[12] No entanto, para seus irmãos na França, foi um choque, e entenderam que tinham de voltar imediatamente para casa. "Grandes esperanças de chegarmos em casa. Todos os arranjos sendo feitos," anotou Louis no domingo, 19 de janeiro. Porém, esses planos foram abruptamente cortados. "Bem na hora de partirmos para a Inglaterra chegou um telegrama de HM desautorizando nossa volta. Chateado ao extremo," escreveu Louis. Era inacreditável para ele, e para os dois príncipes, que não lhes fosse permitido comparecer ao funeral. É difícil saber exatamente o porquê, mas é provável que o Rei e a Rainha desejassem um funeral discreto. O menininho era pouco conhecido do público, fora mantido o máximo possível fora de vista. A chegada de seus irmãos ao funeral tornaria a ocasião mais pública. É pouco provável que o Rei tenha percebido a raiva e a frustração reprimidas que os rapazes sentiram ao serem mantidos à distância. Louis registrou ter feito um "longo passeio com o PW." É evidente, no entanto, segundo a desconexa carta do Príncipe de Gales para Freda Dudley Ward, que ele estava furioso com o Rei, mas não pelas razões óbvias. Egoísta e narcisista, Edward parecia estar mais frustrado por perder algumas festas em Paris e um *rendevous* com sua amante do que pela morte do irmão.

> Estou em agonia, minha amada, cheguei cerca das 4h para encontrar um telegrama de HM dizendo que meu irmão mais moço havia morrido & que eu não devia ir a Paris; telegrafei de volta para avisar que retornaria imediatamente à Inglaterra por uns dias, achando que essa fosse a atitude certa & deveria chegar em Londres amanhã, terça-feira à noite (...) mas claro que não terminei esta carta a noite passada pois tinha grandes & maravilhosas esperanças de ver *a toi* amanhã à noite, se a deusa da sorte nos tivesse sido benfazeja.
>
> Estou tão infeliz, querida, recebi outro telegrama de HM dizendo-me para não retornar à Inglaterra e nem pensar em ir a Paris & para somente continuar visitando divisões!! Não é também tudo isso de cortar o coração & claro que a morte do meu irmãozinho me põe de luto; não me considere insensível, doçura, mas eu lhe contei tudo sobre esse meu irmãozinho, querida & de como ele era epilético, de como ele tinha ataques & podia perder os sentidos a qualquer hora!!
>
> De qualquer forma, ele passou praticamente trancado esses últimos dois anos, e ninguém nunca o via exceto a família & assim mesmo somente uma ou duas vezes por ano & sua morte é um grande alívio & pelo que silenciosamente sempre rezamos. Mas ter de guardar luto por isso é o fim, justamente quando a guerra acaba, nos tira festas etc. assim sem mais nem menos!! (...) Ninguém ficaria mais triste que eu caso um dos meus 3 irmãos viesse a morrer, mas esse pobre menino se tornara mais um animalzinho do que qualquer outra coisa & era apenas um irmão por nascimento, ao longe & nada mais!![13]

A morte impeliu Albert e Edward a maior proximidade um do outro, expondo também suas diferenças fundamentais.

"Tivemos grandes conversas nos últimos 3 dias & passamos novamente a nos conhecer bem & isso é uma sensação boa, doçura; ele é um garoto *danado* de bom na verdade," disse Edward a Freda.[14] Tais cumprimentos tiveram vida curta. "Estranho rapaz, esse, & não sinto sua falta nem um pouco, embora goste muito dele!!!!" – escreveu Edward mais tarde quando estava em alto-mar no HMS *Renown* em agosto de 1919.[15] O Príncipe de Gales se importava apenas consigo mesmo, e Albert iria aprender isso da pior maneira. Ele podia respeitar seu irmão mais velho, mas não podia contar com ele. O Rei George percebia isso, motivo pelo qual queria Louis como guia e mentor de Albert. Louis se divertia com Edward, mas via-o como um *playboy* superficial – "interessava-se apenas em si próprio."[16] Edward era irritante sem nenhum senso de responsabilidade, ao passo que Albert estava sempre ansioso para tentar fazer o certo.

Para alívio de Louis, Clive Wigram telegrafou-lhe a aprovação para que fosse para casa em gozo de licença em 30 de janeiro de 1919. Finalmente ele ia poder ver Phyllis e Bridget. Mas no dia em que chegou de volta seus planos foram alterados. Ele foi convocado em 5 de fevereiro ao Palácio de Buckingham para ver o Rei, que desejava discutir a próxima etapa da carreira de Albert agora que a guerra terminara.[17] O Rei também queria se certificar de que ele continuaria a cuidar de Albert. Sua ideia era de que eles completassem o treinamento na RAF e tirassem o brevê de piloto.

Foram enviados para o aeródromo de Waddon, perto de Croydon para instrução por um piloto de guerra, o tenente Alec Coryton (mais tarde marechal Sir Alec Coryton), voando um Avro 504K. O grande dilema com que as autoridades agora se deparavam era se os príncipes Albert e Edward, que também se inscreveram no curso de pilotagem, teriam a permissão necessária para voo solo. Eram compreensivelmente paranoicos sobre a segurança dos príncipes, porque voar era algo precário naquela época. Os motores não eram confiáveis. Não havia comunicação entre o solo e o ar, e o número de desastres com pilotos em fase de instrução era alarmante. Os dois haviam sobrevivido à guerra, teria sido péssimo para o moral da nação perdê-los nalgum acidente em tempo de paz.

Louis era responsável pela segurança dos príncipes e decidiu se aconselhar, solicitando a J.G. Hearn, diretor de Treinamento, sua opinião. Este enviou uma carta de resposta marcada confidencial que recomendava precaução. "Falei com o major Greig quanto à posição referente ao Príncipe de Gales aprendendo a pilotar em Croydon. O major Greig disse que o Rei estava ciente de que o Príncipe de Gales decolaria como passageiro e também receberia instrução em dupla, e que não desaprovava o fato. O major Greig também disse que o Príncipe de Gales não tinha intenção de ir além do voo em dupla até que tenha recebido a permissão do Rei."[18]

O Chefe do Estado-Maior da Aviação, numa carta também marcada de confidencial, em 8 de maio,[19] proibiu o príncipe de Gales de voar solo sob qualquer circunstância. Albert, no entanto, ainda tinha essa possibilidade sob permissão especial, isso implicando claramente que ele era mais dispensável que o Príncipe de Gales, por não ser herdeiro imediato. Porém essa maior liberdade nos céus teve curta duração. Permissão para voar solo era o menor de seus problemas, segundo um relatório médico redigido pelo Ten-Cel James Birley, diretor dos Serviços Médicos da RAF. Esse relatório mostrava Albert psicologicamente inadequado para voar.

A RAF não tinha outra alternativa a não ser excluir Albert de qualquer voo solo, só podendo realizá-los com autorização por escrito do Chefe do Estado-Maior, o que jamais ocorreria. Uma ordem banindo-o de todo voo solo foi enviada pelo general T.I. Webb Bowen, comandante da área Sudeste da RAF. Foi outro golpe para a carreira de Albert, e a Louis foi deixada a tarefa de recuperar seus pedaços. Albert não era bom em esconder tais reveses; sua gagueira agora se tornaria mais forte quando estava sob estresse, e cada vez mais isso era uma fonte de preocupação e constrangimento. Ele estivera em busca de um terapeuta da fala. Nesse meio tempo, para ele era obviamente irritante ver Louis e os outros pilotos com acesso irrestrito ao voo solo, e ele ser demasiado impressionável para ter essa permissão. Isso não significava que seu treino como piloto tivesse acabado, apenas que precisava ir acompanhado. Também não significava que sua determinação em obter as asas de seu emblema de piloto enfraquecera. Essa saga toda era de certo modo simbólica do total de sua vida. Coryton constatou que ensinar Albert a pilotar algumas vezes exigia fina diplomacia, depois que seu encorajamento causou no Palácio pânico de que Albert estivesse prestes a voar solo:

> Certo dia devo tê-lo corrigido pelo tubo de voz, e como durante aquele voo ele ficou deprimido eu lhe disse: "Se este fosse treinamento para pilotos de guerra, você sairia em voo solo amanhã!" Isso o animou e, ao voltar, ele deve ter contado à Rainha, porque na minha licença de fim de semana inesperadamente recebi uma mensagem telefônica de que tinha de me apresentar ao coronel Newall da Área do Interior (mais tarde Marechal do Ar Sir Cyril Newall) e fui lá; Louis Greig, que era o ajudante de ordens do Príncipe, soube o que estava acontecendo e me disse: "Falarei com Newall para que você não seja feito em pedaços amanhã!"[21]

Contudo, Albert perseverou e tirou seu brevê de piloto em julho de 1919. Coryton percebeu o significado histórico de ter ajudado o primeiro príncipe real a se qualificar para voo, guardou a barra de direção do Avro e, anos mais tarde, por sugestão de Louis, presenteou-a ao Rei. "Que boa ideia a sua, proponho colocá-la em Windsor junto com as armaduras, os machados de batalha, as espadas, pistolas etc. usados por meus ancestrais. Dará um toque moderno," escreveria depois George VI a Louis.[22]

A foto oficial do príncipe Albert de olhar fixo em seu uniforme da RAF mostra um homem moço desembaraçado e de aspecto confiante, sem sequer sinal dos reveses e da angústia que teve de superar para aprender a voar e dos esforços que Louis fez para mantê-lo firme na rota. "Louis era uma figura incentivadora sempre presente para ouvi-lo e dar-lhe respaldo. Ele era a influência forte de que o príncipe precisava," disse Clive Wigram ao seu filho Neville.[23] A contribuição de Louis foi então muito além daquela de um ajudante de ordens comum, pois retrocedeu ao seu papel de médico e também de protetor. Seu constante refrão era que Albert nunca deixou de ter as qualidades necessárias para o sucesso, se lhe dessem apoio e encorajamento. Porém era frustrante para Louis sempre ver Albert deixar de atingir seu pleno potencial. Estava convencido de que para isso ocorrer seria apenas uma questão de tempo. Enquanto Louis encorajava, era Alec Coryton quem conduzia Albert através das aulas de pilotagem, pelas quais receberia um presente de agradecimento – uma cigarreira de prata com as palavras "*In memoriam*" gravadas nela.

As carreiras de Louis e Albert na RAF não duraram muito tempo. Em dezembro de 1919, Albert recebeu um memorando da parte do Comodoro do Ar diretor de Treinamento e Organização, que abruptamente acabaria com seus dias de voos. "Fui instruído pelo Chefe do Estado-Maior da Aviação para informar-vos da conclusão de não ser mais necessário ou aconselhável que o senhor continue a voar. Por conseguinte serão expedidas ordens para a realocação de piloto, mecânicos e máquina até agora à vossa disposição."

Na verdade, ele não tinha saída, estava impedido de voar. O Rei convocou novamente Louis ao Palácio de Buckingham para dizer-lhe que aquilo representaria outra mudança de 180 graus em seu rumo profissional. Não somente deixara a Marinha para seguir Albert na RAF, como agora também estava sendo chamado para pôr fim total em sua carreira militar e cuidar de Albert e de seu irmão Henry como estudantes no Trinity College, em Cambridge. Louis não se entristeceu por deixar a RAF; voar era algo de que nunca gostara realmente. Estava também satisfeito por permanecer com o Príncipe, sentia que sua tarefa de procurar trazer à tona o melhor em Albert ainda não estava completa. Albert não tinha inclinações acadêmicas e estava destinado a não obter graduação no fim de seu período no Trinity. O Rei só queria que Albert provasse da vida universitária, e insistiu que Louis ficasse encarregado dele. O Príncipe Consorte havia iniciado a tradição de os filhos do soberano frequentarem uma universidade. O rei Edward VII, quando Príncipe de Gales, fora matriculado em três diferentes universidades. Assim, não foi surpresa quando George V decidiu que Albert deveria percorrer o mesmo caminho – e o Príncipe estava acostumado a seguir as vontades do pai. "Estou deixando a carreira militar e vou para Cambridge em outubro, por um ano, para aprender tudo que for útil quando se fizer hora," escreveu Albert em julho de 1919 a seu antigo oficial do período de Dartmouth.[24]

O Rei queria que os filhos tivessem uma adequada residência familiar sob o olhar vigilante de Louis, em vez de ficarem em aposentos da universidade. Para esse fim, Louis alugou Southacre, uma ampla casa estilo eduardiano com espaçoso jardim e quadra de tênis, que ficava atrás da avenida principal. Era grande o suficiente para Louis, Phyllis, Bridget e os dois príncipes, embora por essa época Phyllis estivesse esperando outro filho. Jean nasceu em maio de 1919 e Albert foi o padrinho.

Um pequeno passo para maior independência de Albert foi Louis ter passado por cima das restritivas ordens do Rei e permitir que os dois príncipes andassem de motocicleta – ou "snorter," como era então chamada. Podia ser visto dirigindo entre o centro da cidade e Southacre pela estrada de Trumpington, cerca de um quilômetro e meio de Trinity. Era uma vida de universitário pouco típica para Albert: morava na casa de um homem casado de quarenta anos com duas filhas. Em essência, ele sempre tinha companhia. O Rei mantinha contato constante, por carta e por telefone. Louis acabaria por fim reconhecendo a voz ribombante; a falta de familiaridade com o telefone fazia-o esquecer que o principal objetivo do aparelho era não ter de falar aos gritos.[25] Em 29 de abril, o Rei fez uma visita informal à nova casa deles.[26] "Andou por ela toda, e acho que a tenha considerado confortável. Fui encontrá-lo fora da cidade & não creio que alguém saiba que ele esteve aqui," escreveu Albert.

Louis tinha total consciência de que os príncipes desejavam e precisavam, acima de tudo, da aprovação paterna; e procurava conseguir isso dando notícias positivas ao pai deles. Parecia também óbvio para Louis que Albert teria enorme ganho se obtivesse uma graduação em vez de só provar da vida universitária por um ano. J.R.M. Butler, reitor de Trinity, responsável pelos estudos acadêmicos dos rapazes, escreveu confidencialmente a Lord Stamfordham em 16 de novembro de 1919 na tentativa de prolongar o tempo deles em Cambridge. "Arrisco-me, por sugestão de Greig, a escrever-lhe a respeito do príncipe Albert, do Príncipe Henry e do tempo deles aqui. Tanto quanto Robertson – que lhes ensina economia – e eu podemos julgar após essas poucas semanas, eles não parecem estar obtendo plena educação por encontrarem-se aqui."[27] Butler disse que precisavam de pelo menos mais um ano para obter o apropriado benefício, mas seu apelo caiu em ouvidos moucos no palácio. O papel de Louis era de protetor, ama-seca, companhia e amigo confiável, escoltando Albert e Henry nas palestras e outras atividades estudantis. Mas restritos à casa da família Greig, nunca puderam se integrar à vida estudantil.

Henry era o menos acadêmico dos irmãos e dedicou-se ao golfe como também a um muito indigno esporte de rei, a caça aos ratos. "Bertie me disse que a senhora perguntou o que eu fazia o dia todo aqui e que ficou surpresa por eu matar ratos," escreveu o Príncipe Henry à mãe em novembro de 1919. Na estufa das plantas Henry pôs armadilhas que capturaram cerca de cinquenta ratos – "belo resultado," segundo a rainha Mary.[28] Albert era mais atento às aulas de história e de assuntos constitucionais. Louis pacientemente sentava ao lado deles nos auditórios, e os três pareciam um trio, às vezes até mesmo em roupas quase idênticas. Na Union Society eles ouviram Winston Churchill opor-se à moção "esta Casa considera que é chegado o momento de um governo trabalhista." Louis acompanhava de perto a ascensão de Ramsay MacDonald nessa época. O primo de Albert, Lord Louis Mountbatten, era universitário do Christ, e muito convencido, como só um moço de dezenove anos pode ser. No debate ele se expressou opondo-se à resolução, ao passo que a gagueira de Albert o impedia de falar. Foram interessantes, mas, de certo modo, foram tempos de retração para Louis. Em certas ocasiões ele se sentia a caminhar na água, mas no todo gostou do seu envolvimento com a vida privada e pública da família real.

Apenas numa única ocasião Albert se meteu em encrenca, quando foi multado em 6 shillings e 8 pence por fumar trajando roupas acadêmicas. "Fizeram-me considerar o cigarro que eu estava fumando um dos mais caros que jamais provei," disse na Union quando ali voltou alguns anos mais tarde. Mas esses exemplos de vida estudantil normal eram raros. J.R.M. Butler tentou persuadir Lord Stamfordham que seria melhor para os príncipes viverem na faculdade morando em quartos estudantis, onde poderiam relacionar-se com seus contemporâneos – como fariam com o príncipe Charles cinquenta anos depois. Porém o Rei estava inflexível em seu desejo de que eles ficassem com Louis, e Stamfordham escreveu uma carta ecoando a voz de seu senhor.[29] Infelizmente, as advertências de Butler quanto ao desnecessário isolamento de seus contemporâneos comprovaram-se corretas, pois Albert não fez nenhuma amizade duradoura em Cambridge.

Albert gostava de ter essa segunda vida familiar. Apegou-se muito a Phyllis, ou Phiggie, como ele a chamava, e quando estava em Sandringham nos fins de semana, saía pelo mato e pelos campos procurando penas de gaio para enviar-lhe, algumas vezes escrevendo-lhe duas ou três vezes no mesmo dia. Phyllis proporcionava um acolhimento de afeto maternal, ao passo que Louis era sempre a figura paterna, impulsionando-o, estimulando-o a se divertir, a se testar, e a aproveitar as chances que surgiam. E Albert ganhava autoconfiança. Até mesmo sua gagueira parecia mais sob controle. "Não sei se Greig lhe disse que no almoço aos ganhadores de graus honoríficos na quinta-feira o príncipe Albert pela primeira vez deixou a folha escrita de seu discurso e falou com as próprias palavras," reportou Butler a Lord Stamfordham.[30] O Rei estava satisfeito com seu progresso em Cambridge, e em junho de 1920 prestou-lhe o maior cumprimento possível tornando-o Duque de York, título que recebera ele próprio de Edward VII antes de se tornar Príncipe de Gales.

O mais notável sinal exterior de sucesso que Albert realizou foi vencer o campeonato de tênis da RAF, do qual Louis o persuadira de participar como seu parceiro nas partidas de duplas. Pela primeira vez ele era visto pelo público como um jovem que poderia ter êxito. Acabara-se a ideia de que ele era um semi-inválido preso à casa e que havia deixado de lutar durante a maior parte da guerra. Cheio de orgulho, Albert escreveu sobre sua triunfante parceria com Louis:

> My dearest Papa
>
> Muitíssimo agradecido por seu telegrama que recebi ontem à noite. Estamos ambos muito satisfeitos por termos vencido a Copa da Força Aérea nas duplas. Nosso jogo mais difícil foi nas semifinais em que perdemos o 1º set, depois vencemos o 2º set facilmente, e vencemos por pouco o 3º, depois que nossos oponentes estiveram com 4–1.
>
> Fiquei muito surpreso por passar pelos três *rounds* das simples para as semifinais. O primeiro tempo foi um passeio pois meu adversário *scratched*. O segundo e o terceiro *rounds* foram bem longos & perdi o primeiro set em cada um, mas venci os dois últimos sets. Greig derrotou-me na semi-final, como era inevitável. Greig *scratched* na final das simples; ele havia jogado quatro partidas no dia e se cansou muito. Assim, nas duplas quase desmaiamos de exaustão. Acho que nunca na vida joguei tão bem, e não perdi a cabeça nos momentos críticos, o que foi uma sorte.[31]

O Rei estava convencido de que Louis fez precisamente isto: não deixou o Príncipe perder a cabeça nos momentos críticos de sua vida. Porém o jogo de tênis foi mais do que uma simples vitória esportiva. Marcou um momento importante no sentido de realização do próprio Albert e de sua amizade com Louis. Ele fora incentivado o tempo todo pelo entusiasmo de Louis para entrar no torneio, e Louis o treinara duramente para que eles pudessem vencer. Louis desistiu da oportunidade de jogar na final de simples para assegurar que ele e Albert vencessem as duplas. Um êxito assim tão público era raro e foi extremamente benéfico para a autoestima de Albert. E conforme o tempo deles em Cambridge ia chegando ao fim, Albert passou a animar-se com a ida para Londres para assumir a vida adulta e começar sua carreira como membro da família real.

Era um pensamento oculto na mente de alguns prescientes cortesãos que, o jovem a quem Louis tanto procurava encorajar, poderia algum dia se tornar Rei. De que modo exatamente não lhes estava claro, todavia Albert ficava apenas a um passo de distância da herança do trono. Para grande desespero do rei George V, o príncipe Edward nunca havia demonstrado qualquer entusiasmo pelas responsabilidades e pelo peso de ser um soberano. Clive Wigram, sempre um sagaz homem da vida palaciana, predizia em particular que Albert ia se tornar Rei.[32] Ele encarava o papel de Louis como potencialmente o de um "fazedor de rei," discretamente moldando o hesitante Albert em um homem confiante e seguro de si que podia ser Rei.

10
No Papel de Cupido

———◆———

"Louis surgiu do nada para ... um papel de muita influência pela genuína e diligente vontade de mexer os pauzinhos em benefício de outras pessoas."

Das memórias de Sir John Colville

HARRY PRESTON FOI UM HOTELEIRO COCKNEY que fez fortuna promovendo jovens boxeadores do East End de Londres, e Louis achou que ele era exatamente o tipo de curinga a ser apresentado ao círculo social de certo modo estreito de Albert, depois que voltara de Cambridge. Era o próprio "Flash Harry" do filme, em seus dias: um aventureiro cujas paixões eram as "lutas de punho livre" e fazer dinheiro rápido. Louis ficara amigo de Preston devido ao entusiasmo que partilhavam por corrida de galgos. Ambos eram assíduos apostadores em White City, e Louis veio a ser presidente da National Greyhound Society – o equivalente do Jockey Club para cães.

Quando Louis levou Albert para uma noite de corridas, notou que o Príncipe havia ficado curioso em relação àquele promotor de esporte do sudeste de Londres de personalidade marcante que também era dono dos hotéis Royal Albion e Royal York em Brighton. De temperamento gregário e aguerrido ele sobressaía numa multidão. Usava um pequeno chapéu-coco preto enterrado na cabeça redonda, que parecia grande demais para sua figura gorducha. Um terno traspassado e abotoado firmemente estirava-se em torno do tronco bojudo; polainas brancas ajustadas sobre sapatilhas pretas lustrosas e macias em surpreendentes pés elegantes, e um charuto cubano permanentemente à boca completavam os acessórios daquela impudente e suspeita criatura. Exultante em sua *persona* de diamante bruto, ele se poria a contar histórias bizarras do seu início de vida para o fascinado Príncipe. Seu lar fora uma casa à margem de um rio em Lewisham, defronte a uma taverna, a Thieves' Kitchen, gerida por Mrs McCarthy, uma irlandesa já idosa, cuja carroça puxada a pônei rodava o dia inteiro trazendo combustível para o fogo. Era onde "os ladrões e os patifes da metade de Londres se aqueciam."[1] Quando fregueses difíceis ou bêbados ameaçavam causar distúrbios, Preston ia pessoalmente resolver o caso. "Certa noite entraram três homens. Um era carregador de carvão, o outro um malfeitor e o terceiro recém-saído da prisão depois de dezoito meses atrás das grades por assassinato sem intenção. Pediram cerveja, e quando se recusaram a pagar, fui chamado. Consegui derrubar o primeiro sujeito com um direto no queixo e caí em cima dele. Os outros dois se amontoaram sobre mim, e no meu desespero peguei o homem de baixo pelas orelhas e bati a cabeça dele contra o chão."[2]

A presença pugilística de Preston no Palácio de Buckingham inevitavelmente levantou sobrancelhas entre alguns dos cortesãos mais conservadores que se perguntaram se Louis seria realmente aquela tão benéfica influência sobre o Príncipe, como o Rei sempre afirmava. Albert e seu irmão mais velho, por outro lado, divertiam-se em conhecer o lado mais aloucado de Londres. Louis, afinal de contas, não desejava provocar nenhuma revolução social no Palácio: apenas nunca fora cerceado por regras sociais rígidas. Ele gostava de pessoas que fossem ativas, divertidas, cheias de personalidade e centrais em seus respectivos mundos. Tinha cartaz, é claro, por ser o guarda dos portões dos príncipes reais, mas era uma tarefa que ele cumpria de forma geral, sem qualquer ganho pessoal. Alguns anos mais tarde, Sir John Colville, secretário particular de Winston Churchill, analisou Louis como acertador das coisas. "Ele surgiu do nada para (...) um papel de muita influência, pela genuína e diligente vontade de mexer os pauzinhos em benefício de outras pessoas. Raramente, se alguma vez houve, manipulou os cordões para vantagem própria, mas tinha mesmo um imenso prazer de ajudar os outros." Louis gostava de ver os dois lados se beneficiarem apresentando-as. E foi sem dúvida esse o caso com Preston. Em sua autobiografia, *Memories*, de 1928, que narra a trajetória de um banal caixeiro de Lewisham a chamejante magnata hoteleiro, Preston orgulhosamente estampa como se fosse o signo de algum tipo de Santo Graal a foto de uma carta prosaica de Louis em papel timbrado do Palácio de Buckingham, datada de 15 de setembro de 1921, congratulando-o em nome do Duque de York pelo êxito do torneio de boxe de Brighton.

A introdução dos príncipes ao mundo do boxe era uma prova, para o irreprimível Preston, de que "o boxe finalmente fora reconhecido." Preston era um monarquista apaixonado que se deleitava com seu acesso à realeza, visitando Louis em sua sala no palácio. Inclusive registra elaboradamente em sua autobiografia como Albert o resgatou quando ele ficou preso no elevador do Palácio.

> Louis veio comigo até o elevador. Vi que era um daqueles equipamentos cheio de botões. Fiquei nervoso com aquilo. Porém Louis me assegurou que tudo o que eu tinha de fazer era apertar o terceiro botão. Ele fechou as grades pantográficas para mim, e com mais algumas palavras de otimismo foi embora. Apertei o que parecia ser o terceiro botão. O elevador se recusou a responder. Apertei de novo, bem forte e longamente, mas aquele aparelho permaneceu parado como o sol de Josué. Tentei abrir a porta: não foi possível, era inarredável. Que fazer? Gritar por socorro ou esperar até aparecer alguém? Em minha perturbação permiti que umas tantas palavras pesadas me escapassem audivelmente. Naquele momento, uma voz amável disse: "Algum problema, Mr Preston?" Olhei através da grade de losangos e lá estava Sua Alteza Real, o Duque de York, com um ar divertido. Expliquei-lhe que estava preso. Ele abriu a porta e eu saí, confuso e ruborizado. Sua Alteza Real me cumprimentou ao seu modo amável, e tivemos uma longa conversa (...) depois da qual fui posto de volta no elevador, com meu dedo no botão certo.

Não foi exatamente um grande drama, mas é evidente que significou muitíssimo para Preston. Louis gostava de pôr alguma espontaneidade na insípida rotina de um príncipe real. George V e a Rainha Mary mantinham uma vida doméstica severa, cerimoniosa e tradicional. Ocorriam poucas surpresas, e Preston foi um acréscimo imprevisível ao círculo de Albert. O empreendedor ficou particularmente ufano certa noite em que Louis conseguiu que o convidassem para jantar com o Príncipe de Gales depois de assistirem a uma luta de boxe entre Peter Herman e Jimmy Wilde no Royal Albert Hall. Preston havia pedido que Louis convidasse o príncipe e seus amigos para permanecerem depois da luta para o jantar. "Veio a resposta de que o Príncipe não teria a possibilidade de jantar ali comigo, mas que fosse jantar no Palácio de St James," relatou Preston. "Fui falar com Louis para lhe explicar que aquilo me complicava um pouco, pois eu tinha meus convidados para a luta e para jantar. 'Traga-os todos,' foi a lacônica resposta." E assim, quatorze da turma do pugilismo de Preston, juntamente com o irmão de Louis, Arthur, e o escritor E.V. Lucas, todos deram um gancho direto no Palácio.

Preston estava quase tão impressionado pela reputação de Louis como ex-capitão de rúgbi da Escócia como por suas conexões com a realeza. "Foi Louis Greig quem ajudou a semear a boa semente do amor ao esporte entre os filhos do Rei," declarou. "Sua experiência foi de grande utilidade para o Príncipe de Gales, que fazia questão de manter sempre um árduo e espartano treinamento. Havia um ponto em comum entre o Príncipe e Louis – ambos tinham horror a qualquer gordura extra no corpo." O esporte tinha um importante lugar na amizade de Louis com Albert e Edward. Frequentemente eles jogavam tênis juntos, e em 1920 Louis salpicou de glamour os jogos deles convidando "Big" Bill Tiden, o campeão americano, para bater bola com eles na quadra particular do Palácio de Buckingham. Tilden ocupava a segunda posição no *ranking* americano de tênis quando debutou em Wimbledon. Conquistou o título do torneio nas Simples e se tornou idolatrado pela imprensa britânica, que via o tenista de 27 anos da Filadélfia – sempre usando excêntricas suéteres de jérsei de lã – como um romântico astro de Hollywood. Essa participação em Wimbledon foi o ponto alto de sua carreira esportiva, que acabaria de forma desastrosa nos anos 1950, quando Tilden foi preso por ofensas homossexuais a meninos. Mas nos anos 1920 não havia nenhuma outra celebridade tenista mais charmosa.[3]

Albert conheceu a família e muitos amigos de Louis, em

especial o irmão mais moço dele, Arthur, que era corretor da City, e John Scrimgeour, seu cunhado. O príncipe Edward seguidamente juntava-se a eles para jantar no clube esportivo Prince's ou no clube Marlborough (escolhido por Edward VII como uma alternativa para o Whites, quando fez objeção à regra desse clube de não fumar.) As noitadas eram sempre mais animadas quando Edward participava. Uma noite teve seu grand finale com champanhe entornada vestido abaixo de uma corista chamada Marjorie Gordon que se juntara ao grupo. Bebeu-se muito além do que os Greigs esperavam, a julgar pela elevada conta que lhes chegou. O príncipe Edward, mais tarde, escreveu a Arthur insistindo em pagar pelas bebidas e também por qualquer outro prejuízo:

> Soube por Louis dois dias atrás que nossa festa no Prince's custou £50. Incluso vai essa quantia, pois creio que você pagou toda ela no Prince's!!! Não acho que 50£ seja excessivo pelo que essas façanhas custam hoje em dia & sem dúvida champanhe é muito caro; mas insisto em pagar por tudo, pois na verdade era minha festa. Quanto ao vestido para Marjorie Gordon, também insisto em presenteá-lo, já que derramei nela uma garrafa inteira de champanhe naquela noite. Mas Louis me disse ter-lhe contado que desejo acertar isso, portanto por favor diga-me quanto custará, £20, £30 ou o que for? Apenas quero que o vestido seja muito bom mesmo!! Precisamos sair para outra festa no próximo fim de semana, quando Louis & meu irmão vierem novamente.[4]

Marjorie Gordon foi outra atriz que Louis havia apresentado aos círculos palacianos. Ela era uma estrela secundária cuja primeira apresentação nos palcos fora no Court Theatre, em Liverpool, na peça de Gilbert e Sullivan *The yeoman of the guard* quando tinha vinte e dois anos. Nascida Marjorie Kettlewell em Southsea, em novembro de 1893, havia recebido educação particular em casa em Hampstead e Paris antes de adotar o nome de solteira de sua mãe, Gordon, como nome artístico. As comédias musicais em que atuou, todas indicam o lado frívolo e alegre de sua personalidade, com títulos provocativos como *Stop flirting, Just a kiss, Nightie night* e *Will you kiss me?* Teve também papeis importantes na adequadamente chamada *His royal happiness* e *Loves awakening*. Nesta última representou Tonio, o travesso filho de uma condessa viúva. Com cabelo cortado à pajem e uma perfeita tez de porcelana, era uma mulher de impressionante beleza, que sempre soube realçar o melhor de seu talhe atrevido e mignon. Certamente contribuiu para alegrar a vida dos príncipes.

A amizade de Louis com Marjorie começara durante a guerra, mas nessa mesma época ele apresentaria Albert a Ruby Miller, uma das mais celebradas Gaiety Girls das eras eduardiana e pós-eduardiana. Ela também foi uma atriz precoce que chegou aos palcos em 1903 quando tinha apenas quatorze anos. Sua ambição sempre fora ser uma *showgirl*. Louis a conheceu quando ela estrelava um musical de longo sucesso de bilheteria intitulado *A little bit of fluff*. Em sua autobiografia, *Champagne from my slipper*, Ruby descreve uma noite de acontecimentos cômicos, quando Louis e Albert tomaram um táxi para casa com as duas atrizes. Durante a guerra, a família real deixara de usar seus próprios carros, exceto nas ocasiões oficiais, e por isso eles chamaram um taxi e foi aí que começaram os problemas. Nenhum motorista de táxi esperaria ter o filho do Rei como passageiro.

> Certa noite, um velho amigo, Louis Greig, ajudante de ordens de S.A.R. o príncipe Albert, convidou algumas de nós para uma festinha no Savoy em torno do Príncipe, numa sala privativa do hotel. Marjorie Gordon e eu fomos para lá depois do espetáculo. Foi uma reunião divertida, todos os cavalheiros de uniforme, e quando a ceia acabou, um trio tocou música para dançar. Ensinei a Sua Alteza Real um novo passo de tango, e a festa continuou até mais ou menos 2h. A essa hora era quase impossível encontrar um táxi e eu me dispus a caminhar até meu hotel, mas o príncipe Albert não quis saber disso. Finalmente Louis recorreu a um motorista que acabara de deixar seu passageiro na entrada do hotel. O príncipe Albert, Marjorie Gordon e eu entramos no táxi, enquanto Louis lidava com o motorista.
>
> "Palácio de Buckingham," disse ele.
>
> Mas o motorista não se mexeu. "Ora, ora," disse bem humorado, "nada de brincadeiras. Tenho mulher e filhos me esperando em casa, e já passa das duas. O senhor diz para onde quer ir e eu levo o senhor, mas já estou muito velho para estripulias."
>
> O pobre Louis tentou desesperadamente convencer o taxista, mas batia contra o rochedo de Gibraltar em forma humana.

"Ou me dão um endereço certo, senhoras e senhores, ou então saiam do meu táxi," foi o ultimato do motorista, que desceu do carro e ficou nos encarando.

Estávamos todos tendo ataques de riso, até que por fim eu sugeri que possivelmente o motorista conhecesse o Príncipe de vista. "*Sir*, caso concorde" disse eu, "permita ao homem ver-lhe bem, isso pode ajudar." O príncipe Albert prontamente concordou e Louis acendeu direto sua lanterna em pleno rosto de Sua Alteza Real.

O motorista olhou de frente, e agora o próprio rosto dele é que viraria um caso de estudo. "Oh, *my lord* (...) *my Gawd* (...)" – ofegou meio desfalecido. Então, lançando-se de volta ao seu assento, acelerou para o Palácio de Buckingham como numa pista. No Palácio, catapultou do carro e permaneceu de pé, curvando-se o quanto podia diante do Príncipe (...)

Louis me contou depois que teve muita dificuldade para o motorista aceitar o dinheiro da corrida. O homem protestava que não podia aceitar pagamento por tão grande honra, acrescentando que seu táxi estaria a nossa disposição pelo tempo que a guerra durasse.[5]

Uma razão significativa por que Louis exercia tanta influência sobre Albert nessa época era o fato de o Príncipe surpreendentemente ter poucos amigos de sua idade. "Não sei de amigos chegados que tenha, exceto Louis Greig, que é amigo dele há anos," recordou seu *equerry* James Stuart.[6] Louis e o Príncipe viam-se diariamente o dia inteiro e algumas vezes também à noite. Eram um duo inseparável. Deve ter sido difícil algumas vezes para Phyllis que o tempo de seu marido fosse quase todo ao lado do Príncipe, embora, sempre que podia, Louis tentasse fazer com que ela também estivesse presente. Porém os horários dela não eram tão flexíveis quanto os de Louis, e muitas vezes ela preferia ficar em casa.

Louis chamou para si o papel de protetor de Albert, repreendendo em algumas ocasiões o irmão mais velho, príncipe Edward, por suas brincadeiras e caçoadas de cunho malvado a respeito da gagueira de Albert. Nenhuma zombaria pode ser mais cruel do que aquelas perpetradas por irmãos contra irmãos, como Louis bem sabia por ter sido ele próprio, e tantas vezes, o alvo desse tipo de maldade. Certa ocasião, quando voltavam juntos de um compromisso onde Albert discursara, Edward passou tanto do ponto e foi tão excessivo nas caçoadas sobre o impedimento da fala do irmão, que Louis o interrompeu na hora. "Ver Albert ser tratado daquele jeito deixou Louis zangado e ele fez questão de intervir na conversa," recordou um antigo cortesão.[7] Edward era um rapazote mimado que se acostumara a ter tudo quanto queria; praticamente ninguém se opunha a ele, exceto o Rei, e mesmo este não controlava seus piores excessos. Os velhos cortesãos ficavam enlevados com o Príncipe de Gales por sua posição e charme. Louis era menos suscetível, tinha bem menos ilusões. Praticavam muitos esportes juntos, e na quadra ele não tinha nenhum receio de tratá-lo de igual para igual. Como no episódio em que Edward perdia num jogo de *racquets* contra Louis, e atirou longe sua raquete, indo embora com raiva. Louis foi deixado sozinho na quadra, mas não antes de ter gritado para o Príncipe fujão acusando-o de mau perdedor. Louis tinha a autoridade natural de antigo capitão de rúgbi e estava acostumado a dar sofrenaços em jogadores difíceis. No dia seguinte, Edward enviou um belo conjunto de galinholas em prata de lei para a casa de Louis com uma nota de desculpas. Era o clássico gesto do moço rico que pode fazer o que quiser que ninguém vai puni-lo.

A mais exótica das relações travadas pelo Príncipe por intermédio de Louis foi outra ex-corista chamada Phyllis Monkman, uma atraente cantora e bailarina do palco londrino. Três anos mais velha que Albert, seu primeiro aparecimento em cena, com a idade de doze anos, foi como dançarina em *Lady Madcap* no Vaudeville Theatre. Ela vinha de uma bem estabelecida família de artistas teatrais; seu pai, Jack Harris, era um conhecido figurinista teatral, que fundou o Eccentric Club. Durante a primeira Guerra Mundial ela fora a dançarina principal do Alhambra, e protagonista do Comedy Theatre, trabalhando com atores como Jack Hulbert e Jack Buchanan. Para alguns, ao apresentá-la para Albert, Louis deu um passo mais avançado. Os mexericos na Avenida Shaftesbury eram de que Albert e Monkman haviam se tornado extremamente íntimos – ele talvez perdendo sua virgindade com ela.

No papel de Cupido

Monkman simbolizava a efervescência dos anos 1920 com o cabelo escuro cortado bem curto e encurvado à altura das orelhas; o lampejar dos olhos aludindo a um traço selvagem seu. Em trajes cênicos e postura estudada, deleitava-se em produzir impressões com suas entradas dramáticas, trazendo três grandes voltas de pérolas pendendo soltas em torno do pescoço, plumas de avestruz no penteado e uma vistosa pedra lapidada presa ao turbante. As mangas do vestido de seda de corte justo, debruadas de pele, completavam o efeito; ela sabia como tirar proveito de cada centímetro de sua sensualidade. No mais das vezes, era em comédias de temas leves e românticos que atuava, incluindo os sugestivos *Cut for partners* e *Uneasily to bed*. Certamente uma mulher que sabia como galgar na sociedade, fizera amizade com Ivor Novello e Nöel Coward, que a descreveu como "alegre qual uma cigarra."

Sua reputação no teatro era de uma pessoa de destemida honestidade, evidente nas entrevistas francas que dava, embora jamais em relação ao assunto do Príncipe. "A aparência nunca foi meu melhor naipe,"[8] escreveu francamente na margem de uma folha datilografada de uma biografia inédita de sua carreira teatral, entretanto o poder de sua presença nunca foi posto em dúvida. Embora sem ter uma beleza clássica, ela sabia como atrair um homem. E em 1919, quando estrelava com Buchanan em *Tails up* – segundo Sarah Bradford, biógrafa de George VI – Louis foi ao camarim dela para dizer-lhe que o príncipe Albert desejava conhecê-la e gostaria de convidá-la para jantar, o que mais tarde ela fez, encontrando-o em uma sala da Half Moon Street.

O que é possível confirmar agora, a partir dos diários de Louis, é que ele foi aos bastidores para vê-la na noite de quinta-feira, 20 de fevereiro, após ter passado a manhã sendo entrevistado pelo Rei sobre seu futuro papel com Albert. O Rei insistiu para que Louis permanecesse com seu segundo filho e continuasse a ajudá-lo e guiá-lo.[9] Louis registrou simplesmente "vi Phil Monkman," comprovando o elo entre Louis, Albert e Monkman. Maior confirmação vem dos diários não publicados de Sir Godfrey Thomas, um dos mais íntimos amigos do príncipe Edward, que esteve num "baile no Prince's com Louis Greig & PA e com a turma de Phyllis Monkman-Jack Buchanan, onde apresentamos S.A.R. como 'Lord Chester.'"[10] Louis adorava as luzes brilhantes e a vivacidade da gente de teatro, que fosse ao mesmo tempo elegante e – bem de leve – picante. Thomas relata seu comparecimento a

> ...duas festas muito divertidas no Prince's quando ele (o príncipe Edward) esteve presente, organizadas por Louis Greig e seu irmão Arthur. Jack Buchanan e Phyllis Monkman do *Bubbly* no Comedy Theatre, as 2 irmãs Caldeoli do *Yes uncle*. Mr & Mrs Burns que aparentemente estavam dando a festa, a esposa de Greig & cunhada. Príncipe A, Harry Verney & eu. Dançamos até altas horas em ambas as festas. Na segunda vez o grupo foi quase o mesmo, o único acréscimo que recordo foi de Marjorie Gordon, que fazia o papel principal de uma nova peça no St James Theatre.

Louis estava evidentemente levando seu Príncipe para muito mais noites de diversão do que o velho Rei poderia supor, e os rumores se espalhavam para cima e para baixo da avenida Shaftesbury concernentes ao príncipe e à corista. Cecil Beaton era um dos mais leais amigos da Monkman – já em seus últimos anos após a carreira ter perdido o lustre. Baseado nas conversas dela, ele registrou em seus diários escritos muito tempo depois, em 1971, que acreditava ter ela proporcionado a iniciação ao sexo oposto para Albert:

> Conta a lenda que o príncipe Albert, posteriormente George VI, mostrava-se um jovem demasiado lento, e os cortesãos começaram a se preocupar. Ele não dava sinais do costumeiro interesse no sexo oposto; portanto, talvez alguma encantadora, confiável senhorita, pudesse ser escolhida para iniciar o jovem Príncipe nos ritos do sexo. Era comum acordo entre todos que a conheciam que a famosa dançarina e atriz Phil Monkman seria uma pessoa adequada. Ela era atraente com suas delicadas pernas e tornozelos, animação & alegria & um caráter bastante sólido. O jovem Príncipe reagiu como esperado. Phyllis deu a ele um isqueiro & embora a relação não pudesse jamais ser considerada nada além do que um rápido *affair-ette*, sempre que se encontravam em público, o Príncipe que se tornou Rei exibiria o isqueiro para mostrar que não esquecera.[11]

Beaton pode não ter sido inteiramente exato, ou Monkman pode ter contado histórias demais. Segundo cartas do príncipe Edward à amante Freda Dudley Ward, Monkman não foi o primeiro encontro sexual de Albert. O Príncipe de Gales garante que isso ocorreu durante a guerra, quando ele viajava pela França com Louis. Ao escrever em 26 de outubro de 1918 quando estava no quartel do Corpo Canadense da Força Expedicionária Britânica, ele contou a Freda:

> Achei muito divertida a carta que chegou de meu irmão da RAF esta noite, escrita de Paris, onde ele passou uma noite com o velho Derby na embaixada, a caminho da "Força Independente" em Nancy!! mas ele não dormiu na embaixada, pois, em suas próprias palavras, a "façanha está feita," embora ele não me tenha dado detalhes, e talvez melhor assim? Mas veja, querida, "C'était la premiere fois car il était vierge" e é por isso que me diverte & me interessa tanto! Não vejo a hora de encontrá-lo e ouvir tudo sobre o acontecido [12]

Quaisquer que tenham sido as circunstâncias exatas da iniciação de Albert com o sexo oposto, ele desfrutou imensamente de sua amizade com Monkman. Corriam rumores no mundo teatral de que ela recebia a cada aniversário um presente de Albert, e quando ela morreu, com a idade de 84 anos, encontraram entre seus pertences uma pequena carteira com um retrato dele usando um quepe azul-marinho com o emblema das asas da RAF. Mas era sempre uma amizade com um toque de risco. Haviam-lhe dito com frequência que atrizes eram socialmente dúbias, até mesmo perigosas. O preconceito cego contra elas era especialmente notório na corte, mesmo em 1927, quando Lord Stamfordham escreveu a Lord Cromer, o *lord chamberlain*, inquirindo sobre os critérios de qualificação dos convidados que se encontrariam com o Rei em Ascot. Uma queixa fora apresentada por um homem cujas filhas haviam sido barradas na Royal Enclosure por ordens do Rei, especificamente por serem atrizes. "Sua Majestade era sabedor de que estavam se apresentando publicamente em Manchester como as Irmãs Ralli numa espécie de teatro-revista, e que SM considera que ninguém que tenha entrado nessa profissão deverá ser admitido ao Recinto Real."[13] Apesar de não ser nada de mais se os dois Príncipes relacionavam-se com atrizes nas noites, não era aceitável uma atriz ser vista em eventos sociais da corte durante o dia. "Às filhas gêmeas do General Lord Ruthven foi negado o acesso ao Camarote Real, porque elas também eram atrizes; o pai delas mostrou seu ressentimento recusando ser Cavaleiro da Ordem Real de Victoria, tradicionalmente conferida ao general comandante da região de Londres.[14] Louis não tomava muito conhecimento de tais beatices da corte. Ele sempre partilhava os amigos, e ter uma corista e um príncipe entre eles sem apresentá-los teria sido completamente fora de propósito.

Louis orgulhava-se de fazer com que Albert mantivesse contato com a grande variedade de seus amigos – que ia de argutos negociantes da City, tubarões das apostas, a coleção de craques de rúgbi, donos de hotéis em Brighton, duquesas excêntricas e uma mancheia de artistas de cinema. Isso era do que o Rei gostava em Louis, esse estranho forasteiro de Glasgow que havia chegado para a vida de Albert como se fosse um muito saudável ar fresco.

E cada vez mais, também, Louis tomava um maior interesse pela política e, em particular, por algumas das figuras mais importantes do Partido Trabalhista. Freddie Dalrymple-Hamilton, seu antigo colega de bordo no *Cumberland*, relatou quanto se divertia com a mistura de Louis com socialistas num minuto e com *socialites* no outro.

> Segunda-feira, 4 de abril de 1921: Procurei Louis no Palácio de Buckingham. Encontrei-o quando saía para jogar squash com o P de W, portanto adiei minha visita para amanhã.
>
> Terça-feira, 5 de abril de 1921: Fui ao Palácio de Buckingham e tive uma conversa com Louis sobre a atual situação (greves) que está ruim. Ele achava divertidos alguns líderes trabalhistas que conhecera e gostava deles.

Dalrymple-Hamilton era conservador, convencional e não muito aberto às mudanças políticas que ocorriam na Inglaterra. Quando um dia almoçou com certa Mrs Ballantine, "uma americana," ele chegou a comentar o quanto ela o irritara "falando um monte de tolices sobre o Rei e o Império Britânico em geral & dizendo ser uma mulher atualizada e que nosso conceito de reis era antiquado. Que Deus me livre de encontrar essa criatura novamente."

Louis estava longe de se prender à ideia de prestar serviço em palácio pelo resto da vida, e frequentemente pensava em maneiras de ganhar mais dinheiro; um trabalho na City era uma óbvia possibilidade. Quando o Rei soube disso, perguntou a Louis o que podia fazer para assegurar sua permanência como palaciano de Albert. George V ofereceu-lhe o comando do próprio iate real. "Disse-me que eu podia ter o *Alessandra*, mas que gostaria muito que eu me mantivesse por perto."[15] Apenas mais tarde cortesãos como Clive Wigram conjeturaram se o Rei não estaria secretamente tomando medidas preparatórias para a possibilidade de Albert sucedê-lo no trono em vez de seu irmão mais velho. Wigram disse ao filho exatamente isto: "Ele era o homem que ia moldar Albert, e por isso pessoas como meu pai estavam tão ansiosas para que ele ficasse próximo o mais possível. Havia tantos maus tipos em volta do Príncipe de Gales que o Rei queria alguém valioso como Louis junto a Albert. Louis incutiu-lhe determinação, e era do que precisava. O Rei estava ciente do problema e do motivo por que considerava essencial Louis estar por perto."[16] Ele e muitos dos cortesãos seniores se desesperançavam cada vez mais com Edward, que levava uma vida egoística e irresponsável. Ramsay MacDonald era um juiz benévolo, mas mesmo ele mais tarde se horrorizou com a indolência e a irresponsabilidade do Príncipe. "Nunca houve tolo maior no mundo (...) pensar nele que tem toda a herança de poder e influência & em suas qualidades para usá-las como um guia justo, causa desprezo."[17]

Mas Albert não era, tampouco, exatamente modelo para monarca nessa época, prejudicado como estava pela gagueira e sem óbvias qualidades de liderança. "Na conversa comum falava com naturalidade perfeitamente, provando que seu defeito no falar era uma atribulação nervosa, advinda da timidez," aventou James Stuart. Ele era irresoluto, sem confiança em si mesmo, e ainda tentando achar seu caminho na vida. Enquanto as Jovens Criaturas Radiantes dos anos 1920 levavam uma vida excitante e divertida, as crianças da realeza sentiam-se muitas vezes engaioladas.

Coquetéis, jazz, jogos, o charleston, divertimentos de fins de semana ou, na verdade, qualquer coisa moderna era anátema para o Rei George do *tweed*. Sua ideia de vida social era um jantar em casa cerimonioso e formal, em geral acabando cedo, às 22h30, e ele esperava que seus filhos procedessem de modo igual. Mabel, a Condessa de Airlie, amiga da Rainha Mary de longa data e sua dama de companhia, defendeu o Rei e a Rainha contra acusações de serem "pais austeros e reservados," porém admitia que "a tragédia era que nenhum deles tinha compreensão alguma da mente infantil (...) e não conseguiam fazer os próprios filhos felizes."[18] Ela observou que a atitude do príncipe George para com os filhos (antes de se tornar Rei) alternava entre "jocosidade desajeitada, daquela que faz uma criança sensível se encolher pouco à vontade, e uma severidade beirando a rudeza."

Poucas pessoas fora da família imediata de Albert conheciam-no melhor do que Louis, e não foi surpresa quando este foi designado *comptroller* dos negócios domésticos do Príncipe, firmando-se no papel de braço direito dele. Foi uma promoção importante que só poderia ser feita com a aprovação específica de George V. Louis já descobrira que aquela atividade de cortesão era um delicado equilíbrio entre proteger, orientar o pupilo na melhor direção e acomodar seus caprichos e desejos. O novo encargo nada tinha de fácil, pois incluía dois chefes diferentes na corte. Louis estava sempre tanto ao dispor do Rei quanto de seu segundo filho.

A vida na corte era uma singular existência, não para o paladar de todos. A tarefa de secretário particular do Príncipe de Gales, por exemplo, foi recusada, em 1912, por J.C.C. Davidson, o futuro Membro do Parlamento pelo distrito de Hemel Hempstead, que viu os perigos muito claramente:

> Eu não era um "sim senhor" nem bajulador, e teria sido um péssimo cortesão; também não me agradava a personalidade do Príncipe de Gales, por mais charmoso que se mostrasse – comigo, certamente. Fiz saber, por intermédio do meu chefe, que não era candidato ao posto, embora soubesse ser o tipo de trabalho que a maioria dos amigos da minha idade daria um olho para ter (...) Formei opinião de que ele era um homem obstinado, mas na verdade fraco; de cujos passatempos eu não compartilharia, e cujos

amigos, homens ou mulheres, eu não teria desejo de conhecer de perto. Desde o começo tive sérias dúvidas se o Príncipe de Gales iria algum dia suceder no trono – ou se ele viria a ser um apropriado Rei da Inglaterra.[19]

Porém, embora a definição de Davidson de cortesão como a de um servil apaziguador soasse verdadeira em alguns casos, essa não era uma acurada descrição de Louis, que sempre foi, de certo modo, um estranho na corte. Muitos dos palacianos seniores originavam-se de um pequeno grupo de famílias interligadas, que frequentaram as mesmas escolas públicas, em geral Oxford e Cambridge. Por ser de Glasgow Louis já era diferente. E não tinha paciência com as mesquinharias e os esnobismos que tão frequentemente infestavam os serviços prestados à realeza. Ser um dos conhecidos favoritos do Rei significava para ele não ter que se importar com tais coisas. A velha guarda do palácio até gostava dele, mas não sabia bem como defini-lo. Diriam: "Ele conseguiu para si muito boas coisas," "Ele soube percorrer um longo caminho, veio e chegou longe," "Veste-se de um jeito um tanto diferente, com aqueles colarinhos brancos vistosos sobre camisas coloridas." "Era difícil não sentir simpatia por ele," relembrou um dos cortesãos. "Havia poucas pessoas na corte de quem quase todos gostassem, e uma delas era Louis," recordava outro. Ele era um espírito independente, e por isso nunca pensou em ser cortesão para sempre.

O mais chegado amigo de Louis na corte era Clive Wigram, secretário particular assistente do Rei, que desempenhava importante papel na vida de Louis, resguardando-o e orientando-o na política do Palácio. Wigram era sete anos mais velho que Louis e era um calmo e sábio conselheiro do Rei. Conheceu Louis em Sandringham em 1917, onde rapidamente fizeram amizade. Wigram era um político veterano da corte e também um persistente detalhista de etiqueta palaciana, "possuidor da arte cortesã de atribuir igual peso a assuntos triviais como a assuntos importantes."[20] Na noite anterior à Batalha de Passchendaele, ele ponderava sobre a questão das operárias de uma grande fábrica de material bélico que seriam inspecionadas pela Rainha: se elas deveriam apertar ou não a mão da Rainha. Quando a paz já estava à vista, ele lidou com a tarefa de decidir a cor da coroa que deveria adornar o papel de cartas de um governador-geral. Isso diz mais sobre a *etiquette* social do dia que sobre sua própria excessivamente exigente natureza.

A fama de Louis como jogador de rúgbi e depois como jogador de tênis se encaixava com o gosto de Wigram por críquete e *racquets*. Wigram vencera o campeonato de *racquets* das escolas públicas quando Louis, em 1919, vencera a Copa Bath Club. Ele jogavam juntos sempre que surgia oportunidade, e o sentimento do fair-play esportivo foi um importante elo. Nenhum deles vinha de antecedentes grandiosos, mas ambos tinham em comum um bem equilibrado espírito prático. Nascido na Índia, filho de um burocrata do serviço público de Madras, Wigram foi oficial do exército, primeiro na Royal Artillery e mais tarde no 18º Regimento de Lanceiros de Bengala com várias passagens como ajudante de ordens de dois sucessivos vice-reis da Índia, Elgin e Curzon.[22] George V conheceu Wigram assistente do chefe do Estado-Maior, durante sua viagem pela Índia em 1905, encontro que levaria à sua nomeação como *equerry*. Na acessão do rei ao trono, em 1910, ele se tornou secretário particular assistente, mais tarde sucedendo a Lord Stamfordham como Secretário Particular em 1931. Na época, tal como agora, esse era o mais importante cargo da corte, sendo os olhos, os ouvidos e, seguidamente, a voz do soberano, exercendo influência direta pelo constante contato íntimo e aconselhamento em política, pessoal e legislação. Wigram e Louis vieram a descobrir que ambos haviam chegado ao Palácio quase por acaso, e Louis alegrou-se por ter na corte um amigo com o qual pudesse se abrir totalmente.

Compartilhavam do entusiasmo por reformas e conversavam noite a dentro sobre possíveis melhoramentos na corte. Wigram achava que o Palácio deveria contratar um adido de imprensa capaz e muito bem pago com sala no Palácio de Buckingham. Também desejava uma grande mudança nas atividades dos membros da família real, com mais publicidade para as visitas nas áreas industriais. Era obstinado no que concernia à propaganda, recomendando que mais professores e membros do clero fossem convidados ao Palácio. "Pregadores propagam melhor do que a maioria das pessoas o evangelho da devoção ao trono."[23] Wigram também sabia até onde se estendia a oposição às mudanças na estrutura estultificada do Palácio. Contava como fazia frente aos "Trogloditas Palacianos, que estremeciam de temor quando alguma mudança era proposta e consideravam toda e qualquer modificação das atuais funções da Corte um rebaixamento na dignidade e no *status* do soberano."[24] Consciente de que eram necessárias modernizações, ele propôs ao Arcebispo de Canterbury que os vestidos com caudas e plumas usados por debutantes quando eram apresentadas ao Rei e à Rainha na corte deviam se tornar coisas do passado. Wigram também partilhava do ponto de vista do Rei de que Louis era essencial para Albert porque, diferentemente de muitos cortesãos, ele era franco, direto e não cedia sob pressão.

As comunicações entre as Casas Reais eram frequentemente feitas por cartas. Dezenas zuniam entre diferentes membros da casa diariamente; às vezes duas ou três cartas de uma pessoa para outra no mesmo dia. A corte era burocrática e vergada de protocolos, que Louis nem sempre podia evitar. Em agosto de 1921, por exemplo, foi arrastado a participar do dilema de Lord Stamfordham a respeito da conveniência de Lord Mountbatten acompanhar seu primo, o Príncipe de Gales, no giro deste pela Índia. Stamfordham escreveu a Lord Cromer sobre suas preocupações. Louis havia sido consultado porque estava sempre próximo do Príncipe de Gales e seria capaz de fazer uma avaliação objetiva para Stamfordham: "Escrevi para Halsey (o almirante Sir Lionel Halsey, *comptroller* dos assuntos do Príncipe de Gales). Greig diz que Sua Alteza Real está interessado em levar Dick MtB e diz que no momento não tem ninguém íntimo na sua assessoria, exceto talvez Legh (Piers Legh), e que portanto precisa de algum amigo!! Concluo com isso que Halsey não é mais um amigo!! Evidentemente, ele não coloca você nessa categoria, refere-se apenas a sua própria atual assessoria. O Rei aceita a tabela dos horários. Ele já deu sua opinião e não pode fazer mais nada!!"[25] Fica evidente com essa carta que a política nesse caso era muito pessoal. O mais discreto murmúrio na corte logo era amplamente conhecido nos círculos do Palácio. Havia poucos segredos e muita intriga. Algumas vezes essas intrigas quase viravam paródias de si mesmas quando homens-feitos se preocupavam com a maneira com que outros se dirigiam a eles. Em 25 de agosto de 1921, Stamfordham, por exemplo, escreveu novamente a Lord Cromer sobre estonteantes assuntos de protocolo e status durante o circuito indiano do Príncipe de Gales, e em especial a forma correta de Mountbatten se dirigir ao príncipe em privado e em público. Era um clássico exemplo da insularidade e absorvimento da corte em si mesma. "Fui firme com ele quanto à absoluta necessidade de manter estrita dignidade em todas as ocasiões oficiais – e isso significa necessidade de muitas reverências do pessoal da assessoria quando em serviço – o R disse-lhe que também Mt B deveria chamá-lo *Sir*, e Sua Alteza Real chamá-lo *MtBatten* quando em serviço. Talvez esse determinado aspecto da jornada possa criar-lhe alguns problemas porém seu tato & judicioso julgamento enfrentará tudo com sucesso."[26]

No fim, permitiram a Mountbatten acompanhar o Príncipe de Gales, desse modo suplantando os velhos senhores da corte. Cromer exasperou-se com sua soberba e seu excesso de familiaridade, embora o modo de como ele se dirigiu ao Príncipe durante a viagem não tenha sido registrado. "Todos deploramos a inclusão dele na comitiva, tínhamos razões para duvidar de sua utilidade e da qualidade de sua influência, porém o Príncipe contornou a questão com o Rei, que aprovou, e portanto nada mais há a ser dito." Mas os burocratas do Palácio, como sempre, tentaram garantir a última palavra. "Você não precisa ter escrúpulos quanto à interpretação muito literal das palavras do Príncipe 'por mais pequena que seja' – quando se tratar das acomodações para Mountbatten – contanto que seja perto e com fácil acesso pelo Príncipe."[27] Se dependesse de Cromer, dariam a Mountbatten um armário de vassouras como quarto de dormir.

Formalidade e etiqueta, insanamente, sem proporção com valor. Lord Stamfordham martirizou-se a respeito do título para o tenente Campbell Tait, colega de bordo bem mais júnior do

No papel de Cupido

príncipe Albert e amigo dos tempos de Osborne. "Se Tait não ficar como *equerry* extra – e Fritz diz que ele não pode ser *equerry* honorário porque é remunerado – então só posso sugerir *equerry* provisório. Tait teme que se o Príncipe deixar o navio e for em terra, ele, Tait, tenha de acompanhá-lo, mas isso, naturalmente, é pura falta de senso."

Todos esses assuntos pareciam absolutamente triviais, durante e depois da guerra, para alguém como Louis que lutara nas trincheiras. Ele tentou não deixar essas distrações tomarem-lhe o tempo; havia muita coisa interessante na corte para atrair sua atenção. Gostava por seu trabalho lhe dar acesso a experiências que de outra forma nunca teria, tal como o mundo secreto da maçonaria. Jamais sendo um crente de sociedades secretas com estranhos apertos de mão e aventais, achava divertida toda aquela patacoada. Ele e Albert, foram ambos iniciados como membros da Fraternidade em dezembro de 1919 na Loja Maçônica Naval nº 2612, reservada a oficiais superiores da Marinha. Todos os monarcas britânicos, desde a criação da Grã Loja, o corpo principal da maçonaria inglesa, fundada em 1717 – com exceção da Rainha Victoria – fizeram parte do que seus membros chamavam o *Craft*, como mostra Sarah Bradford em sua biografia de George VI. Muitos outros membros da corte eram também maçons. Sir Lionel Halsey, almirante da reserva do *staff* do Príncipe de Gales, ajudou-os a transitar mais rápido pelo processo conhecido como Palavra impulsionando-os pelos 33 graus até os níveis superiores da maçonaria. Em fevereiro de 1921, Albert e Edward foram admitidos no Capítulo Rosa Cruz, nº 169 do Rito Escocês Antigo e Aceito. Para Louis era tudo uma fantasiosa charada, e ele esvaziava a excessiva atmosfera de fervor referindo-se sarcasticamente à rapidez de seu progresso através dos graus maçônicos com a régia impulsão.[28] Permaneceu maçom apenas enquanto esteve ligado de perto com Albert, que seria um devotado entusiasta pelo resto da vida.

O outro lado de tão solenes deveres reais foi o crescimento da sua glamourosa vida social. Louis seguidamente saía para bailes e festas no seu papel de acompanhante de Albert. Eles caçavam em Leiscestershire, faziam tiro ao alvo em Wilton e jogavam *racquets* no Bath Club. Louis estava sempre ao lado de Albert. Ele até mesmo atraiu a atenção de Barbara Cartland, a romântica novelista – e avó por segundo casamento de Diana, Princesa de Gales – que evocou Louis em suas memórias dos anos 1920 com uma dose de admiração de exagerada florescência: "Ele era charmoso, cortês, mas acima de tudo amava dançar: quando a orquestra tocava, raramente se ausentava da pista. Era um dos homens mais interessantes que sempre pareciam estar no Café de Paris. Talvez tenha sido um dos mais versáteis homens da época, um dos mais desejáveis para se ter sempre à mão."

Louis estava no centro da corte, na privilegiada posição do fácil acesso ao Rei. Uma entrada típica em seu diário para 2 de março informa: "Encontrei-me com o Monarca. Almocei com Cromer. Dei uma caminhada com PA. Jantei com Wigram no USC (United Service Club)." Nesses apontamentos bastante enigmáticos ele incluíra as pessoas mais poderosas da corte: o *lord chamberlain* e o secretário particular assistente, assim como o Rei e seu segundo filho. No dia seguinte ele almoçou com sua irmã Anna e foi a um baile no Cosmopolitan. Na quarta-feira, "almoço no Palácio. Tênis com Wig. Jantar com Arthur. Encontrei-me com Buzz Buzz." Alguns dias depois: "Jantei com o P de G, PA. Legh no Ritz. Fui ao USC & assisti Wilde derrotar Lynch." No dia seguinte: "Arthur, PA & eu jantamos em Harley Street." E então "Jantar no BP & fomos ao baile de Lady Ancaster. E assim seguia. Tornara-se comum para ele desfrutar de estreita proximidade com os membros mais seniores da família real e seus cortesãos.

O mundo de Louis se expandira tanto quanto o de Albert. Enquanto o Príncipe era apresentado a uma faceta mais chã da vida, com o boxe, os cães e um sortimento de sedutoras atrizes, Louis estava sempre descobrindo gente e lugares novos, por meio de seu papel na realeza. Banquetes oficiais e recepções diplomáticas faziam parte da sua rotina, assim como visitas às instalações industriais no Norte. O tempo passado em Osborne, a bordo do *Malaya*, ou até mesmo em Cranwell afiguravam-se agora uma existência muito estreita e muito provinciana. Eles haviam, juntos, trocado de carreira três vezes; da Marinha para a RAF, da RAF para a universidade, e de Cambridge para uma plena vida de realeza em Londres. Louis tinha certeza de que Albert finalmente havia encontrado a si mesmo. O menino príncipe certa vez descrito por um insensível cortesão como um patinho feio enquanto o irmão seria descrito como um faisão, estava aprendendo a alçar voo, e a maior parte do crédito por essa firme confiança e convicção, aos olhos do rei, ia para Louis.

11
O Rompimento

"Como o senhor disse, Greig tem sido admirável. Ele realmente é de grande ajuda não somente para mim, mas a todos nós: tem um círculo de amigos & conhecidos amplo e em todos os estágios de vida, coisa de muito proveito nestes tempos modernos."
Do príncipe Albert em carta a George V, em 1923

UMA DAS MAIS CONTROVERSAS APRESENTAÇÕES de amigos que Louis fez a Albert, e da qual deve ter se arrependido, foi a de James Stuart. Este era um elegante herói de guerra que lutara no Somme sendo condecorado por bravura com a Cruz Militar. Louis apresentou-os na Bélgica, durante as celebrações da vitória, em 1918. No retorno deles para Londres, ele pedira a Stuart para vir encontrar-se com Albert que, a seguir, tomou-o como *equerry*. Na época, Stuart não tinha nada melhor a fazer e aceitou o trabalho de £450 por ano no Palácio, que ele descreveu como cruzamento de "ajudante de ordens com glorioso mensageiro de hotel." Quase dois anos mais moço que Albert, antigo etoniano e do regimento Royal Scots, teria recebido pouca atenção do círculo do Príncipe, não fosse o fato de ele ter se apaixonado pela mesma mulher e ao mesmo tempo que Albert. Louis viu-se numa posição altamente constrangedora, sentindo-se em parte responsável por dois de seus mais chegados amigos disputarem a atenção da mesma mulher: Lady Elizabeth Bowes-Lyon.

Stuart descendia de uma das mais antigas e nobres famílias da Escócia. O pai, que mais tarde herdou o título de décimo-sétimo Conde de Moray, era descendente direto do meio-irmão mais velho de Mary Rainha dos Escoceses, o filho bastardo do Rei James V que foi Regente até a maioridade de Mary. De bela figura, muito espirituoso e de temperamento jovial, Stuart era um rapaz carismático cuja transbordante autoconfiança fazia Albert parecer em contraste apagado e singelo. A ambição de Stuart era entrar para a política, e com vinte e seis anos de idade ele se tornou membro Tory do parlamento, ocupando o mesmo assento por Nairn e Moray ininterruptamente por trinta e seis anos. Sua força de persuasão o distinguiu, e ele ascendeu a *chief whip*, o coordenador da bancada do partido governante de Winston Churchill de 1941 até 1950, quando entrou para o Gabinete como ministro para a Escócia. Porém no início dos anos 1920 não havia indícios desse seu lado sério; sua reputação era a de boa conversa – um conquistador de corações femininos extremamente bem apessoado. E Elizabeth parecia apreciar as atenções desse oficial alto e de aspecto patrício, quando dançavam e flertavam nas festas de fim de semana durante a temporada social.[1]

Segundo um relato sobre o romance deles – em *My Darling Buffy* – por Grania Forbes, que teve acesso especial às anotações privadas da infância de Elizabeth, guardadas pela família dela em Glamis, Stuart de fato lhe propôs casamento.[2] Alguns contemporâneos estavam convencidos de haver uma atração tão grande entre eles que acabariam se casando, porém outros não estavam tão certos de que Elizabeth se comprometeria, ou, na verdade, se Stuart permaneceria firme em seu amor por ela. No final, simplesmente nada aconteceu. Talvez tenha havido desaprovação dos pais, Stuart tinha fama de destruidor de corações – desfez pelo menos um noivado – ou talvez Elizabeth percebesse que havia peixe maior na rede.

Albert e Stuart não seriam novamente amigos após partilharem a afeição por Elizabeth. Uma indicação de frieza estampa-se nas memórias de Stuart. "Ele (Albert) não era um homem fácil de entender ou de tratar, e não vou fingir que nos tornamos amigos íntimos." Por fim, Stuart encontraria mais afinidade com o grupo do Príncipe de Gales, e, de todo jeito, qualquer chance de aquele romance florescer seria golpeada quando em 1922 ele foi enviado

O rompimento

para trabalhar nos campos de petróleo de Oklahoma. Tenha sido esse um afastamento diplomático em favor de Albert, ou um exílio temporário imposto, não ficou claro, mas com certeza desimpediu o caminho para o Príncipe. James permaneceria como um dos amigos mais íntimos de Louis.

Ironicamente, nesse entrançado triângulo romanesco, foi Stuart quem na verdade apresentou Albert a Elizabeth – como evocou em suas memórias:

> No verão de 1921, o primeiro baile da Real Força Aérea, aconteceu no Hotel Ritz, e meu chefe, o Duque de York, era o convidado de honra. Ele ofereceu um jantar no Berkeley, e depois atravessamos a rua para o Ritz (...) Lá, mais tarde, SAR veio até mim e perguntou quem era a moça com quem eu acabara de dançar. Disse-lhe que seu nome era Elizabeth Bowes-Lyon, e ele me perguntou se eu o apresentaria, o que logo fiz. Seria um momento bem mais significativo do que então se aquilatou, e certamente pode-se dizer que, dali em diante, ele não mais mostraria o menor interesse por qualquer outra moça.

O baile, de fato, aconteceu em 1920, não em 1921, em 20 de maio, no nº 7 de Grosvenor Square, residência de Lord e Lady Farquhar. No entanto, pondo de lado essas mínimas inexatidões, foi como começou o primeiro romance sério de Albert, embora não tenha sido absolutamente amor à primeira vista. Não houve *coup de foudre*.

Nascida em 4 de agosto de 1900 no vilarejo de St Paul's Walden, no Hertfordshire, Elizabeth era a quarta de nove filhas mulheres entre os dez filhos do 14º Conde de Strathmore e, em 1920, era considerada uma das mais desejáveis jovens debutantes de sua época. Com o cabelo solto, aparado em franja antiquada na testa, emoldurando o lindo rosto redondo de intensos olhos azuis, era muitíssimo atraente. Chips Channon a descreveu como "brandamente coquete num jeito antigo, decoroso e romântico."

Segundo Elizabeth Longford, todos os homens caíam a seus pés.[3] Ela era *mignon*, jovial, cheia de charme e de autoconfiança. Sua residência era principalmente o Castelo de Glamis, a mais antiga casa habitada da Escócia, e ela passou a infância entre Glamis e St Paul's Walden Bury, uma construção estilo Rainha Anne no Hertfordshire também pertencente aos Strathmores. Educada por governantas, teve uma infância extremamente feliz e protegida, cercada por sua extensa família e por um fechado círculo de amigos com passados similares de posses, herdades, propriedades. Diferentemente de Albert, não teve amas atemorizantes, pais tirânicos ou frios, e internatos inamistosos. Seu lar era um lugar onde as aias faziam o chá na sala das crianças, e o verão parecia cheio de intermináveis folguedos infantis partilhados com os irmãos, as irmãs e seus amigos. Ela e uma roda de amigas que incluía Lady Lavinia Spencer, que crescera em Althorp, o lar ancestral dos Spencers, e Lady Katherine Hamilton, filha do Duque de Abercorn, se denominavam as *Mad hatters* das Aventuras de Alice. Formavam um grupo privilegiado que desfrutava de um circuito de bailes campestres, fins de semana de caça e pescarias sob o atento olhar de um guia, e de todos os demais passatempos da vida de uma família aristocrática numa propriedade rural.

Albert disse a Lady Airlie, a dama de companhia da Rainha Mary, que só algum tempo depois de ter conhecido Elizabeth naquele predestinado baile ele percebeu que se havia enamorado. Mas sua hesitação e cautela eram comportamentos familiares, e ele se juntou a uma longa fila de outros pretendentes. Um episódio que Albert esqueceu foi que, em sua meninice, aos dez anos, ele conhecera Elizabeth numa festa infantil em Montague House quando ela, com cinco anos de idade, lhe oferecera algumas cerejas cristalizadas de seu pedaço de bolo. Mas nos primeiros meses de sua amizade adulta ele nem mesmo usou isso a seu favor. A história não relata o que aconteceu em sua primeira estada em Glamis, mas com certeza ali não se desenrolou nenhum grande romance senão, provavelmente, um deles teria confidenciado a algum dos amigos. Louis não estava lá, mas ao regressar a Londres Albert teria feito relatos do que se passara. No entanto, como muitos moços, nesses estágios iniciais de namoro ele relutava em falar demasiado, para o caso de suas esperanças não se realizarem. Como um bom confidente, Louis estava sempre perto para escutar e encorajar. Elizabeth foi discreta

O rompimento

sobre seus sentimentos; tudo que sabemos foi que ela pediu a Helen Cecil, a futura esposa do secretário particular assistente Alec Hardinge, que ficasse como *chaperone* porque Albert também seria hóspede. "Elizabeth é um perfeito anjo, como sempre," escreveu Helen à mãe em 15 de setembro de 1920. "Eles terão o Duque de York aqui, e Elizabeth me pediu especialmente para ficar e ajudá-lo, embora eu ache que é só polidez da parte dela e que na verdade não deva me querer."[4]

A aproximação de Albert foi lenta e desajeitada, e quando ele reuniu coragem para fazer-lhe a proposta de casamento, ela o recusou. Não se conhece nenhum pormenor do que verdadeiramente ocorreu nesse encontro, porém a mãe de Elizabeth, Lady Strathmore, ficou pesarosa e escreveu à amiga Mabel Airlie: "O Duque parece desconsolado. Espero sinceramente que ele ache uma esposa ótima que o fará feliz." Lady Airlie profeticamente respondeu: "Gosto muito dele, ele é um homem que será feito ou destruído por sua esposa.[5] Na verdade, provavelmente, Elizabeth relutava em trocar a liberdade de seu pequeno e aconchegante círculo de família e amigos pelo rígido confinamento da corte de George V e seu segundo filho Bertie, que era do tipo do personagem *Bertie Wooster*, muitíssimo menos seguro de si do que os seus irmãos da Velha Escola de Eton e do que o bem mais autoconfiante grupo de amigos deles.

Talvez, como observador mais próximo de um lado da corte amorosa, Louis viu o quão profundamente Albert se apaixonara e também notou que Elizabeth daria a esposa perfeita: glamourosa, segura de si, encantadora. E mais importante, tinha um caráter forte. Albert precisava de alguém em quem pudesse se apoiar firmemente, e que oferecesse resiliência e conforto.

Albert recebeu mal a recusa e caiu em profunda letargia – sofrendo por ela mais do que se dispondo a lutar por ela. Louis já presenciara aqueles surtos de depressão antes, quando a carreira de Albert parecia estagnada. Era preciso animá-lo, escutando suas mágoas, e encorajá--lo a começar de novo. Louis incentivou Albert a não perder o ânimo, mas persistir em ganhar sua amada. Havia outros pretendentes por perto, e Louis sabia que uma demora podia ser fatal ao objetivo dele de conquistar a mão de Elizabeth. Entre os admiradores dela estava Lord Gorrell, que mais tarde sentimentalmente recordaria: "Eu estava loucamente apaixonado por ela. Tudo em Glamis era lindo, perfeito. Era como viver num quadro de Van Dyck. O tempo, o mundo de tagarelices, de comes e bebes – quietos numa pose. Nada acontecia... mas a magia nos prendia a todos. Fiquei profundamente enamorado. Todos ficaram."[6] Christopher Glenconner, o herdeiro da indústria Scottish Chemical, Archie Clark Kerr, jovem diplomata promissor, e Lord Gage, estavam também na batalha.

Albert ficou absolutamente cativado pela existência pacífica que Elizabeth levava em Glamis, onde tomavam coquetéis, dançavam, faziam piqueniques à beira do rio, e de modo geral se comportavam como queriam. Tocou-o a atmosfera de leveza e despreocupação; Albert pôde esquecer o tenso e formal comedimento de sua própria vida familiar. Impressionou as pessoas da casa com sua habilidade no tênis; porém, de marcante, pouco mais faria. Mostrava-se demasiado sério entre tão despreocupadas e muitas vezes frívolas companhias, como sói acontecer com príncipes reais. Faltava-lhe confiança em si para não aceitar uma negativa e para, ao invés de render-se, persistir.

As esperanças de Albert sofreram outro recuo quando circulou o rumor de que Elizabeth se casaria com o Príncipe de Gales. Essa notícia se espalhou como fogo em 1922, e a imprensa de repente chegou à conclusão de que ela seria a próxima Rainha. Chips Channon, quando hóspede de Lord Gage em Sussex, onde Elizabeth também estava, anotou: "Os jornais da tarde haviam anunciado o noivado dela com o Príncipe de Gales. Então todos fizemos reverências e mesuras e a arreliamos, e nos dirigíamos a ela como "senhora" [*ma'am*]. Não estou muito certo de que ela tenha gostado disso; no entanto, como todos ficaríamos encantados! Passa-lhe sem dúvida algo pela mente (...) Ela é mais gentil, mais encantadora e requintada do que qualquer outra mulher existente no mundo, mas nessa noite eu a vi triste e desatenta." Porém Elizabeth não estava, nem de longe, tão infeliz quanto Albert, que devia estar pensando se havia alguma verdade naquilo. Afinal, Edward era um

O rompimento

partido melhor para ela, e eles também eram amigos.

Louis observava com presságio enquanto Albert se atormentava. Ele não podia simplesmente ficar parado e deixar aquele romance definhar. Decidiu intervir, sabendo que entraria em águas altamente arriscadas. Louis era por natureza um fazedor de pazes, gostava de desfazer mal-entendidos, e sentiu que Albert precisava de sua ajuda. O poeta Robert Browning tinha a teoria de que existia o "bom minuto," e se você não o capturasse, o pulsar daquele minuto se escoaria e sua oportunidade de romance desapareceria para sempre. Louis sentiu que era caso de agora ou nunca para Albert usar seu "bom minuto." Penelope Mortimer, a criteriosa biógrafa da Rainha Mãe, mencionou que Louis já havia tentado, por essa época, todas as formas possíveis de franco encorajamento; a última tática que lhe restou foi a de apelar para ajuda de fora. Louis se convencera de que Albert estava muito hesitante e tíbio na busca do amor. Era essencial uma ação audaz e decisiva.

Louis procurou seu amigo John Colin Campbell Davidson, um contemporâneo escocês recém-eleito, com trinta e três anos de idade, MP por Hemel Hempstead. Ele era também secretário privado parlamentar do primeiro-ministro, Andrew Bonar Law, mas o importante era que, até onde concernia a Louis, ele se casara recentemente após ter sido rejeitado várias vezes pela esposa antes que, por fim, ela aceitasse sua proposta. Davidson estivera exatamente na mesma situação que Albert, mas achara um jeito de fazer a mulher que amava casar-se com ele.

Para Louis, seria o homem certo para induzir Albert a perseverar. Davidson beirava de idade com o Príncipe, era apenas sete anos mais velho; ao passo que Louis, aos quarenta e um anos, com esposa e duas filhas, não podia evitar de ser visto sob uma luz cada vez mais avuncular por seu jovem chefe. Louis telefonou secretamente para Davidson alguns dias antes de Albert ser o protagonista no lançamento da pedra fundamental de um memorial de guerra em Dunkerque para homenagear os oficiais e marinheiros britânicos tombados na Primeira Guerra Mundial. Pediu-lhe que fizesse o possível para estar na costa norte da França para a cerimônia. Apostou na juventude do MP, na sua diplomacia, charme e discrição. Mais que tudo, esperava que tivesse inspiração. O encontro aconteceu num navio inglês no meio do Canal, longe de olhos curiosos. Davidson fez anotações dessa conversa que catalisou um ponto de definição na vida de Albert. Decorridos muitos anos, foi transcrita em memorando confidencial, e como todo documento escrito muito tempo depois do evento, a memória deve ter projetado o fato com uma luz um tanto ou quanto exagerada:

> Ele (Louis) insistiu muito para que eu fizesse a viagem, então providenciei passagem no navio especialmente fretado para os membros de ambas as casas do Parlamento, de Harwich para Dunkerque. Sob um sol brilhante, o Duque se desincumbiu de seus deveres, e seguimos então para a prefeitura, onde, da tribuna, o prefeito propôs vários brindes em que saboreamos um champanhe doce, após o que fomos todos escoltados para o cais. Em vista da mensagem, eu me retardei pelo passadiço, e estava em vias de embarcar quando vi a figura de Louis Greig correndo pelo cais, acenando. Subimos juntos para bordo do destróier e assim que a embarcação partiu, ele me levou para o salão dos oficiais onde fui apresentado a Sua Alteza Real, com o qual permaneci sozinho por quase três horas (...)
>
> Não levei mais que poucos minutos na presença do Duque para perceber que ele estava não apenas preocupado, mas genuinamente infeliz. Parecia estar em meio a uma crise em sua vida e precisava de alguém com quem desabafar sem reservas. Discorreu longamente sobre as dificuldades que cercavam o filho de um Rei em contraste com homens como eu que desfrutavam sempre de maior liberdade na escola e na universidade para fazer seus próprios amigos e ter um círculo mais amplo onde escolhê-los.
>
> Discutimos sobre amizade e o relativo valor do intelecto e do caráter, bem como sobre todo tipo de coisas que dois homens da nossa idade falam abstratamente quando na verdade estão muitíssimo preocupados com o concreto. Ele me contou que às vezes a observância do formalismo da Corte se tornava extremamente cansativa, e eu entendi que ele estava revolvendo sentimentos importantes. Fiquei comovido e com enorme desejo de ajudá-lo se pudesse; ele estava muito despretensioso, franco, acessível.
>
> Então tudo do assunto que estivera contido veio à tona. Revelou estar desesperadamente apaixonado, mas sem esperanças; parecia indubitável que ele havia perdido a única mulher com a qual gostaria de se casar. Disse-lhe que por mais sombria que a situação

O rompimento

parecesse, ele nunca devia se render à desesperança; dei-lhe o exemplo de que minha mulher me recusara consistentemente antes de afinal dar-me o sim; e tal como ele se sentia agora, se ela persistisse na recusa, eu nunca me casaria com outra.

A isso ele respondeu que seu caso era diferente. O filho de um Rei não pode propor casamento àquela que ama, visto que o costume requeria que ele não se colocasse na posição de ser recusado – e que a este antigo costume, o Rei, seu pai, aderia firmemente. Pior ainda, entendi que um emissário já havia sido enviado para certificar-se se a jovem estaria disposta a casar-se com ele e que o emissário voltara com uma negativa. A pergunta era, o que devia fazer? Ele não podia viver sem ela; e com certeza jamais se casaria com outra mulher.

O conselho que eu me atrevi a dar foi simples. Fiz-lhe ver que, nesse ano da graça de 1922, nenhuma moça de caráter vivaz teria aceito uma proposta de casamento feita em segunda mão; se ela gostava dele, como ele supunha que sim, ele devia fazer pessoalmente sua proposta (...) Seu humor quando nos despedimos parecia menos anuviado e muito mais alegre do que no começo da nossa conversa.

As palavras de Davidson produziram um efeito dramático em Albert. Louis notou uma nova elasticidade em seu andar, embora naquele estágio Albert não tivesse ideia do papel de Cupido desempenhado por seu *equerry*. O Príncipe disse-lhe que ia de volta ao norte, em County Durham, para ver Elizabeth na casa dos pais dela. Louis deu o mais franco dos sorrisos. Albert emergira de sua depressão e voltara aos eixos. Nessa estada com os Strathmores, ele levou Elizabeth num passeio pelo campo, e dessa vez propôs casamento e ela aceitou.

Dois dias depois do pedido de casamento, Louis acompanhou o príncipe Albert a Sandringham para um das mais importantes discussões de sua vida. Mesmo com 27 anos, Albert ficava nervoso diante do pai, que sempre tratara sua família como se ele fosse um comandante naval e os filhos, mocinhos aspirantes.[7] Mais do que tudo, Albert queria a aprovação do pai para sua escolha de noiva. E da mesma forma que ele se voltara para Louis ao precisar da autorização para sua cirurgia em 1917, pediu-lhe agora que o acompanhasse quando fosse falar com o

Rei e solicitar-lhe permissão para se casar com Elizabeth. Não tinha porque se preocupar, sua família aprovava inteiramente Elizabeth, mas Albert se afligia. O noivado seria o momento em que sua vida finalmente entraria em foco. Mais do que qualquer outra coisa, seu casamento lhe traria felicidade. Elizabeth seria o ingrediente mágico pelo qual ele cresceria e ganharia maior percepção de contentamento e segurança. Ela proporcionou-lhe a presença luminosa que compensava sua desajeitada atitude de um amuado retraimento.

O noivado foi registrado pelo Rei em seu diário sem fanfarras. Na verdade foi até indireto e fez rodeio na referência, manteve o costumeiro hábito de anotar a temperatura e o tempo. Somente então acrescentou: "Bertie junto com Greig chegou depois do chá e nos informou que estava noivo de Elizabeth Bowes-Lyon, ao que demos nosso consentimento com satisfação. Confio que serão muito felizes."

O noivado pegou Chips Channon de surpresa: "Levei tamanho choque que quase caio da cama ao ler o *Court Circular* (...) Há tanto tempo esperávamos que esse romance prosperasse que chegamos a desanimar que ela um dia o aceitasse. Ele foi o mais ardoroso dos pretendentes, e aparentemente estava em St Paul's Walden no domingo, quando por fim a pediu em casamento."

Nem todo mundo estava feliz, menos ainda Archie Clark Kerr, que também se apaixonara por ela. O escocês nascido na Austrália, feito nobre como Lord Inverchapel, iria mais tarde tornar-se embaixador em Moscou nos anos 1940, estabelecendo um notável relacionamento com Stalin, desempenhando importante papel nas conferências dos "Três Grandes" – Churchill, Roosevelt e Stalin. Ele recebeu muito mal a notícia do noivado de Albert e Elizabeth, obviamente escrevendo a Elizabeth para manifestar sua tristeza, pois ela escreveu de volta, pedindo-lhe para não ficar abatido, "pois certamente podemos continuar amigos como antes."[8] Outros amigos tentaram animá-lo, assim como sua mãe, para a qual ele confessou sua grande paixão por Elizabeth: "Francamente, não houve um momento sequer desde minha visita a Glamis em que eu tivesse alguma real esperança de sucesso, mas mesmo assim agarrei-me a ela e procurei dizer a mim mesmo que tudo era possível. E agora isso se tornou impossível, sinto-me cansado, exaurido, derrotado, abatido e toda vez que penso e repenso nisso, mesmo nos momentos de grandes crises, sinto que minha cabeça começa a zumbir, rodando."[9]

Não restava dúvida quanto a Albert ter conquistado a mão de uma noiva muito especial. Porém, de que modo fora persuadido a fazer uma nova tentativa de conquistá-la permaneceria um profundo segredo entre Louis, Davidson e o par de noivos. Davidson acreditava que sua intervenção fora o fator decisivo na persuasão de Elizabeth a aceitar se casar com Albert. Em 23 de abril de 1948, nas bodas de prata do casamento deles, Davidson escreveu confidencialmente para Louis descrevendo o encontro que havia "tornado possível aquelas bodas."[10] A carta também mencionava a estranha e condenada missão de Lord Stamfordham em Glamis para pleitear o caso de Albert à família Bowes-Lyon. Um tom de desalento deve ter permeado a tentativa.[11] O idoso cortesão dificilmente seria o mais romântico dos emissários para essa delicada tarefa. Não deixa claro se aquele foi um lance independente ou se foi orquestrado pela família real. Louis só pode ter se apavorado. Poderia ter dado certo para alguma aliança política do século XIX, mas Elizabeth Bowes-Lyon era uma jovem moderna dos anos 1920 e não ia ser objeto de negócio como se fosse mera possessão pessoal. Foi uma tentativa canhota e mostrou pouco tato para a diplomacia. Elizabeth deixara claro que não seria negociada por lacaios palacianos.

Não foi senão quando enviuvou, mais de trinta anos depois, que Elizabeth se referiu à intervenção Greig-Davidson e quão grata ela era por isso. Apenas três semanas depois da morte de George VI, em fevereiro de 1952, Davidson escreveu à Rainha Elizabeth incluindo um relato da conversação que estimulou o Príncipe encorajar-se a propor o casamento. "Tem sido muito bem guardado no recesso mais secreto de minha própria memória desde então, e somente o libero e revelo agora porque nessa terrível solidão de Vossa Majestade creio que vos possa significar um pequeno grão de conforto."

Davidson disse a ela estar convencido de que, naquele compartimento do destróier *Versatile* fora-lhe "permitido vislumbrar o mais íntimo recanto do coração e da mente do Príncipe" porque "ele parecia ter chegado a uma crise na vida e precisava de alguém com quem desafogar sem reservas." Davidson acreditava ter sido aquele "o grande momento de sua (de Albert) vida e, embora do lado de cá lado o muro parecesse intransponível, se ele chegasse nele com determinação e confiança e jogasse seu coração para o outro lado, saltaria são e salvo e conquistaria sua noiva. 'Se ela aceitar,' disse-lhe eu, 'vá direto falar com sua mãe; pois se ela for como a minha, enquadrará o Rei.'"

Ela respondeu, escrevendo a Davidson como ficara "profundamente comovida" por ter recebido o relato da conversa que ele tivera com o Rei. "Desejo enviar-lhe meu sincero agradecimento por sua amável lembrança de compartilhar descrevendo de forma tão encantadora episódio tão pessoal e pungente. (...) Devo dizer-lhe que fomos idealmente felizes, graças à extraordinária afabilidade & bondade do Rei e seu interesse pelos outros. Jamais desejei estar com ninguém mais que não ele, & durante os últimos terríveis anos ele foi um rochedo de resistência, sabedoria & coragem. Assim, ao agradecer-lhe por sua carta, agradeço também pelo conselho que o senhor deu ao Rei em 1922."

O noivado assinalou a mais importante virada no relacionamento de Louis com Albert. Não se tratava mais apenas de eles dois tomarem decisões sobre a vida e a carreira de Albert; uma enérgica esposa escocesa agora ia assumir muito desse papel. Por ser exatamente o que Albert precisava e exatamente o que desejara para ele, Louis foi inteligente o bastante para saber que a chegada de uma esposa numa casa de solteiro frequentemente anunciava grandes mudanças. Louis fora, portanto, o arquiteto do fim de seu próprio papel na corte. Phylis era sempre uma sensata conselheira e mesmo que não tivessem falado muito sobre o assunto entre eles, ambos já haviam cogitado de uma possível alteração de carreira – fora da corte. Mas na agitação dos arranjos para o próximo casamento, não houve tempo de Louis parar para pensar. Ele foi engolfado nos preparativos.

O rompimento

Louis somente veio a conhecer Elizabeth depois do noivado do casal, e ficou muito impressionado com sua maneira de saber divertir-se, sua natural capacidade de se dar bem com as pessoas; e em especial pelo seu amor por Albert e a habilidade de fazê-lo mais participante e extrovertido. Possuía um bom senso e experiência que iam muito além do comum da sua idade, possivelmente em razão de alguns duros golpes recebidos cedo na vida. Quando tinha apenas quinze anos, seu irmão Fergus morreu em 1916 na Batalha de Loos. No ano seguinte outro irmão, Michael, foi noticiado "acredita-se morto," mas posteriormente constatou-se que fora feito prisioneiro. Louis sabia ser essencial para Albert ter uma mulher enérgica e resoluta, e certamente Elizabeth era assim. "Havia nela uma parte de aço dentro da cobertura de veludo macio. Se alguém pensava que ela fosse toda meiga e açucarada, que se preparasse para uma grande surpresa," observou um cortesão que a servira. De muitas maneiras Albert desejava o conchego maternal e um guia, e ela era perfeita para o papel.

George V ficou enormemente agradecido pelo apoio e amizade de Louis para com Albert. Antes do casamento ele foi novamente chamado pelo Rei ao Palácio de Buckingham, e numa cerimônia privada George V pessoalmente conferiu-lhe a CVO fazendo-o Commander da Royal Victorian Order, elevando o grau da condecoração que ele havia recebido em 1917. O Rei prestou generoso tributo a Louis por seus serviços à família real, e disse esperar que permanecesse com eles por muitos anos mais. George V sempre creditou a Louis "tê-lo tornado (Albert) no homem que era."[12] Ele fez mais do que qualquer outra pessoa para promover e ajudar seu filho, que parecia tão pouco promissor em seus primeiros tempos. De todos os filhos do Rei, os fados pareciam ter planejado o melhor para ele. Edward era cada vez menos o filho favorecido – o Rei se desesperava com seu herdeiro.

Porém, tais preocupações seriam alijadas enquanto a família se concentrava na felicidade de Albert e Elizabeth, que casaram em 26 de abril de 1923, na Abadia de Westminster – a primeira vez em mais de cinco séculos que ali um filho de Rei se casava.

Louis foi recompensado com uma colocação de destaque durante a magnífica celebração religiosa e o cortejo cerimonial. Freddie Dalrimple-Hamilton, antigo colega de bordo no HMS *Cumberland* e íntimo amigo de Elizabeth, sentou-se na terceira fileira da frente: "O cortejo real teve início às 11h30; a Rainha, uma esplêndida visão em traje azul e prata, coberta de joias etc. O Duque de York chegou entre o Príncipe de Gales e o Príncipe Harry tendo Louis Greig à cabeça de seu séquito. Conseguimos atrair o olhar deste quando ele passou; ou assim acreditamos, quando ele meio que fez um trejeito para nós. Preciso perguntar-lhe um dia!" – registrou em seu diário.

Depois Louis juntou-se ao casal no Palácio de Buckingham para a refeição das bodas: cardápio de oito pratos, cada um batizado para a ocasião, constando de *consommé à la Windsor, suprêmes de saumon Reine Mary, côtelletes d'agneau Prince Albert, chapons à la Strathmore* e *fraises Duchesse Elizabeth*. O bolo de casamento, em camadas de quase três metros altura, foi oferecido por Sir Alexander Grant, o magnata dos biscoitos que mostrara num *tour* a Albert e Elizabeth, e também Louis, suas fábricas de pães em Harlesden.

A lua de mel foi em Polesden Lacey, imponente mansão na região de Surrey, cedida ao casal por Mrs Ronald Greville, rica herdeira de cervejarias com uma inigualável apetência pela realeza. De lá, Albert escreveu a Louis uma afetuosa e apreciativa carta agradecendo por tudo que havia feito. Sentia-se imensamente grato e deu todas as indicações de que permaneceriam trabalhando juntos por muitos anos. Seu tom foi descontraído e pessoal, mostrando que desfrutava de cada aspecto de sua nova vida de casado.

> Chegamos aqui a salvo apesar de muito cansados & a repentina paz & tranquilidade deste lugar são maravilhosas. Preciso enviar-lhe meus agradecimentos por seu grande trabalho & metade [*sic*] durante o longo & atarefado tempo que chegou finalmente ao término. Por favor, diga aos Carruthers & a Miss Heaton Smith o quanto também apreciei tudo que fizeram. Agora são 12h45 e eu ainda nem tomei banho! Tudo está indo a plena vela, o que é um alívio. Você sabe o que quero dizer. É muito bom!! Sempre seu, Albert.[14]

O rompimento

O Rei, como sempre fora, continuou sendo o grande defensor e apoio para Louis. Três dias depois da festa de casamento, escreveu a Albert frisando a importância do papel de Louis como seu guia e mentor.

> Muito querido Bertie.
>
> Fico deveras satisfeito sabendo que você & Elizabeth finalmente dispõem de um bem merecido descanso após toda a pressão dos últimos três meses. Você é na verdade um homem de sorte por ter esposa tão encantadora como Elisabeth, e estou certo de que serão muito felizes juntos & confio que ambos terão muitos e muitos anos de ventura. Esperamos que sejam tão felizes quanto Mamã e eu quando estiverem com 30 anos de casados. (...)
>
> Pode ter sido com uma ponta de aflição que você deixou sua casa depois de 27 anos. Sinto sua falta & estou pesaroso por nos ter deixado, mas agora você terá seu próprio lar, que espero seja tão feliz quanto aquele de onde agora partiu. Você foi sempre sensato & fácil de lidar, e esteve toda vez pronto a ouvir conselhos & acatar minha opinião sobre pessoas e coisas – creio que sempre nos entendemos bem (diferentemente do querido David), e tenho certeza de que esse estado de coisas permanecerá sempre assim entre nós e que venha ouvir minha opinião toda vez que quiser.
>
> Você teve um ótimo companheiro na pessoa de Louis, que pode muito ainda ser-lhe de ajuda. Disse a ele o quanto sou grato por tudo que fez por você, quando o agraciei com a CVO. Pelo trabalho útil e discreto dele, você se tornou benquisto pelo povo, como ficou evidente quinta-feira com a magnífica acolhida que lhe deram. Estou seguro de que Elizabeth será uma esplêndida associada em seu trabalho, que compartirá com você e muito o ajudará em tudo que você tiver de fazer.
>
> Desejando a você e Elizabeth boa sorte e uma feliz lua de mel, meu sempre querido rapaz. Seu muito devotado papá GRI.[15]

Albert concordava com seu pai em que Louis era uma parte essencial de sua vida familiar: "Como o senhor disse, Greig tem sido admirável. Ele realmente é de grande ajuda, não somente para mim, mas a todos nós: tem um círculo de amigos & conhecidos amplo e em todos os estágios de vida, coisa de muito proveito nestes tempos modernos. Permita-me agradecer-lhe por ter concedido a ele a CVO por tudo que ele fez por mim desde a Guerra."[16]

Havia sido um ano dramático. Louis se revelara um astuto cupido quando o romance claudicara, e depois deslanchou, resultando num casamento de conto de fadas. As esperanças e os sonhos de Albert de conseguir a mulher que amava se realizaram. A posição de Louis estava consolidada e parecia inexpugnável na corte, enquanto os recém-casados compraziam-se ociosamente em Polesden Lacey. Mas todo o tempo, no fundo da alma, Louis sabia que seu perfeito cargo na corte não ia durar para sempre. Continuava um estranho, ainda que afortunado e privilegiado, e sua intuição de que tal privilégio não era eterno comprovar-se-ia mais do que acurada.

12
Fora da Corte

———◆———

"Há um ponto em que o Rei e eu estamos de inteiro acordo, porque muitas vezes discuti o assunto com ele. Você transformou o P. A. no que ele é, e no momento você é indispensável."

Clive Wigram, escrevendo a Louis Greig em 1923

QUANDO LORD STAMFORDHAM, A EMINÊNCIA PARDA mais antiga de George V, disse a Louis que a corte era um "pequeno mundo", foi por boa razão: uma casa real era frequentemente local isolado e claustrofóbico. Políticas subalternas e personalidades agastadiças tendem a surgir em abundância, o *status* e os cargos adquirem importância desproporcional. Em grande parte graças à sua privilegiada posição de cortesão favorecido com a consideração do Rei, Louis tinha a possibilidade de ficar fora de muitos dos ressentimentos e rivalidades hierárquicos. A esgrima da política palaciana não o interessava.

O que também mantinha Louis distanciado da maior parte dos cortesãos era o fato de conhecer o príncipe Albert desde sua meninice e ter sido escolhido a dedo por George V para trabalhar com ele. Sua ocupação como *comptroller* do Duque de York era de um modo geral organizar, guiar e supervisionar a vida pessoal e profissional de Albert, e o jeito jovial e comunicativo de Louis fazia dele uma figura popular. Sem dúvida, a atuação perfeita de médico de cabeceira ajudava. Sabia melhor que ninguém como deixar as pessoas à vontade. Seu treinamento naval também o tornava eficiente e prático na solução de problemas pessoais. Suas cartas eram curtas e diretas ao ponto; ele simplesmente era por demais impaciente para se atolar em detalhes excessivos, protocolos complicados ou rixas mesquinhas. Louis fazia todo o possível para deixar ao largo ou ignorar as ciumeiras, intrigas e conspirações da vida no Palácio, mas às vezes isso era impossível.

Por exemplo, em 1924 um membro da Casa do Rei enviou a Lord Stamfordham uma carta anônima acusando funcionários seniores de rudeza e esnobismo.

> Que pena, Sir, que gente do seu Pessoal da corte seja tão esnobe; eles deviam lembrar, nestes tempos radicais, que existem responsabilidades vinculadas à posição que ocupam e que suas atitudes só aumentam o ódio de classes. Deviam se portar mais como o pobre Sandhurst que era sempre o mesmo para todos. Pode aborrecer JHW (Hanbury Williams), HS (Harry Stonor), PH (Philip Hunloke), FD (Frank Douglas), mostrar cortesia com aqueles que eles pensam não ser importantes, mas assim apenas amarguram as pessoas. Temos certeza de que Sua Majestade não aprovaria ferir os sentimentos de ninguém.[1]

Isso não envolvia Louis diretamente, mas ele estava a par desses raivosos descontentes; e Stamfordham levou a sério as acusações, a ponto de repassar a carta ao *lord chamberlain* para que ele investigasse as queixas. Grandes contendas quase sempre derivam de disputas triviais, e uma pele grossa junto com senso de humor são necessários para sobreviver e progredir. Carência de ambas as qualidades era o que tinha um cortesão chamado Ralph Harwood, que fora destacado do Tesouro para trabalhar nos escritórios da Caixa Privada. Harwood deixara a escola aos quinze anos entrando nos Correios como telegrafista. Frequentou uma escola noturna depois do trabalho e obteve o 16º lugar em toda a Inglaterra no concurso para o serviço público geral. Trabalhou no Ministério para a Índia, no Ministério da Guerra e depois na Receita Interna antes de ser deslocado para o Tesouro. Veio como contador para o Palácio e logo descobriu que era fácil pisar em falso. Errou em esquecer momentaneamente seu lugar na hierarquia. Ao tomar a iniciativa de resolver um problema de orçamento, viu-se em águas muitíssimo turvas. A fim de evitar que a contabilidade anual da Casa Real aparecesse em crédito no término do ano financeiro, ele comprou o equivalente a £10.000 de vinho a favor do Palácio, em antecipação ao orçamento do ano seguinte. As dificuldades surgiram quando ele deu de cara com o Rei num dos corredores do Palácio de Buckingham – ocorrência rara para ele – e por puro nervosismo e necessidade de dizer alguma coisa, houve por bem dizer que "estava fazendo o melhor possível para levar Sua Majestade à falência" comprando muitos galões de vinho. O problema surgiu quando o Rei, perplexo, mencionou isso a Sir Frederick Ponsonby, encarregado da Caixa Privada, o qual teve de admitir que nada sabia sobre a compra. Ponsonby ficou furioso por ter parecido tão tolamente ignorante: tudo por Harwood ter agido sem autoridade. "Disse-lhe (a Harwood) francamente que embora eu não quisesse interferir em seu trabalho, achava que ele devia ter me informado de sua decisão de fazer essas gigantescas compras de vinho, e lembrei-lhe que o assunto do equilíbrio do orçamento da Casa Real era assunto de minha competência." O desentendimento aumentou em espiral com Harwood acusando Ponsonby de querer intimidá-lo e ameaçando pedir demissão. Ato contínuo, Ponsonby ofende-se pela forma do pedido. A carta fora enviada para Lord Cromer e não para ele, Ponsonby, seu chefe imediato.

O Rei pediu para Stamfordham apresentar um relatório e uma solução para o imbróglio interno: seguiu-se uma carta de vinte páginas escritas à mão. O Rei insistiu que fosse manuscrita, em vez de datilografada, para que os secretários permanecessem ignorantes do ocorrido e não bisbilhotassem o caso.[2] Harwood, longe de estar contente, mandou outra carta histérica para Cromer: "Não peço a cabeça dele numa bandeja, nem nada assim! Mas sinto que a minha resposta ao ataque dele não o deixará em muito boa disposição para comigo & se ele desejar, há centenas de modos de fazer minha vida funcional intolerável. Já há sinais, como lhe contei, de alfinetadas da parte de seus subordinados – o que encaro com bastante apreensão." Ponsonby, por sua vez, disse a Cromer que Harwood estava "calçando sapato maior que o pé," acrescentando que "um vinho não é nada fácil de selecionar, e se nas solenidades do próximo ano o vinho for desaprovado, seremos alvo de zombaria por toda Londres se souberem que foi escolhido por um contador vindo do Tesouro." Era facílimo cair num atoleiro de rixas infindas nas águas rasas infestadas de tubarões da política palaciana.

Ponsonby era tão obcecado por normas e status que o preocupavam até os lugares à mesa de almoço, mesmo quando não havia outros convivas além do pessoal da casa. Importava-lhe realmente quem sentava ao lado de quem. Escreveu a Cromer no dia 31 de dezembro de 1924: "Feliz por ter o Rei aprovado que você use uma carruagem e sente à cabeceira da mesa. Este último foi sempre o procedimento no reinado da Rainha Victoria e no do rei Edward, mas de algum modo prescreveu no presente reinado. Somente quando um dos italianos disse parecer-lhe estranho que os altos postos se sentassem em qualquer lugar nos almoços da Casa, isso me veio à mente."[3] No entanto, por maior que fosse o empenho de Louis em ficar fora de tais disputas, era inevitável ser arrastado para as brigas políticas em certas ocasiões. Simplesmente essa era a natureza da sua função.

Parte do trabalho de Louis era estar à mão durante as visitas de realezas, como por exemplo em 1921, quando o Príncipe Herdeiro do Japão visitou Londres, e Louis foi encarregado de atendê-lo e fazer sua ligação com a corte, enquanto Albert e outros membros da família real o recebiam. Muitas vezes ocorriam inesperados pavoneios, como descobriu Louis mais tarde, quando foi honrado pelo Imperador do Japão com a Terceira Ordem do Mérito, juntamente com a Ordem do Tesouro Sagrado.

Visitas de realezas estrangeiras e compromissos oficiais no exterior com outras dinastias reais eram quase sempre dos mais interessantes aspectos da vida de um palaciano, como Louis comprovou na sua visita à Bélgica e à França com o príncipe Albert durante a Primeira Guerra Mundial. Assim, quando ele soube que Albert e Elizabeth haviam sido convidados à Romênia pela família real daquele país, era uma expectativa razoável a de ele também ir por ser o membro mais antigo do corpo de assistentes do Duque de York.

Os Yorks estavam felizes ajustando-se à nova vida nos primeiros meses de casamento quando foram convidados para batizar o afilhado de Albert, o Príncipe Herdeiro Peter da Yugoslávia, e também para o casamento do Príncipe Paul da Yugoslávia com a princesa Olga da Grécia, que ocorreria na mesma ocasião em Belgrado. Era a segunda viagem de Albert aos Bálcãs. Ele estivera na Romênia para o casamento do Rei da Yugoslávia e a coroação do Rei Ferdinando e da Rainha Mary, no ano anterior. Dessa vez o noivo era um amigo do Príncipe de Gales dos tempos de Oxford, e a noiva era neta do Tio Willy, irmão da Rainha Alexandra, que fora assassinado em 1913. Ela era também irmã da princesa Marina, que entraria na vida de Albert dentro de alguns anos como esposa de seu irmão mais moço sobrevivente, príncipe George.

Na viagem anterior, Louis conseguira que o capitão Ronald Waterhouse, que fora secretário particular e *equerry* de Albert, o acompanhasse. Mas desde então ele deixara o gabinete de Albert para trabalhar no nº 10 de Downing Street como principal secretário particular do primeiro-ministro, Andrew Bonar Law. Louis ficou surpreso e indignado quando soube que Waterhouse novamente acompanharia Albert. Era uma decisão estranha e sem tato, visto Waterhouse não mais pertencer a nenhum gabinete real. O que ainda mais irritou Louis foi ele não ter sido consultado quanto aos preparativos para a viagem, que eram, afinal, parte significativa de seu trabalho.

Waterhouse era um funcionário ambicioso, brilhante, porém inconfiável, que seguidamente adotava sua própria agenda às expensas de seus chefes. Quando Bonar Law renunciou na primavera de 1923 depois de diagnosticado com câncer, Waterhouse foi incumbido de levar sua carta de demissão ao Rei no Palácio de Buckingham. Bonar Law havia específica e propositadamente optado por não recomendar ao Rei nenhum sucessor; estava simplesmente por demais cansado para permanecer na refrega política, e não queria ter de escolher entre Lord Derby, Lord Curzon, e Stanley Baldwin. Waterhouse ignorou isso levando consigo um memorando datilografado recomendando Stanley Baldwin, e disse a Lord Stamfordham que aquela era a recomendação de Bonar Law. Stamfordham escreveu no memorando de quatro páginas, agora guardado nos Arquivos Reais em Windsor, que fora entregue ao Rei em 29 de maio depois de "o Coronel Waterhouse ter praticamente declarado (que o memorando) expressava o ponto de vista de Mr Bonar Law."[4] Isso desde então se comprovou ter sido uma deslavada mentira e mostra a duplicidade e a inconfiabilidade da natureza de Waterhouse, contra quem Louis se opôs. Não obstante, ele continuou sendo o principal secretário particular para três primeiros-ministros. Sua segunda esposa, Nourah, com quem casou em 1928, publicou uma hagiografia sobre ele após sua morte em 1942, que tentava defender sua honestidade. Narrava várias conversas que ela alegava ter existido entre seu marido e Bonar Law quanto à sua sucessão por Baldwin; porém, segundo o mais recente biógrafo de Bonar Law, R.Q. Adams, essas conversas foram figuras da imaginação dele e talvez também da imaginação dela. Lord Stamfordham parece igualmente ter mudado de opinião sobre ele. Em 1923 dirigia-se-lhe afetuosamente como "My Dear Waterhouse," finalizando suas cartas com "Yours ever," mas por volta de 1926 já escrevia "Dear Waterhouse" e terminava com um distintamente frio e menos íntimo "Yours very truly."[5]

Os planos da viagem à Yugoslávia começaram a dar errado para Louis quase no momento em que o Rei enviou um telegrama a Albert em 23 de setembro de 1923, alertando-o da necessidade de visitar a Romênia tanto por razões políticas quanto pessoais – uma cópia do qual foi remetida a Louis por Lord Stamfordham: "Como Lord Curzon recomenda firmemente sua ida batizado Belgrado, temo precisar pedir que vá. Creio data cerimônia 16 de outubro. Dia seguinte casamento Paul. Saiba que também será seu *kum* [palavra sérvio-croata para padrinho]. Seria possível, se assim ela quiser, Elizabeth acompanhá-lo. Dama companhia iria, e sem dúvida Waterhouse iria como antes. Responda de imediato."

No dia seguinte Albert escreve para Louis de Holwick Hall, propriedade dos Strathmores em Teesdale, condado de Durham, onde passava temporada, para informá-lo já ter convidado pessoalmente Waterhouse para acompanhá-lo. A essa altura, a carta de Albert

Fora da corte

mostrava-o mais preocupado com o momento inconveniente da viagem, que desorganizava os meses de sua vida de casado tão recente, do que pela questão de quem o acompanharia: "O Rei deseja que eu viaje à Sérvia, afinal. Curzon foi muito incisivo a respeito. Escrevi a Ronald pedindo-lhe que me acompanhe como antes. HM disse-me para levá-lo se eu quiser. Curzon devia ser afogado por me avisar tão em cima. Escrevi-lhe quanto às suas razões & também pedi-lhe para se encontrar comigo antes de eu partir. Ele precisa saber que as coisas são diferentes agora."[6]

Louis estava furioso por não ter sido consultado sobre a necessidade e, na verdade, o acerto de levar Waterhouse. Sentia-se mais que menosprezado. Sentia-se empurrado para fora do grupo de decisão, pois normalmente ele teria planejado os detalhes com o Foreign Office e, caso necessário, com Downing Street. Sendo o mais antigo membro da assessoria de Albert, deveria ter sido consultado, em vez de exposto a um *fait acompli*. Para pôr sal na ferida, o Foreign Office comunicou-se direto com Waterhouse, deixando Louis totalmente fora do quadro.

Isso era, na melhor das hipóteses, protocolo malfeito; na pior, revelava para Louis mudança em suas atribuições agora que Albert estava casado. Estaria sendo posto de escanteio? Era um sinal do que viria mais tarde? A paranoia palaciana jamais estaria ausente nessas ocasiões. Mas ele instintivamente sentia não estar certo que um burocrata de Downing Street, por sinal um espertalhão pomposo, fosse nessa viagem em seu lugar.

Em 25 de setembro, da casa de sua irmã em Sussex, onde passava uns dias, Louis desfechou um telegrama para Albert. "Ouvi de Lord Stamfordham que ele providenciou para V. e a Duquesa irem à Sérvia, e soube que Waterhouse os acompanhará. Quanto a este último, não estou de acordo. Encontro-me agora em Stedham. Escrevendo."[7]

Stamfordham envia de Balmoral uma nota neste mesmo dia informando Louis que o Rei fora posto a par de sua queixa e vira sua carta:

> Por favor, rogo-lhe ter por certo que, ao solicitar a Waterhouse para acompanhar Suas Altezas Reais, a única intenção foi assistir Suas Altezas por meio da companhia de alguém que, uma vez que já esteve anteriormente em Belgrado com o Príncipe, tem excelente domínio "do caminho das pedras," conhece bem as pessoas e também fala francês fluentemente. Eu realmente entendo seu ponto de vista de que é, de certa forma, anômalo o fato de Suas Altezas Reais serem atendidas por alguém de fora de sua Casa: igualmente, porém, as razões descritas acima, embora não evidentes para o homem comum, caso este se ocupasse com o assunto, serão reconhecidas e compreendidas por todos que conhecem o funcionamento do nosso "pequeno mundo" – que de fato ele é – como uma medida prática, adotada sem a mais remota intenção de, por assim dizer, mostrar-lhe o "bilhete azul."

No dia seguinte Albert escreveu novamente a Louis tomando conhecimento de seu desagrado, porém mantendo a asserção de ser desejo do Rei que Waterhouse fosse com ele. Isso era verdadeiro, mas não a inteira verdade: o Rei não queria Louis excluído. Albert alegava, um tanto insinceramente, estar apenas cumprindo os desejos do Rei. Recusava-se a entender o fato de que Louis sentia-se posto de lado ou, como foi colocado, recebera o "bilhete azul."

> Waterhouse acaba de telegrafar que pode ir & eu havia escrito & dito a ele tudo o que sabia & pedi-lhe para tomar as providências quanto ao trem. Sua carta me preocupou um pouco, sinto dizer-lhe que Ld Sdrg apenas fez o que o Rei lhe mandou, que foi providenciar sobre a ida de Waterhouse. Escrevi, é claro, primeiramente para ele & para o PM, e desde então recebi tantas cartas suas & telegramas do Rei que nem sabia onde ou como começar a escrever-lhe.
>
> Temos pouquíssimo tempo, graças ao fato de o _____ Curzon me fazer ir depois de me terem dito que não iria mais. Sinto muito que não tenha gostado da ideia de RW viajar junto. Devo ter pensado nele por ter sido a única pessoa que esteve na viagem anterior comigo, e lá fora não saberiam que ele não é mais do meu gabinete. De qualquer modo, estou cumprindo as ordens de meu pai, não poderia fazer diferente & nada mais posso fazer... Precisamos falar sobre o assunto RW quando nos encontrarmos, pois me preocupa. Não compreendo seu ponto de vista.[8]

Naquele mesmo dia, do Castelo de Windsor, Clive Wigram escreveu para Louis – antes tendo o cuidado de timbrar sua carta como sendo "estritamente confidencial." Wigram era o melhor e mais leal dos amigos de Louis e estava estarrecido com o que, para ele, estava se mostrando um comportamento sem cerimônia da parte de Albert. Aliás, por essa época Louis já havia dito várias vezes a Wigram que pretendia se demitir. Ele frequentemente falava em assumir um emprego mais lucrativo na City, e esse parecia ser o momento certo para fazê-lo. Wigram deu conselhos sensatos.

Devagar com o andor! Receba minha total simpatia. Você, que tão bem conhece o Duque, e tem sido tudo para ele, deveria ser consultado. Especialmente quando pode haver algum indício da presença de um "homem misterioso." Acho que tudo foi feito muito às pressas e sem reflexão. Tenho a impressão de que Lord S tem dado tratos à bola sobre o caso já há algum tempo. De qualquer forma, ele deve ter recebido minha carta ontem, pois eu a mandei "expresso."

Meu caro Louis – há um ponto em que o Rei e eu estamos de inteiro acordo, porque muitas vezes discuti o assunto com ele. Você transformou o PA no que ele é, e no momento você é indispensável. É difícil ter uma clara visão do futuro, mas tenho o pressentimento de que o PA virá a ser Rei um dia. Assim sendo, ele precisa ter à sua volta os melhores homens, e sem você o corpo de assistentes dele estará incompleto. Com frequência me sinto como você, meu velho; e me deito à noite dizendo a mim mesmo que é hora de abanar e dar-lhes um adeusinho, pois o feitio deles não é o meu – mas então penso na história da Família Real e percebo que as coisas hoje em dia estão muito melhores do que eram, digamos, no reinado da Rainha Victoria, quando se cometiam as mais terríveis monstruosidades – e me vêm esperanças de um futuro melhor. Intrigas, disputas, todo tipo de mesquinhas recriminações eram a ordem do dia naquele tempo. Bem, você sabe da alta opinião em que o tenho e do quanto o estimo.

Eu primeiro veria o que o PA tem a dizer antes de tomar uma decisão final. Você seria uma perda insubstituível não somente para o Rei como para este seu humilde servidor.

Quem sabe alguma explicação satisfatória esteja a caminho – mas tudo isso é de aborrecer, eu admito. Pode acontecer que lhes desperte um senso de justiça se souberem que você tem a esperá-lo um trabalho mais lucrativo.

De qualquer forma, vá devagar e não cometa erros – mais que tudo, consulte Phyllis.

Acusações e contra-acusações voaram quanto à correta sequência dos acontecimentos e quanto ao procedimento adequado a seguir. Essa era a primeira vez que Louis tinha problemas na corte; para ele foi um imenso choque encontrar-se em aberta desavença com qualquer dos membros da família. Dois dias depois, Wigram escreveu de novo dando apoio, mas também ventilando vagas insinuações sobre a má reputação de Waterhouse.

> Meu caro Louis,
> Recebi amistosa resposta de Lord S dizendo que, fora de dúvida, ele não estaria ligado ao PA se essas histórias fossem realmente verdade. Antes de ele (presumivelmente Waterhouse) ganhar sua KCB, Lord S diz ter feito averiguações, ouvindo que W estava acima de qualquer reproche, & ser da maior bondade com a esposa. Pena que ele não viu a antiga governanta de W no apartamento. Ele diz que escreveu explicando o assunto para você. Acho que o PA perguntou ao Rei se ele não podia acompanhá-lo – se ele assim procedeu, sem lhe dizer nada, ele não estava jogando limpo. Creia-me sempre a seu serviço, caro Louis.

Como derradeiro esforço para acertar as coisas, em 1º de outubro Stamfordham escreveu de Balmoral para Louis: "Sinto muito que em vez de telefonarmos diretamente para Waterhouse não lhe tenhamos pedido para comunicar-se com ele, visto ser você quem estaria apto a questionar a conveniência de W viajar – mas poderei explicar-lhe quando nos encontrarmos a mui difícil situação e a necessidade de se ter malhado o ferro quando ainda estava quente! Escrevi por ordem do Rei para o Foreign Office, dizendo que HM dava por certo que o F.O. pagaria os custos da visita. Não houve tempo para uma resposta."

Era muito pouco e tarde demais. Stamfordham não percebeu que Louis estava para se demitir. A desavença não se resolveria com qualquer remedeio da situação. Louis não conseguiu ficar sabendo por que motivo Albert não fora plenamente franco. Entretanto, em 4 de outubro, o Rei pessoalmente interveio com uma carta para Albert que sugeria uma forma de ultrapassar o problema, autorizando ambos, Louis e Waterhouse, a acompanharem os Yorks aos Bálcãs. "Estou satisfeito com sua ida a Belgrado, mas sinto muito que Greig esteja com seus sentimentos feridos. Não vejo por que você não levar ambos, mas é evidente que Greig deve estar em primeiro lugar, pois ele é o seu *comptroller*. De qualquer forma foi burrice o Foreign Office não informar você através de Greig."9

Mas Albert ignorou essa concessão claramente expressa e a insistência do Rei em ser Louis sua prioridade. Em 7 de outubro, quando retornou a Londres, Albert encontrou-se com Louis para discutir todo o caso, mas o Príncipe persistiu em que apenas Waterhouse o acompanhasse. Louis viu restar-lhe apenas uma opção e demitiu-se. Foi genuinamente mais com tristeza que com raiva, mas também sentindo que era hora de deixar de ser cortesão do Príncipe em tempo integral. Tinha duas filhas, queria mais filhos e precisava ganhar mais dinheiro para educar e manter a família. Era realista sobre a dificuldade de trabalhar para um homem sobre o qual tivera tão forte influência desde seus anos de adolescência. Agora que Albert estava casado, ambos precisavam desse rompimento. Foi apenas uma infelicidade que isso tivesse ocorrido em circunstâncias nada ideais.

O Rei e a Rainha souberam que Louis deixava a corte quando Albert escreveu em 9 de outubro para a mãe. Louis sempre fora a escolha do Rei para conselheiro e mentor de Albert, e tanto ele quanto a Rainha ficaram extremamente perturbados com o fato. Albert minimizou qualquer drama ou ideia de "briga," mas o Rei estava furioso com o fato de o homem que ele colocara ao lado de seu segundo filho ser excluído por motivo de uma tola questão de protocolo. "O senhor pode ter se surpreendido ao saber que vou dispensar Greig como meu *comptroller*. Ele mesmo quer ir embora, & eu tenho pensado nisso já há algum tempo. Faz seis anos que ele está comigo, e agora que estou casado, sinto que é melhor uma mudança, pois as coisas não estão correndo muito bem e ambos achamos que é chegado o momento. Não tivemos absolutamente briga nenhuma; foi mútuo."[10]

A demissão de Louis desencadeou a boataria. O rumor na corte era de que uma vassoura nova chegara ao Palácio na forma da enérgica esposa de Albert, que varria fora a equipe antiga e trazia uma turma nova e mais jovem. "Não me importa o que a duquesinha diz, mas ele não irá embora," é o que constou o Rei ter dito a Wigram.[11] Havia uma opinião amplamente admitida de que a Duquesa fora a responsável pelo rompimento, porque desejava pôr sua própria gente no lugar do antigo gabinete de seu marido. E mudanças eram, naturalmente, inevitáveis e compreensíveis depois do casamento. As relações entre Albert e Louis se modificaram com a crescente proximidade do Príncipe com a esposa, e sua confiança cada vez maior nela como parceira e guia. Isso deixava pouco espaço para uma figura forte como Louis. Porém não há evidência de que a Duquesa tenha rechaçado Louis, e para o que o Rei queria, era agora muito tarde. Louis e Albert haviam ambos concordado amigavelmente que deviam se separar.

O destino de Louis pendeu na balança até 12 de outubro, quando o Rei e a Rainha tentaram salvar algo de positivo naquela desavença confusa que lhes custou um dos seus mais valiosos cortesãos. Consultaram Stamfordham e Wigram para tentar achar-lhe outro trabalho. Wigram escreveu para Carron Scrimgeour, cunhado de Louis, em 12 de outubro enquanto esperavam por notícias da evolução do caso. "O destino de Louis será decidido provavelmente esta tarde. O Rei e a Rainha vão encontrá-lo e sei que vão querer persuadi-lo a permanecer com o príncipe Albert. Suas Majestades estão furiosas com o PA por seu modo de tratar Louis – e se Louis for embora, sairá como herói com a razão do lado dele – e com a simpatia e pesar generalizados."

Mas Louis sabia não haver volta. A relação na sua forma usual anterior chegara ao fim. Em 13 de outubro – em carta marcada "confidencial" – Wigram escreveu da York Cottage para solidarizar-se com Louis, mas principalmente para aprimorar um estratagema garantindo-lhe um lugar no Gabinete do próprio Rei.

> É como lhe digo. O Rei e a rainha estão muito infelizes com a ideia da sua iminente partida, assim como nós todos – considero uma tragédia nacional. Suas Ms querem de alguma forma mantê-lo por perto ocupando-o na Casa para que sua judiciosa opinião e notável experiência estejam à disposição deles e nossa quando requeridas. Se você for para a City, será um trabalho de tempo integral, e não vejo como possa lhe servir uma tarefa permanente. O Rei me disse para pensar em algo. Que tal ser um *equerry* extra ou um *gentleman introdutor* extra? Dessa maneira você estaria dentro como partícipe

da Casa da Real com plenas condições de poder ser convocado toda vez que estivéssemos em apuros. Até Lord S. se anima todo com isso.

Assim sendo, antes de você tomar alguma decisão eu quis que soubesse, cá entre nós, o que paira no ar – pois naturalmente nada quero fazer que possa restringir ou constranger você. Pense sobre isso e me informe privadamente – e nem uma palavra, nem mesmo para Lord S.[12]

A corte era paranoica quanto a sigilo, e Wigram acrescentou em pós-escrito as palavras "Rasgue isto."

Albert sabia ter causado um terrível descontrole no Palácio e um tanto encabulado quis explicar a situação a seu pai numa carta em 16 de outubro. Mas também insistia que o afastamento não afetava, nem afetaria, a amizade deles. "Assim que retornei a Londres, estive com Greig. Ele mesmo puxou o assunto & chegamos à mesma conclusão, dentro da forma mais amigável, estou certo. Desejaria indagar-lhe o que faço agora, sabendo o quanto o senhor gosta dele & todas as diversas coisas que ele fez para o senhor. Sou muito grato a ele por tudo que fez por mim & sinceramente espero que sejamos sempre os melhores amigos."[13]

Em novembro os termos finais da saída foram combinados. Louis e Albert continuariam a trabalhar juntos até ser feita a substituição. Nesse ínterim, eles haviam aplainado suas diferenças, e ambos reconheciam ser do interesse deles próprios uma separação amigável, profissional. Não era a maneira que Louis teria escolhido para começar sua partida; os dois se conheciam havia já muito tempo para deixar que um desacordo qualquer azedasse tudo por causa de um intrometido funcionário público em dois dias de viagem num país obscuro para o casamento de um primo. Louis não era, por natureza, de guardar rancor, e queria deixar para trás todo aquele episódio. O Rei e a Rainha foram menos benignos em relação a Albert. Escrevendo do York Cottage em 14 de novembro, Albert confessou a Louis que seus pais ainda estavam indignados com ele: "Aqui tudo parece ir bem, embora não haja palavra entre mim e o Rei a respeito de nada. Suponho que ele ainda esteja furioso comigo por tudo o que aconteceu e não queira abrir novamente o assunto para discussão. Gostaria que ele falasse comigo, ficaria tudo mais fácil ao meu redor. De qualquer modo, nada vou dizer para minha cabeça não rolar outra vez."[14]

As circunstâncias da saída de Louis ainda ficaram mais difíceis porque seu substituto, o capitão Basil Brooke, não pôde tomar posse na data prevista por motivo de doença. Albert escreveu: é muito gentil de sua parte permanecer até Brooke fazer a cirurgia, caso precise fazê-la de imediato. Temo que se isso não acontecer, todos os seus planos sejam perturbados. Sinto muito não ter falado disso antes, mas o fato é que estive e ainda estou aborrecido com todo esse assunto e, depois, a repentina novidade de Brooke não ajudou de modo nenhum. Confio que você entenderá isso e que não me julgue um bruto por não lhe ter pedido antes."

Louis estava extremamente envergonhado pelas erupções vulcânicas que cercavam sua partida, em especial pelo envolvimento do Rei e da Rainha e pela desavença deles com Albert. A Rainha Mary estava triste e perplexa com a demissão de Louis quando escreveu para ele do York Cottage em 23 de outubro de 1923. "Vi sua carta para Wig sobre o Capitão Brooke. O que quer que aconteça, ele não será *você*, e o Rei & eu nunca deixaremos de lastimar o que aconteceu – não consigo entender isso tudo. Sou muito agradecida pela gentil carta que me enviou."[15]

Um claro sinal da situação tensa entre Albert e seus pais se evidencia pelo fato de a Rainha Mary escrever a Louis insistindo para ele ir vê-la quando ela foi à casa dos Yorks em White Lodge no Richmond Park para conferir alguns quadros que ela queria que fossem removidos. "Acertei com o Duque de almoçar com eles na quarta-feira, 12 Nov, e pedi-lhe que providenciasse para você me encontrar lá depois."[16] Ela queria deixar claro que era Louis a pessoa com quem desejava tratar.

No fim, ninguém se saiu bem no drama: nem Albert, nem Louis, nem o Rei. Albert não enxergou que era um menosprezo doloroso para com seu mais confiável ajudante e leal amigo levar Waterhouse naquela viagem romena. George V por não ter intervindo com mais vigor e presteza, juntando os dois frente a frente para resolver o problema. Louis fez exatamente o que ele teria aconselhado a não fazer: permitiu que a política do Palácio o atingisse e lhe afetasse os sentidos. Afinal, tudo considerado, era só uma única viagem, depois Waterhouse estaria de volta a Whitehall e nunca mais seria visto.

Em 14 de novembro de 1923, Elizabeth escreveu a Louis em total confidência expressando sua gratidão. Sabia dos mexericos de que era responsável pela demissão dele e procurou jogar água fria e aplacar os ânimos, dizendo a Louis que seu marido estava extremamente preocupado com sua saída. Frisou muito quão agradecido ele realmente se sentia – e como deixara isso claro contando a ela que Louis fora o homem responsável por "salvar sua vida." Elizabeth também informou Louis que Albert estava exasperado com o que acorria com seus pais, dizendo-lhe como ele tinha sido um tolo ingrato perdendo um homem assim de inteira confiança. Elizabeth destacou bem seu sentimento de gratidão por todo o trabalho de Louis.

Louis nunca foi senão leal e um admirador de Elizabeth, publicamente como em particular. A saída dele tinha sido assunto de muita discussão entre ela e Albert, e no meio do drama ela escreveu exasperada para a mãe, queixando-se que Louis fora "um tolo," mas era tarde demais, pois ele se demitira. Naturalmente, ela ia apoiar o marido em qualquer desavença com alguém que ele empregava. Louis a via como uma força com a qual se haver, mas sentia, mais importante que tudo, que ela era exatamente o que Albert necessitava na sua vida futura.

Para Louis, não valia a pena achar culpados. E o resultado final lhe convinha. Estava livre para seguir sua própria carreira. Ele e Albert tinham enorme afeição e respeito um pelo outro, e a última coisa que ambos queriam era mudar isso. Haviam concordado em discordar sobre o assunto e, uma vez que tudo estava às claras, era um furúnculo lancetado que não mais supurava. Louis sabia que acabava ali sua carreira palaciana como *comptroller* do Duque de

York, embora não fosse o fim de sua conexão com a corte. George V deixara isso claro. Louis era tido em alta conta por Wigram e por Stamfordham, que acentuavam seu valor no Palácio como "um sábio."

O último dia de Louis na posição de *comptroller* de uma casa real foi 29 de fevereiro de 1924, e o príncipe Albert escreveu uma afetuosa carta de despedida, deixando claro que a amizade deles permanecia forte.

> Sinto muito não ter passado mais tempo com você nesta manhã de hoje, pois me dei conta de ser este seu último dia comigo oficialmente na qualidade de meu *comptroller*. A despedida de dois grandes amigos é sempre algo dolorosa, mas acredito que uma verdadeira separação entre nós será sempre uma total impossibilidade, mesmo a separação oficial. Não há palavra nenhuma que possa jamais expressar o meu agradecimento por tudo que fez por mim desde 1917. Passamos por tanta coisa juntos e chegamos do outro lado com grande sucesso. Espero e confio que sejamos sempre os melhores dos amigos e que nos encontremos nos próximos dias (...) Bem, adeus Louis, e eternamente muito obrigado por toda sua ajuda. Sempre seu, Albert.[17]

A notícia da partida de Louis vazou imediatamente para a imprensa. No *Daily Mail*, Quex, um bem informado mas anônimo colunista social, interpretou a demissão como uma perda significativa para Albert.

> Não há nenhuma redundância em dizer que essa ausência por aposentadoria marca a conclusão de uma etapa na carreira do segundo filho do Rei, e não somente do Duque de York mas de seus irmãos também. Porque esse ex-cirurgião naval, tão digno de estima, valoroso, varonil e sensato – influenciou a vida de todos os príncipes. Mesmo o Príncipe de Gales, com uma experiência de homens e de romances bem acima de sua idade, dá ouvidos às opiniões de Louis Greig, em grande medida porque há neles a autêntica visão firmemente expressa de homens exuberantes, saudáveis, desportistas e corretos. Não é segredo que o Rei e a Rainha dão grande valor ao papel desempenhado pelo Comandante Greig na formação dos seus filhos.

O relato destacava a natureza amigável da despedida.

> Quando algum tempo atrás o Comandante Greig disse-me que solicitaria permissão para aposentar-se até o final do ano, ele explicou o porquê.

Fora da corte

O Duque de York era agora um homem casado, e seria melhor para a continuidade da evolução de seu caráter que ele pudesse tomar conta de sua própria vida; pelo menos ter um *comptroller* de sua própria escolha, alguém que não tivesse "exercido tutela e o orientado desde que era menino." Ele se retirava tendo a simpatia e a estima de todos os membros da Família Real, os quais compreendiam que o trabalho que havia realizado fora o de um patriota sincero e de um honesto e destemido caráter.

O Rei mostrou-se à altura de suas palavras, manteve e deu a Louis um cargo novo de meio expediente na corte. Ele foi nomeado *gentleman introdutor* do Gabinete do Rei depois que George V disse para Wigram que Louis devia ser mantido de alguma forma na corte.

Albert disse a Louis que estava contente por ele ainda estar por perto, na sua nova função palaciana com o Rei. Por muitos meses eles ficariam ainda em contato próximo até Louis passar as rédeas para Brooke. Ainda jogavam tênis e *racquets*, mas inevitavelmente encontravam-se menos. A mais clara mostra de que permaneciam amigos foi a decisão deles de participar do campeonato em Wimblendon juntos, algum tempo depois da "desavença." Não haveria possibilidade de concordarem em jogar duplas, treinando horas e planejando a estreia em Wimblendon, se a amizade não tivesse retomado os trilhos. Louis tinha imensa afeição por Albert e nunca deixou de querer ajudá-lo. Wimblendon era uma oportunidade boa demais para perder, já que os dois estavam qualificados para entrar no campeonato, tendo vencido as duplas da RAF em 1920. A primeira e última participação deles em Wimblendon, em 1926, não foi o triunfo que haviam esperado, mas na mente do público os dois ficaram indelevelmente vinculados.

A amizade de Louis na realeza também se evidenciou quando Phyllis deu à luz um filho homem. Louis era infinitamente orgulhoso de suas duas exuberantes filhas, mas sempre quis uma família maior, e ficou encantado quando, em 21 de fevereiro de 1925, aos 45 anos de idade, Phyllis deu à luz um menino. Henry Louis Carron Greig nasceu nos aposentos do andar de cima em Ladderstile, a grande casa eduardiana deles em Kingston Hill, na parte oeste de Londres, e embora seu primeiro nome fosse Henry – em homenagem ao seu padrinho – ele sempre foi chamado de Carron. Este era um antigo nome dos Scrimgeours, sendo igualmente o nome galês para "fundo rochoso," como de um rio. Quase todos os membros da família real enviaram mensagens de congratulações, e a pedido deles próprios, a Rainha Mary e o Príncipe Henry concordaram em ser padrinhos. "Agradar-me-á ser a madrinha de seu filhinho & envio uma pequena peça de prata como meu presente de batizado. Melhores votos & minhas bênçãos. No nosso retorno do exterior farei gravar a cesta de prata com meu monograma," escreveu ela.[18] O irmão de Phyllis, Carron Scrimgeour, e Mrs Hannah Gubbay eram os outros padrinhos. Prima de Phillip Sassoon, Hannah era a eventual proprietária da casa dele, Trent Park, em Hertfordshire, e muito conhecida por sua espetacular coleção de porcelana.

Albert permaneceu na vida de Louis e vice-versa. Por exemplo, quando John Scrimgeour, cunhado de Louis, morreu após curta doença, Albert de pronto escreveu: "Não tinha ideia de que ele estava doente. Será uma triste perda para a firma, mas acho que você conseguirá mantê-la como antes. Por favor diga à Phiggie que sinto muito por ela. Escrevi umas linhas para Connie [irmã de Louis], sei que deve estar com o coração partido. John foi também tão gentil comigo, cuidando das minhas finanças antes de você se encarregar delas."[19] Quando Albert se tornou pai pela primeira vez em abril de 1926, ele partilhou da boa nova com Louis, orgulhosamente comparando impressões sobre as suas proles: "Ela [princesa Elizabeth] é muito linda, e também tem um bom par de pulmões. Suas filhas me haviam dado aulas sobre pulmões quando eu as vi crescendo, mas agora eu sei desde o começo o que é ser pai. Minha mulher passa muito bem e agradece-lhe também."[20] A Rainha Mary nunca alterou a estima que tinha por Louis, referindo-se a ele como "meu bom amigo"[21] e partilhando as notícias da sua família com ele. "Estamos encantados com nossa linda netinha. O deleite de Bertie é absolutamente tocante. Fico tão contente por eles terem finalmente encontrado a felicidade. Não aprovamos aquela estúpida proclamação, tudo devido a um "abominável" cerimonial. Tentamos detê-lo, mas era tarde."[22] A "estúpida proclamação" referia-se à notícia no *Court Circular* sobre o comparecimento de Sir

William Joynson-Hicks, ministro do Interior, que "estava presente na casa na hora do nascimento" e transmitiu a notícia ao Prefeito por mensageiro especial. Era tradição o ministro do Interior assistir a nascimentos reais, aparentemente para garantir a autenticação, por bizarro que isso pareça hoje. Foi um parto difícil, e os médicos da Duquesa deram uma cuidadosa declaração dizendo que "uma linha segura de procedimento foi adotada com sucesso" – em outras palavras, uma cesariana.[23] Albert estava encantado e quis de imediato compartilhar suas boas-novas com Louis: nos fundamentos, nada havia alterado a amizade deles.

Louis estava cônscio de que saídas do Palácio podiam ser brutais, abruptas e terminais. Por exemplo, Lord Brownlow descobriu que fora demitido da Corte sem sabê-lo. Ele deveria receber o Arcebispo de Canterbury e levá-lo ao Rei, em sua função de Lord Acompanhante quando lhe disseram que não seria mais necessário. No dia seguinte ele leu no *Court Circular* que Lord Dufferin and Ava o havia sucedido como Acompanhante. Brownlow ligou para o Palácio de Buckingham e foi informado que seu nome não ia mais aparecer no *Court Circular*. Exigiu falar com Lord Cromer, o *lord chamberlain*, que lhe disse "sua renúncia foi aceita," embora ele nunca tenha se demitido. "Serei mandado embora desse modo?"– perguntou ele, "como um servo desonesto, sem nenhum aviso, nenhuma notificação, nenhum agradecimento, quando tudo que fiz foi obedecer meu Soberano, o ex Rei? "Sim," – foi a resposta de Lord Cromer. A ofensa dele foi ter acompanhado Mrs Simpson a Cannes por ordem do Rei. Só mais tarde Brownlow descobriu não ter sido o Rei quem o demitira mas uma camarilha palaciana que tinha agido sem consultar o monarca.

Louis era agora um semi-afastado membro da corte, e essa situação lhe convinha, porquanto sua vida tomou rumo numa série de inesperadas direções.

13
Articulador Político

―――◆―――

"O comandante Greig disse-me que o Rei ficou satisfeitíssimo com a conversa que tiveram e está seguro de que você será de grande préstimo para o país nos próximos anos.
Sir Alexander Grant, escrevendo a Ramsay MacDonald

DEIXAR O PALÁCIO FOI UM GRANDE SALTO para Louis depois de ter trabalhado para o Príncipe tão próximo e por tanto tempo. Mas ele era exímio em cair de pé e foi trabalhar no escritório londrino da firma de corretagem de ações pertencente à família de Phyllis, J.&A. Scrimgeour. Foi contratado como agente autônomo de investimentos, trazendo clientes para criar novas carteiras.

Todos os dias Louis dirigia de Ladderstile para seu escritório na City, no nº 3 da Lothbury, bem ao lado do Banco da Inglaterra. Usava o tradicional chapéu-coco, colarinho duro e gravata, e um quê de grã-fino da City, misturando-se com os "grandes e poderosos" num papel diplomático de promoção de grandes negócios. Era figura notória na cidade, fosse no Whites ou no Beefsteak, no circuito dos clubes de Londres ou nas salas de almoço e restaurantes da City – e até mesmo nas pistas de corridas. Iniciou a formação de uma impressionante rede de contatos. Nessa época ele pertencia à *"velha gang,"* uma livre associação de escoceses que haviam deixado a terra natal e prosperado. Incluía o incorporador Malcom McAlpine e o presidente da British Petroleum, Sir William Fraser. Mesclar-se com gente de diferentes escalões da vida era o que mais lhe agradava. "Era um homem que sabia o nome de cada motorista, *maître-d'hôtel* ou recepcionista onde quer que fosse," lembrava um contemporâneo.[1] Os Scrimgeours estavam encantados com o novo sócio, pois quase de imediato o príncipe Albert tornou-se cliente – e Louis ajudaria a gerenciar parte de seu portfolio.

A saída de Louis da corte significou para ele a abertura de muitas novas oportunidades. Sir Alexander Grant, o rei dos biscoitos escoceses, iria proporcionar-lhe uma decisiva conexão entre os mundos do comércio, da indústria e da política. Não se tratava de Louis ser abertamente político, apenas desfrutava do seu prazer de estar no centro do poder.

Se alguém sabia dos benefícios da indústria, essa pessoa era Grant, cuja vida foi uma extraordinária história de ascensão da pobreza à opulência. Ele nasceu em 1854 em Forres, cidadezinha da costa nordeste da Escócia, onde o pai era guarda-freios da ferrovia e veio a morrer quando o filho ainda estava na escola. Adolescente, o jovem Sandy Grant foi aprendiz numa panificadora em Forres, antes de ir para Edimburgo trabalhar com Robert McVitie em sua padaria, num subsolo da Queensferry Street. Indagado por que lhe dariam um emprego ali, um precoce Grant respondeu que ele saberia melhorar a qualidade de seus pães e biscoitos. De início, o salário era menos de uma libra por semana, e seus deveres incluíam a entrega diária de pães frescos – mas não estaria em tarefa tão humilde por muito tempo. Por volta de seus trinta anos, foi designado chefe de bolos na fábrica principal McVitie & Price em Edimburgo. Quando Mr Price se aposentou, Grant passou a gerente-geral, e com a morte de McVitie ele adquiriu o controle da maioria das ações da fábrica e a fez crescer muito além dos mais loucos sonhos de seus fundadores, tornando-se um dos mais ricos industrialistas da Grã-Bretanha.

Grant causou uma grande mudança na vida de Louis ao apresentá-lo a Ramsay MacDonald, o vaidoso líder do Partido Trabalhista dos bigodes prateados, que se alçara da ilegitimidade e da pobreza para tornar-se o morador do nº 10 de Downing Street. MacDonald nasceu em 12 de outubro de 1866, numa casinha de quarto e sala em Lossiemouth no Morayshire, a poucos quilômetros de Forres; sua mãe havia sido empregada doméstica numa fazenda, e seu pai um lavrador. Os dois homens que venceram na vida por esforço próprio, ou, como MacDonald os descreveu, "dois malucos de Moray, que chegaram ao mundo de calças remendadas,"[2] estabeleceram íntima amizade. Eles viram em Louis um confrade escocês que subia e resolveram dar-lhe uma ajuda. "O Comandante Greig tem sido gentilíssimo e eu gostaria de proporcionar-lhe esse encontro (com você)," escreveu Grant a MacDonald em 29 de dezembro de 1923.[3] Isso ocorreu logo após a eleição de 1923, quando tudo indicava que MacDonald viria a ser primeiro-ministro (como de fato aconteceu um mês depois). Aproximados pelas raízes escocesas em comum, Grant, Greig e MacDonald tornaram-se um trio intimamente ligado, a despeito das diferenças de idade. Em 1924 Louis tinha 43 anos, MacDonald 59, e Grant 71. Todos eles compraram casas a poucos quilômetros uma da outra no Morayshire – embora em escalas muito diferentes. Grant adquiriu três grandes propriedades – Logie, Dunphail e Relugas – todas com aves de brejo e belos trechos do rio Findhorn. Louis, em comparação, comprou uma casa pequena e simples da praia no vilarejo de Findhorn, de frente para a baía, e MacDonald tinha uma casa na sua "bem-amada Lossie." Inevitavelmente, eles eram vistos meio como uma máfia escocesa; formavam uma combinação influente e cuidavam uns dos outros. MacDonald tinha o poder, Grant o dinheiro e Louis, conexões com a realeza. Os dois mais velhos reconheciam e valorizavam a capacidade de Louis em abrir portas no Palácio.

Louis gostava da companhia de MacDonald, achava-o cordial e divertido com sua inclinação por trocadilhos, poemas e cutucadas zombeteiras; disse a Grant que depois do primeiro encontro entre eles "saiu com forte impressão de sua (de MacDonald) honestidade, força de vontade e competência. Embora sem concordar com todos os pontos de vista dele, creio que este país vai ser enfim governado pela primeira vez em muito tempo, caso nosso amigo chegue ao poder."[4] O Rei tinha poucos contatos no Partido Trabalhista, e com certeza nenhum em que confiasse implicitamente. Nesse aspecto, Louis foi um canal útil para o Palácio. Nos anos 1920 a lembrança do assassinato da família real russa estava ainda na mente de seus contrapartes ingleses. Estavam mais do que ansiosos por ter bom relacionamento com qualquer partido popular de centro esquerda. Louis ajudou essa ligação entre MacDonald e a monarquia. Suas conexões com o Palácio permaneciam fortes por intermédio de Wigram e Cromer. Louis era influência tranquilizadora, removendo toda dúvida e prevenção que MacDonald e o Rei pudessem ter um sobre o outro, algumas vezes transmitindo cumprimentos recíprocos, frequentemente por intermédio de Wigram ou Grant. Desde o início, Louis descobriu que homens poderosos gostam de ser tranquilizados e lisonjeados. Grant estava mais do que pronto a passar elogios concernentes a Louis para o líder trabalhista. "O Comandante Greig disse-me que o Rei ficou satisfeitíssimo com a conversa que tiveram e está seguro de que você será de grande préstimo para o país nos próximos anos. Falou tão bem de você que me senti encantado."[5]

Manter uma amizade era de suma importância para os três que mutuamente se ajudavam, de acordo com a possibilidade de cada um. MacDonald deixava isso claro em suas cartas, que às vezes eram extravagantes, como mostra o exemplo abaixo de um diálogo imaginário em dialeto escocês entre Sandy Grant (S) e ele mesmo (M), discutindo a ausência de Louis em viagem à Escócia:

> *Estamos num baita problema aqui, do tipo "ser ou não ser," como vosmecê verá acompanhando o diálogo imaginário seguinte entre mim e Sandy em nossa linguagem deep-escocesa praticamente secreta para estranhos:*
>
> Both: A pity Greig is not up!
> S: Aye, but ye see he's a faimily man an' there's Fillis.
> M: Wha's Fillis?
> S: Missus Greig. Didna ye ken?
> M: Oh I see, I widna ca' her Fillis, ye auld dog.
> S: Are ye feard o' her language?
> M: Aye, an o' her dignity an' poseeshun.
> S: Gae awa' wi' ye. But Lod Man she haes some o' Louis's language an' if we send for him, man he wid get it.
> M: Ye dinna say so?
> S: Oh Louis wid last oot. Hae ye never seen him assertin' his authority

Articulador político

M: Na, an' fats mair I'm sure she never heeds it. Dinna try tae pit ill atween us. She's a nice fair-spoken, domesticated, obedient woman. If anything she gives Louis over soft a time o' it. Louis needs thwackin' noo an' again & the puir lassie hasna' the heart tae dee it. If she wid only be advised by me (though God forbid it) she wud tak the poker in her han' sometimes – nae of course tae lug it on but jeest tae threaten him by times.
S: Lord she wid dae that if we asked Louis up. Fat dae ye say? We'd better nae do it.
M: The greens are no bad, man.
S: An' the win's are ane over rock.
M: An' the sun is shining.
S: An' there's some good whisky in Bessie's charge.
M: An' he wid enjoy seeing me beat you.
S: Aye, the devil, he wid.
M: What dae ye say, then?
S: What dae ye say?
M: Say yerslef! It'll be your drink.
S: Bid your triumph at Spey Bay.
M: An' your forenichts.
S: An' my wife. Oh Fillis.
M: I gie twa sided argument. How will we get over it?
S: Just write in as ye promised.

Louis gostava de se envolver com MacDonald e seu mundo político por trás dos bastidores. Com um governo trabalhista beirando o poder pela primeira vez, vivia-se um período dramático e perturbador na política. A mudança se fez inevitável quando Stanley Baldwin, o primeiro-ministro do Partido Conservador, tendo perdido a maioria na eleição geral de dezembro de 1923, insistiu em abrir o Parlamento. Foi derrotado em um Voto de Confiança no Parlamento por setenta e dois votos, após os Liberais e os Trabalhistas votarem contra ele, em 21 de janeiro de 1924. Renunciou no dia seguinte, permitindo que Ramsay MacDonald automaticamente se tornasse o primeiro membro do Partido Trabalhista a ser primeiro-ministro, embora encabeçando um governo minoritário. Somente 191 cadeiras pertenciam aos Trabalhistas enquanto os Conservadores tinham 259 e os Liberais 159. Os Liberais tinham votado contra Baldwin, o que criou a "mais segura das condições" para um governo trabalhista estar no poder, qual seja, em desvantagem por sua posição minoritária.

No dia seguinte à renúncia de Baldwin, Louis reuniu-se secretamente com MacDonald num jantar privado na casa de Grant em Hampstead. Não foi mera visita social. MacDonald queria utilizar Louis para enviar sinais ao Rei. Mais cedo nesse mesmo dia ele havia estado no Palácio de Buckingham, prestado juramento como Conselheiro Privado e solicitado a formar um governo. "Faz hoje 23 anos que a querida Vovó morreu. Imagino o que ela teria pensado de um Governo Trabalhista!" escreveu George V em seu diário naquela noite. Era um momento de triunfo para os três escoceses saborearem.

MacDonald aproveitou a ocasião para tratar de um assunto igualmente desagradável a complicar o inseguro e ainda não testado governo trabalhista – a questão dos trajes de uso na corte. Em si mesmo inconsequente, tinha considerável significado como símbolo de autoconfiança do novo partido e do programa de trabalhos de uma nova Inglaterra. Para comparecerem a um evento noturno na Corte, os ministros do Gabinete usavam normalmente um traje especial de casaco bordado com enfeites dourados, calções brancos até o joelho e meias de seda, e isso era visto por alguns membros do Partido Trabalhista de mente republicana como simbólico de seu inimigo de classe. Louis comunicou o ponto de vista de MacDonald a Clive Wigram, o qual por seu turno informou ao Rei.

> Meu caro Clive
> Meu jantar com Ramsay MacDonald ocorreu quinta-feira última. Éramos apenas ele, nosso anfitrião Mr Grant & eu. Jantamos às 7h em Hampstead & conversamos empenhadamente por algumas horas. Devo confessar que saí muito impressionado. Tive uma longa conversa a sós com ele sobre a Corte e as praxes da Corte. Sua opinião, por exemplo, sobre a abertura do Parlamento com grande pompa era de que seria melhor abrandar o tom. O que mais parecia atingir a ele & aos seus seguidores eram os vestidos longos das esposas dos pares do reino! Concordava, como historiador, que o fausto era pitoresco, mas para alguns de seus partidários menos instruídos, o antigo hábito estava um tanto fora de moda & mais provocava risos que respeito. No que concerne a senhores como o *Comptroller*, o Tesoureiro da Casa Real, uma das coisas que solicitaria ao Rei era que os homens que ele

Articulador político

indicasse para esses cargos fossem dispensados de trajar-se a rigor nas ocasiões em que a Câmara dos Comuns recebe uma mensagem do Rei. RM julgava que talvez outros membros da Casa Real pudessem cumprir essa tarefa.[6]

Louis estava cônscio das dificuldades que os trajes da Corte acarretavam para os novos ministros trabalhistas. O custo do traje *levée* conforme os preços estimados pelo principal alfaiate da corte, era £73 2s 6, muito além do que a maioria dos membros trabalhistas estariam dispostos, ou na verdade poderiam pagar (cerca de 3.000 libras em termos atuais).

MacDonald queria ir devagar e manter o Rei a seu favor, e disse a Louis o que ele gostaria de falar com George V, sabendo que Louis passaria suas palavras para Wigram. Era uma mensagem cortês, porém prevendo mudança. "Eu mais do que comprendo que haverá dificuldades à frente da Coroa quanto a romper com alguns velhos precedentes & criar talvez alguns hábitos novos, mas quero realmente que Suas Majestades saibam que todos os meus esforços serão para torná-los fáceis & aceitáveis & acima de tudo que mantenham a dignidade da posição da Coroa & que nada mais me move senão o respeito & a afeição por suas tradições & seus ocupantes."

MacDonald receava que o Rei pudesse olhar um líder socialista sem simpatia. Louis assegurou-lhe que ele seria tratado pelo Rei, e na verdade por todos do Palácio, exatamente da mesma forma como qualquer outro líder político. Passou para Wigram o que havia dito a MacDonald. "Tratei de aplainar o máximo possível qualquer preocupação quanto à prestesa (até onde o pouco que sei) da Corte em recebê-lo & dos sentimentos absolutamente imparciais do Rei quanto ao partido que indicou um PM & dei-lhe um ou dois pequenos exemplos do Rei como grande simpatizante do trabalhador."[7]

A mensagem de Louis soube bem ao Rei, e isso Lord Stamfordham, em nome dele, deixou subentendido – quando respondeu a MacDonald alguns dias mais tarde.

> A imprensa já está cansando com suas manchetes sobre a Revolução Democrática do Rei: trajes a rigor calções pelo joelho, vestidos soirées

etc. Se pelo menos pudessem deixar o assunto ser resolvido entre o Rei e o senhor tendo a mim como intermediário, logo chegaríamos a alguma decisão! Ouvi Sua Majestade dizer: "Qualquer que seja a decisão a que o Gabinete de Ministros chegar, eu ficarei de acordo, mas eles todos precisam ter opinião unânime. Pareceria muito estranho uma *levée* em que alguns se apresentem de uniforme e outros em roupa de noite. De forma nenhuma o Rei deseja que os ministros vistam roupas de cerimônia, e se alguns deles não quiserem usar calções brancos e meias até o joelho, estarão desculpados por não comparecerem aos eventos noturnos no Palácio.[8]

Com o decorrer dos fatos, ninguém precisou se preocupar por muito tempo com o corriqueiro assunto das casacas, pois o primeiro governo trabalhista durou apenas 259 dias até que nova eleição fosse convocada e os Tories voltassem ao poder.

Uma contrariedade para MacDonald foi a polêmica em torno título de cavaleiro que ele concedera a Alexander Grant, fato que seus oponentes compararam ao velho escândalo de Lloyd George ter aceito dinheiro por pariatos. O *Daily Mail* revelou que MacDonald recebera "emprestados" um Daimler e 30 mil libras em ações dos biscoitos de Grant. A ideia era Grant manter o capital e MacDonald ganhar com os resultados de cerca de 2 mil libras. Nada havia de muito irregular nesse tipo de presente ou em manter silêncio sobre ele, pelos padrões da vida pública dos anos 1920. Quando Churchill foi ministro da Guerra, o financista escocês Sir Abe Bailey achou certo compensar a perda de quaisquer ações compradas a conselho seu, garantindo o lucro para Churchill. No entanto, com o furor político havido, o primeiro-ministro foi obrigado a devolver o carro, as ações, e mais 10.000 libras em outras *securities* emprestadas. A proximidade do tempo entre o empréstimo e o pariato não podia ser mais infeliz, embora isso fosse eventualmente considerado mais um erro por ingenuidade do que por companheirismo, como hoje em dia seria chamado por ambas as partes.

Grant era um benfeitor generoso, e Louis contaria com isso para o bem da família real. Ele havia doado 100 mil libras em 1923 para a reconstituição da Biblioteca dos Advogados, em Edimburgo na Biblioteca Nacional da Escócia. Dois anos mais tarde, Grant doou mais 100 mil libras para a construção do prédio que abrigaria a biblioteca. A isso seguiu-se um donativo de 50 mil para a Universidade de Edimburgo cobrir os débitos da construção, e 50 mil para um novo departamento de geologia. Também fez contribuições substanciais ao Memorial Nacional da Guerra no Castelo de Edimburgo, e para as cidades de Forres e Lossiemouth. Ao todo, Grant doou mais de 750 mil libras durante sua vida – equivalente a cerca de £30 milhões em números atuais. Depois que se tornou Rei, Albert escreveu a Louis sobre o presente de um magnífico serviço de prata para banquete de 4.000 peças, pesando 500 quilos, oferecido por Grant à família real para usar nas festas oficiais em sua residência escocesa, o Palácio de Holyrood; e propôs que a origem do presente permanecesse confidencial.

Foi uma infelicidade o título de Cavaleiro de Grant ligar-se, por inimigos de MacDonald politicamente motivados, à suas doações para ao primeiro-ministro. Alguns anos mais tarde, o *Times* declarou que "o presente fora conectado por certas pessoas ao título de baronete de Sir Alexander Grant, porém, obviamente, a verdadeira posição foi bem compreendida, e a transação seria universalmente apreciada como apenas honorável para ambas as partes."[9] O primeiro-ministro indignou-se por seu amigo sentir-se embaraçado e ser posto sob escrutínio pelo fato de receber uma recompensa que sabia ser merecida. Escreveu então para notificar Grant de sua apreensão quanto ao fato de seus inimigos o caluniarem.

> Você sabe que vivo em casa de vidro & que as mais sujas & maldosas coisas são ditas por inimigos políticos. Já há algum tempo chegam ao meu conhecimento mexericos sobre a bondosa ajuda que você me deu. É muito triste saber como o mais inocente dos motivos pode ser denegrido por salafrários, mas esse é o jogo político. Com o tempo, isso se espalhará por todo o país & aparecerá em certo tipo de jornal, primeiro como insinuação indireta & depois como acusação definitiva.[10]

A fragorosa derrota eleitoral trabalhista coincidiu com uma exacerbada contenda política que estourou quando MacDonald decidiu que não processaria John Campbell, o editor da *Workers Weekly*, a revista oficial do Partido Comunista, acusado de sedição após publicar várias matérias incitando os soldados britânicos a promoverem um motim.

Outro fator prejudicial para o partido trabalhista foi a intensa publicidade criada pela publicação de uma carta – datada de 25 de outubro de 1924 – assinada pelo chefe do Comintern, Grigori Zinoviev, e Arthur MacManus, o único inglês membro da direção do Comintern. Eles instigavam o Partido Comunista Britânico a "agitar as massas proletárias" para criar células comunistas no Exército, na Marinha e nas fábricas de material bélico, e a "tomar cuidado" com Ramsay MacDonald e o "burguês" Partido Trabalhista. Apenas quatro dias depois de ter sido publicada a carta de Zinoviev (novamente pelo Daily Mail), houve eleição geral. O trabalhismo denunciou a carta como falsa, mas era tarde. O patriotismo do Partido Trabalhista estava difamado, e o estrago foi terrível. Produziu uma vitória esmagadora do Partido Conservador, que conquistou 419 cadeiras parlamentares. Os trabalhistas obtiveram 151, os liberais 40, e os comunistas apenas um. MacDonald renunciou, e Baldwin retornou a Downing Street.

Seis semanas depois das eleições, Baldwin anunciou que a carta era genuína, embora ela seja hoje amplamente admitida como falsificação. Entretanto, o episódio forçou MacDonald a passar os cinco anos seguintes na oposição, enquanto a Inglaterra mergulhava em sinistra tristeza econômica.

Embora livre do Palácio, Louis nunca deixou de ser um palaciano. Em maio de 1925, por exemplo, apenas seis meses depois de ter cortado os laços profissionais com Albert, ele pediu a Grant uma doação para a obra beneficente de campos de recreio do Duque e da Duquesa de York, o National Playing Fields. Em 30 de junho de 1925, Louis informou Grant de que enviara "o cheque ao Duque de York & e me encontrei com SAR esta manhã. Pediu-me para agradecer-lhe de todo o coração por sua generosa bondade para com esse novo movimento & dizer-lhe que pretende fazer tudo para que a obra seja um sucesso."[11]

Louis sempre foi bom em aproximar dinheiro e monarquia. "Meu entusiasmo pela causa dos campos de recreio para o povo, meu desejo de ajudar o Duque e a Duquesa de York me torna audacioso o

Articulador político

suficiente para abusar de sua bondade," escreveu para Grant mais tarde.¹² Alguns dias depois ele recebeu um cheque de 100 libras, e voltou a escrever dizendo ser "exatamente o que se precisava." Louis trabalhou estreitamente com Albert durante a formação dos campos, que ajudou a criar com o propósito idealístico de atenuar as divisões de classe. A iniciativa levaria meninos da classe trabalhadora a entrar em contato direto com meninos da *public school*, muitas vezes pela primeira vez em suas vidas. Esses campos, ao estilo de Baden-Powell, com entusiásticas fogueiras de acampamento, e "Debaixo das Frondosas Castanheiras," liderados por Albert, foram inaugurados por Grant, após Louis tê-lo convidado ao Palácio de Buckingham em 1921 a fim de expor seu ponto de vista quanto ao Duque de York "entrar em contato com a nova geração das classes trabalhadoras." Grant "expressou a opinião de que o interesse da realeza pela indústria era algo urgente havia muito tempo e estava em atraso."¹³ Na verdade, não foi o sucesso que alguns esperavam – e Sir Denis Thatcher, marido da primeira-ministra conservadora, que frequentara um desses campos nos anos 1930, lembrava-se de *apartheid* social, a despeito das boas intenções dos seus organizadores.¹⁴

Em maio de 1929, a dinâmica organização política do voto da classe trabalhadora britânica assegurou o retorno de MacDonald a Downing Street. Dessa vez Louis estava muito mais confiante em mexer os pauzinhos, e sua influência era ainda maior – havia conhecido melhor os atores chave do Partido Trabalhista. Ele permanecera trabalhando para os Scrimgeours, descobrindo que a City era uma base útil para suas muitas outras atividades. Sempre fora benéfico para qualquer escritório financeiro ter conexões com políticos, muito embora o país se defrontasse com problemas econômicos, financeiros e imperiais sem precedentes, para a solução dos quais consideravam o gabinete trabalhista incapacitado. John Maynard Keynes chegou a ponto de descrever o colapso mundial como "uma das maiores catástrofes econômicas na história do mundo." MacDonald e Lloyd George admitiram ambos que a situação política e econômica era a maior crise desde "os mais tenebrosos momentos da guerra."¹⁵

Muitas soluções foram apresentadas, inclusive assentamento de terras, suspensão de tarifas, quotas e Livre-Comércio Imperial, mas o governo parecia incapaz de reunir vontade política ou de gerar um acordo com o fito de implementar algo de concreto e efetivo. Churchill foi ao extremo de declarar que "a democracia" estava "em julgamento."[16] E houve mesmo uma impaciência alarmante com os meios democráticos para resolver os problemas do país; alguns chegaram a temer um deslize em direção à ditadura como ocorrera na Itália e na Alemanha. Com uma crescente opinião duvidando que um partido fosse capaz de obter maioria ou de apresentar as necessárias mudanças, a ideia de um governo de coalizão foi abertamente aventada. Havia um forte sentimento de que a perda da geração jovem na guerra deixara o país sob a liderança de um "Monstruoso Regimento de Velhos" incapazes de jogar fora roupas e pensamentos do século XIX com todas suas antiquadas facções e tribalismos. As verdadeiras questões econômicas viam-se ignoradas.

A ideia de um governo nacional contava com apoios variados. Oswald Mosley foi um dos primeiros políticos a propor transformações no sistema partidário.[17] Defendia uma coalizão que exclamava "Realismo duro," "Idealismo nobre," "Sede de ação." O escritor John Buchan, MP Conservador, lançou no Parlamento a ideia de um governo nacional. Lady Londonderry, a anfitriã política do Partido Conservador e íntima amiga de MacDonald, urgia com ele para juntar-se a Baldwin a fim de salvar o país. Louis somou sua voz ao coro da coalizão e emparelhou-se com H.A. Gwynne, o influente *tory* editor do *Morning Post*, ambos agindo como autodesignados intermediários para tentar abrir um canal não oficial de comunicação entre os líderes dos partidos Trabalhista e Conservador. Louis instou com MacDonald que desse atenção às opiniões de Gwynne, ou, pelo menos, lesse as cartas que ele lhe enviava. "Ele é na verdade homem tão admirável que me arrisco a adicioná-lo a seus correspondentes," escreveu Louis.[18] O bom dessa aliança foi Gwynne ter o ouvido de Baldwin ao passo que Louis tinha o de MacDonald.

Por volta de 1930, Howell Arthur Gwynne atingira quase vinte anos como editor do *Morning Post*. Ele permaneceria na função até

Articulador político

1937. Um dos mais notáveis jornalistas de sua geração, construíra sua fama como correspondente do *Times* no exterior. Kipling o admirava, e sua estreita amizade com Kitchener, Haig e outros que compartilhavam visão política com ele davam ao seu jornal um significado maior do que a circulação dos exemplares teria normalmente merecido. Louis prezava e confiava em "Taff" Gwynne, e eles trocavam cartas sobre todos os prementes tópicos do dia, desde o padrão-ouro e a independência da Índia até os méritos de um governo nacional.

MacDonald acolheu bem o convite de Louis para encontrar-se com Gwynne "numa festa particular sem nenhum 'esqueleto de jornal' convidado a não ser um editor." Deleitavam-no o drama e a intriga de um *rendez-vous* secreto, e ele mergulhava no espírito conspiratório com grande prazer. Mais parecia mais um velho ator martelando suas falas como primeiro-ministro, do que o próprio – do mesmo modo que as cartas dele para Louis frequentemente tendiam mais para um monólogo dramático barroco à Robert Browning do que qualquer outra coisa que o público esperaria escrita pelo homem que residia no nº 10.

> Teremos vinho para nos fazer indiscretos e ostras para nos deixar confortáveis. O restante deixo para você ajustar como bem o faria um médico. Amo uma aventura. Deverei levar pistolas? Ou tornou-se o assassinato algo comum de vulgar mau gosto? Deixarei que você decida, desta vez como um respeitável & abastado corretor de títulos. Mas o que deverá acontecer com o MP? Se um fio de lama vermelha escorrer para as águas azuis de seu purificado conservadorismo, que dirão as velhas senhoras às criadas que lhes penteiam os cabelos no fim da tarde (veja o quanto sou antiquado)? O vento uiva lá fora, o granizo matraqueia nas vidraças de minha janela. "O diabo tem algo na cabeça." É isso? Mas céus, estou cansado & estou com gripe & vou para a cama com uma bolsa de água quente. Escreverei daqui a uns dias sobre uma data.[19]

Louis alimentava os dados de Gwynne pinçando-os de suas conversas com o primeiro-ministro, algumas vezes passando para ele até mesmo as cartas. Esses vazamentos objetivos da opinião de MacDonald sobre a ideia de um governo nacional pareceram funcionar a favor de MacDonald, pois Gwynne tornava-se cada vez mais simpático em relação ao líder trabalhista, seduzido por seu charme e seu pragmatismo otimista. Além disso, ele nunca foi o tipo de socialista assustador para conservadores como Gwynne. Esse era o líder trabalhista que em seu primeiro encontro com o Rei pediu-lhe desculpas por alguns de seus partidários terem erguido a Bandeira Vermelha no Albert Hall quando Baldwin caiu do poder. O que fazia Gwynne, e aliás o Rei, sentirem-se seguros com ele era exatamente o que os mais radicais membros de seu partido mais tarde insinuaram constituir uma traição ao partido. Na visão crítica dos partidários, ele sacrificara seus princípios socialistas pelo poder. Gwynne fez sua avaliação ficar clara para Louis:

> A carta do PM é plena de bom humor e imbuída daquele espírito de alegria que admiro, penso eu, tanto quanto qualquer outra qualidade ... é um fato curioso que ele e eu tenhamos exatamente o mesmo objetivo em vista – aliviar o pobre diabo e ajudar o incapacitado a atravessar a cerca. Ele não tem feito isso – nem eu – acho que em parte por vermos o problema de ângulos opostos. De qualquer forma, gostei imensamente da carta dele. Acho que, depois de ler, compreendi o homem como nunca o compreendera antes. Devolvo-lhe a carta com muitos agradecimentos por ter me permitido vê-la.[20]

Como jornalista Gwynne estava, sem dúvida, muito satisfeito por ter Louis como fonte de informação assim de tão alta qualidade. "Estou sumamente grato por você novamente atuar como linha telefônica entre nós dois. Faz-me bem saber o que está por trás da mente do PM e talvez a ele não lhe faça mal entender o funcionamento da minha cabeça nesses assuntos," escreveu a Louis. MacDonald achava-se igualmente satisfeito. Valorizava muito Louis como discreto e leal mensageiro, apresentando-o em alta voz numa recepção do governo para sua filha, Ishbel, como "grande amigo."

Louis e Gwynne continuavam discretamente essa diplomacia privada de ida e volta entre dois líderes. Quando Gwynne escrevia para Greig, a carta era mostrada a MacDonald; quando MacDonald escrevia para Greig, ela era passada via Gwynne para Baldwin. Louis e Gwynne tinham a vantagem de uma liberdade de manobra maior do que muitos políticos profissionais que se viam refreados por pressões partidárias.[21]

Articulador político

O que exatamente se tornava importante para MacDonald era o acesso de Louis ao Palácio. Era essencial o Rei entusiasmar-se pela ideia da coalizão governamental; ele era constitucionalmente responsável pela escolha do primeiro-ministro. O Rei podia ser crucialmente decisivo em qualquer dessas questões. Louis reconhecia isso e pressionava pela coalizão em todas as oportunidades. E em novembro de 1930 Gwynne informou Louis de que a manobra diplomática deles parecia estar funcionando e que Baldwin e MacDonald haviam concordado até mesmo em discutir a coalizão governamental juntos.

> Esta tarde encontrei-me com S.B., mostrei-lhe a carta do PM, e veementemente o aconselhei a providenciar logo uma conversa entre os dois. Ele concordou e me disse que esta noite estará com o PM num jantar e vai propor-lhe marcar um encontro. Nós dois devemos ficar de fora. Ambos são pessoas decentes. Se puderem chegar a algum acordo e composição tanto melhor para a Inglaterra, para o Império. Se o encontro não der em nada satisfatório, você e eu podemos nos dar tapinhas nas costas por haver "tentado."[22]

Louis respondeu pelo retorno do correio que avisaria se RM "mais tarde me der alguma pista."[23]

Uma sensível reviravolta ocorreu quando MacDonald finalmente mencionou a Louis sua nova disposição de cooperar com Baldwin: "Com SB [Stanley Baldwin] e com todo o genuíno conservador honesto vou com prazer cooperar nesta crise e estar preparado para contribuir com algo. Nós nos compreendemos e confiamos um no outro mesmo quando discordamos, e isso já é muito."[24]

Gwynne deu sequência ao assunto conversando longamente com Baldwin em 10 de novembro de 1930, depois transmitiu a Louis sua íntima convicção de que Baldwin também estava prestes a aceitar o "grandioso plano de coalizão" deles, embora Baldwin visse que uma altercação de MacDonald com seu próprio partido seria extremamente prejudicial ao líder trabalhista. Em todo esse tempo, Louis e Gwynne não foram, claro, as únicas influências – mas eles tinham acesso direto aos líderes. A essa altura, Baldwin ainda se opunha a uma coalizão, e MacDonald não tencionava separar-se do Partido

Trabalhista. As discussões ainda eram relativas a algum possível futuro, e não tratavam absolutamente de intenções definitivas e imediatas. Entretanto, Gwynne permaneceu otimista em sua correspondência dirigida a Louis.

> Uma coisa ficou bem clara, a real simpatia de S.B. pelo P.M. e sua compreensão das dificuldades com que ele se confronta. Não houve nenhum amargor como o que o P.M. aponta, mas sim um desejo de dar a mão de ajuda a um homem bom e sincero lutando como se fosse salvar a vida contra fortes e inescrupulosos inimigos. Quanto a qualquer cooperação com LG [Lloyd George], pode esquecer. Existem dois homens na política inglesa que nunca trabalharão com ele, que são S.B. e R.M. Soube por intermédio de S.B. que o P.M. não percebe a força e a malignidade das forças que trabalham contra ele. Ele admitiu que a proposta que passei para você era boa – chamou de "plano grandioso" – mas duvidava de sua natureza prática, não por algum sentimento de hostilidade para com R.M. mas porque, como ele disse, "é algo terrível romper com o partido que se ajudou a criar." Ao ouvi-lo falar com tão solidária compreensão da postura de R.M., ocorreu-me que a única coisa que eu poderia sugerir era que ele e o M.P. se encontrassem logo. Meu único intento ao fazer a sugestão era tirar de R.M. a ideia de que S.B. e L.G. estavam esperando uma oportunidade para apunhalá-lo.[25]

MacDonald considerava que essa coalizão era do maior interesse para o país, mas também sabia muito bem que ia transformá-lo em traidor aos olhos de muitos membros do Partido Trabalhista. A avaliação que fazia de seu futuro político era sombria, a despeito de seu tom extravagante.

> Meu caro Louis (cavalheiro em pantalonas bufantes, saias até o joelho em tecido grosso pregueado, barba aparada e ares do século XVI)
> Obrigado por mostrar-me a carta. Ela não avalia a posição completamente. Quero atrair cada homem da Casa dos Comuns, do Partido, que possua a capacidade e o empenho para enfrentar com chance de sucesso nossa terrível condição nacional. Porém, qual é a perspectiva de isso ser uma possibilidade prática? Estou farto do vergonhoso espetáculo que os partidos estão dando, não me regozijo com isso, e declinarei de tirar vantagem das dificuldades de Mr B ou dos transtornos de Mr Lloyd George. Mas a orientação política de ambos é deixar-me a criança enquanto criticam sua mamadeira, e quando o momento do ataque vier, eles não terão escrúpulos em me apunhalar. A cada semana eles terão suas oportunidades, e quem

Articulador político

quer que se afaste terá que desistir da política ou então precisará formar um novo partido. A primeira escolha seria um grande prazer; a segunda, impossível.[26]

Essa carta datada de 6 de novembro de 1930 é historicamente significativa porque revela como MacDonald pensava em particular sobre a formação de uma coalizão governamental em época bem mais anterior do que ela fora concebida. Quando pairava o assunto no ar, e as discussões quanto a um governo conjunto ocupavam os jornais, ninguém imaginara que MacDonald tivesse contemplado essa possibilidade antes tão seriamente e tão cedo. Na verdade, na biografia do líder trabalhista de David Marquand, o autor afirma que em 30 de novembro, quando Baldwin se encontrou com MacDonald, eles falaram na possibilidade de este último se tornar o próximo Vice-rei da Índia. Ninguém imaginava que ele estava disposto e pensando seriamente em deixar de lado os sonhos socialistas e esperanças de seu partido de uma nova experiência no nº 10 como primeiro-ministro de Coalizão, embora soubesse que os custos para si mesmo e seu partido seriam altos.[27] Suas reflexões para Louis diziam respeito a uma coalizão de todos os partidos, mas ele claramente antevia o estrago em potencial do seu próprio partido.

MacDonald precisava ser tranquilizado. Embora demonstrasse, na maior parte do tempo, grande autoconfiança, havia também momentos em que se sentia incerto. O menininho de Lossie tinha a sensação de que alguém lhe dizia não ter direito de estar ali. Por exemplo, quando os Grandes Senhores da Corte contataram-no sobre alguns assuntos de protocolo, MacDonald ficou momentaneamente nervoso. "Estranho sentimento irreal com aquilo. Algumas vezes sinto que gostaria de correr para casa em Lossie para voltar à realidade & fugir desses sonhos quiméricos."[28]

Gwynne insistiu que Louis persuadisse MacDonald a que os dois líderes deixassem o partidarismo político de lado pelo bem da nação.

> Em perspectiva ampla e simples capacidade, ele [MacDonald] está muito à frente do restante de sua gente. Conforme vai envelhecendo, fica menos apto a ser líder de um partido porque ele, durante os últimos cinco anos, se acostumou a ver as amplas questões da

política nacional e a menosprezar as apequenadas disputas dos partidos. Stanley Baldwin é feito do mesmo molde, porém MacDonald tem, penso eu, maior energia e mais força motriz. Ambos secretamente desprezam as tramoias da luta partidária e ambos têm uma fé suprema no povo.

Comparo os dois porque esses senhores, cada qual líder de um grande partido, cada qual sinceramente preocupado com o destino da nação e do Império, pelas contingências políticas foram postos frente a frente – e seus partidários esperam que lutem entre si até a morte. Isso é política, mas faz algum sentido? Será prudente ou proveitoso que dois homens que poderiam trabalhar juntos para salvar o país do desastre sejam obrigados a gastar suas energias opondo-se um ao outro?[29]

O Rei e Lord Stamfordham viam a situação política com crescente impaciência pois os Conservadores não davam a impressão de estar mais aptos a lidar com a crise do governo do que os Trabalhistas. Na verdade, já em meados de outubro, Stamfordham começara a angariar opiniões sobre "o que o Rei (...) deveria fazer caso as condições continuassem como estavam, e o governo parlamentar se tornasse uma farsa ainda maior."[30] MacDonald havia, por essa época, recebido o aviso de Louis de que os conservadores pareciam dispostos a fazer acordos visando um governo conjunto, inicialmente sob a liderança de MacDonald. Na verdade, o Gabinete da Sombra da oposição ainda permanecia firmemente contra essa ideia em fins de 1930. Consequentemente, MacDonald escreveu coisas divertidas sobre os Conservadores numa carta ostensivamente para Louis porém, mais importante ainda, para os olhos de Baldwin. Não foi senão em 1º de dezembro de 1930 que MacDonald suscitaria diretamente com Baldwin a "possibilidade de um governo nacional." Mas Baldwin não estava então de todo convencido.

O papel de Louis atrás dos bastidores inquietava políticos como Hugh Dalton, o economista do Partido Trabalhista que desdenhava qualquer interferência de palacianos, mesmo os de tempo parcial semiafastados. Em seu diário ele advertia que isso não podia ser tolerado.

Articulador político

Ben Smith* diz que o Comandante Aviador Greig, acompanhante do Príncipe de Gales, escreveu a um político trabalhista que recentemente teve uma audiência na Corte dizendo que esteve "trabalhando por dois anos" para efetivar um Governo Nacional. Outros da Corte, diz Ben, costumam frequentemente dizer que é necessário um Governo Nacional. Que tomem cuidado para não ser apanhados em flagrante delito de interferência em nossa política interna.[31]

Dalton errava ao descrever Louis como Acompanhante do Príncipe de Gales, mas estava certo ao dizer que Louis era uma força significativa por trás dos bastidores tentando influir por um Governo Nacional. "Pareceria que sou uma manivela em prol do Governo Nacional," escreveu Louis a MacDonald no início de 1930. "Só sou se V. for o líder desse governo. Perdoe-me por estar a aborrecê-lo & não responda, mas me parece que me nomeei seu informante de todos os boatos malucos que ouvir & se for de algum uso para você, caro amigo, continuarei pelo que valha."[32] E continuou a fazer o *lobby* encorajando MacDonald a aceitar como certo que Geoffrey Dawson, o editor de *The Times* aguardava para apoiá-lo, e que Lord Rothermere também o endossaria, ainda que fosse por detestar Baldwin.[33]

A ligação de Louis com o Palácio e com Downing Street também ajudava de outras formas. Godfrey Thomas, o secretário particular do Príncipe de Gales, escreveu para Louis depois que o Príncipe foi citado erroneamente nos jornais como tendo atacado a política do governo. Thomas pediu a Louis para esclarecer ao primeiro-ministro o que o Príncipe de fato dissera. A palavra "políticos" fora removida da versão final de seu discurso sobre a crise na agricultura, e inserida a palavra "administradores." A imprensa teve um dia de fartura fazendo citações da versão do discurso, deduzindo que o Príncipe pretendia criticar o governo de MacDonald – motivo pelo qual Thomas escreveu a Louis com a versão completa do acontecimentos "Algum dia talvez você explique a ele (MacDonald) como o erro de reportagem ocorreu e que a verdadeira expressão usada – embora pudesse ter sido melhor – não era tão ruim quanto ele foi levado a crer."[34]

*Membro do Parlamento do partido trabalhista por Rotherhithe 1922-31, 1935-46; Ministro da Alimentação 1945-6.

Louis manteve um fluxo de informações indo e vindo entre o Palácio e Westminster. Por exemplo, alertou Lord Stamfordham para o fato de que MacDonald planejava contratar o diplomata Robert Vansittart como secretário político pessoal "como ligação entre o PM e o Partido Trabalhista e para ter seu secretário particular conectando com o Palácio." As recomendações de Louis nem sempre eram bem acolhidas, e em tais ocasiões o idoso Stamfordham, zangado, levava ao conhecimento de Louis que ele estava se envolvendo em assuntos que não lhe diziam respeito. Mas normalmente sua intervenção era bem-vinda. Por exemplo, quando ficava em Sandringham, ele podia aplainar alguma divergência menor entre o Rei e seu primeiro-ministro passando um bilhete por baixo da porta do quarto de dormir de MacDonald:

> Cinco minutos apenas depois de eu chegar SM me perguntou por que você ficaria tão pouco tempo & se era necessário avisar a imprensa que você vinha, antes de sua chegada. Disse-lhe em resposta à primeira pergunta que provavelmente você estava muito ocupado & não queria interferir muito com as caçadas de SM! Deus me perdoe. Quanto à segunda expliquei-lhe que, se os seus colegas se informarem que está em Londres devem achar necessário voltar, mas se souberem que você está vindo a S (Sandringham) podem ficar longe com a consciência tranquila. Ele se apaziguou, portanto se você puder me confirmar faça-o & se não puder sair rápido na sexta-feira tanto melhor, mas não se preocupe caso não possa manejar isso. Desculpe expressar-me assim às pressas mas quero que você leia isto antes de ir embora.[35]

Mais importante ainda, em fins de abril de 1932 Louis foi usado pelo Rei para sondar se MacDonald aceitaria algumas condecorações. Em carta enérgica para Louis escrita de Chequers e marcada "confidencial," MacDonald deixou claro que jamais aceitaria ser cavaleiro de Ordens do Reino ou ser Par do Reino:

> Não consigo sequer imaginar a ideia de sair deste mundo com recompensas, sejam em forma de títulos ou condecorações. Quero morrer como tenho vivido, sem espalhafato. Entendo muito bem que as pessoas valorizem devidamente essas coisas, como na verdade eu também as valorizo em outros – pois sou o menos aristocrata de todos vocês, mas minha aristocracia não se move a fitas. Nada me dará maior satisfação & felicidade na velhice do que sair disso tudo

sem qualquer insígnia ou com o que o homem das ruas chama de "recompensa". O efeito moral sobre o país seria imenso e a influência disso não menos vantajosa para nós. Tivesse eu que ser conhecido como Lord ou mesmo Sir, muito do que foi feito seria rebaixado. Não esqueça o tributo feito aos romanos que deixaram os empreendimentos públicos para contemplar canteiros de repolho. Lembrem o quanto decaiu Snowden (Philip Snowden, 1º Visconde Snowden, ministro das Finanças 1924 e 1929-31) por ser persuadido a aceitar o título de visconde!

Se essas questões em algum dia e de alguma forma vierem a furo você pode ajudar muito, não por advogar esses meus pontos de vista dos quais talvez você não partilhe, mas sim ao avisar que eles são defendidos por mim e defendidos firmemente, & que se eu for persuadido a me desviar deles por alguma influência, em vez de me trazerem paz & felicidade, apenas me esmagarão & me excluirão da minha real alegria na vida.[36]

O Rei havia nomeado Louis Gentleman Introdutor para estar "de prontidão", e isso foi interpretado literalmente em março de 1932 quando Louis foi enviado, por recomendação do Rei, para Newquay a fim de dar um parecer médico adicional sobre MacDonald, quando Sir Thomas Horder, renomado médico da Harley Street, estava tratando o primeiro-ministro de problema de estresse e fadiga agravados por uma grave desordem ocular. Horder informou ao Rei que a saúde de MacDonald melhorava, e generosamente deu o crédito a Louis. "O grupo em Newquay é um grande sucesso – especialmente, é claro, porque Louis Greig e esposa estão aqui. Greig é de imensa ajuda, como o senhor pode imaginar, e acrescenta ao seu conhecimento pessoal do paciente a grande vantagem do conhecimento médico. Isso dá a mim maior confiança quanto à minha parte da responsabilidade."[37]

A lealdade de Louis para com os príncipes nunca diminuiu e, em particular ele procurou pelo ativo apoio do primeiro-ministro para os campos do Duque de York. MacDonald reagiu tão positivamente quanto podia. "Sinto-me por demais encantado em fazer tudo o que puder para ajudar. Realmente gosto dessa moçada, mas não quero me intrometer. Não devo me tornar um *courtier*. Pensando bem, acho que seria melhor se eu escrevesse para você uma carta do tipo consultivo que você poderá mostrar-lhe como ela estiver. Posso então ser mais amigável e menos engomado & então pode conter mais afeto para o coração de um moço. Avise-me sempre que eu puder ser útil de alguma forma.[38]

Louis tinha MacDonald em altíssima conta e muitas vezes sentia-se um tanto culpado pela grande quantidade de cartas que enviava diariamente para o nº 10. "Hoje não tenho nada de suficiente importância para ir desperdiçar seu valioso tempo, mas se você nalgum momento e em qualquer tempo precisar da confortável descontração de um cigarro & de uma xícara de chá com alguém irresponsável como eu, não deixe de fazê--lo & me avise. Ouvi louvores a você entoados por Wigram & sinceramente vibrei de alegria," escreveu certa vez.[39]

Louis havia, na verdade, se tornado o cortesão não oficial do primeiro-ministro. Foi convocado a Cornwall para ajudar MacDonald a se recuperar após a cirurgia no olho, e constatou que ele não era um paciente muito tratável. Louis intimamente se perguntava por que, "tendo se livrado dos Yorks, ele se permitia passar por isso." Descobriu o primeiro-ministro "tão mal-humorado, nervoso e exaltado" que momentaneamente duvidou se o país "devia estar em tais mãos." MacDonald, por volta de 1932, era bem pouco o socialista comprometido que fora na juventude. Havia perdido o fogo inicial de seu idealismo fabiano, e Louis, conversando com ele, viu que os planos em função dessa fé eram agora "sem perigo para a aristocracia." Até mesmo advogou taxas menores sobre a renda e reduzir à metade o imposto sobre espólio, duas medidas que seu partido nunca advogaria. Isso foi aparentemente demais para sua filha Ishbel, que cobrou: "Mas papai, e quanto à redistribuição de riqueza?" Ao que o PM replicou, "Oh, minha querida, isso agora é pura bobagem."[40]

MacDonald estava muito impressionado pelos extensos contatos de Louis e por sua capacidade de acertar as coisas. "Greig é homem do mundo e conhece bem o povo," disse a Thomas Jones,

Articulador político

o secretário do Gabinete que atuou como conselheiro para Lloyd George e depois, sucessivamente, para Bonar Law, Baldwin e MacDonald. Jones escreveu em seu diário ter a impressão de que Louis sucederia Lord Stamfordham como secretário particular do Rei. Não que fosse algo verossímil, mas era uma indicação da forte posição com que o percebiam na Corte. Igualmente importante para MacDonald era a inquestionável lealdade de Louis. O líder trabalhista havia perdido muitos amigos nas batalhas sobre as políticas trabalhistas, e dava imenso valor àqueles que perseveravam ao seu lado. Louis não fazia segredo de sua disposição em defendê-lo em toda e qualquer oportunidade. Em janeiro de 1932, por exemplo, MacDonald soube por Louis de um áspero encontro casual que, num jantar, teve com Oswald Mosley, outrora um simpatizante de MacDonald, e que mais tarde lideraria a União de Fascistas Britânicos. Louis deixou perfeitamente clara sua opinião antifascista, confirmando que sua lealdade estava com o primeiro-ministro.

> Eu (Louis): Disse-lhe que eu era, mais do que nunca, antifascista.
> Mosley: Tenho grande consideração por MacDonald.
> Eu: Você demonstra isso de modo estranhíssimo em seus discursos.
> Mosley: Me propus a nunca atacá-lo de forma pessoal novamente, apenas sua orientação política.
> Eu: Posso dizer isso a ele?
> Mosley: Sim, porque ele tem sido muito bom comigo.
> Eu: Bem, Mosley, você é mais humano do que eu pensava.[41]

Os assuntos que Louis passava se estendiam desde complicadas argumentações sobre assuntos constitucionais tais como a independência da Índia a boatos internos da corte e de Westminster. Tinha a total atenção do primeiro-ministro e o potencial de influir nas nomeações – o que tentava fazer.

> Muito confidencialmente: Lord Dudley esteve rodeando e dizendo que vai ser governador de Madras. Não tenho ideia se você ou Sam Hoare tem esse intuito, mas o sujeito é realmente *persona non grata* no BP & estou certo que HM achará difícil receber com agrado a nomeação. A moral & a reputação não são boas & antes de tomar qualquer decisão (caso tenha isso em mente), procure conversar com Clive Wigram. Sei que ele concorda inteiramente com o conceito

que HM tem do homem. Se quiser mais informação, com prazer vou aí & direi em palavras o que não ponho no papel.

Lord Rothermere, o dono do *Daily Mail*, considerava Louis um lobista influente. "Hoje recebi uma intimação de Rothermere para nos encontrarmos & portanto almoçarei com Lady Hudson dia 2 com esse propósito," Louis escreveu a MacDonald.[42] Este estava bem servido pelo discreto serviço particular de informação de Louis, que se estendia da Square Mile [a City] ao Palácio de Buckingham. Algumas vezes ele incluía duras avaliações de figuras-chave do *Establishment*, como Wickham Steed, ex-editor do *Times*: "Esse sujeito horrível. Em nosso próximo encontro gostaria de dar uma palavrinha sobre ele com você, porque ele tem a tendência de dizer em público coisas que não deveria & tive que discordar dele. Péssima figura."[43] Nem mesmo Churchill escaparia de seus olhos de lince. "Tive uma esplêndida descrição de um homem que se aplica perfeitamente a Winston. À parte seu natural instinto malfeitor, ele se consome de vaidade, é inundado pelo ciúme & sofre de uma superabundância de inteligência mal direcionada que é a inveja da verdadeira sabedoria."[44]

Ao escolher a linha de tentar persuadir MacDonald dos méritos de uma coalizão nacional, Louis pensava estar adotando a melhor política para a Inglaterra. Afinal, o evento definidor durante o ministério de Baldwin fora a Greve Geral, e o público queria mudanças. No início de 1930, o desemprego na Grã-Bretanha permanecia em números de um milhão e meio, aumentando para dois milhões e três quartos no fim do ano. A pressão política por uma solução era intensa, ninguém parecia capaz de liderar um governo possuidor de alguma convicção e confiança. Mudanças eram necessárias, e bem rápidas, e por isso Louis endossava uma coalizão. Não era exatamente uma fórmula mágica, porém mantinha o país unido e oferecia uma pausa para tomar fôlego, para recuperar sua confiança política e econômica – a despeito da oposição amarga do Partido

Articulador político

Trabalhista e da TUC, a cúpula sindical britânica.

Agosto de 1931 foi um período agonizante para MacDonald; seu Gabinete ficou dividido quanto à ideia de calçar com um reforço o déficit orçamentário de 170 milhões de libras – 70 milhões a mais do que as piores projeções. Metade de seu Gabinete recusou-se a apoiar além de cortes mínimos no seguro-desemprego; isso deixou MacDonald impotente para resolver as dificuldades econômicas da nação com seu governo trabalhista. A crise sobre a libra esterlina permanecia como a questão mais premente. A maioria do Gabinete se dispunha a demitir-se e deixar para os Tories levarem adiante as intragáveis medidas sociais necessárias.

Ao ser advertido da situação, porém, o Rei não pediu a MacDonald que renunciasse; disse-lhe que falaria com os líderes da oposição e "aconselharia fortemente o apoio" a ele.[45] Tanto Baldwin quanto os Liberais disseram ao Rei que trabalhariam sem problema sob o comando de MacDonald, embora Baldwin tivesse dito antes a George V que desejava formar um governo com predomínio Conservador. Quando MacDonald reportou para seu Gabinete, verificou que se dividiriam nove a onze contra o necessário corte financeiro, e essa era uma margem muito pequena de maioria para continuar como partido governante. Seus colegas aguardavam a proposta imediata de dissolução de todo o Gabinete – atitude que ele deixou acreditarem que tomaria quando fosse novamente recebido pelo Rei. Em vez disso, o Rei recomendou que considerasse um governo de coalizão. Quando ele voltou para Downing Street seus colegas se escandalizaram ao saber que ele era ainda primeiro-ministro, só que dessa vez de um Governo Nacional. Apenas três se demitiram, ficando um número suficiente para ele manter uma presença nominal trabalhista que justificasse formar um governo de coalizão. Muitos do Partido Trabalhista se sentiram traídos e culpavam o Rei, assim como MacDonald, por castrar o poder deles e a chance que tinham de governar. Louis também não escapou das censuras, mas ele considerava que uma crise econômica tão profunda assim na Grã-Bretanha necessitava de medidas dramáticas. Nunca se arrependeu.

Em 7 de setembro de 1931, Guynne congratulou Louis por sua participação em levar MacDonald para a frente do novo Governo de Coalizão. "Você deve estar orgulhoso hoje," disse ele, "pois seu amigo [MacDonald] mostrou-se melhor que o esperado, e acho que sei de alguém que teve muito a ver com isso."

14
Prêmio Real

———◆———

"Que eu me dane se na próxima lista
não houver tipos como Louis Greig."
Ramsay Mac Donald escrevendo para Louis

QUANDO FOI CONVIDADO A DOWNING STREET por Ramsay MacDonald em 23 de abril de 1932, Louis nada achou de extraordinário. Estava acostumado a ocasionalmente passar por lá, muitas vezes quando saía da City para casa, a fim de se encontrar com o primeiro-ministro e atuar como antídoto para os estresses e tensões da vida política em Westminster. MacDonald gostava de estar com amigos não políticos e, no caso de Louis, era às vezes só para divagar sobre passadas e futuras idas às moradias que tinham no litoral do Morayshire. Lossiemouth era sempre um porto seguro para ele, dentro do cenário político. As pressões eram intensas naqueles anos 1930, e ele revelaria suas piores inseguranças a Louis. "Por fim, me parece que estou entrando em colapso. (...) Não consigo descansar. Não consigo dormir. Preciso achar meu eixo, preciso de uma reviravolta," escreve, queixosamente.[1] Sempre dado ao melodrama, MacDonald oscilava com alarmante facilidade de extrema alegria a melancólicos desalentos.

Louis achava que o primeiro-ministro queria conversar sobre o Findhorn Yacht Club, do qual ambos eram membros fundadores. O clube constava simplesmente de um par de salas numa casa de vilarejo com vista para a baía, onde os iatistas locais reuniam-se após um dia de mar. Louis sentia-se melhor que nunca velejando pela baía na pequena embarcação de ripas sobrepostas conhecida como Clínquer. MacDonald redigira as "Regras & Regulamentos do Findhorn Yaughtsmen's Squadron" numa extensa, manuscrita, apresentação de regras de brincadeira que enviou a Louis para diverti-lo. ("Regra 4: Yaughts feitos em Lossiemouth não serão permitidos, eis que Findhorn precisa ter uma chance." "Regra 6: Quando o Comodoro ou mesmo o Comodoro à beira de aposentado Louis Greig ficar doente, todas as competições ver-se-ão imediatamente suspensas.") Louis gostava de troçar do primeiro-ministro por sua falta de habilidade náutica, ao passo que era provocado por não conseguir parar de praguejar e gritar, especialmente quando as coisas davam errado no mar. Sua coleção de palavrões podia ser ouvida de um lado a outro da baía. O idoso político e o palaciano alimentavam um ao outro de humor traquinas, e MacDonald sentia falta de Louis quando suas visitas ao norte não coincidiam. "Você é um tolo em não gastar seus últimos mal ganhos trocados para vir a Findhorn onde Sandy (Grant) está preparando todo tipo de armadilhas para você e seu yaught," escreveu ele.[2]

Mas naquela tarde de primavera em especial, MacDonald não queria discutir *"yaughting"* ou política; queria convencer Louis a aceitar um título de Cavaleiro. Isso reduziu Louis ao silêncio. Ele ficou encantado por lhe oferecerem um KBE, mas no fundo da alma ele tinha receio de uma possível repetição da infausta polêmica que tragou Alexander Grant quando recebeu seu pariato em 1924. Louis propôs abster-se da honraria caso ela significasse a mais remota chance de MacDonald vir a ser acusado de companheirismo uma segunda vez. A última coisa que desejava era que o proposto título de Cavaleiro se transformasse em motivo de dano político para o primeiro-ministro. Ele não lhe fizera nenhuma dádiva financeira, mas ajudara-o a levantar fundos políticos, e era um amigo pessoal notório. Louis escreveu para o primeiro-ministro oferecendo-se para recusar caso necessário.

> Você me terá julgado um grande irresponsável esta tarde, mas, honestamente, fui mais pego de surpresa pela bondade de sua lembrança que pela grandeza da possível honra. Sou feito de material

mais fraco que o seu & não posso fingir que a honraria não seria muito bem-vinda, mas isso não deve me deter em apontar o perigo tal como ele me aflige. Veja bem, por mais que eu tente & só Deus sabe como tentei arduamente, não posso pensar em nenhuma razão válida para receber honrarias & assim, tenho medo de que você venha a ser acusado de excesso de estima para com um amigo & isso não posso permitir tolerar, suportar. Temo não ser suficientemente desprendido para levar a efeito o grande & firme gesto & recusar sem rebuços a honraria, se ela me for algum dia oferecida. No entanto, se assim posso me expressar – fico para sempre grato por seu intento, muito além das palavras – mas se você olhar pelo meu lado & decidir não prosseguir com o assunto, fico-lhe ainda eternamente devedor.

Perdoe-me cansar mais ainda seus já extenuados olhos, mas sei que prefiro perder a chance da promoção a levar meu amigo ao risco da censura.

No entanto, MacDonald não estava nem um pouco perturbado, e aplacou os receios dizendo a Louis que o título honorífico logo seria arrolado na London Gazette em reconhecimento ao seu "notório trabalho em prol de muitas organizações de assistência social." Louis se envolvera com numerosas instituições beneficentes, em especial a Not Forgotten Association, que arrecadava fundos para cuidar dos soldados feridos. Era também administrador do Hospital Westminster. Mas ambos sabiam que aquele título de Cavaleiro [*knighthood*] era uma mostra da gratidão do primeiro-ministro pela amizade inabalável de Louis.

MacDonald valorizava a lealdade acima de quase tudo, e magoou-se profundamente por muita gente do Partido Trabalhista ter ido contra ele. Em 1932, ele foi abertamente escarnecido por um grande número de políticos trabalhistas seniores por ter se juntado aos conservadores no Governo Nacional. Alguns acreditavam que isso havia tirado do Trabalhismo a chance de tomar o poder por mais de uma geração. Clement Attlee falou da "traição" de MacDonald – e outros políticos antigos nem sequer o cumprimentavam ao passar por ele nos corredores da Câmara dos Comuns. Desde 1914 não faltaram inimigos para MacDonald por ter dividido o partido quando corajosamente declarou que a Inglaterra devia permanecer neutra na Grande Guerra. Muitos membros das Forças Armadas jamais o perdoaram por isso. No ápice de sua carreira ele foi muitas vezes uma figura solitária. O Rei compreendia isso; motivo pelo qual, quando MacDonald esteve doente, mandou Louis para junto dele como uma "Dose do Tônico."

Muita gente supôs que George V concedeu a Louis seu título. Nem todos conhecem as diferentes gradações e sutilezas do sistema de títulos honoríficos, com um KBE (Knight Commander of the Order of the British Empire) sendo uma honraria política outorgada pelo primeiro-ministro, e o KCVO (Knight Commander of the Royal Victorian Order) sendo um presente pessoal do monarca. A mais alta condecoração que Louis recebeu da família real foi seu CVO em 1923 – um grau abaixo de um *royal knighthood*. A honraria a Louis, concedida por recomendação do primeiro-ministro, era política – embora, ao ser anunciada, MacDonald de brincadeira tenha fingido ignorância numa extravagante carta de congratulações:

> Demorei a congratular-me com você sobre um anúncio que vi nos jornais sexta-feira de manhã. Foi uma surpresa para mim, e para lhe ser totalmente honesto, estou seguro de que nenhum dos seus amigos esperava isso. Por que cargas-d'água Pillis [*sic*] permitiu a você aceitar tal coisa? Presumo que ela teve de aguentar muito palavreado indecente. Estou sabendo que o Monarca objetou ao ininterrupto fluxo de Idosos Nãoconformistas que de tempos em tempos têm aparecido nestas listas, e que ele falou aos conselheiros neste tom: "Que eu me dane [*I'll be d---d*] se na próxima lista não houver tipos como Louis Greig ou JHT (J.H. Thomas). Desde a chegada de Clive Wigram, a linguagem do Palácio de Buckingham tornou-se decididamente cool."
>
> Isso pode ou não ser verdade, mas qualquer que seja a razão ou por maior que seja a surpresa, eu sinceramente congratulo vocês dois. Ouvi dizer que Chadwick (dono da Binsness House na baía de Findhorn) está organizando uma banda só de metais entre os donos de calçadas de pedra de Findhorn, que vão sair pela baía e lhe fazer uma serenata quando você aqui chegar, nesta aldeola abandonada de Deus.
>
> Sandy Grant cogita de uma nova bandeira, e há outros variados projetos em andamento, um dos quais é o de Mary Grant [vizinha de Louis em Findhorn] de cruzar a Barra [traiçoeira faixa de areia

no estuário Moray Firth] de canoa e por fim realmente se afogar. Ela diz, em seu insuficiente grau de informação: Agora que Louis senta-se Casa dos Lordes, o objetivo da minha vida foi atingido e eu darei a ele a satisfação de me ver afundando diante de seus próprios olhos.

Louis recebeu também uma carta de Albert. "Permita-me congratulá-lo (...) Como Lady Greig se sente a respeito? Estou muito contente por lhe chegar isso. Você tem feito ultimamente muitos trabalhos admiráveis para todos."

Louis estava acostumado a receber tais *jeux d'esprit* de MacDonald na forma de poemas, cartões, cartas e até mesmo versinhos humorísticos como:

> There once was a courtier called Louis
> Who lived upon tea and Drambuie
> All morning he laughed
> And all evening quaffed
> So Tommy declared he was viewy

ou felicitações pelo aniversário em verso:

> A sixty-six full gun salute
> To you, Sir Louis, this glad day,
> From Findhorn to its furthest shores
> Echoes the Empire's loud hurrah.
> Gay in heart and statesman true
> Who lighter feels the years than you?

Nas ocasiões em que ele estava de humor otimista, MacDonald ficava extravagante, romântico e até fantasioso. No entanto, quando a pressão se tornava excessiva, suas cartas e diários beiravam a melancolia e até mesmo a histeria. Louis sentia-se bem em oferecer-lhe apoio emocional e ficava às vezes espantado com a evidente vulnerabilidade de seu amigo. "Sinto muita saudade de Lossie e Findhorn e de todos os outros cantinhos de Lossie. Você é o único que me envia notícias & boatos. Os outros parecem estar não de férias, mas sim mortos," escreveu MacDonald. Com sua prosa barroca, no entanto, às vezes ficava difícil saber se suas cartas eram uma autoparódia de grito por socorro ou eram para valer.³

Um título de Cavaleiro não foi o único prêmio de Louis. Em 1932, o Rei fez ressurgir para ele o antigo título de *Deputy-Ranger* do Richmond Park, e ofereceu-lhe a oportunidade de morar na Thatched House Lodge, uma magnífica residência no centro de um parque de cervos imaginado por Charles I. O emprego era uma sinecura real que não incluía remuneração exceto o anual pernil de veado – porém no caso de Louis ele viria com um charmoso conjunto de moradias do século XVIII em meio a três mil acres de parque. O mais famoso Deputy-Ranger do passado fora a Princesa Amelia, filha de George II; Louis perfilou-se junto a uma longa linha de inquilinos com conexões na realeza, inclusive outro cirurgião real, Sir Frederick Treves. A vantagem da Thatched House Lodge era ser uma grande casa de campo praticamente dentro de Londres. Possuía onze quartos de dormir e extensas instalações de empregados, assim como quadra de tênis de grama, um relvado para *croquet* e piscina. Nenhuma construção existira nesse sítio antes de 1637, quando foi feito o projeto do Richmond Park por Charles I, que cercou as terras, forçando moradores a venderem suas posses para que ele pudesse criar uma propriedade rural esportiva privada. O contorno de altos muros erguidos para manter dentro das terras os cervos para a caça do Rei, completou-se em 1637. O que começara como modesto alojamento do capataz seria ampliado no início do século XVIII por Sir Robert Walpole, que ali viveu durante muitos anos e foi também responsável por construir uma casa de veraneio contendo uma notável série de murais pintados por Angelica Kauffmann, retratista suíça e membro da Royal Academy.

A ideia de oferecer a Louis o cargo de *Deputy-Ranger* se originou de Lord Lee of Fareham, o filantropo que doou à nação Chequers, a casa de campo em Buckinghamshire, para uso do primeiro-ministro. Arthur Lee fora um deputado Tory [Conservador] do Gabinete durante a Primeira Guerra Mundial, cuja sorte mudou dramaticamente ao casar-se ele com uma herdeira americana. Louis o havia ajudado a mediar alguns problemas administrativos concernentes ao Trust de

Chequers, quando uma soma extra fora necessária para a manutenção da casa. MacDonald havia se preocupado com algumas praxes triviais que regiam o uso da casa, entronizadas em Lei do Parlamento. Seria permitido mandar os filhos para lá se ele também não fosse junto? Autorizariam cachorros? Um secretário do Trust de Chequers excessivamente zeloso dera a entender que os filhos de MacDonald não poderiam ir à casa sem que ele estivesse presente. Depois de consultar Lee, Louis aconselhou MacDonald a ignorar aquelas rabulices oficiais e tratá-la como seu lar, visto ser essa a intenção de Lee quando doou a casa. Louis foi um intermediário diplomático, obtendo resultados sem se enredar na burocracia ou causar constrangimentos para Lee. Nem sempre era fácil estando o doador ainda em atividade e hipersensível a qualquer coisa referente a Chequers.

"Há uma pessoa idealmente qualificada para desincumbir-se dos deveres de *deputy-ranger* com a eficiência e a naturalidade requeridas, e essa pessoa é Louis Greig," escreveu Lee a Clive Wigram[4] quando se encontrava em White Lodge, sua casa no Crown Estate em Richmond Park, a pouca distância de Ladderstile, a casa de Louis. Wigram informou ao Rei da proposta; este achou a ideia maravilhosa e imediatamente deu sua autorização para prosseguir. George V nunca deixou de ser o mais leal apoiador de Louis, desde 1917, quando lhe ofereceu uma casa na herdade de Sandringham. Aprazia-lhe proporcionar-lhe uma residência mais adequada num momento mui oportuno. Havia também, assim julgava Louis, um contorno político embutido na dádiva. O Rei sabia perfeitamente que, ao fim do seu reinado, ocorreriam dramáticas mudanças na Corte. Preocupava-se com a perspectiva de ter o rei Edward VIII no trono, temendo que o reinado do filho fosse egoísta e ruinoso. A fim de tornar o presente ofertado irreversível, o rei converteu a Thatched House Lodge em feudo arrendado [*Crown Lease*], em vez residência por liberalidade. Essa medida impossibilitava revogar a concessão por capricho de qualquer futuro monarca. Louis estava encantado com essa salvaguarda extra por prezar sua independência acima de tudo, e não querer sua casa permanentemente na dependência do patronato da realeza, em especial de um monarca tão volátil e imprevisível como o Príncipe de Gales dava a impressão de ser futuramente. Desejava uma residência estável e segura, à parte de seu relacionamento com qualquer futuro soberano. Mas essas moradias nunca eram gratuitas, e Louis se preocupava quanto ao custo do arrendamento e da manutenção, chegando a escrever para MacDonald pedindo-lhe conselho.

> Meu caro PM
> Confesso que meus próprios assuntos na Thatched House Lodge não são fáceis de resolver. O Inspetor da Coroa opina que são necessárias cerca de 1.600 libras para despesas com a casa & com o aluguel de quase 500 libras. Estou abalado com o montante dos gastos. Minha vontade é conservar o lugar sempre em ordem. Não sei se poderei responder por um aluguel de £500 ao ano. Passei o problema para Ponsoby & ele vai mencioná-lo para HM e ver se alguma assistência e ajuda podem ser conseguidas, tendo em vista minha função como Deputy Ranger. Veja só o quanto me tornei honesto confessando meus esforços em conseguir algo por bem menos que os verdadeiros tributos da Coroa! & é uma vergonha jogar sobre você tais ínferos aborrecimentos. Assim sendo, detenho-me aqui.[5]

Os detalhes do *leasing* foram fixados por Sir Frederick "Fritz" Ponsonby, o meticuloso guardião da Bolsa Privada, que detinha o que sua mãe chamava de conhecimento inigualável de "todas as pequenas misérias da etiqueta." Ele era o cortesão consumado. Segundo filho de Sir Henry Ponsonby, secretário particular da Rainha Victoria, Fritz serviu na corte por mais de quarenta anos.[6] Alto e magro, esse brando veterano de Eton era grande defensor das minúcias. Tratava com desprezo qualquer um que se desviasse da mais convencional norma do vestir ou de comportar-se. "Sapatos de camurça com terno matutino o faria atravessar para o outro lado da rua tomado de horror."[7] A despeito de suas genuínas credenciais "de alto bordo," Ponsonby, como Louis, não era rico. Suplementava o delgado salário de cortesão escrevendo roteiros para filmes e também investiu num quixotesco esquema "fique rico" de recuperar o tesouro perdido do Rei John na baía de Wash.[8] Ele prontamente entendeu a relutância de Louis em assumir uma casa daquele porte, caso a situação ameaçasse extrapolar seus recursos.

Louis ficou mais tranquilo quando o arrendamento anual baixou para a metade, ficando em £250. O rei desejava ser o mais generoso possível com Louis, a quem sempre era grato pelo cuidado e pela influência que teve sobre seu segundo filho. Louis aceitou sua oferta com grande prazer, e um tanto de vergonha. "Meu maior pesar com esse esquema é que seja o Rei o prejudicado, porém se Sua Majestade é tão bondoso em desistir de £250 por ano durante minha vida toda, acho que conseguirei pagar o saldo do arrendamento previsto. É muitíssima benevolência de Sua Majestade estar disposto a aliviar o que poderia ter sido peso impossível e eu realmente prezo bondade."[9]

Acomodar-se nalguma herdade da realeza era um ponto sensível entre os cortesãos, sempre perfeitamente cônscios dos atavios e privilégios uns dos outros. E o "presente" para Louis da Thatched House Lodge foi o assunto de muita conversa na Corte de como outra vez o doutor de Glasgow caiu espetacularmente de pé.

Louis estava apreciando manter-se mais independente da Corte, exercendo atividade própria na City; em bem melhor situação financeira, depois do salário mínimo do Palácio, ainda gostava de ter um pé na Corte. Os meados de 1930 foram anos felizes para ele, satisfeito com a nova carreira, com seu lar, sua família. A Thatcher House Lodge permitia a Louis receber em estilo, com grandes recepções para almoço, tênis em quadra de grama, *croquet* no gramado, chá ao ar livre no quiosque de verão; maravilhosa casa de família para os Greigs. Bridget e Jean adoravam cavalgar no parque da herdade, e Louis seguidamente as acompanhava nas gincanas locais. As meninas recebiam em casa ensino escolar de duas governantes, Miss Spink e Miss Hoffman, enquanto Carron, com oito anos de idade, foi enviado para a Sandroyd Preparatory School em Surrey, em 1933, de onde posteriormente seria encaminhado para Eton. Era um refúgio idílico, e por ali passava uma eclética seleção: Stanley Wootton, treinador australiano de cavalos de corrida, Johnny Weissmuller, o Tarzan de Hollywood, Denis Wheatley, David Niven, e muitos Scrimgeours e Greigs. Na própria família de Louis havia-se levado vidas variadas. George desapareceu no Extremo Oriente e nunca ressurgiu, embora corressem boatos de que tivera vários filhos com moças locais.

Robert permaneceu "o pilar da família" como corretor de títulos, mas Herbert terminou como ascensorista num hotel da Nova Zelândia. Posteriormente, Louis tirou-o de dificuldades financeiras e deu-lhe uma mesada. Anna morava em Putney e era um dos poucos Greigs que ainda conservavam o sotaque escocês. Marjorie se casara com Laurence Robertson, cuja carreira no serviço público indiano os levou para a Índia. A Rainha Mary era hóspede frequente da Thatched House Lodge, e Albert costumava levar lá suas duas filhas. Louis e seu antigo *protégé* sempre consideraram um ao outro com cordialidade e afeto, embora ambos tenham se desobrigado de seus codependentes dias do passado e tomado caminhos em diferentes mundos. Mesmo assim, quando quer que se encontravam, era como se pouco houvesse mudado. Albert ainda gostava de pedir conselho, e Louis nunca se negava a dá-lo.

A saúde do Rei nunca se recobrara plenamente de uma infecção pulmonar que, em 1929, se transformou numa septicemia generalizada. "Foi sua coragem danada que o fez aguentar," proferiu o ministro trabalhista J.H. Thomas. Em meados dos anos 1930 ele, no entanto, se cansara. Politicamente o mundo estava carregado, as sombras de um novo conflito global começavam a pairar com o surgimento da opressão de Mussolini e Hitler. Sua morte foi memoravelmente comunicada ao mundo exterior por seu médico, Lord Dawson, que anotou a avaliação final da saúde declinante do Rei, a lápis, no reverso de um cardápio de Sandrignham, onde George V estava de cama. "A vida do rei move-se pacificamente para seu fim" foram as tocantes palavras transmitidas ao mundo.

Em 20 de janeiro de 1936, o país mergulhou em luto e em incerteza quando Edward VIII foi declarado Rei. Sua companhante, senhora duas vezes casada, era agora potencial rainha, e isso horrorizava o Establishment e lançava dúvidas quanto a ele ter alguma noção de seus deveres e responsabilidades como Soberano. Por longo tempo George V viveu profundamente transtornado com a ligação de seu filho mais velho com Mrs. Ernest Simpson, uma mulher de Baltimore divorciada e recasada, com dois maridos ainda vivos. O historiador Kenneth Rose sumarizou de modo sucinto sua percepção: "Ele a achava inadequada como amiga, vergonhosa como amante, impensável como Rainha." Quando tem início o reinado de Edward VIII, a corte se encontrava inundada de bisbilhotices e boatos, com a maioria, inclusive Louis, veementemente contrária à perspectiva de ter Wallis como Rainha, ou mesmo consorte permanente do Rei.

Louis sentia enorme falta de George V, que havia encorajado e, às vezes, pessoalmente orquestrado a amizade dele com seu segundo filho, por mais de 25 anos. Quando Louis escreveu a Piers "Joey" Legh, o novo *equerry* do Rei, este respondeu de retorno uma carta de condolências, tarjada em preto para marcar o luto da Corte, apenas três dias após a morte do Rei. "Posso avaliar o que a morte do recém-falecido Rei significa para você, e gostaria que aceitasse minha solidariedade pela sua perda pessoal." Logo em seguida começaram intensos conflitos por cargos na nova corte, pois Edward VIII criava sua própria hierarquia. "Não sei o que o futuro reserva quanto ao que me toca pessoalmente, mas muito apreciaria sua amável atenção," acrescentou Legh. Foram imediatas, as mudanças. Mal deixara o leito de morte do pai, Edward deu ordens para o abandono da Hora de Sandringham, o sistema pelo qual os relógios marcavam meia hora mais cedo a fim de criar mais tempo com luz do dia para as caçadas. Essa mudança trivial escandalizou muita gente, mais por sua rapidez que por sua substância. Virginia Woolf melodramaticamente viu isso como vingança de um homem que fora "diariamente tão insultado pelo Rei que se determinou a apagar sua lembrança."[10] Os tempos literalmente eram outros. Sir John Aird, *equerry* de Edward, anotou em seu diário que George V nem dera seu último suspiro quando a maquinação teve início.

> Parece agora haver certeza de que HM virá logo a falecer & começo a aceitar esse desfecho. Joey (Legh), Godfrey (Thomas), & o Almirante (Sir Lionel Halsey) discutem suas probabilidades abertamente entre si & comigo. De modo algum vejo onde o Almirante se encaixa, a não ser que a Bolsa Privada se renove, & mesmo então Wigram pode ficar com ela. Godfrey, eu o coloco como Secretário Particular, em conjunto com Wigram ou sozinho, Joey ficando como *comptroller* ou vice. Alex Harding

& Claud Hamilton estão, diria eu, fadados à demissão. Joey finge achar que não obterá nenhum cargo, quando na verdade ele não acredita nisso & ninguém ficará mais indignado que ele caso não obtenha. Ele diz que não quer continuar como *equerry*, coisa que posso muito bem compreender, porém a menos que consiga o que foi mencionado acima, não posso pensar em nada mais para o qual ele seja adequado.

Louis observou o alvorecer da nova era com inquietação. Não tinha tempo para os amigos um tanto frívolos e desregrados do novo Rei como o major Edward "Fruity" Metcalfe, que seria o padrinho de casamento de Edward quando finalmente se casou com Mrs Simpson. Veteranos como o almirante Lionel Halsey atribuíam o declínio moral do Príncipe à influência de Metcalfe – "absolutamente nada boa para HRH [His Royal Highness] (...) um excelente camarada, sempre animado, grande pândego, porém em alto grau decididamente fraco e irresponsável. É um irlandês desenfreado, totalmente desenfreado."[11]

Mas na verdade houvera sinais antecipados da probabilidade de Edward ser um desastre como monarca muito antes de ele encontrar tipos tão inapropriados como Metcalfe. Louis estava profundamente pessimista quanto ao novo reinado. Ouviu desagradáveis relatos feitos por seus amigos na corte e estava cada vez mais convencido de que parecia existir pouca fibra moral nessa narcisista figura de Peter Pan que se tornara Rei. Tudo bem um Príncipe de Gales como vistoso *playboy*, mas como Rei-Imperador ele tinha poucos admiradores. Não que isso fosse surpresa para aqueles que trabalharam com ele. No início de abril de 1927, Alan "Tommy" Lascelles seu vice-secretário particular, consta ter dito a Stanley Baldwin que "o Herdeiro do Trono, em sua desabrida busca de vinho e mulheres e de qualquer capricho egoísta que o ocupe no momento, estava rapidamente levando o diabo – e a menos que corrigisse sua feição, logo seria um utente inadequado da Coroa britânica."[12] Lascelles então deu um passo além e aventou que a melhor decorrência seria ele quebrar o pescoço na próxima corrida de obstáculos de que participasse, dessa forma passando adiante sua chance de ser Rei. A suposta reação de Baldwin foi igualmente descompromissada: "Que Deus me perdoe, com frequência tenho pensado o mesmo."

Louis estava desalentado com a maneira improvisada e sem cerimônia de Edward em relação a suas responsabilidades. Ele o tinha visto saudado como garoto maravilha nos anos 1920 – vivaz, charmoso, cortês e, no que concernia ao público, incapaz de cometer um erro. Edward se recusou a crescer dentro do seu papel; mesmo como maduro Príncipe de Gales, ele dava poucos sinais de responsabilidade ou liderança. Em 1936 mostrava-se superficial, imaturo e vaidoso. A questão definidora foi Wallis Simpson.

Dois campos opostos formaram-se na corte em sequência à morte do Rei: aqueles que supostamente apoiavam Edward em seu relacionamento com Wallis e aqueles que se batiam para que ela fosse embora. Nesse assunto, Edward e Albert mantinham visão oposta, fato que contribuía para a polarização da corte. Havia, inevitavelmente, entre os dois irmãos um aumento de tensão e isso se expandia pela corte. O Dr Stanley Hewett, que atendeu o Rei em seus últimos dias, contou a John Aird "que julgava o Duque de York o pior dos quatro filhos. Eu o descreveria como estável & confiável, mesmo que enfadonho."[13]

Chips Channon não se mostraria mais benigno, julgando o Duque de York "bom, insípido, submisso e afável," e provavelmente via Louis em grande parte pelo mesmo ângulo. Era totalmente autêntico e simplesmente não estava interessado no tão precioso alpinismo social e nos gracejos de que Channon era grande adepto. A velha guarda ecoava a desaprovação de George V e se desesperava com Edward mas o fazia com o risco de ser varrida para fora da corte. Louis total e definitivamente fazia parte dessa velha guarda. Ele também se tornaria um dos primeiros alvos do novo Rei no fogo cruzado do debate sobre sua amante. Os cortesãos discutiam interminavelmente o tópico Wallis e as mudanças que Edward ameaçava fazer na corte – com as quais tentava afastar quem não o apoiava totalmente. Aird, assim como muitos outros, achava difícil se ajustar. "HM [Sua Majestade] está tão contente em ter uma mudança de equipe que está tratando o novo grupo como faz com estrangeiros, muito agradável, desde que se sinta superior & e não igual como fez com o Almirante & Godfrey [Thomas], que o conhecem tão bem. HM nos deu a impressão de que agora que ele é Rei, ninguém deve tentar de modo nenhum cruzar-lhe o caminho muito menos pelas costas."[14]

Wigram estava igualmente desconfortável e disse a Aird que considerava "HM um sujeito impossível com quem trabalhar e não podia entender como deixaram que ficasse assim."[15] Mais tensões continuavam a surgir, pois Aird observou sombriamente que o "traço do caráter de HM de não mostrar sinal nenhum de gratidão por serviços passados é algo muito desagradável." Os cortesãos não eram os únicos nervosos com o novo reinado. O príncipe Albert queixou-se ao Almirante Halsey que não estava sendo consultado sobre nenhuma das mudanças. O descontentamento também se irradiou para Westminster e para a sala do primeiro-ministro em Downing Street, onde o projetado casamento de Edward estava rapidamente se transformando numa crise institucional, pois ele estampava todos os indícios de não ter a intenção de abandonar Wallis, e, mais importante, de que não a descartaria como sua futura Rainha.

O novo Rei alarmava os principais líderes políticos ao ignorar muitos de seus próprios deveres constitucionais, inclusive a caixa vermelha de despachos contendo documentos do estado. Ele exibia uma ignorância lamentável quanto a seus poderes legais, quase como se tivesse escolhido ignorar, ou mais ainda, jamais aprender os princípios básicos de ser um monarca constitucional. Nada parecia importar, exceto Wallis. Cerimônias acertadas de antemão eram canceladas com as mais frágeis desculpas, como mau tempo. Ele não atendeu e mandou embora representantes da Igreja, da City e das profissões jurídicas, os quais, conforme o costume, apresentavam sua declaração de lealdade a todo novo Rei. Finalmente, ao deixar de ir à igreja regularmente como esperado do Chefe da Igreja da Inglaterra, ele foi criticado por um de seus bispos, cujas palavras foram então interpretadas como ataque ao seu relacionamento com Mrs Simpson – episódio depois do qual as comportas da desaprovação abrir-se-iam em toda a imprensa. Para Mrs Simpson, Edward sempre conseguia achar tempo, e a nação agora começava a se perguntar se ele cogitava tê-la como Rainha, e também a considerar as consequências constitucionais de tal movimento. Alguns até consideravam que todo o futuro da monarquia estava sob ameaça.

George V podia ter sido limitado em sua aproximação com o mundo, mas fora um absoluto cumpridor do dever. Louis deu a amigos sua opinião de que o novo Rei abandonava o dever pelo prazer de sua amiga americana. Não era de modo algum uma opinião original. Na verdade, ecoavam-na também a maioria dos cortesãos, mas o que a tornava diferente era que alguém levara a opinião de Louis ao Rei, sem dúvida de forma exagerada. Grande probabilidade de ter sido alguém como John Aird, que não morria de amores por Louis. Achava Louis demasiado exuberante e jactancioso, e irritava-se por ter aquele estranho de Glasgow se tornado tão íntimo palaciano. O esnobismo mesquinho e as rivalidades nunca cessaram. O Rei ficou furioso com Louis, e ordenou a Lord Crome, o *lord chamberlain*, demiti-lo de sua posição de Gentleman Introdutor. Mas Cromer fincou pé e se recusou a atender a ordem. Ele era um honrado servidor da Coroa, mas era também amigo leal de Louis. Mais importante ainda, era um conselheiro sagaz e firme. Ele se opôs ao Rei enviando-lhe uma serena e bem amparada carta expressando reservas em acatar suas ordens.

> No interesse de Vossa Majestade, aventuro-me a fazer um apelo pessoal de reconsideração do caso de Louis Greig, na esperança de que Vossa Majestade aprove que a nomeação dele como Gentleman Introdutor tenha continuidade até depois da Coroação.
> Minhas razões por essa solicitação devem-se ao fato de que aos olhos do mundo externo ele é visto como tendo prestado relevantes serviços à Família Real ao longo dos anos, e se sua designação fosse terminada em 20 de julho isso iria, sem sombra de dúvida, dar asas a julgamentos desfavoráveis nos muitos círculos em que Louis Greig estabeleceu ligação, mais especificamente no mundo do esporte, e também dentro do Partido Trabalhista. Do ponto de vista do Gabinete do lord chamberlain, ele certamente é um funcionário útil, e eu gostaria de poder convocá-lo às Recepções Vespertinas dos dias 21 e 22 de julho, mas não posso fazê-lo a menos que Vossa Majestade me autorize a informá-lo que sua posição será mantida até que o período da Coroação termine.
> É a urgência da matéria a esse respeito que me leva a avizinhar-me

de Vossa Majestade para submetê-la.¹⁶

O assunto do futuro de Louis dividiu a corte. Aird, por exemplo, achava que ele recebera justificado abandono e disse exatamente isso ao Rei. "O Almirante e Alex, ambos concordam com Wigram que é um erro demitir Louis Greig. Eu disse a HM que estou convencido ser certo. Ele é um salafrário escorregadio e desagradável & na City é conhecido como leva e traz, o qual, se não está em uso, é ruim manter na Corte. Admito que ser Gentleman Introdutor não é um trabalho importante, porém mesmo assim, se ele não é desejado como espião, veja-se livre dele e abra lugar para outro espião se for necessário." Mas a Louis não lhe faltavam defensores poderosos, inclusive Wigram e Cromer, que viam a reação do Rei como petulante e mal informada.

Durante quatro dias Edward deixou de lado a carta de Cromer, furioso por não ter suas ordens cumpridas de imediato. Falou com outros cortesãos e, naturalmente, com Mrs Simpson, mas no fim o Rei deu para trás e Louis foi readmitido. Cromer recebeu uma ríspida carta do Rei assegurando a demissão imediata de Louis caso suas opiniões "desleais" fossem alguma vez repetidas:

> Tardo em responder sua carta de 9 de julho porque, do meu ponto de vista, ela precisou ser muito bem considerada. Indubitavelmente o senhor lembra de nossa conversa sobre Louis Greig, e me surpreende seu apelo para a manutenção na Corte de uma pessoa sobre a qual eu já lhe disse ter sido, em mais de uma ocasião, muito desleal comigo. Sinto firmemente que o sucesso da Corte depende antes de tudo da lealdade para com o Rei e, depois, da cooperação correspondente a essa noção. Tenho procurado, ao assumir minha responsabilidade, tornar o processo de reorganização tão natural e justo quanto possível. O senhor me diz que Louis Greig supostamente tem sido de grande ajuda para a Família Real. Dificilmente isso me inclui pois frequentemente tagarelices de natureza destrutiva vindas dessa fonte chegam aos meus ouvidos. Dado que, no entanto, o senhor como *lord chamberlain* se mostra tão ansioso por essa renomeação, quero sua garantia de que esse tipo de coisa acabe para sempre, para o bem de todos interessados.¹⁷

Era um sinal da falta de perspectiva do Rei o fato dar-se o trabalho de pensar em Louis, cuja posição em sua Casa Real era secundária, de meio expediente e irrelevante para um homem que acabara de herdar o maior Império da Terra. Sua tentativa de expulsar Louis não foi um incidente isolado. Edward também desnorteou seu staff permanente tentando cortar salários e despesas de maneira fortuita e fragmentada. Ao mesmo tempo, ele pagaria qualquer preço para ter Wallis satisfeita, prodigalizando-lhe presentes caríssimos. Sua obsessão lhe ofuscava todo o bom-senso. Por exemplo, quando o chefe de jardinagem do Castelo de Windsor orgulhosamente mostrou-lhe gloriosos botões de pessegueiro nas estufas de plantas, Edward ordenou que todos fossem cortados e enviados para Mrs Simpson. O jardineiro ficou desolado ao ver que a grande safra que, ufano, mostrara ao Rei ser destruída a fim de que sua amante tivesse as flores por apenas um dia.

A reação de Louis a essa disputa desprezível no Palácio foi dar de ombros. Ele sabia que a Rainha Mary e Albert não acreditariam numa insinuação de deslealdade dele para com a Família Real. Era apenas outro exemplo da inabilidade do Rei em agir e pensar logicamente. Eles estavam tão alarmados quanto Louis com o comportamento do Rei. Mas todos também sabiam que suas mercuriais mudanças de humor e fúrias não eram novidade. Ainda jovem príncipe, Edward sempre odiou a atmosfera restritiva da corte real, e isso não havia mudado agora que era Rei. "Estar príncipe," disse ele para Freda Dudley Ward muitos anos antes de subir ao trono, era mais fácil fora do país. "Suponho que seja por não topar com um bando de gente e de convenções antiquadas e maçantes. Sentimos de certo modo que todos são muito mais genuínos e autênticos fora da Inglaterra."[18] George V havia previsto resultados desastrosos para o futuro do filho mais velho, dizendo a Baldwin que "depois que eu morrer, o rapaz se arruinará em questão de meses." George V sempre buscou divisar uma alternativa para seu filho mais velho na sucessão, e numa das suas mais amargas explosões exprobrou: "Peço a Deus que meu filho mais velho nunca tenha filhos e que nada venha a se interpor entre Bertie e Lilibeth e o trono."[19]

O desejo de George V seria atendido em menos de um ano depois de sua morte, quando Edward anunciou sua intenção de abdicar e se casar com Wallis. Ao tomar o nome do seu pai como título tornando-se George VI, Albert deu claro sinal de que a velha ordem estava de volta no lugar, e que os valores fúteis de Edward VIII e seu círculo tinham acabado. Foi um fim traumático para um desastroso reinado, mas Louis, como milhões de outros, sentiu que foi uma bênção. Exultou de alegria ao saber que o moço sobre o qual exercera tão forte influência em seus primeiros anos, agora seria Rei.

15
O Ano de Três Reis

———◆———

"Um homem bom e decente
assumiu bem na hora."
Louis em carta a seu irmão Robert

O ANO DE 1936 FOI PERTURBADOR para qualquer monarquista: foi o ano de três reis. Louis pranteara sentidamente a perda de George V e desaprovou o breve e egoísta reinado de Edward VIII; somente quando George VI e a Rainha Elizabeth subiram ao trono ele pôde sentir a monarquia outra vez segura. Poucas pessoas fora da família achavam-se em melhores condições que Louis para julgar o caráter do novo Rei. E enquanto lidava com seus negócios na City, aproveitava todo ensejo para trombetear ao mundo que George VI tinha todo o potencial para ser um soberano notável. Sentia-se enormemente orgulhoso de que o rapazote a quem conhecera primeiro como um cadete irresoluto e vacilante um quarto de século antes, era agora Rei-Imperador.

"Um homem bom e decente assumiu bem na hora," escreveu ao irmão. Louis não era o único a pensar que uma grande ameaça ao modo de vida inglês fora removida com a abdicação de Edward e sua retirada para o exílio. John Reith, o primeiro diretor-geral da BBC e um dos amigos de Louis dos seus velhos tempos de Glasgow, repercutiu esse sentimento: "Sentimos como se uma nuvem de depressão, da qual estivemos quase fisicamente cônscios, se dissipasse. Pobre Edward. Mas graças a Deus ele e suas peculiaridades passaram, e temos novos Rei e Rainha. O resultado é absolutamente extraordinário. Parece-nos a velha Inglaterra de volta."[1] Alan Campbell Don, o capelão do Arcebispo de Canterbury, espelhou esse pensamento quando escreveu na véspera da Abdicação: "Esta noite há em quase toda parte, pelo menos entre as pessoas responsáveis, uma sensação de alívio – a crise passou; podemos sossegar e tentar a recuperação do que se perdeu. Acredito que o novo Rei junto com sua Rainha escocesa estarão à altura da tarefa."[2]

Porém nem todos estavam satisfeitos. Alguns dos que hastearam suas bandeiras no mastro do último rei temiam ser postos de lado, em especial os da grã-finagem, que haviam encorajado o *affair* com Mrs Simpson, apoiado-se nos favores do novo Rei, e apressadamente passaram a afirmar que haviam deplorado o tempo todo aquele relacionamento, quando Edward VIII foi para o exílio. O círculo alegre da sociedade inclinara-se a favor daquela glamorosa, franzina aventureira de Baltimore, mas a velha guarda do Establishment arregimentou suas forças contra ela.

Como todo mundo na corte, logo após a abdicação, Louis leu "Rat Week" de Osbert Sitwell, a notória composição literária de versos cômicos e irregulares que denunciava Lady Mendl, Lady Colefax, o editor de moda Johnny McMulen e outros bajuladores que haviam abandonado Edward tão logo ele pareceu estar de saída. "Rat Week" fora inicialmente distribuída apenas a uns poucos amigos íntimos de Sitwell, mas estes passaram cópias a mancheias até o poema se tornar amplamente difundido pela sociedade. Uma cópia estava entre os papéis pessoais de Louis quando ele morreu. Expunha impiedosamente os fâmulos do Rei como desleais, levianos e imprestáveis.

> *Where are the friends of yesterday*
> *That fawned on Him,*
> *That flattered Her;*
> *Where are the friends of yesterday,*
> *Submitting to His every whim,*
> *Offering praise of her as myrrh*
> *To him.*

Ano de três reis

O efeito demolidor desse cáustico ataque foi fazer George VI, a nova rainha e seus círculos próprios parecerem constantes, fidedignos e respeitáveis. Os detratores de Albert podiam tê-lo retratado como cauteloso e insípido, mas agora isso marcava pontos a seu favor. O país precisava de alguém sólido para tornar a monarquia segura.

Sitwell preocupou-se desnecessariamente com um possível tratamento desfavorável da parte do novo regime em razão de seus versos irreverentes. Quando a nova Rainha estava em Houghton, casa do marquês de Cholmondely, em Norfolk, sua anfitriã emprestou-lhe uma cópia que ela devorou com grande deleite, passando-a imediatamente ao Rei, que a deu para a Rainha Mary. A pergunta "Você é um rato?" rodou por todo lado como pilhéria, embora ela realçasse os diferentes grupos dos círculos da realeza. Ficou exposto o narcisismo desalmado de Edward e de sua amante americana. "E assim a Corte, graças a Deus, reverterá aos seus bem testados costumes, para infindo alívio de todos os interessados," observou A.C. Don. E em vez de um ambiente de disposição vingativa e de mesquinhos jogos de poder, prevaleceram sentimentos de perdão e de restauração. Joey Legh, o leal *equerry* de Edward VIII, por exemplo, recuperou as boas graças, embora tivesse acompanhado Edward ao exílio na Áustria. O que redimiu Legh foi ele ter desaprovado a ligação Wallis-Edward e corajosamente deixado seu ponto de vista claro para Edward. George VI pediu-lhe para ser Master da Casa do Rei e permanecer por liberalidade morando onde residia no Palácio de St. James. "Você foi ótimo com meu irmão, e sei que fez o melhor que pôde. Quero que venha, cuide de mim e me mostre os caminhos."[3] Louis também voltou às graças e foi formalmente convidado a se tornar membro da corte do novo Rei com a sua renomeação para Gentleman Introdutor, função que exercera sob George V.

Foi um alívio não se ver mais às brigas com o soberano. As acusações de deslealdade foram doloridas. Afinal, se nada mais fosse, Louis era um monarquista fervoroso, e mais ainda o era Phyllis. Quando o Hino Nacional tocava no rádio, ela não só se certificava de que todos na sala fizessem silêncio mas que ficassem de pé. Ele defenderia a família real contra a mais leve das críticas. E ela não tolerava os *Rats*. Claro, o sentimento era mútuo. Os Greigs eram sinceros demais para os fracos e faladores do antigo regime. Phyllis era muito simples, prática e direta para a tagarelice cáustica dos Channons ou Colefaxes. Havia um quê de guia-bandeirante em Phyllis – destemida, franca, às vezes sem tato, frequentemente de visão estreita, mas sempre corajosa – coisas que os grã-finos nunca apreciavam por completo. Louis e Phyllis estavam mais em sintonia com a filosofia de George V: um tanto ou quanto filistina talvez, mas com valores morais retos e não flexíveis.

Emerald, Lady Cunard, anfitriã da alta sociedade, nascida americana, viu-se como uma das poucas pessoas banidas da corte pelo novo Rei por "deslealdade." O que ela disse não se conhece, mas é possível que inclua comentários mordazes sobre os Yorks, os quais eram, diga-se de passagem, muito menos glamorosos do que o grupo Windsor. Nascida Maud Burke na Califórnia, ela se casara com Sir Bache Cunard, neto do fundador da Linha Cunard de transatlânticos; mas sua vida social só teve impulso em 1925, quando se converteu numa viúva muito alegre com a morte do marido maçante, rico e bem mais velho. Ela trocou a casa sombria no Leicestershire pela ofuscante Londres e seu salão cheio de rápidas e vivazes conversas de cocktail e bisbilhotices sociais. O novo Rei disse ao irmão, príncipe George, para nunca visitar Lady Cunard, proibição apoiada pela Rainha Mary, que ouviu de várias pessoas "que injúria ela havia feito."[4]

Mas, tudo levado em conta, no geral não houve grandes sangrias. Os Yorks viram-se por demais submersos e exauridos por suas novas atribuições e responsabilidades, e queriam livrar-se discretamente do trauma dos últimos meses. A nova Rainha deu o tom quando escreveu ao arcebispo de Canterbury, Cosmo Lang, apenas dois dias depois da Abdicação:

> É impossível dizer-lhe o quanto fiquei comovida com sua mui bondosa e apoiadora carta de hoje. Mal posso acreditar que ele [Albert] tenha

sido chamado para a tremenda tarefa, e (escrevendo-lhe agora bastante intimamente) o curioso é que não estamos com medo.

Sinto que Deus nos capacitou a enfrentar a situação calmamente – e embora eu, pelo menos, me ache muitíssimo inadequada, temos sido apoiados durante estes últimos terríveis dias por muito, muito bons amigos. Sei que posso contar com o senhor entre eles, e significa muito para nós saber isso. Quando, apenas três meses atrás, estivemos conversando em Birkhall, nem sequer imaginava que tamanho drama & infelicidade estavam reservados para nosso amado país (...) Pesou-nos tanto a perda desse querido irmão, pois podemos sentir que o Exílio deste país equivale à morte.

Sofremos muito, como o senhor sabe, com a mudança de ânimo e de caráter mostrada por ele nos últimos poucos anos, e é alarmante quão pouco em contato ele se achava com sentimentos humanos comuns – uma pena ele perder o "senso comum." Agradeço-lhe novamente por escrever e pelas orações pelo nosso futuro. Rezamos sinceramente para não falhar com nosso país, e me assino pela primeira vez & com grande afeição
Elizabeth R.[5]

Quando Louis foi renomeado Gentleman Introdutor, alguns sugeriram que lhe fosse dada uma posição mais sênior,[6] mas Louis estava, na verdade, perfeitamente feliz em permanecer pela orla da Corte. Não acreditava em pedalar para trás e sabia que um trabalho de tempo integral teria sido um passo regressivo. Ele havia seguido em frente. Além disso, não lhe agradava a ideia de um corte nos rendimentos, coisa que o retorno à hierarquia do Palácio teria exigido. Sua vida se expandira para novos horizontes – negócios bancários, Hollywood, corridas e política. Estava amealhando um lucrativo conjunto de diretorados em conselhos de administração que eventualmente incluiria Dorchester, Eagle Star, Blaw-Knox, Gaumont-British, Portland Building Society e Kodak. No ano da abdicação ele foi eleito presidente do conselho de Wimblendon, fato que posteriormente desempenharia um importante papel em sua vida. Ele dava valor à sua independência acima de tudo, e uma certa base de apoio para o pé dentro do viveiro real era tudo o que desejava nessa altura da vida. Seria suficiente dar-lhe um papel a desempenhar por ocasião das mais importantes cerimônias da realeza.

Louis teve orgulho em tomar parte na Coroação em 12 de maio de 1937, na Abadia de Westminster. Como Gentleman Introdutor, sua tarefa foi guiar chefes de estado e outros convidados reais a seus lugares. Foi um dia extraordinário para Louis e também para Phyllis, convidada para as celebrações por direito próprio. Eles assistiram ao homem que haviam conhecido, quase 25 antes, como colegial genuvalgo de treze anos chamado Bertie, tornar-se o último Rei-Imperador no mundo. Testemunharam o iniciar de seu reinado com otimismo e júbilo em meio à pompa e ao formalismo do culto religioso da abadia, durante o qual o Rei, que herdara o olho vigilante do pai para os detalhes, não pôde deixar de notar uma ou duas falhas. Ao virar-se para sair da Cadeira da Coroação, por exemplo, o Rei observou: "Levantei-me com dificuldade: um dos bispos estava em pé sobre o manto. Precisei dizer-lhe um pouco rispidamente que se mexesse, pois quase caí."[7] Foi o começo de um dos reinados mais bem-sucedidos de um monarca constitucional do século XX.

Depois da montanha-russa dos dezoito meses anteriores, Louis decidiu também viajar da Inglaterra e levar a família para oito semanas pela América e o Canadá. Dificilmente lhes poderia ocorrer mudança de cenário mais dramática quando trocaram a família real britânica pela "realeza de Hollywood," tendo Tarzan como anfitrião. A família Greig inteira fora convidada por Johnny Weissmuller, o ex--nadador olímpico americano e primeiro Tarzan das telas de cinema, e que era um hóspede frequente da Thatched House Lodge. Jean, Bridget e Carron idolatravam Weissmuller, que interpretou seu papel na cena da selva em mais de uma dezena de filmes, com várias companheiras e ainda maior sortimento de chimpanzés, entre 1932 e 1947. Seu grito ululante ficou famoso – e era tão bom num vozeirão tão especial que a gravação dele seria usada algumas vezes quando Tarzans posteriores assumiram o papel. Os filhos de Greig ficavam particularmente encantados quando ele concordava em demonstrar seu brado das selvas do alto de uma árvore no Richmond Park. Ficavam também fascinados por sua esposa, a explosiva atriz da série mexicana *Spitfire* Lupe Velez.

Os Greigs partiram para sua excursão de dois meses com uma montanha de bagagem. Bridget tinha vinte anos, Jean dezesseis e Carron doze nessas únicas férias familiares no exterior. Quando embarcaram em Liverpool no Duchess of York numa quinta-feira, 30 de julho de 1937, Louis murmurou para Phyllis enquanto os filhos exploravam felizes o navio: "Imagino que Cristóvão Colombo se sentiu tão imbecil quanto eu me sinto." Durante a viagem, Louis diria brincando às duas filhas que aquela era a oportunidade perfeita para achar o marido dos sonhos delas, e as fez rir com versos de pé quebrado.

> *Oh my two girls are a couple of pearls*
> *No father could ask for more*
> *But never a sign of a couple of swine*
> *to cast them both before.*

Oito dias depois, sem nenhum namorado para Bridget ou Jean, eles chegaram a Montreal, permanecendo por uma semana com a sobrinha de Louis, antes de irem para as cataratas de Niágara, seguirem em excursão pelas Montanhas Rochosas, e admirarem ursos e alces em seus *habitats*. O drama da Abdicação e os últimos meses na Inglaterra pareciam maravilhosamente distantes enquanto se deslocavam com indolência entre os diferentes amigos de Louis. Austin Taylor, magnata de serrarias, hospedou-os em Vancouver; Helen Wills e Helen Jacobs, as duas rivais campeãs de tênis, receberam-nos em San Francisco. Mas a agitação maior foi estar com Weissmuller em Hollywood. Nessa época, Louis se tornara bastante identificado com o novo Rei em razão da cobertura do noticiário da Abdicação e da sucessão pelos jornais. Fotografias dele jogando em Wimblendon ou acompanhando o jovem Albert no *Cumberland*, ou numa caçada no Castelo de Belvoir, residência do Duque de Rutland em Leicestershire, foram largamente usadas – o apetite da imprensa por notícias da realeza era inesgotável. Louis descobriu que se tornara uma figura de interesse da imprensa americana, algo que achou divertido, embora um pouco aborrecido quando repórteres corriam até ele na saída dos trens e solicitavam entrevistas. "Sir Louis Greig, Assistente de Reis, Visita a Cidade: famoso aviador hóspede de Weissmuller" foi a manchete do *Daily Province* de Vancouver.

Com suas roupas de tweed, chapéus de feltro e suas personalidades estridentes, os Greigs despertaram a grande curiosidade do *Evening News* de Los Angeles, que publicou uma série de várias matérias e reportagens durante os preparativos para uma festa organizada por Lupe Velez em homenagem a eles. Carron viu-se promovido à posição de filho de um Lord do reino quando examinou a lista dos convidados.

"Por que não convidar a senhora que sempre pede para ser deixada em paz?" – propôs o honorável Carron, de 14 anos.
Lupe explicou que Garbo não ia a coquetéis.
O rapazinho franziu o cenho por um minuto e depois se reanimou:
"Ora, por que então não convidar aquela senhora que nunca quer ser deixada em paz – aquela que a todo momento diz: *"Come up and see me sometime."*

O *Post-Intelligence* de Seattle foi igualmente exagerado com sua manchete "Nobre Inglês com a Família Chega à Cidade."

Quando Sir Louis Greig, KBE e "Gentleman Introductor in Ordinary" do Rei George VI chegou pela Canadian Pacific ao terminal da Leonora Street em Vancouver. Ele pode até ser Introductor, mas ficou logo claro que Sir Louis de "ordinary" não tem nada. A alfândega deu em seus doze volumes de bagagem uma olhada ligeira, e o Departamento de Imigração curvou-se desde a cintura.
"O que significa 'in ordinary'?"
Sir Louis, aparentemente, nunca fora perguntado sobre isso. Ficou por um momento confuso.
"Diabos me levem se eu sei," disse finalmente.
"O que faz um Gentleman Introductor in Ordinary," perguntaram-lhe.
"Bem, não muito de coisa nenhuma," disse Sir Louis vagamente.
"Ele mostra às pessoas aonde ir," aventurou Lady Greig obsequiosa.
"Sim, e entrega cartões, programas, essas coisas," acrescentou uma de suas filhas.

E foi dessa maneira que se decidiu a grande manchete do jornal para o dia seguinte: "Chegou o Introductor in Ordinary do Rei. Ele Entrega Cartões e Coisas."

Louis não podia escapar de sua amizade real mesmo quando estava 5 mil milhas distante da Corte. Onde quer que fosse, perguntavam-lhe sobre o novo Rei. "Ele é e sempre será uma pessoa simples e boa, fácil no trato e devotado à família. Estou seguro de que o seu será um grande reinado," disse a um dos jornais de Hollywood, que saiu com a manchete "Cisnes Reais na Piscina de Lupe."

A única contrariedade surgida na viagem foi a desvalorização da libra esterlina, que deixou para Louis somente quatro em vez de cinco dólares pela libra, forçando-o assim a refrear seus gastos. Apenas levara uma quantia limitada de dinheiro da Inglaterra devido às regulamentações da moeda. Sua solução para o corte orçamentário foi pôr Bridget e Jean numa dieta de passas de uvas Sun-Maid ("Sei o que é bom para vocês, sou médico," insistia airoso); ao passo que ao jovem Carron era permitido frango uma vez ao dia ("Meninos em fase de crescimento precisam de carne"). A desvalorização não abalou o passeio, em grande parte pré-pago, e antes de voltarem para casa eles foram a todos os principais pontos turísticos, do Grand Canyon a Nova York, num memorável roteiro de breves paradas . Entretanto, durante essas férias, ocorriam sinais de problemas na terra natal fermentando com o aparentemente incontrolável programa de expansão e de agressões predatórias da Alemanha. Quando o navio dos Greigs finalmente encostou em Liverpool, já estava claro que a ditadura de Hitler havia se implantado firmemente. Ele obtivera poderes draconianos com leis sancionadas por um inerte parlamento alemão. No dia dos bobos de 1º de abril de 1937, por exemplo, Hitler havia prorrogado a Lei de Capacitação de 1933, que lhe permitira governar por decreto os últimos quatro anos. Ao estendê-la até 1941 num truque de prestidigitador, ele se deu um verniz de probidade legal, enquanto se estabelecia em sua tirania.

Louis estava profundamente preocupado com o espectro názi e suas consequências, principalmente sobre aqueles que se viam incapazes de sair da Alemanha. O século XX nunca se livrou da condição e do ônus dos refugiados e seus padecimentos. Em 1937 estimavam-se 700 mil refugiados.[8] Enquanto a Liga das Nações ansiava por resolver o problema, nem todos os governos se mostravam desejosos de cooperar. E na Alemanha a principal dificuldade para os que tentavam fugir era a questão de ter ou não patrocinador em um novo país anfitrião. Muitos judeus tentaram escapar pelo simples processo imigratório, porém, sem nenhuma fiança no exterior, estavam destinados a ficar para trás, e em muitos casos, isso significaria enfrentar as câmaras de gás. Louis ajudou inúmeras famílias judias a encontrar asilo na Inglaterra. Para Joseph Oppenheimer, teria sido impossível deixar a Alemanha se Louis e Sir John Lavery, o famoso retratista, não o tivessem apadrinhado. Como pintor judeu *avant-garde*, dificilmente teria sobrevivido à guerra se não tivesse obtido asilo na Inglaterra. Ele agradeceu a Louis do único modo que sabia: pintando um retrato dele e também de Phyllis. Oppenheimer sabia ter escapado por pouco. Hitler se determinara a impor os valores názis na arte e alijar aqueles que não apoiavam esse ponto de vista. Na inauguração em Munique de uma mostra de "arte degenerada" em julho de 1937, Hitler amaldiçoou os artistas envolvidos, "esses rufiões, lacaios e guias do judaísmo internacional." Haviam, disse, "cometido crime após crime contra a arte alemã." Hitler especulava se a "visão defeituosa" deles era congênita ou adquirida. Se fosse congênita, ele propunha dar início a medidas "que os impossibilitassem de transmitir e, assim, propagar o defeito."

Depois da Primeira Guerra Mundial, Louis decidiu fazer tudo ao seu alcance para ajudar a impedir que semelhante conflito global jamais voltasse a ocorrer. Com essa finalidade ele juntou-se à Associação Anglo-Germânica (*Deutsch-Englische Vereinigung*), grupo um tanto disperso de proprietários de terra, membros do Parlamento e alguns escritores que se haviam coligado em 1928, muito antes do surgimento do nazismo, para tentarem restaurar a relação entre os dois países. Pelo encorajamento do contato entre a Alemanha e a Inglaterra, ele esperava que seria improvável qualquer conflito futuro. Essa Associação não deve ser confundida com a sinistra Anglo-German Fellowship, sociedade anglo-germânica organizada mais tarde e usada como grupo de abrigo a simpatizantes názis na Alemanha e na Inglaterra. Nada poderia ter sido mais odioso para Louis do que as sinistras e obscuras tendências dessa sociedade. Segundo o professor Richard Griffiths do King's College, de

Londres, autor de *Patriotism Perverted* e de *Fellow Travellers of the Right*, a Associação Anglo-Germânica era inteiramente inocente e não apresentava nenhum dos traços perturbadores exibidos por outras corporações de nomes similares nos anos 1930. Era uma mistura de idealistas e excêntricos, como tais organizações geralmente são. Em 1929, Arnold Bennett, John Buchan, John Galsworthy e H.G. Wells eram a ponta literária de um número de membros que cobria amplo leque de políticos, de pessoas influentes e figuras do *Establishment* de Robin Barrington-Ward, editor do *Times*, a Sir Godfrey Thomas, secretário particular do Príncipe de Gales. Porém o entusiasmo de Louis por apaziguamento e cooperação esmoreceu rapidamente nos anos 1930. Sua visão da Alemanha nunca fora de simpatia desde que tinha sido ferido e aprisionado em 1914. Durante os 1930 ele expressou sua opinião da necessidade de enfrentar Hitler e dar sinais de intransigência de parte da Inglaterra preferivelmente às mensagens de apaziguamento. Na América ele destacara a necessidade de competir na corrida armamentista com a Alemanha. "Nós nos desarmamos durante anos seguindo o bom exemplo vindo de vocês, mas aí outros começaram a se armar," disse a um repórter de *The Oregonian*, em Portland, Oregon. "Estamos tocando nosso programa de armamento o mais rápido possível, porque na Europa tal como é hoje acreditamos em ter nossos homens fortemente armados." Louis era um falcão quando se tratava de lidar com o Terceiro Reich.

Em maio de 1939, Louis levou sua mensagem firme a Berlim em missão particular de avaliação da situação política. Ele já tivera anteriormente contato com Joachim von Ribbentrop, o ambicioso e escorregadio embaixador alemão em Londres entre 1936 e 1938, que fazia parte do círculo íntimo de Hitler. Louis não era nada mais do que um conhecido de passagem, mas viam-no como agente de influência em potencial. O homem de Hitler em Londres era no fundo um peso-leve político e um alpinista social, encarado como útil pelo Führer, mas considerado com desprezo por seus colegas seniores. Ele soubera que Louis era um articulador político de fortes ligações com a realeza, e pode ter pensado que seria alguém fácil de influenciar. Porém, mesmo que Louis fosse levado na conversa,

Phyllis nunca lhe permitiria esquecer por um instante o regime que Ribbentrop representava. Em 1938, quando Louis disse que um amigo queria trazer Ribbentrop para almoçar na Tatched House Lodge, ela se alarmou. Suas opiniões políticas eram geralmente mais para a ala direita do que as de Louis, mas sempre mais claras. Embora ele estivesse apoiando o Partido Trabalhista de Ramsay MacDonald, ela nunca hesitara em votar com os Tories no Partido Conservador. No que dizia respeito a Ribbentrop, ela o achava um desprezível lacaio nazi. Compreendia que Louis quisesse ouvir os pontos de vista dele mas se ele viesse almoçar, nem ela nem os filhos apareceriam à mesa. Carron foi mandado para o andar de cima e viu da janela do sótão a chegada do convidado alemão. Phyllis nunca pôs os olhos nele, e gostava de lembrar que apenas nove anos depois que se recusou a recebê-lo, Ribbentrop foi enforcado por crimes de guerra.

Louis preveniu o Rei de sua missão na Alemanha, posteriormente enviou-lhe detalhado relatório. Foi uma resposta humorística mas dura à agressão alemã:

> Cuidadosamente disse-lhe (ao representante de Ribbentrop) que eu estava meramente em visita particular, e meus pontos de vista seriam aqueles de homem do povo – mas caso os quisesse ouvir, ele seria bem-vindo. Ele iniciou perguntando por que estávamos nos imiscuindo com a Europa Oriental. Disse-lhe que ele precisava entender que sempre fora tradição do nosso povo sustentar um princípio, e que quando o cidadão britânico médio vê na rua um homem grandalhão amedrontando um homem bem mais fraco, instintivamente vai querer parar com o abuso. Sempre nos batemos por esse princípio, e no que concerne ao homem do povo, isso continuará assim.
>
> Ele então me perguntou por que razão consideramos nos aliar com a Rússia, e eu lhe disse que – retomando a analogia da briga de rua – precisaria ser convocado um transeunte do momento para ajudar a restaurar a lei e a ordem. Mas isso não implicava precisar levar o prestativo espectador para casa com a gente; apenas ele estaria sendo útil à causa comum.
>
> Ele então entrou na questão das colônias, dizendo que obviamente elas deviam ser devolvidas. Perguntei-lhe por quê, e ele respondeu que em 1918 haviam deposto suas armas sob condição de que as colônias lhes fossem devolvidas. Falei-lhe que nossa interpretação era um tanto diferente. No nosso entender, eles haviam deposto as armas por terem sido mais do que bem derrotados, que eles haviam armado uma bela

briga e que o mundo lhes dera uma surra, tal como seria feito novamente agora (...) A confiança da Inglaterra na palavra do Führer sofrera um abalo severíssimo com o súbito golpe tcheco. Ele tentou explicar que os tchecos, ao se separarem dos eslovacos, estavam se tornando um perigo agudo para a Alemanha. Observei-lhe que sempre soubéramos que os alemães não tinham nenhum senso de humor, mas que afinal eles deviam ter algum, caso contrário não teriam feito esse comentário indubitávelmente humorístico para nós.

Falando de modo geral, o povo na Alemanha parece considerar uma guerra fora de questão devido ao grandioso trabalho pacífico do Führer em curso com construções e com o que está fazendo pelo trabalhador, e estou convencido de que se pudermos fazer chegar aos verdadeiros poderes a noção de que estamos sendo absolutamente sinceros não haverá guerra, pois as gentes se horrorizam à simples menção dessa palavra. Porém, isso não significa que não lutarão quando for preciso.

Louis também transmitiu suas impressões a Lord Halifax, o ministro do Exterior, e para Horace Wilson, principal consultor de Neville Chamberlain no nº 10. Apenas quatro meses depois, tudo que Louis havia aprendido de seu período na Alemanha tornou-se acadêmico, pois em setembro de 1939 Chamberlain declarou guerra a Hitler. Pela segunda vez na vida de Louis, a Inglaterra lutava contra a Alemanha numa guerra mundial. Conflito no qual ele estava determinado a novamente ter participação.

16
Espião Real

―――◆―――

> "Estou contente por ter você ajudando George [Duque de Kent] no novo trabalho. Tudo que ele precisa é um pouco de assistência para colocá-lo no rumo certo; precisa ter um bom amigo ao seu lado."
>
> *George V, escrevendo a Louis*

LOUIS TINHA QUASE SESSENTA ANOS quando foi declarada a guerra. Não tinha mais idade para o serviço ativo, mas foi chamado de volta à RAF para um trabalho no Ministério da Aviação em Whitehall, que precisava de oficiais mais antigos confiáveis em postos administrativos delicados. Primeiro numa organização de nome orwelliano de Diretório de Planos sob o comando do comodoro-do-ar John Slessor, que o manteve ocupado até ele ser chamado para trabalhar nos Cabinet War Rooms, as salas de guerra no subsolo secreto do centro de comando da Inglaterra.

Esse *bunker* fora instalado instalado em 1938, em meio à preocupação com o movimento de tropas na fronteira da Boêmia e ao medo geral do conflito que se desenhava, e era ali que seriam monitorados os movimentos dos aliados e das tropas do Eixo. O governo considerara necessário ter acomodações de emergência para o Gabinete e para os chefes de estado-maior, na eventualidade de um ataque aéreo a Londres. Dollis Hill e o West Country foram considerados locais possíveis até ser escolhido um porão sob os escritórios do governo na Great George Street.

Louis recebeu acesso à importantíssima Sala de Mapas, onde as mais recentes informações de cada *front* eram coligidas, analisadas e mostradas a uma pequena lista de pessoas que incluía o Gabinete, os chefes de estado-maior e o Comitê Conjunto de Informações.

Junto à Sala de Mapas ficava o alojamento privado de Churchill. "Aqui é de onde vou conduzir a guerra," declarou ele quando lhe mostraram pela primeira vez o apinhado subsolo. Muitos de seus discursos radiofônicos durante a guerra foram transmitidos dos quartos subterrâneos, hoje em dia uma espetacular cápsula do tempo preservada exatamente como estava no dia em que a guerra terminou. Um pedaço de papel desbotado ainda conserva o nome de Louis numa lista daqueles com grau suficiente de segurança para entrada na Sala de Mapas.

Bem poucos pormenores do trabalho de Louis ali ficaram documentados, por ser ele aproveitado extraoficialmente. Ajudava a reunir e coordenar informações provenientes das várias forças armadas e dos diferentes ministérios.[1] A vantagem de utilizá-lo era a ausência de papelada; tudo rápido, sem burocracia, sem bulha. Ele conhecia muita gente e era bom em conseguir que as coisas fossem feitas. Com seu otimismo incessante, o charme persuasivo e "um semblante que parecia sempre a ponto a cair na risada," era muito difícil lhe dizerem não.

Todas as manhãs Louis ia para o trabalho em seu Ford Prefect preto. Era figura muitíssimo reconhecível por seu "quentão", um antiquado sobretudo Crombie que ia até a barriga da perna, levando na mão uma leve bengala de castão de prata. Seu quepe da RAF, com uma pala menor do que as tradicionais, inclinava-se para trás da cabeça. Por mais excêntrico que parecesse seu uniforme de estilo eduardiano, Louis não tinha consciência do efeito provocado. Ele simplesmente usava as roupas que tinha, e era muitíssimo o escocês prático e cauteloso para pensar em sair a comprar outras novas.

Gasolina era difícil devido ao racionamento, e Louis tinha de mexer os pauzinhos para ter o combustível extra de sua viagem diária a Londres. Muitas vezes dava carona a Phyllis e às filhas, voluntárias nos serviços de tempo de guerra. Jean era capitão do Serviço Auxiliar Territorial no corpo de cinema, organizando filmes para as tropas. Bridget estava no Transporte Motorizado, levando poloneses exilados ao aeroporto para suas missões secretas na terra natal agora ocupada pelos nazis. Ela fazia parte das Operações Especiais.

Phyllis era supervisora no Exército Feminino Territorial, e chefe das Bandeirantes no Surrey, preparando as moas para a eventualidade de uma invasão alemã. Em seu tempo extra, numa casa da Lowndes Square, Mayfair, também fazia camisetas de inverno para soldados que iam para a Finlândia ou a Noruega. Carron permanecia em Eton, mas mesmo ele, de quatorze anos de idade, estava no esforço de guerra, fazendo ordem unida com a unidade de cadetes e na divisão de Eton da Guarda Nacional. Sempre que tinha oportunidade ele se juntava aos Guardas Escoceses, em Sandhurst, o colégio militar perto de Camberley, no Surrey, onde conquistou o Cinturão de Honra concedido ao melhor cadete do ano. "Contente por ver que ele é tal como o pai," George VI escreveu a Louis.[2] Durante a guerra, dava-se em vez de espada um cinto, que era assinado por um general, no seu caso o general P.A.M. Browning, comandante das tropas aerotransportadas inglesas. O general Eisenhower, mais tarde, perguntou a Louis se ele também poderia assinar o cinto. Carron passou o último ano de guerra na Alemanha como oficial de informações do 3º Batalhão de Guarda Escocês. Antes disso, teve a mão ferida durante uma instrução, quando um canhão de tanque a esmagou, mas esta foi a única avaria que a família Greig sofreu. Ele ficou fora de ação por várias semanas, e isso provavelmente salvou sua vida, pois ele perdeu o Dia-D. "Sinto muito pelo acidente com a mão do coitadinho," escreveu solícita a Rainha Mary, preocupada com o afilhado.[3]

Ainda no estágio inicial da guerra, George VI prontamente percebeu que o trabalho de Louis não era o apagado serviço de escrevente que podia parecer ao mundo exterior. Ele tinha acesso a pessoas influentes e a informações delicadas. O Rei enviou-lhe uma carta de próprio punho, confidencial, pedindo que lhe fosse passado tudo que considerasse útil no andamento de suas atribuições. "Se você souber de algo que possivelmente não tenha chegado a mim, por favor me fale. Muitas coisas não me são ditas, as pessoas sempre imaginam que algum outro me falou no decorrer do dia a dia rotineiro, mas nem sempre é assim. Nestes tempos de agora, para ser de alguma ajuda, eu preciso saber das coisas."[4] A guerra fez muita gente se reaproximar, e o caso de Louis e o Rei não consistiu uma exceção.

George VI não era um líder nato, mas era um chefe bravo e corajoso. A timidez fazia-o muitas vezes parecer indiferente, até mesmo de mau gênio, mas ele nunca deixava de cumprir seus deveres ou de agir da melhor forma possível. Naturalmente, sentia-se mais à vontade com aqueles que conhecia há mais tempo, e assim não foi surpresa alguma ele ter se voltado para Louis novamente. Embora estando em seus quarenta anos e com o domínio de um dos maiores impérios na Terra, ele podia sentir-se ainda muito inseguro e vulnerável. Lembranças dolorosas de gagueira dos primeiros tempos nunca o abandonariam. Em 1939, ele escreveu a Louis vangloriando-se por ter feito uma palestra no Guidhall sem um tropeço sequer. "Foi uma grande diferença dos velhos tempos quando falar me fazia sentir o "inferno," escreveu.[5] O vínculo entre eles nunca enfraquecera, embora se vissem menos. Quando se encontravam, sentiam-se felizes em ser a velha dupla outra vez. Durante a guerra trocavam cartas, que frequentemente só traziam fragmentos de informação ou então boatarias, mas o elo nunca foi rompido. O Rei, por exemplo, deu a conhecer a Louis que tinha em bem pouca conta Lord Beaverbrook, o ebuliente magnata da imprensa e ministro da Produção de Aeronaves, e em muito menos ainda o maçante ministro da Aviação, Archie Sinclair.[6] Louis estava imensamente orgulhoso de que o menino que fora descartado como um semi-inválido gaguejante, sem perspectivas futuras, na última guerra florescera no valente líder que Louis sempre acreditara que seria. O Rei mostrou-se à altura do desafio da guerra, e na verdade muitos consideraram esse o seu melhor momento.

Quando o Palácio de Buckingham foi bombardeado, a figura do Rei e da Rainha em suas roupas formais, de pé entre os escombros de sua casa tocou uma corda familiar. Viam-nos também tão vulneráveis às bombas alemãs como todos os outros, e aquela imagem os fez parecer corajosos e audazes. Outra imagem dramática e duradoura foi a visita deles a uma rua bombardeada no East End em solidariedade aos que haviam perdido seus lares. Era um gesto simples e óbvio, mas de certa forma afigurava-se novo e sincero a realeza partilhar de tão intensos momentos de perda, confusão e luto. A família real, de uma só vez, ganhou a impressão de menos formal e distanciada. Eles formavam uma boa cena a dois enquanto a Inglaterra lutava pela sobrevivência.

Entretanto a antena política do Rei nem sempre permanecia tão sintonizada. Sua lealdade para com Neville Chamberlain, por exemplo, cegou-o para a falta de o primeiro-ministro tomar uma postura mais firme contra a agressão alemã. O Rei, em maio de 1940, indignando-se com a discordância popular contra Chamberlain, considerava que o país estava sendo ingrato com um honrado homem da paz. Mas quando o Partido Trabalhista recusou-se a servir sob Chamberlain, este foi forçado a renunciar. O Rei então cometeu o erro de preferir Lord Halifax como sucessor, apenas para Churchill chamar a atenção para o fato de que ter um primeiro-ministro na Câmara dos Lordes dificultaria a governança. O Rei era tradicionalista e sentimental a respeito de hierarquia e posto; pesava-lhe que Lord Halifax não se tornasse primeiro-ministro, apesar de ter sido Vice-Rei da Índia e ministro do Exterior. O Rei nem sempre achou o líder alternativo fácil, e frequentemente tentava jogar água fria nas indulgências e bravatas de Winston Churchill. John Colville, secretário particular de Churchill, notou que o Rei e a Rainha, ambos ficavam "um pouco incomodados com a maneira casual, improvisada com que ele os trata – diz que virá às seis, adia por telefone para as 6h30, e chega às sete."[7] O Rei gostava de ter abertos outros canais, extraoficiais e menos formais; motivo pelo qual pediu a Louis que continuasse como seus olhos e ouvidos.

Durante toda a guerra, a Rainha Mary permaneceu isolada em seu retiro campestre de Badminton, propriedade rural pertencente a sua sobrinha, a Duquesa de Beaufort. Louis disse ao MP Victor Cazalet que ela era um recurso subestimado pelos outros membros da família real.[8] Louis a adorava, e era praticamente devocional na sua lealdade para com ela. Corresponderam-se por todo o tempo de guerra, pois ela também recorria a ele para ter notícias. Mas não era somente isso o que ela queria. A velha Rainha tornara-se viciada em ver filmes no projetor privado de Badminton, e queria que Louis a mantivesse abastecida dos novos lançamentos. A ideia da Rainha Mary grudada à tela de cinema em sessões privadas era a última coisa que muita gente teria imaginado dessa nobre grande senhora, que sempre aparecia tão empertigada, imponente, eduardiana. Estava morando no campo pela primeira vez em sua vida e precisava de distrações. Passava seus dias visitando as crianças que para lá tinham sido levadas para ficarem a salvo, e também as fábricas e os hospitais da vizinhança; mas o que ela pedia a Louis, toda vez, eram novas fitas. "Obrigada por providenciar os filmes. *O Ladrão de Bagdad* não está disponível mas creio que o vi. Mantenha-me se possível informada de outros filmes que sejam do meu gosto."[9] Os filmes de Hollywood eram um problema para ela. "Estamos ainda esperando por *E o Vento Levou*. Poderá recomendar outros? Os filmes americanos são difíceis de entender." Os sotaques eram complicados para ela decifrar. Mostrava-se grata a Louis, "meu bom amigo."[10] A guerra os fez também ainda mais próximos. Lembrava-lhe da última guerra, quando ela e Louis compartilharam o Natal de 1917 no mesmo lugar. Ela então havia admitido faceiramente tomar demasiadas pílulas que Louis lhe receitara para uma indisposição de pouca monta, mas ter sido inflexível quanto ao Rei não tomar conhecimento de sua medicação. Por conhecer Louis havia mais de trinta anos, ela não se acanhava em pedir a ele tudo que queria. "Estava prestes a escrever-lhe para saber se eu poderia comprar ocasionalmente da granja da RAF em Regent's Pk algumas salsichas & presunto, já que são tão bons & nós os apreciamos. Poderão ser enviados para Marl Hse e vir pela mala postal."[11] Eles prezavam essa amizade, que para ela era uma ligação nostálgica com os tempos do falecido Rei. Fornecia também uma janela para ver o que ocorria na guerra, e pela qual mantinha a atitude veemente com o inimigo. "Escrevo *germans* e *italians* em minúscula porque os odeio!" – contou em segredo a Louis.[12]

Em 1941, Louis deixou as Salas de Guerra do Gabinete para ser tornar secretário pessoal de Sir Archibald Sinclair, o ministro da Aviação de Churchill, com a responsabilidade especial de ligação com chefes de estado estrangeiros. Esse trabalho de articulador político em escala internacional calhava sob medida para Louis. Se alguma alta patente militar desejava que um chefe de estado em visita fosse informado extraoficialmente de determinado assunto delicado, ele era despachado para cutucar, piscar o olho, aguilhoar ou convencer vigorosamente. Para esse fim, encontrar-se-ia com muitos líderes exilados, como o general Wladyslaw Sikorski da Polônia e o presidente Eduard Benes da Tchecoslováquia, ambos convidados regulares à Thatched House Lodge. Após a guerra, Louis receberia a Ordem de Orange-Nassau da Holanda e a Ordem da Polônia Reconstituída. O acesso de Louis à realeza era sempre um curinga para ele usar. "Não conheço mais ninguém que possa simplesmente chegar ao Palácio de Buckingham, bater à porta e entrar," recordou Gordon Sinclair, piloto particularmente heroico e muitas vezes condecorado com a medalha Batalha da Inglaterra, que trabalhou ao lado dele no Ministério da Aviação. "Sempre ia apressado para o Ministério pela King Charles Street. Nunca o vi parar nem por um momento," lembrava. "Ele era socialmente turbinado, muito mais para o White's do que para o Royal Automobile Club, e isso era de muita utilidade," recordaria Joan Bright Astley, que trabalhara nas Salas de Guerra.

No início do verão de 1941 Louis foi convocado ao Palácio de Buckingham para conversar com o Rei sobre uma proposta para o príncipe George ir de avião aos Estados Unidos e ao Canadá. Era uma missão ultrassecreta, já que seria enorme a propaganda em prol dos alemães caso derrubassem um avião com o irmão do Rei, em especial por ser a primeira vez que um membro da família real cruzaria o Atlântico pelo ar. O Rei perguntou a Louis se iria com George, que viajaria para visitar escolas de treinamento, onde milhares de jovens preparavam-se para a ofensiva da RAF.

O Rei considerava que seu irmão caçula precisava de alguém como Louis para vigiá-lo. Embora o príncipe George fosse muitas vezes considerado o mais talentoso dos filhos de George V – culto, bem apessoado e boa companhia – ele apresentava também um traço rebelde. Sete anos mais moço que Albert, ele foi menos afetado e cerceado pelo protocolo real e pela influência da sua família. Desde sua adolescência, George achava Louis uma pessoa acessível a quem se voltar para um conselho, em especial quando ele colidia com a oposição de seu pai.

George procurou Louis em 1927, quando constatou em definitivo que detestava estar na Marinha e quando se apaixonou por Helen Azalia "Poppy" Baring, a filha de vinte e seis anos de idade de Sir Godfrey Baring, um ríspido político conservador local da Ilha de Wight. O Rei fez objeções ao romance por considerar que Poppy não era apropriada para nenhum de seus filhos. Isso enfureceu George, que enviou a Louis uma carta extremamente franca detalhando a briga com o Rei. Uma vez mais, Louis adotava o papel de assessor, de mentor e apaziguador real. Era uma amizade de confiança com Louis feito um tio conselheiro. Ele fez evidentemente o possível para intervir em favor de George.

> Poppy me escreveu que você foi conversar com ela & está bastante confiante em tudo a respeito. Escrevi para o K depois de ter ido embora dizendo não poder aceitar sua negativa como algo sem volta, & ele respondeu que não ia nunca mudar de ideia & a única razão que ofereceu foi a de não considerar adequado (argumento extremamente fraco). Acho que na verdade ele estava tentando me assustar, mas não conseguiu.
> Imagine só como isto aqui está horrível, junto com várias pessoas & intercalando hotéis & acho que vou enlouquecer, sinto-me expulso & as pessoas são muitíssimo maçantes. Por favor me informe se alguma coisa mais acontecer & quero agradecer por sua gentileza & por me encorajar sobre isso tudo & não consigo ver nenhum motivo contrário nem como possam impedi-lo.
> Imagino se você teve chance de dizer algo para o K sobre o assunto. Seria ótimo se você pudesse argumentar quanto a eu não voltar para a Marinha pois detesto aquilo, detesto e muito! De todo jeito, estou com indigestão & portanto vou pedir a Weir [Sir John Weir, o médico que levou a medicina homeopática à adoção da família real] para dizer que não posso, em absoluto, ir de volta! É tudo tão terrível, preocupante & espero ansioso que as coisas logo se endireitem. Não consigo entender o que eles imaginam ganhar ficando eu longe esses meses, já que devem saber que estou falando sério & sem qualquer possibilidade de mudar minha intenção – na verdade, pelo contrário.[13]

Um mês depois, em 6 de abril de 1927, quando se hospedava no Château de la Groupe em Antibes, o príncipe George novamente procurou Louis por apoio. Nesse meio tempo, Louis estivera insistindo em seu caso tanto com Stamfordham quanto com Wigram. George escreveu para expressar seus agradecimentos.

> Desculpe não ter escrito antes para agradecer a sua carta em que me contou tudo que descobriu & é incrível você se dar a tanto trabalho. Dali conclui-se que, no fim, eles não podem me deter, mas suponho que se eu fizer alguma coisa agora eles cortem meus rendimentos. É horrível estar assim longe & incapaz de saber o que realmente acontece. Eles não me escrevem já faz algumas semanas, visto eu não ter respondido a "famosa carta" & portanto estão furiosos. Eu queria ir lá esta semana, mas David acha que não vale a pena ir por um dia ou dois, apenas avivaria os aborrecimentos & não vale a pena por tão curto tempo.
>
> P me escreveu [Poppy] que se encontrou com você novamente, mas ainda não recebi a carta contando-me o que você disse, suponho que as coisas estão começando a melhorar um pouco & o meu desejo era poder voltar & tentar ajudar.[14]

Houve muito boato sobre a vida pessoal do príncipe George antes do seu casamento com a Princesa Marina da Grécia, e Louis era um constante e firme defensor dele, sendo o propósito de seus elogios profusos e generosos contrabalançar alguns rumores menos apreciativos. A Rainha Mary mostrava-se particularmente grata. "Quanta amabilidade sua escrever carta tão afável sobre meu George. É muitíssimo confortante para mim, meu irmão & Pse Alice também enviou relatos agradáveis. Fico contente por você ter ido com ele. Você deve tê-lo ajudado muito," respondeu ela.[15] A Rainha Mary se revoltava quando outros cortesãos como Alec Hardinger, secretário particular do Rei, atacava o filho favorito. "Aquele asno do AH é sempre sarcástico com o pobre G – e isso me deixa furiosa. Fiz mil elogios sobre G para HM... Encanta-me que você tenha contado para AH."[16]

Portanto, quando o príncipe George soube que Louis, na função de protetor, ia com ele na viagem ao Canadá, ficou feliz. Eles embarcaram dia 29 de julho de 1941 num Liberator, um dos enormes bombardeiros americanos quadrimotores. A jornada esteve longe de ser confortável. "Eu não a recomendaria para ticket de assinatura de temporada," brincou Louis numa carta para o Rei, o qual estava grato por ter Louis junto com seu irmão para garantir que tudo corresse bem. "Estou muito satisfeito por ter você ajudando George em seu novo trabalho. Tudo o que ele precisa é de um pouco de assistência para colocá-lo no caminho certo. Ele precisa ter um bom amigo com ele. Nunca teve de se desincumbir de uma tarefa por si mesmo & agora surgiu a oportunidade," escreveu o Rei.[17] Nessa viagem de seis semanas eles passaram mais de cinquenta horas no ar, pousando em trinta e três diferentes destinos, num deles, inclusive, ficaram na Casa Branca com os Roosevelts. Louis reverteu ao seu papel de olhos e ouvidos do Rei. "Permito-me enviar-lhe algumas linhas para informá-lo como os assuntos vão progredindo até agora. O Duque de Kent teve uma excelente recepção. Ele navega com desenvoltura em meio à estupenda afeição & admiração que Vossas Majestades despertaram neste país com vossa visita, e tudo se torna muito fácil. Acontece também que o príncipe George procede de forma esplendidamente correta. Nada o incomoda, e ele lida bem com todos que encontra."[18]

A viagem tomou um sentido bem maior quando, menos de um ano depois, o príncipe George morreu com doze outros companheiros noutra missão de voo em que o hidroavião Sunderland acidentou-se na Escócia, a caminho da Islândia. Foi por puro acaso que Louis não o acompanhou nessa viagem. "Quase não consigo ordenar meus pensamentos sobre essa terrível perda que sofremos, mas eu gostaria que soubesse da minha profunda solidariedade para com a Rainha & para com Vossa Majestade," escreveu ao Rei, acrescentando: "Desde minha viagem ao Canadá, passei a admirar imensamente o príncipe George. Sempre o amei afeiçoadamente ainda como um menino, que dali então progrediria rapidamente num perfeito condutor de homens & estou seguro de que ele era capaz de ser, e sem dúvida seria, de grande ajuda para Vossa Majestade. Indubitavelmente desejava sê-lo."[19] George VI respondeu pedindo a Louis que escrevesse como parente uma carta à Princesa Marina e disse: "Muito agradeço sua solidariedade. Essa tragédia inteira me parece inexplicável & tão desnecessária. Mas o mau tempo naquelas regiões desde Scapa surge de repente. Sentirei falta dele & de sua ajuda, terrivelmente." O coração de Louis se voltou inteiro para a Rainha Mary, que agora efetivamente perdera três filhos, o primeiro para a epilepsia, o segundo para uma vida de permanente exílio, e agora George num trágico acidente.

Depois de seu retorno, o papel de Louis de ligação com os chefes de estado o pôs em contato com o general Dwight D. Eisenhower, comandante da planejada invasão do Dia-D. Ike rapidamente se tornou um nome na boca de todos, capturando a imaginação popular como o típico herói americano. Poderoso, fotogênico e fonte de ótimas citações de muita veemência contra os názis. Linguagem em inglês americaníssimo: Dizia sobre alguém "ele *knows the score*" e a alguns outros chamava "*a big operator.*" Seus chefes em Washington eram os "*big shots.*" Cepticismo ficava um tanto descortês diante de sua postura refrescante. Louis entrou na vida de Ike quando o general manifestou que gostaria de achar um lugar onde cavalgar. Louis ofereceu-lhe fazer uso de seus cavalos e estábulos em Richmond. De manhã cedo eles montavam juntos no parque, e essa aproximação foi o alicerce de uma grande amizade. Eisenhower havia alugado a Telegraph Cottage, que ficava perto da Thatched House Lodge, destarte tornando fácil para ambos verem-se com frequência. Às vezes Eisenhower utilizava a casa de Louis como local onde encontrar pessoas num ambiente informal e reservado. Ele tanto ia lá que alguns jornais publicaram que tinha uma suíte na casa. Quando Mamie Eisenhower chegou, eles ficaram hospedados com Louis, que dispunha de muitos aposentos na Thatched House Lodge.

Louis guiou Eisenhower no sistema na Inglaterra. Se os seus generais mais importantes vinham vê-lo, Louis providenciava para que tivessem reservas no Dorchester. Era de grande utilidade como ligação entre Eisenhower e as autoridades britânicas, sempre numa base informal e extraoficial. Louis conhecia uma quantidade imensa de gente e era um articulador notável e ativo. "Louis tinha tanta influência atrás dos bastidores que todos os altos escalões da RAF o conheciam. Nem tudo era feito estritamente de acordo com as regras, e ele era do tipo que fazia as coisas acontecerem," lembrava Dame Felicity Peake, primeira diretora superintendente da Real Força Aérea Feminina. Era mais diplomacia que estratégia, mas ele era levado muito a sério em sua capacidade de intermediar acordos. Louis esteve com todos os líderes das nações livres em luta com os alemães quando vinham a Londres. Tal como fora devotadamente leal a Ramsay MacDonald, Louis também tornou-se grande admirador e depois, com o tempo, íntimo amigo do general texano.

Eisenhower era agradecido pela habilidade de Louis em fazer sua vida profissional e pessoal transcorrer suavemente na Inglaterra, e depois da guerra, em agosto de 1945, o presidente Harry Truman condecorou Louis com a Legião do Mérito. Na menção da Casa Branca, o presidente Truman citou que seu "relacionamento pessoal de colaboração foi um elo amistoso entre as forças aéreas britânicas e as dos Estados Unidos, sendo a confiança que inspirava um fator de substancial ajuda a uma associação amigável entre todos os lados visando a execução bem-sucedida do esforço de guerra." O general Eisenhower deu a Louis uma caneta Parker especial folheada a ouro, uma das nove que ele encomendou para seu principais comandantes. Muitos anos depois, quando deram a Eisenhower um apartamento vitalício no Culzean Castle no Ayrshire escocês, ele avisou que Louis era uma das poucas pessoas autorizadas a usá-lo em sua ausência.

Talvez o mais extraordinário líder estrangeiro de quem Louis se ocupou tenha sido o Rei Farouk. Em maio de 1943 Louis viajou em missão para o Cairo a fim de tentar aplacar o volúvel, vaidoso e petulante aliado da Inglaterra no Oriente Médio. Louis fora um dos escassos amigos de Farouk em 1936, quando o Príncipe foi enviado à Inglaterra para terminar o estudos. Sua residência foi a Kendry House, na Kingston Hill, próxima da Thatched House Lodge, e Louis foi solicitado a ensinar o príncipe de dezesseis anos – Príncipe Freddy como era então chamado – a montar. Segundo Sir Edward Ford, que se tornou o tutor de Farouk, eles criaram notáveis relações.[20]

Em 1936, Louis estava instruindo Farouk a saltar obstáculos quando um senhor de sobrecasaca preta e fez vermelho que havia chegado num Daimler, informou ao Príncipe que seu pai morrera e que ele era o Rei. "Darei mais três saltos, depois vou com o senhor," disse o Príncipe ao mensageiro egípcio. Mas Louis interrompeu-o na hora: "Sir, nada disso. Apeie desse cavalo. Não podemos ter dois reis do Egito morrendo no mesmo dia." Louis levou em conta as habilidades equestres de Farouk e decidiu que não era o momento de assumir mais riscos.[21]

A ocasião seguinte em que eles se encontraram ocorreu quando Louis foi de avião juntar-se à tentativa de apaziguar uma rixa diplomática originada pela antipatia de Farouk pelo embaixador inglês, Sir Miles Lampson, em 1942. Porém Farouk não mais se dispunha a receber conselhos e muito menos ordens. No entanto, encheu-se de alegria ao ver Louis, e saiu com ele por todo o Cairo, levando-o para jantar em restaurantes e cafés exóticos. Farouk sempre foi um monarca playboy, um rei bizarro e um tanto ou quanto amalucado. Conservou um ódio obsessivo pelo embaixador inglês, que em 1943 tornou-se Lord Killearn. Para livrar-se dele, elaborou uma trama louca em que enviava uma enorme caixa de chocolates ao Palácio de Buckingham, trazendo dentro uma carta escondida pedindo ao Rei que demitisse o embaixador. Farouk usou Patrick Telfer-Smolett, um major inglês, como seu mensageiro. Para chegar a Londres ele teria de ir através da neutra Lisboa, o que acarretava atravessar o continente por Khartum, Nairobi, Entebe e Dakar. Foi necessário usar gelo durante todo o trajeto para evitar que o chocolate dentro do pacote derretesse. Porém sua principal preocupação era a entrega do pacote ao Rei quando chegasse a Londres "Expliquei que, por ser oficial muito moderno, eu não conhecia ninguém no Palácio, e de nada adiantariam alguns poucos generais. Farouk lhe disse: "Não se preocupe. Sir Louis Greig sempre foi gentil comigo. Vou lhe dar o endereço dele, e ele o ajudará.[22] E assim, ao chegar a Londres, ele foi logo visitar Louis. Telfer-Smollet nunca soube como, mas o Rei tomou conhecimento da carta, muito embora os chocolates jamais tenham chegado ao Palácio. Foi um pequeno, excêntrico assunto secundário, que fez tanto Louis quanto o Rei rirem muito.

Em seu retorno a Londres sob a blitz, Louis manteve a vida familiar tão normal quanto possível em Thatched House Lodge. Várias bombas explodiram no parque, atraídas pelo "chamariz" de construções falsas de fábricas montadas na tentativa de atrair os aviões alemães para longe das docas e de outras partes de Londres. "Sinto muito pelos estragos no Parque. Pobre e sossegado Richmond," escreveu a Rainha Mary a Louis.[23] Instalaram secretamente antenas no parque para captar comunicações de agentes secretos, visto que a casa de Louis ficava num dos pontos mais elevados do sul da Inglaterra. Era um delicioso oásis, e os numerosos amigos de Louis valiam-se da hospitalidade dos Greigs. "Parecia uma casa sempre aberta às visitas, com todo tipo de gente interessante passando por lá," lembrava o comentarista Gordon Sinclair. O secretário particular de Churchill, John Colville, seguidamente aparecia para o café da manhã e uma cavalgada cedo. Nunca se sabia ao certo quem viria para o almoço, da Rainha Mary a Bertram Mills, o dono do circo. "Louis era carismático e seduzia a todos com seu gosto por diversão. Meu pai faleceu quando eu era muito jovem, e acho que eu via Greig como uma espécie de figura paterna," lembrava o comentarista Gordon Sinclair, que esteve com os Greigs por vários meses. Pamela Greig, sobrinha de Louis, era em especial uma favorita. Ela foi uma das mais impressionantes oficiais mulheres na guerra, eventualmente chegando a vice-diretora da Força Aérea Feminina, com 180 mil mulheres sob seu comando. "Louis foi maravilhoso ao saber que era muita solidão para uma mulher, além de tudo jovem, estar num cargo de tamanha autoridade, e eu encontrei nele um enorme apoio. Ele era fantástico em fazer as pessoas se sentirem meritórias," disse. Ela foi uma das muitas heroínas de guerra não glorificadas em prosa ou verso. Teria um impacto ao voltar à vida civil. Quando se candidatou a um emprego na Fortnum & Mason, perguntaram-lhe se sabia datilografar. Ela explicou que não estava solicitando um trabalho de secretária, mas de administração. O grande armazém de Piccadilly não podia acreditar que uma mulher fosse capaz de executar semelhante tarefa; mesmo quando foram informados que ela tivera a seu encargo mais de 180 mil mulheres, ainda relutaram em levá-la a sério. Tais eram as injustas realidades de um mundo totalmente masculino.

Toda a família de Louis sobreviveu à guerra. A única nota desagradável foi Bridget ter rompido o noivado com um oficial do Regimento East Surrey chamado John Armstrong MacDonnel. Ela lhe enviava cartas quase todas as semanas quando ele esteve prisioneiro de guerra, mas em seu retorno ela notou que as experiências que ambos tiveram nesse meio-tempo haviam mudado drasticamente as noções preconcebidas um do outro. A separação foi amigável, mas penosa. No lado mais positivo, Jean se apaixonara por Joseph Cooper, um encantador e extremamente talentoso pianista de concerto, que se casou com ela em 1947. Não era o que Louis teria esperado para genro – arte e música se caracterizavam pela ausência no lar dos Greigs. Porém, após certa suspeita inicial de como um músico poderia abrir seu caminho no mundo, Joseph Cooper foi afetuosamente aceito no coração da família Greig. Phyllis assistia a todos os seus concertos. Mais tarde ele se tornaria um dos mais conhecidos pianistas da Grã-Bretanha, premiado com um OBE em 1982. Aproveitando o profundo conhecimento que explicava facilmente, ele levou a música clássica para uma enorme audiência da televisão BBC com seu programa *Face the Music*.

Louis e sua família estavam profundamente gratos por simplesmente estarem vivos no fim da guerra. Haviam sobrevivido e viam-se livres das ameaças de bombas e de invasão. Finalmente, após seis anos de guerra e a um custo de 20 milhões de vidas, eles podiam, uma vez mais, continuar na ocupação de viver em vez de lutar. O rei George VI tornou-se imensuravelmente mais popular do que fora no começo da guerra. Centenas de milhares apinharam-se pelas ruas em júbilo pela paz, e o ponto focal das celebrações foi o lado de fora do Palácio de Buckingham, onde a multidão cantou e aplaudiu o Rei George e sua Rainha acenando da sacada para uma nação agradecida. O Rei crescera em estatura e não era somente um soberano popular, mas um respeitado líder internacional.

17
Anos Finais

———•———

"Poucos homens, no século XX, podem ter tido
uma vida mais completa e variada que a dele."
The Times

Quando a guerra acabou, Louis deu baixa da RAF pela segunda vez e voltou à vida civil. Tinha mais de sessenta anos, mas longe de estar pronto para desaparecer na aposentadoria; ele não conseguia aquietar-se por muito tempo. "Costumávamos caçoar que ele sabia onde era a porta dos fundos de cada restaurante para poder sair de um e entrar no restaurante seguinte, continuamente" lembrava seu genro, Joseph Cooper.[1] Louis empregou muito de sua energia na administração do clube de tênis Wimbledon All-England, onde ele disputara o desastroso jogo de duplas com o Rei, quase vinte anos antes. Exercia ali o cargo de presidente desde 1936, porém durante a guerra formou-se um comitê temporário – e ele agora ansiava por voltar ao tempo integral. Muitas obras de restauração precisavam ser feitas; os alemães haviam bombardeado a área quatro vezes, porque o clube tinha sido usado como base da defesa civil. Com a permissão de Louis, Miss Norah Cleather, a secretária interina também havia formado num dos estacionamentos de carros uma minigranja para criação de porcos, patos, gansos e coelhos.

Louis estava mais do que nunca no seu elemento durante as quinzenas de Wimbledon com o Camarote Real sendo praticamente seu domínio feudal, onde ele adorava mesclar-se com os "grandes e os bons." Harold e Dorothy Macmillan mais Clement Attlee ficavam lado a lado com David Niven, Ann Todd ou Douglas Fairbanks Junior, assim como outros tantos da família real. No fim dos anos 1930, George VI deixou suas filhas irem com Libby Hardinge, filha do secretário particular do Rei, assistir a um torneio no clube. Várias fotos as mostram sentadas nos joelhos de Louis no momento em que ele lhes apontava os tenistas famosos na quadra. Todos os variados caminhos de sua vida desembocavam em Wimblendon; tornou-se inteiramente ligado ao clube, que ele dirigiu com o desembaraço e a hospitalidade ao estilo antigo por quase dezessete anos. "O andamento suave do campeonato de Wimbledon deve muito à personalidade cativante e ao trabalho incansável e firme de Sir Louis," escreveu o general Jackie Smyth, correspondente de tênis do *Sunday Times*, em sua *History of Lawn Tennis*. Louis fez melhorias no clube para os jogadores e para sócios, mudando regras para permitir aos ex-campeões entrada franca permanente. Antes, a entrada era ciumentamente guardada pelos sócios cada vez mais idosos. Ele advogava um campeonato aberto que permitisse profissionais jogarem, e se bateu pela cobertura dos eventos pela televisão. Era o perfeito presidente modernizador e participante. Quando o clube temeu por seus vinhos, que poderiam ser destruídos nos ataques aéreos, ele os fez remover para sua adega em Richmond. Quando houve falta de gandulas nos primeiros torneios pós-guerra, pediu mais meninos a um amigo administrador do orfanato "Lares Dr Barnado," que os despachava para o clube de ônibus. Resolveu também a delicada questão de haver um massagista masculino nos vestiários das senhoras preservando-lhes o recato: contratou um profissional cego.

Mas suas ideias nem sempre eram populares. Indispôs-se com Ted Tinling, desenhista de uniformes de tênis e também funcionário menos importante em Wimbledon, quanto aos tradicionais saiotes usados pelas jogadoras de tênis em 1949. Com seu pendor para cintilantes materiais dourados, o extravagante Tinling e o simples e direto Louis não podiam ser mais diferentes. Tinling desenhou shorts com babados para a campeã Gussy Moran, os quais nas suas rebatidas de bola ficavam visíveis sob o saiote de comprimento um tanto acima dos joelhos. O país inteiro enlouqueceu com a roupa de baixo dela.

Os irmãos Marx pediram-lhe que aparecesse nos seus shows. Ela foi soterrada de convites para aparições públicas. O incidente se espalhou quando Tinling e o comitê de Wimbledon discordaram quanto a tais requintes de moda. Os membros do comitê decidiram banir os shorts da jogadora, tocando a Louis a inevitável tarefa de explicar a Tinling que enfeites no vestuário eram *de trop*, e precisavam ser excluídos ou no mínimo mantidos discretamente fora da vista. Tinling, a essa altura, não era mais juiz de linha de Wimbledon, mas, é claro, isso não deteve os jornais de ligarem os dois assuntos. Quando a história saiu na primeira página do *Daily Telegraph*, um membro do comitê chamado Alfred Stery, cheio de si, escreveu a Louis: "Eu não sugeriria qualquer menção que fosse sobre a Gloriosa Gussy e sua roupa de baixo, pois o assunto é vulgar demais para querelas.²" Louis ignorou a sugestão de Stery de mandar ao editor do *Telegraph* uma carta pomposa. Em vez disso, ele escreveu particularmente e de forma jocosa para o correspondente esportivo do jornal e deixou o assunto morrer.

O mais perto de relaxar que Louis conseguia em seus últimos anos era velejar no seu "barco bronzeado" em Findhorn. Ele fora eleito membro do Royal Yacht Squadron, mas preferia mais simplesmente vagar pela baía por conta própria. Ele olhava do pier para o lado oposto da baía, onde se avistava uma exótica alameda de teixos que subia até uma vivenda coberta de glicínias e rodeada por um dos mais românticos jardins da Escócia. Binsness era a única habitação no lado sul da baía e fora originalmente, no século XVII, uma taverna para marinheiros localizada na barra de Culbin Sands – uma extraordinária expansão de dunas ondulante de mais de 10 mil acres formando um dos últimos grandes ermos da Grã-Bretanha. De uma beleza assombrosa, podiam também ser traiçoeiras. Em 1694, uma tempestade de areia soterrou a aldeia de Culbin inteira. "Um homem que lavrava teve de largar o arado no próprio sulco. Os ceifeiros do plantio de cevada tiveram de abandonar o trabalho sem terminá-lo. Em poucas horas o arado e a cevada estavam enterrados. A correnteza de areia, tal qual um poderoso rio, seguiu incessante e implacável, tomando campo após campo, vestindo todos os objetos com uma mortalha."³ Até mesmo a mansão senhorial à margem da aldeia foi soterrada para nunca mais ser vista. Mais de 250 anos depois, Carron, Bridget e Jean encontraram garrafas, fivelas, pederneiras, pedra de isqueiro e outras relíquias daquele povoado, perdidas na areia. Umas poucas moitas de capim selvagem enraizaram-se, mas afora isso viam-se apenas rodopios de areias andantes.

Uma parte elegante da taverna era a ala toda de pedra construída no século XIX; porém o mais impressionante elemento de Binsness consistia de sua espetacular posição perto do mar e de seu exótico *arboretum* plantado pela família Chadwick, que viajou a lugares longínquos como o México e a Sibéria a fim de trazer mudas de árvores para Binsness. O foco decorativo principal era a alameda de teixos, majestosos arbustos de tonalidade verde-escura, suas formas cônicas enfileiradas por tamanho, os menores mais perto do mar, visto que o sal retardava o crescimento. Por mais de cem jardas, com uma faixa de grama no meio, a alameda chegava até o mar, que num dia bom se mostrava azul como o Egeu. A luz em Findhorn é de translucidez tão extraordinária que nos anos 1970 o grupo American New Age, fundou a Universidade da Luz com o fito de aproveitá-la em estudos. Depois que Louis viu o outro lado da baía em 1930, ele passou a sonhar em ser dono de Binsness, que parecia tão exótica como uma *villa* florentina com seu apurado jardim de contos de fada rodeado pelo areal. Quando inesperadamente foi posta à venda com a morte de James Chadwick, estudioso especialista do continente perdido de Mu, Louis comprou-a sem pensar duas vezes. Carron, servindo com a Guarda Escocesa na Alemanha, recebeu um telegrama: "Disseram-me que só um poeta ou um louco a compraria. Então comprei Binsness." Seria a Xangri-La de Louis.

A casa viria com 485 mil metros quadrados de terreno com mais orientações e regras políticas de uso, mas ele não tinha recursos para comprar o areal, então entrou em acordo com a Comissão Florestal, que plantou um pinheiral no solo instável, cobrindo de palha as mudas, tanto para a segurança quanto para mantê-las no lugar. Louis ficou com os direitos de caça de gamos e de galinholas e, claro, com a maravilhosa casa.

A curiosidade e a energia de Louis nunca esmoreceram. Estava sempre a fazer novos amigos e contatos, sempre conseguindo alguma coisa para alguém. John Wayne escreveu-lhe em 1950, depois que seu agente lhe recomendou visitar Louis – que imediatamente convidou o astro de cinema para a Thatched House Lodge. O círculo de amigos de Louis nunca diminuiu, e continuavam sempre uns tantos visitantes regulares como a Rainha Mary que permaneceu grande e leal amiga. Ela nunca deixou de mostrar interesses, mesmo em seus oitenta e quatro anos, contou Louis a Eisenhower em carta de julho de 1952. "Phyllis tinha um par de meias com os dizeres "I like Ike" nelas, e quando a Rainha Mary veio ontem aqui, pediu uma para ter em sua coleção privada de mementos que mantém em Windsor."[4] A Princesa Alice não precisava mais pegar o ônibus 73 do Palácio de Kensington para Richmond, tal como havia feito durante a guerra em razão do racionamento de gasolina. A simplicidade dos tempos da guerra e a despretensão continuaram a existir na Thatched House Lodge. "Era um lugar cheio de divertimento."[5] Por exemplo em 1950, os hóspedes de Louis e os amigos dos filhos do anfitrião foram obrigados a uma caça... ao tesouro. A tarefa deles era catar vinte e cinco itens específicos, que abrangiam um americano vivo, um ovo (menos o de galinhas), uma dentadura postiça completa, a assinatura de um clérigo, um cassetete manchado de sangue, um par de espartilhos, uma garrafa de cerveja Mann's, um retrato do Rei Farouk, duas combinações e a tradução italiana de "Não belisque minha perna, seu velho sujo careca!" Louis era feliz dividindo seu tempo entre a Thatched House Lodge e Binsness. Não era uma vida sossegada – que, aliás, nunca foi o que ele desejou.

Louis mantinha-se atarefado participando de vários conselhos de administração e de outros tantos serviços cívicos. Era um dos Vice Representantes (*Lieutenants*) do monarca em Londres, o que exigia representar o Rei em algumas funções cívicas, mas também em funções de menor monta, como a de presidir a Regata de Richmond.

O cargo de cortesão tomava-lhe pouco tempo, mas sua amizade particular com a família real continuava. O Rei e a Rainha mantinham contato, apesar de suas vidas não estarem mais intimamente entrelaçadas. George VI levaria as filhas à Thatched House Lodge e ocasionalmente seus netos, o Príncipe Charles e a Princesa Anne.

Louis contou a seu amigo Denis Wheatley mal poder crer que o mocinho adolescente que estivera aos seus cuidados em 1910 em Osborne, com a vida ameaçada pela influenza, era agora avô. Wheatley escreveu como ficou comovido pelo interesse de Louis pelos netos do Rei. "Compreendo bem que não possa vir almoçar na sua qualidade de um Tio Real. Estou certo de que será muito divertido para você receber a visita dos netinhos do seu velho amigo."[6] Lamentavelmente, Louis não viveu para conhecer os próprios netos. Bridget e Jean nunca tiveram filhos, e Carron casou-se com Monica Stourton depois da morte do pai. Tiveram quatro filhos – Louis, nascido em 1956, Jonathan, 1958, e os gêmeos: minha irmã Laura eu próprio, em 1960. Singularmente, a partir de Louis e de seus seis irmãos, houve apenas dois da terceira geração de meninos Greigs, bisnetos de Louis: meu filho Jasper Louis Carron, nascido em 1998 e o filho de Jonathan, George Louis Robert, nascido em 2003.

Apenas ocasionalmente Louis atuava como Gentleman Introdutor. Mas ainda conservava muitos amigos na corte, que o mantinham em dia com as novidades e mexericos. Seu amigo mais íntimo era Tim Nugget, *comptroller* do gabinete do *lord chamberlain*. (Mais tarde, ele proporia Carron como Gentleman Introdutor à Rainha Elizabeth II.) Louis costumava almoçar no White's onde muitos palacianos se encontravam informalmente, e foi lá, no fim dos anos 1940, que ele soube que o Rei estava seriamente doente. Os sintomas iniciais foram cãibras doloridas nas pernas, pelas quais apontava-se responsável o seu incessante consumo de cigarro. Louis lembrou de seu velho amigo do início, infeliz por estar doente e confinado ao leito – e as reminiscências do tempo em que tratara dele retornaram. Seu próprio conhecimento médico estava tão defasado que ele pouco podia oferecer em ajuda prática; passara-se quase meio século de sua formação de médico.

O Rei lutou contra a doença, mas foi batalha perdida, e em 1951 seu pulmão esquerdo inteiro precisou ser removido depois que foi detectado nele um tumor maligno. Louis acompanhou de perto todo o desenrolar do caso, oferecendo apoio e amizade, porém pouco havia que fazer, exceto vigiar e orar. O câncer tomara o controle, mas no fim foi uma trombose, um coágulo no coração, o que tirou a vida do Rei. Na manhã de 6 de fevereiro de 1952, após um dia de caçadas em Sandringham, George VI faleceu durante o sono. Winston Churchill traduziu o sentimento da nação num comovente discurso no rádio em 7 de fevereiro. "Durante os últimos meses o Rei caminhou ao lado da morte, como se o acompanhasse uma conhecida, que ele identificava e de quem não tinha medo... todos nós o víamos chegar ao fim de sua jornada." Para Louis foi o fim de uma amizade de quase meio século.

A Rainha Mary ficou, naturalmente, arrasada com a perda de outro filho. Estava com 84 anos e já presenciara três de seus filhos morrerem ou sumir no exílio. Louis imediatamente escreveu-lhe, quase sem acreditar que o Rei falecera com apenas 57 anos de idade.

> Bem-amada senhora,
> Nunca em minha vida peguei da pena com o coração mais pesado para uma tarefa mais impossível. Faz agora 46 anos da primeira vez que tive a honra de servir ao "Príncipe Bertie" em Osborne, e a notícia é um terrível choque. Mas quando penso em tudo que Vossa Majestade enfrentou e continua a enfrentar, meu coração sangra por mui corajosa e admirável senhora. Compreendo os momentos terríveis por que deveis estar passando. Majestade, confio que saibais o rochedo de estabilidade & força que vós sois para nosso povo. Pelo nosso bem, rogamos que tomeis todos os cuidados para convosco, como o exemplo perfeito que sois de majestosa conduta, dignidade e serenidade – de que neste momento tanto precisamos.[7]

A menininha de cabelos cacheados e olhos azul-claros que sentara junto a Louis em Wimbledon era agora rainha, a trineta da Rainha Victoria que permanecera no trono até 1901, quando Louis tinha 21 de idade. Louis nascera na era victoriana, e morreria no segundo período elizabetano. Elizabeth II com apenas 25 anos de idade investiu-se de seus deveres como digna filha de seu pai: corajosa, obediente e séria. Era fardo imenso para uma mulher tão jovem, mas ela surgiu calma, confiante, dedicada ao seu papel. Em 22 de fevereiro de 1952, Louis recebeu uma carta manuscrita de sua nova Soberana, causada pela mensagem que ele lhe enviara e onde ela manifestava surpresa por Louis e seu pai terem sido tão amigos por tanto tempo.

> Fiquei muito comovida com sua carta. Tem sido um conforto saber da solidariedade de tanta gente por toda parte. Meu pai era sem dúvida amado por seus súditos, que se tornaram seus amigos, e parece injusto não lhe ter sido permitido viver um pouco mais de tempo quando teve tão marcante recuperação com a cirurgia. Podemos ser agradecidos, no entanto, por ele ter morrido tão pacificamente após um dia de caça, fazendo o que ele mais gostava. Tudo parece tão inacreditável, e o fato de que eu estava tão longe torna ainda pior. Não fazia ideia que você esteve com ele por tantos anos – você sentirá muita falta; como nós.[8]

A amizade de Louis e Albert se fixara na mente de um grande número de pessoas, algumas das quais escreveram para Louis, cientes da proximidade deles e da perda que ele sentia. Philip Gardiner, um amigo de Louis, escreveu com suas condolências no dia em que o Rei morreu.

> Meus pensamentos de imediato se voltaram para você, Louis, ao saber da morte de Sua Majestade. Porque sei quão profundamente você deve sentir essa grande perda que de repente nos sobreveio a todos. Você fez tanto para fazer de Sua Majestade o que ele se tornou nesses quatorze anos e lhe deu tão bons conselhos, muito embora, por favor, não pense que minimizo a determinação, o esforço ou a coragem de SM. Assim mesmo, considero ter sido você quem o guiou & ajudou quando ele era jovem.[9]

Morto o Rei, era, como de praxe, o caso de vida longa para o Soberano, nessa circunstância a Rainha Elizabeth II. Louis foi convidado a fazer parte da nova corte, outra vez como Gentleman Introdutor. Seria o quarto e derradeiro monarca a quem ia servir.

Porém o que ocupava a mente de Louis mais que qualquer outra coisa era a sua própria saúde em decadência. Louis também foi diagnosticado com câncer. Os médicos fizeram numerosos exames, e em novembro de 1952 ele foi internado numa casa de saúde e submetido a uma cirurgia em dezembro. Louis ficava a maior parte do tempo confinado ao leito e pouco se podia fazer; lentamente ia enfraquecendo e piorando. Seu secretário enviava cartas e mais cartas pedindo desculpas por ele estar demasiado doente para comparecer a reuniões, festas e eventos de todo tipo que haviam preenchido a correria de sua antiga vida.

No entanto, seus deveres para com a realeza não estavam totalmente findos. O secretário particular da Rainha, Tommy Lascelles, escreveu a Phyllis em março de 1953, quando Louis estava no hospital, pedindo que ele cumprisse uma última tarefa para seu falecido Rei: contar suas lembranças do jovem príncipe Albert a John Wheeler-Bennet, seu biógrafo oficial.

> As três Rainhas e todos nós aqui estamos imensamente pesarosos ao ler nos jornais quão grave é a enfermidade de Louis. A senhora sabe que tem toda nossa simpatia.
>
> Quero mencionar algo que estava a ponto de lhe escrever. John Wheeler-Bennet (vide o Who's Who) terá autorização para escrever uma biografia do Rei George VI. Estive preparando uma lista daqueles com quem seria necessário conversar a respeito do Rei – especialmente sobre os dias de juventude – e o nome de Louis está no topo dessa anotação.
>
> Se Louis estivesse bem, sei que ele ajudaria W-B quanto a isso, e que o faria com prazer; e sei que ele é, sem a menor dúvida, a única pessoa que ainda pode fazer um genuíno retrato íntimo da vida do Rei quando Duque de York.
>
> Mas não tenho ideia se é possível para ele ter agora até mesmo uma curta conversa com W-B; assim, seria grande gentileza sua dizer-nos francamente. Se a senhora não vir possibilidade nisso (penso que assim vá nos dizer), de imediato explicarei à Rainha Mãe; ela está naturalmente muito ansiosa para que Louis e W-B se encontrem, mas considera-se também preparada para ouvir que essa reunião estaria além das forças de Louis.[10]

Louis conseguiu receber Wheeler-Bennet e relatou-lhe como havia "injetado ânimo" no jovem príncipe; mas o cansaço impediu-o de dedicar-lhe mais do seu tempo como gostaria. Louis abominava estar preso ao leito. "Vexatória e odiosa sensação a de estar doente, mas suponho que todos descubramos isso mais cedo ou mais tarde," escreveu em dezembro de 1952 a Denis Wheatley. Detestava o cansaço, os cancelamentos, e mais que tudo ver sua família tão triste. Phyllis, cuja vida havia girado em torno de Louis, estava arrasada. Quando ele ainda estava acamado no hospital, a Rainha

Mary mandou-lhe um travesseirinho de bebê, em linho bordado, para ele descansar a cabeça, esperando deixá-lo um pouco mais confortável. Seria a última vez que Louis ouviria sobre ela, e ela sobre ele, depois que ele ditou de seu leito de enfermo uma carta para o secretário particular dela, o major John Wickham, em 8 de dezembro de 1952. "Por favor desculpe esta carta de segunda mão que lhe envio hoje, mas eu gostaria que Sua Majestade soubesse quão absolutamente comovido fiquei pelo interesse que ela teve pela minha condição de saúde. É tão dela, se assim posso dizer, fazer aumentar minha afeição pela mais bondosa senhora que conheci na vida."[11]

Conforme os últimos dias de Louis iam se aproximando, cada vez mais cartas e cartões chegavam. Nas vésperas do Ano Novo, a Rainha e o Príncipe Phillip enviaram flores. "Estou na lista de doentes e posso continuar por algum tempo," escreveu a um amigo. Jimmy Durante, Bud Flanagan, o general Eisenhower, colegas do HMS Cumberland, velhos amigos de Glasgow – todos enviaram mensagens depois que sua doença foi noticiada nos jornais. Enquanto sua vinda ao mundo fora um evento despercebido fora do círculo familiar, seus últimos dias e sua morte, em 1º de março de 1953, constaram das páginas da maioria dos jornais. "Morre Amigo de Três Reis" foi a manchete do *Daily Express* no dia. A Rainha Elizabeth, Rainha Mãe, enviou um telegrama a Phyllis: "Profundamente desolada sabendo do grande pesar que vos abateu, envio-lhe e à sua família sinceras condolências. Sei o quanto o Rei estaria triste e serei sempre grata pela lealdade e amizade que Sir Louis mostrou por tantos anos."[12]

Louis nunca teve uma visão triunfalista da própria vida. Perto do fim, ele aquilatou toda a sua existência e escreveu a Phyllis com mão débil a lápis, numa folha de papel, o que era para serem os derradeiros momentos da sua vida.

Para minha amada esposa – *moriturus te saluto*.
Fui levado a esquadrinhar meus cinquenta anos passados e não estou animado. Sempre deplorei que mesmo vindo de uma família com mãe

Anos finais

incrivelmente benévola e religiosa, não desenvolvi maior consciência de religião. Bem verdade que tive uma filosofia que suponho ter seguido, leve mas consideravelmente. Podia estar incorporada nas orações que costumava fazer quase sempre mecanicamente, porém às vezes com um fervor que me surpreendia.

> Se eu viver, oh Deus, mantém-me honesto e certo
> Corajoso e sincero sempre e onde quer que esteja
> Que eu seja bom e caridoso nas coisas normais da vida
> De forma a causar o menos de infelicidade possível
> E criar toda a felicidade de que for capaz.

Soa bem, mas tenho em mim a desconfortável sensação de não merecer nenhum crédito por essa filosofia ou por meus minguados esforços em praticá-la; pois detesto ver as pessoas infelizes, amo vê-las felizes. E dentro das minhas possibilidades de ajudá-las a terem essa felicidade – numa espécie de sadismo ao reverso – fiz tão pouco para isso.

Tive um quinhão extra de felicidade nesta vida, e como agora estou numa idade em que o Ônibus Celestial pode legitimamente parar para me pegar, minha filosofia, com a aproximação dele, evolui mais para uma atitude mental do que para uma crença. Rezo para quando morrer ter coragem e resignação para enfrentar a dor e a morte; ter fé, serenidade, e paz para o encontro do amanhã desconhecido.

E com a certeza de que Deus é amor e portanto é misericordioso, posso acalentar a esperança – rogo por isso – de que um dia, quando eu tenha cumprido minha sentença pelos pecados cometidos na trilha da vida e, quando Deus for servido, me permita subir a Montanha da Redenção e contemplar os domínios do mundo do Rei celestial.

Surpreendentes pensamentos de temor para um homem que tanto alcançara e que teve uma vida tão fecunda. Para seu funeral, na St. Andrew's Church em Ham, no Surrey, todos os multifários filamentos de sua vida se juntaram uma vez mais. Os cinco mais antigos membros da família real foram representados, assim como Winston Churchill, J. Arthur Rank, a Catford Corridas de Cães, o clube All-England Wimbledon de tênis, e o time de rúgbi da Escócia. Nas últimas fileiras estavam seis garçons do Dorchester, de cujo Conselho ele fora membro, que haviam tirado a manhã de licença para estar presentes. "Tônico foi amigo de dois Reis" disse a manchete do *Daily Mail*. O *Times* chamou-o "Um Amigo de Confiança da Família Real." No entanto sua vida foi mais, muito mais. Tinha sido jogador de rúgbi internacional, capitão do time da Escócia, o cirurgião que ajudou a salvar a vida do Rei, oficial da Marinha, piloto da Royal Air Force, articulador político de presidentes e primeiros-ministros. Foi prisioneiro e ferido na Primeira Guerra Mundial e teve desempenho influente nos bastidores da Segunda. O obituário do *Times* declarou que sua vida fora invejável. "Poucos homens no século XX tiveram vida mais completa e variada que a dele. Embora não fosse notável (como, aliás, ele sempre foi o primeiro a insistir]) por quaisquer destacadas qualidades intelectuais, teve encanto pessoal, coisa inesquecível e que se impõe."

Finis

Agradecimentos

Sou profundamente grato a sua majestade a Rainha Elizabeth II pela licença de referir-me a cartas inéditas do Rei George VI e a material dos Arquivos Reais. Imensa gratidão também a sua majestade a Rainha Elizabeth, Rainha Mãe, pela permissão de usar cartas inéditas suas e por conversar comigo sobre meu avô; e também a Sua Alteza Real o Duque de Kent igualmente pelo consentimento de transcrever cartas inéditas de seu pai.

Gostaria de agradecer às seguintes pessoas por terem generosamente concedido entrevistas, dado informação, parecer e permissão para citar material de sua propriedade autoral: Sir John Aird, Jon Barrat, Antony Beevor, Sarah Bradford, Anna Brüning, Jean Buckberry da RAF em Cranwell, Lord Callaghan of Cardiff, Dame Barbara Cartland, Ann e Mike Bemis, Adrienne Connors, Artemis Cooper, Joseph Cooper, Lord Charteris of Amisfield, Lady Margareth Colville, Lady Cromer, Roseanne Cuninghame, comandante North Dalrymple-Hamilton, Caroline Donald, Caroline Erskine, Sir Edward Ford, Jack Fitch, Caroline Gascoigne, Martin Gilbert, Vanessa Green, David Greig, Susan Greig, John Grigg, Blyth Harvey, Humphrey Hawksley, Lady Pamela Hicks, almirante Sir Ian Hogg, Anthony Howard, James Ireland, Chris Jakes, coronel Sir John Johnston, Iain Johnstone, Peter Kemp, Lord Laing of Dunphail, Mrs Derek Lawson, Lord e Lady Longford, Nancy, Lady Maclay, Caroline Marçal, Emily Monson, Tessa Miller-Stirling, Lady Murray, Dame Felicity Peake, Lady Penn, Laura Ponsonby, Caroline Ponsonby, Pamela Ramsay, Michael Reynolds, Sir Robert Rhodes-James, Mrs Michael Ritchie,

Kenneth Rose, Gordon Sinclair, John Scrimgeour, Pam Snagge, John Stourton, conde de Strathmore, Mrs Charles Strutt, visconde Stuart of Findhorn, Sir Michael Thomas, Sir Michael Thornton, major Peter Verney, Lord Wigram, Philip Williamson, Cheryl Younson, Philip Ziegler.

Saliento dois livros como modelos de biografia, que foram guias essenciais durante minha pesquisa: *King George V*, de Kenneth Rose e *King George VI*, de Sarah Bradford. Ambos são de prestígio acadêmico, populares e autorizados, capturando tanto a ampla dimensão quanto os finos detalhes da vida dos monarcas e de seus reinados. Sou grato a ambos os autores.

Matéria com *copyright* de Ramsay MacDonald Papers foi reproduzido com permissão da executora do falecido Malcolm MacDonald. As cartas escritas por Edward, Príncipe de Gales, foram reproduzidas por permissão de L'Institut Pasteur, Paris. Versos do *Rat Week* de Osbert Sitwell foram reproduzidos por gentil permissão de seu testamenteiro literário, Frank Magro; cartas de Winston Churchill, por amável permissão de C & T Publications Ltd; extratos dos diários de Cecil Beaton, por generosa permissão de parte dos testamenteiros literários do falecido Cecil Beaton.

Os quadros das seguintes organizações e institutos foram sempre de muita ajuda: The Bodleian Library, Oxford University; Birmingham University Library; The Eisenhower Library, Abilene, Texas; Cambridge University Library; Glasgow Academy; Merchiston Castle School, Edimburgo; Columbia University, Nova York; The Theatre Museum; News International Library; Lambeth Palace Library; Wimbledon All-England Lawn Tennis Club; Glasgow Academy; Glasgow University; The Cabinet War Rooms; Churchill College, Cambridge; The Imperial War Museum; The Public Record Office, Kew. Gostaria, em especial, de agradecer à Royal Archives do Castelo de Windsor, onde Lady de Bellaigue, a arquivista, e Oliver Everett, o encarregado assistente dos Arquivos, foram gentis, pacientes, expeditos e generosos com seu tempo.

David Mills leu meus primeiros rascunhos e foi encorajador e aprobativo. Philip Williamson leu os capítulos sobre Ramsay MacDonald,

Agradecimentos

e Julian Thompson, os da Primeira Guerra Mundial; ambos ajudaram a eliminar erros. James Adams proporcionou a tão necessária percepção mais arejada de perspectiva. Dois outros cavalheiros também leram cuidadosamente o manuscrito mas preferem ficar anônimos. Eles sabem a quem me refiro e que lhes sou muitíssimo grato. Hugo Vickers foi também extremamente generoso com seu tempo e seu conhecimento. Pelos erros que permanecem, só a mim se deve responsabilizar.

Este livro não teria sido escrito sem a energia e o entusiasmo do meu agente Ed Vitor e do meu editor original Roland Philipps. Agradeço a Roseanne Boyle, Karen Geary e Kate Miles da Hodder & Stoughton. E também devo agradecer ao meu novo editor, Ruperth Lancaster, por seu pedido de publicar esta nova versão de meu livro.

Finalmente, gostaria de agradecer a minha família, em especial minha mãe e meu pai, que, vibrantes, viram este livro evoluir desde minhas primeiras sondagens nas caixas e arquivos empoeirados no sótão deles.

Acima de tudo, quero agradecer à minha mulher Kathryn, a quem devo mais do que posso expressar.

As fotografias são cortesia do autor. Fontes adicionais: Getty Images, *Illustrated London News*, Times Newspaper Library, Topham.

Bibliografia

Bain, George, *The Culbin Sands, The Story of a Buried Estate*, Nairnshire Telegraph Office, (sem data)
Bradford, Sarah, *King George VI*, Weidenfeld and Nicolson, (1989)
Bradford, Sarah, *Elizabeth: a Biography of her majesty the Queen*, Heinemann, (1996)
Airlie, Mabel, Condessa de, *Thatched with Gold*, Hutchinson, (1962)
Alice, SAR Princesa, Condessa de Athlone, *For my Grandchildren*, Evan Bros, (1966)
Battiscombe, Georgina, *Queen Alexandra*, Constable, (1969)
Cartland, Barbara, *We Danced All Night*, Hutchinson, (1970)
Churchill, Winston, *The World Crisis 1911-1914*, Heinemann, (1923)
Clark, Alan, (ed.), *A Good Innings, The Private Papers of Viscount Lee of Fareham*, John Murray, (1974)
Cleather, Norah Gordon, *Wimbledon Story*, Sporting Handbooks Ltd, (1947)
Collonette, C.L., *A History of Richmond Park*, Sidgwick & Jackson, (1937)
Colville, Lady Cynthia, *A Crowded Life*, Evans Bros, (1963)
Colville, Sir John, *Fringes of Power: Downing Street Diaries 1939-1955*, Hodder & Stoughton (1982)
Cooper, Artemis, *Cairo in the War 1939-1945*, Penguin (1989)
Cooper, Joseph, *Facing the Music: An Autobiography*, Weidenfeld and Nicolson, (1979)
Cunningham Reid, Alec, *Planes and Personalities*, Phillip Allan, (1920)
Curjel, Comandante H.E.D., "Profile of Louis Greig," *Journal of the Royal Naval Medical Service*, vol. 59, (1973)
Dalton, Hugh, *The Fateful Years, 1931-1945*, Muller (1957)

Darbyshire, Taylor, *The Duke of York, An Intimate & Authoritative Life-Story*, Hutchinson, (1929)

Donaldson, Frances, *Edward VIII*, Weidenfeld and Nicholson, (1974)

Fergusson, Niall, *The Pity of War*, Allen Lane, (1998)

Figes, Orlando, *A People's Tragedy: The Russian Revolution, 1891-1924*, Jonathan Cape, (1996)

Forbes, Grania, *My Darling Buffy*, Richard Cohen Books, (1997)

Frankland, Noble, *Prince Henry, Duke of Gloucester*, Widenfeld and Nicolson, (1980)

Gilbert, Martin, *Winston Churchill, volume III 1914-1916*, Heinemann, (1971)

Gilbert, Martin, *The Twentieth Century, volumes I & II*, HarperCollins, (1997 e 1999)

Gilbert, Martin, *Winston Churchill, a Life*, Henry Holt, (1991)

Gillies, Donald, *Radical Diplomat, The Life of Archibald Clark Kerr, Lord Inverchapel, 1882-1951*, I.B. Tauris, (1999)

Godfrey, Rupert (ed.), *Edward, Prince of Wales, Letters from a Prince, March 1918 - January 1921*, Little, Brown and Co, (1998)

Gore, John, *King George V, a Personal Memoir*, John Murray, (1941)

Hardinge, Helen, *Loyal to Three Kings*, William Kimber, (1967)

Hart-Davis, Duff (ed.), *In Royal Service: The Letters and Journals of Sir Alan Lascelles 1920-1936, vol. II*, Hamilton, (1989)

Howarth, Patrick, *King George VI*, Hutchinson, (1988)

Judd, Dennis, *King George VI*, Michael Joseph, (1982)

Longford, Elizabeth, *The Queen Mother*, Weindenfeld and Nicolson, (1981)

Massie, Allan, *Glasgow: Portraits of a City*, Barrie & Jenkins, (1989)

Macaulay, Duncan, *Talking to Sir John Smyth, Behind the Scenes at Wimbledon*, Collins, (1965)

Marquand, David, *Ramsay MacDonald*, Jonathan Cape, (1977)

McLeave, Hugh, *The Last Pharaoh: The Ten Faces of Farouk*, Michael Joseph, (1969)

McLeod, Kirsty, *Battle Royal: Edward VIII and George VI, Brother Against Brother*, Constable, (1999)

Middlemas, Keith, *The Life and Times of George VI*, Weidenfeld and Nicolson, (1974)

Miller, Ruby, *Champagne from my Slipper*, Herbert Jenkins, (1962)
Mortimer, Penelope, *Queen Elizabeth: A Life of the Queen Mother*, Viking, (1986)
Nicolson, Sir Harold, *King George V His Life and Reign*, Constable, (1952)
Peake, Dame Felicity, *Pure Chance, Memoirs of the First Director of the Women's Royal Air Force*, Airlife, (1993)
Pimlott, Ben, *The Queen: A Biography of Elizabeth II*, HarperCollins, (1996)
Pope-Hennessy, James, *Queen Mary*, George Allen and Unwin, (1959)
Preston, Harry, *Memories*, Constable & Co, (1928)
Pudney, John, *His Majesty King George VI, a study*, Hutchinson, (1952)
Reid, Michaela, *Ask Sir James*, Hodder and Stoughton, (1987)
Rhodes James, Robert, *Chips: The Diaries of Sir Henry Channon*, Penguin, (1967)
Rhodes James, Robert (ed.) *Memoirs of a Conservative: J.C.C. Davidson's Memoirs and Papers 1910-1937*, Weidenfeld and Nicolson, (1969)
Rhodes James, Robert, *Undaunted: The Political Role of George VI*, Little, Brown, (1998)
Rose, Kenneth, *King George V*, Weidenfeld and Nicolson, (1983)
Rose, Kenneth, *Kings, Queens & Courtiers*, Weidenfeld and Nicolson, (1985)
Scrimgeour, Alexander, *The Diaries and Letters 1914-1916*, edição privada, (1925)
Shaughnessy, Alfred, *Both Ends of the Candle*, Robert Clark, (1978)
Smyth, J.G., Brigadier, *Lawn Tennis*, B.T. Batsford, (1953)
Steel, Nigel & Hart, Peter, *Tumult in the Clouds, The British Experience of the War in the Air 1914-1918*, Hodder & Stoughton, (1997)
Stuart, Visconde Findhorn, *Within the Fringe, An Autobiography*, The Bodley Head, (1967)
Summersby, Kay, *Eisenhower was my Boss*, Prentice-Hall, (1948)
Symons, Julian, *The General Strike*, The Cresset Press, (1957)
Thornton, Michael, *Royal Feud*, Joseph, (1985)
Tilden, William T., *My Story, a Champion's Memoirs*, Helman Williams Co, (1948)
Tinling, Ted, *Tinling: Sixty Years in Tennis*, Sidgwick & Jackson, (1983)
Waterhouse, Nourah, *Private and Official: Reminiscences of Sir Ronald Waterhouse*, Jonathan Cape, (1942)

Wheeler-Bennet, Sir John, *King George VI: His Life and Reign*, Macmillan, (1958)

Williamson, Philip, *National Crisis and National Government: British Politics, the Economy and Empire 1926-1932*, Cambridge University Press, (1992)

Windsor, Sua alteza Real o Duque de, *A King Story*, Cassel & Co, (1951)

Ziegler, Philip, *Mountbatten*, Collins, (1985)

Ziegler, Philip, *King Edward VIII: the official biography*, Collins, (1990)

Ziegler, Philip, *Osbert Sitwell*, Chatto and Windus, (1998)

Notas

Prólogo

1. Muriel Spark, *The Prime of Miss Jean Brodie* (1961).
2. Entrevista com o Conde de Longford, 7 março 1997.
3. Conversas com Lord Callaghan de Cardiff, maio 1998.
4. Diários de Sir Bryan Godfrey-Faussett, Churchill College, Cambridge.

Capítulo 1

1. Entrevista com Nancy, Lady Maclay, junho 1998.
2. *Ibid*.
3. Documentos da família Greig.
4. Arquivos da Academia de Glasgow.
5. Informação de Sir Carron Greig.
6. Allan Massie, Glasgow Portraits of a City.
7. *Ibid*.
8. Documento inédito baseado em pesquisa de Jack Fitch

Capítulo 2

1. Sir John Wheeler-Bennett, *King George VI: His Life and Reign* (1958).
2. Sir Harold Nicholson, *King George V: His Life and Reign* (1952).
3. Sarah Bradford, *King George VI* (1989).
4. SAR Duque de Windsor, *A King's Story* (1951).
5. *Ibid*.
6. Imperial War Museum, *Ships in a Bottle*, memórias inéditas do Comandante F.S.W. de Winton, IWM 85/44/1.
7. Bradford, op. cit.
8. *Liverpool Daily Post*, s.d.
9. *Ibid*.
10. Wheeler-Bennett, op. cit.
11. Entrevista do autor com Lord Wigram, junho 1997.
12. Bradford, op. cit.
13. James Pope-Hennessy, *Queen Mary* (1959).

14. Windsor, op. cit.
15. *Ibid*.
16. Bradford, op. cit.
17. Wheeler-Bennett, op. cit.
18. Bradford, op. cit.
19. Carta para Anna Greig, 1909. Documentos Greig.
20. Carta de Arthur Greig para Anna Greig, 8 março 1909. Documentos Greig.
21. Pope-Hennessy, op. cit.
22. Royal Archive, Windsor: Royal Archives, George V, AA 58 143
23. Nicolson, op. cit.
24. Martin Gilbert, *A History of the Twentieth Century*, Volume One, 1900-1933 (1997)
25. Wheeler-Bennett, op. cit.
26. Arthur Bigge em carta a Louis Greig. Documentos Greig.
27. Entrevista do autor com o Visconde Stuart de Findhorn, agosto 1998.

Capítulo 3

1. Imperial War Museum, PP/ MCR/318 rolo 1/Francis Lambert.
2. Bradford, op. cit.
3. Kenneth Rose, *Kings, Queens and Courtiers* (1985).
4. Wheeler-Bennett, op. cit.
5. Taylor Darbyshire, *The Duke of York, An Intimate and Authoritative Life-Story* (1929)
6. Frederick Dalrymple-Hamilton, diários inéditos.
7. *Ibid*.
8. *Ibid*.
9. *Ibid*.
10. Entrevista do autor com Lord Charteris de Amisfield, junho 1997.
11. *Toronto News*, 6 junho 1913.
12. RA GVI (diários).
13. Wheeler- Bennett, op.cit.
14. Darbyshire, op. cit.
15. Diários de Louis Greig. Documentos Greig.
16. RA GVI (diários).
17. Wheeler-Bennett, op. cit.
18. Martin Gilbert, *Winston Churchill: A Life* (1991)
19. Comandante H. Hamilton, Imperial War Museum RN, MS75/41/1, s.d.

Capítulo 4

1. Martin Gilbert, *Winston S. Churchill, Volume III, 1914-1916*, (1971).
2. Louis Greig, diário de guerra. Documentos Greig.

3. Winston Churchill, *The World Crisis* (1923).
4. *Ibid.*
5. Gilbert, *Winston S. Churchill, Volume III, 1914-1916*, (1971).
6. *Ibid.*
7. *Ibid.*
8. Major-General Julian Thompson, carta ao autor, dezembro 1998.
9. Louis Greig, diário de guerra.
10. Entrevista do autor com Nancy, Lady Maclay, junho 1998.
11. Churchill, op. cit.

Capítulo 5

1. Louis Greig, diário de guerra.
2. Penny Pictorial, 25 setembro 1915.
3. Louis Greig, diário de guerra.
4. Bradford, op. cit.

Capítulo 6

1. Darbyshire, op. cit.
2. Wheeler-Bennett, op. cit.
3. Louis Greig, diário de guerra.
4. Wheeler-Bennett, op. cit.
5. Windsor, op. cit.
6. Wheeler-Bennett, op. cit.
7. Bradford, op. cit.
8. *Ibid.*
9. *Ibid.*
10. *Ibid.*
11. Wheeler-Bennett, op. cit.
12. Bradford, op. cit.
13. *Ibid.*
14. príncipe Albert em carta a Louis Greig. Documentos Greig.
15. *Ibid.*
16. Documentos Greig.
17. Documentos Greig.
18. Wheeler-Bennett, op. cit.
19. Bradford, op. cit.
20. Documentos Greig.
21. Bradford, op. cit.
22. *Ibid.*
23. *Ibid.*
24. Wheeler-Bennett, op. cit.
25. *Ibid.*

26. *Ibid.*
27. RA GV AA 60/249
28. Entrevista do autor com Lord Wigram, filho do secretário particular assistente do Rei, junho 1997.
29. RA GV AA 60/251.
30. Documentos Greig, 20 agosto 1997.
31. *Ibid*, 1º setembro 1917
32. *Ibid.*
33. *Ibid.*
34. RA GV AA 60/257.
35. RA GV AA 60/257.
36. RA GV AA 60/260.
37. Documentos Greig.
38 Wheeler-Bennett, op. cit.
39. Visconde Stuart de Findhorn, *Within the fringe* (1967).

Capítulo 7

1. Rose, op. cit.
2. Documentos Greig.
3. Rose, op. cit.
4. Documentos Greig.
5. RA GV AA 64/iii/118.
6. Rose, op. cit.
7. RA GV 64/iii/119.
8. Documentos Greig.
9. Bradford, op. cit.
10. Kenneth Rose, *King George V* (1983).
11. Carta de Louis Greig à mulher. Documentos Greig.
12. Documentos Greig.
13. *Ibid.*
14. Rose, op. cit.
15. *Ibid.*
16. Documentos Greig.
17. Georgina Battiscombe, *Queen Alexandra* (1969).
18. *Ibid.*
19. Documentos Greig.
20. Entrevista do autor com Lord Wigram, maio 1997.
21. Rose, op.cit.
22. *Ibid.*
23. Battiscombe, op. cit.
24. Rose, op. cit.

Capítulo 8

1. Bradford, op. cit.
2. Nigel Steel & Peter Hart, *Tumult in the Clouds, The British Experience of the War in the Air 1914-1918* (1997).
3. Bradford, op. cit.
4. RA GV AA 60/280.
5. *Ibid.*
6. RA GV CC 10/273.
7. RA GV AA 60/292.
8. RA GV CC 10/278.
9. Wheeler-Bennett, op. cit.
10. Documentos Greig.
11. Rascunho do script da BBC, 7 abril 1952. Documentos Greig.
12. John Pudney, *His Majesty King George VI, a study* (1952).
13. Documentos Greig.
14. *Ibid.*
15. Bradford, op. cit.
16. *Ibid.*
17. *Ibid.*
18. Script da BBC, op. cit.
19. Steel & Hart, op. cit.
20. *Ibid.*
21. Comandante R.B. Caswell, History of the RAF, conferência não publicada feita no Royal Naval Staff College, Greenwich (1937). PRO AIR 1 682 2/13/2215.
22. Documentos Greig.
23. *Ibid.*
24. *The Times*, obituário, 3 dezembro 1957.
25. Edward, Príncipe de Gales, *Letters from a Prince, march 1918-january 1921*, editado por Rupert Godfrey (1998).
26. *Ibid.*
27. príncipe Albert em carta à Rainha Mary, 20 junho 1918. RA GV / CC 10 /284
28. Entrevista do autor com Lady Margareth Colville, junho 1997.
29. PRO Air 2 90. National Archives
30. Wheeler-Bennett, op. cit.

Capítulo 9

1. RA GV AA 60/362.
2. Wheeler-Bennett, op. cit.
3. *Ibid.*
4. RA GV AA 60/373

5. Louis escrevendo do Palais de Bruxelles. Greig papers.
6. Alec Cunningham Reid, *Planes and Personalities* (1920).
7. Wheeler-Bennett, op. cit.
8. Edward, Príncipe de Gales, op. cit.
9. *Ibid.*
10. *Ibid.*
11. *Ibid.*
12. Rose.
13. Edward, Príncipe de Gales, op. cit.
14. *Ibid.*
15. *Ibid.*
16. Documentos Greig.
17. Diários de Greig
18. Bradford, op. cit.
19. PRO AIR 111/21/15/1/103.
20. *Ibid.*
21. Bradford, op. cit.
22. *Ibid.*
23. Wigram, op. cit.
24. Wheeler-Bennett, op. cit.
25. Diários de Greig.
26. RA GV CC 11/15.
27. RA PS/GV/O1955/1.
28. Noble Frankland, *Prince Henry, Duke of Gloucester* (1980).
29. Wheeler-Bennett, op. cit.
30. *Ibid.*
31. *Ibid.*
32. Wigram, op. cit.

Capítulo 10

1. Harry Preston, *Memories* (1928).
2. *Ibid.*
3. William T. Tilden II, *My Story, A Champion's Memoirs.*
4. Documentos Susan Greig.
5. Ruby Miller, *Champagne from my Slipper* (1962).
6. Visconde Stuart, op. cit.
7. Informação particular.
8. Bradford, op. cit.
9. Diário de Greig.
10. Sir Godfrey Thomas, memórias inéditas.
11. Diários de Cecil Beaton, trecho não publicado
12. Thomas, op. cit.

13. Documentos Lord Cromer.
14. Rose, op. cit.
15. Greig (diários).
16. Wigram, op. cit.
17. Documentos MacDonald, National Archives PRO 30/69 1753/2.
18. Mabel, Condessa de Airlie, *Thatched with Gold* (1962).
19. Robert, Rhodes James (ed.), *Memoirs of a Conservative: J.C.C. Davidson's Memoirs and Papers 1910-1937* (1969).
20. Rose, *Kings, Queens and Courtiers*.
21. *Ibid.*
22. Rose, *King George V.*
23. Rose, *Kings, Queens and Courtiers*.
24. *Ibid.*
25. Documentos Cromer.
26. *Ibid.*
27. *Ibid.*
28. Bradford, op. cit.

Capítulo 11

1. Entrevista do autor com o Visconde Stuart, 15 agosto 1997.
2. Grania Forbes, *My Darling Buffy* (1997).
3. Elizabeth Longford, *The Queen Mother* (1981).
4. Bradford, op. cit.
5. *Ibid.*
6. *Ibid.*
7. Windsor, op. cit.
8. Donald Gillies, *Radical Diplomat, the Life of Archibald Clark Kerr, Lord Inverchapel, 1882-1951* (1999).
9. *Ibid.*
10. Wigram, op. cit.
11. *Ibid.*
12. Wigram, op. cit.
13. Dalrymple-Hamilton, op. cit.
14. Documentos Greig.
15. RA GV AA 61/156.
16. RA GV AA 61/157.

Capítulo 12

1. Documentos Cromer.
2. *Ibid.*
3. *Ibid.*
4. R.J.O. Adams, *Bonar Law* (1999).

5. Documentos particulares.
6. RA ADY 103.
7. *Ibid.*
8. Documentos Greig.
9. RA GV AA 61/187.
10. RA GV CC 11/49.
11. Wigram, op. cit.
12. Documentos Greig.
13. RA GV AA 61/188.
14. Documentos Greig.
15. *Ibid.*
16. *Ibid.*
17. *Ibid.*
18. *Ibid.*
19. *Ibid.*
20. *Ibid.*
21. *Ibid.*
22. *Ibid.*
23. Ben Pimlott, *The Queen: A Biography of Elizabeth II* (1997).
24. Diários Channon.

Capítulo 13

1. Entrevista do autor com Joseph Cooper, setembro 1998.
2. Documentos família Laing.
3. Documentos MacDonald, National Archives PRO 30/69.
4. Documentos família Lang.
5. Documentos MacDonald, National Archives PRO 30/69, 19 março 1923.
6. RA PS/GVO 1908.
7. *Ibid.*
8. Documentos MacDonald, National Archives PRO 30/69 197, 1º fevereiro 1924.
9. *The Times*, 22 maio 1937.
10. Documentos família Lang.
11. *Ibid.*
12. *Ibid.*
13. *Ibid.*
14. Conversa do autor com Sir Denis Thatcher, 29 abril 1998.
15. Philip Williamson, *National Crisis and National Government: British politics, the economy and empire 1926-1932* (1992).
16. *Ibid.*
17. *Ibid.*
18. Documentos MacDonald, National Archives PRO 30/69 1441.

19. Documentos Greig.
20. *Ibid.*
21. Williamson, op. cit.
22. Documentos H.A. Gwynne, Bodleian Library, Departamento Western Manuscripts.
23. Documentos Greig.
24. *Ibid.*
25. *Ibid.*
26. *Ibid.*
27. David Marquand, *Ramsay MacDonald* (1977).
28. *Ibid.*
29. Documentos H.A. Gwynne.
30. Williamson, op. cit.
31. *The Political Diaries of Hugh Dalton 1918-1940, 1945-1960* editado por Ben Pimlott, (1986).
32. Documentos MacDonald, PRO 30/69/678.
33. Documentos Greig.
34. Documentos MacDonald, PRO 30/69/678.
35. Documentos MacDonald, PRO 30/69/679.
36. Documentos Greig.
37. Cartas de Thomas Horder, 6 março 1932, RA Gv K 2344 14.
38. Documentos Greig.
39. Documentos MacDonald, PRO 30/69 680.
40. Thomas Jones, *Whitehall Diary*, Volume II (1969).
41. Documentos MacDonald, PRO 30/69/1444.
42. Documentos MacDonald, PRO 30/69/680.
43. Documentos MacDonald, PRO 30/69/679.
44. Documentos MacDonald, PRO 30/69/1444.
45. Documentos MacDonald, PRO 30/69.

Capítulo 14

1. Documentos Greig.
2. *Ibid.*
3. *Ibid.*
4. *Ibid.*
5. Documentos MacDonald, PRO 30/69/754.
6. Rose, *Kings, Queens and Courtiers.*
7. *Ibid.*
8. *Ibid.*
9. Documentos Greig.
10. Philip Ziegler, *Edward VIII* (1990).
11. Bradford, op. cit.

12. Duff Hart-Davis (ed.), *In Royal Service: The Letters and Journals of Sir Alan Lascelles, Volume II, 1920-1936.*
13. Sir John Aird, diários não publicados.
14. *Ibid.*
15. *Ibid.*
16. Documentos Cromer.
17. RA GV Extra 10/2921.
18. Ziegler, op. cit.
19. Airlie, op. cit.

Capítulo 15

1. Bradford, op. cit.
2. Diários de A.C. Don, Lambeth Palace.
3. Alfred Shaughnessy, *Both Ends of the Candle* (1978).
4. Bradford, op. cit.
5. Rainha Elizabeth, carta para Cosmo Lang, Arcebispo de Canterbury, transcrita por A.C. Don, Palácio de Lambeth.
6. Documentos Particulares.
7. Rose, *Kings, Queens and Courtiers.*
8. Martin Gilbert, *A History of the Twenteth Century, Volume 2, 1933-51* (1999).

Capítulo 16

1. Conversa do autor com Sebastian Cox, Ministério da Defesa, Seção História da Aviação.
2. Documentos Greig.
3. *Ibid.*
4. *Ibid.*
5. *Ibid.*
6. *Ibid.*
7. Rose, op. cit.
8. Diários de Victor Cazalet.
9. Documentos Greig.
10. *Ibid.*
11. *Ibid.*
12. *Ibid.*
13. *Ibid.*
14. *Ibid.*
15. *Ibid.*
16. *Ibid.*
17. *Ibid.*
18. RA PS/GVI/ C 342/G/13.
19. RA PS/GVI/C 342/6/45.

20. Entrevista do autor com Sir Edward Ford, abril 1998.
21. Hugh McLeave, *The Last Pharaoh: The Ten Faces of Farouk* (1969).
22. Patrick Telfer-Smollett, carta a Sir Carron Greig. Documentos Greig.
23. Documentos Greig.

Capítulo 17

1. Entrevista do autor com Joseph Cooper, setembro 1998.
2. Documentos Greig.
3. George Bain, *The Culbin Sands*.
4. Documentos Greig.
5. Entrevista do autor com Lady Margaret Colville, junho 1997.
6. Documentos Greig.
7. RA GV/CC 47/2590.
8. Documentos Greig, 22 fevereiro 1952.
9. *Ibid.*
10. *Ibid.*
11. *Ibid.*
12. Documentos Greig, 1º março 1953.

Índice

Abercorn, Duque de, 186
Aberdeen, 87
Adolph de Schaumburg-Lippe, Príncipe, 148
Adolphus-Friedrich II de Mecklenburg, 28
África do Sul, 18
Agadir, crise de, 33-4
Aird, Sir John 255-60
Airlie, Mabel, Condessa de, xviii, 174, 186-7
Albert de Schleswig-Holstein, Príncipe, 125
Albert, Príncipe, Duque de York: no Almirantado, 88, 92; antigermânico, 148-9; aparência, xv, 31, 37, 46, 154; torna-se aspirante naval em Osborne, 15; nascimento no York Cottage (14 dezembro 1895), xix, 19-20, 21-2, em Cambridge, 156-0, 181; infância 21, 22; no *Collingwood*, 47-9, 78, 86-9, 97; comparado com Edward, 16, 22-3, 32, 87-88, 131, 136, 152, 181; parabeniza LG por seu KBE, 249; corteja Elizabeth, xix-xx; Cranwell, 111, 129-36, 180; feito Duque de York, 158; no *Cumberland*, 31, 33-34, 269; colégio naval de Dartmouth, 32; decisão de entrar na Força Aérea, 110, 111; cirurgia de úlcera duodenal, 103-6; estudos iniciais em Sandringham, 15-16, 19, 22-2; noivado, 191-4; primeiro encontro com Elizabeth 186; lições de pilotagem, 134, 152-5; maçonaria, 179; festejos pela libertação francesa (1918), 146; batalha da Jutlândia 95-7; retorno triunfal do Rei Albert a Bruxelas, 144-6; genuvalgo, 23, 40, 268; e a exoneração de LG, 211-14; e o casamento de LG, 93, 94-5; Louis trata de sua doença, 28-30; e o *Malaya*, 98-9, 180; desposa Elizabeth 195-6; conhece LG, 13; citado erroneamente 237-8; pedido de casamento rejeitado; 187; parente de famílias reais europeias, 27-8; relacionamento com LG, xviii, xix-xx, 13, 16, 24, 36-7, 40-1, 85, 92, 98, 107, 116-7, 124, 132-6, 140-1, 154-5, 167-8, 194, 210, 217, 254, 300; conta com a mulher, xvii-xviii; doença grave ao servir durante a guerra, 78-9, 86-92, 93, 97-106; gagueira, 15, 19, 23, 31, 40, 49, 98, 153-4, 158, 167-8, 173, 280; campeonato de tênis, xv-xviii, 158, 215, 293; soube do retorno de LG do aprisionamento, 82-3; viaja pelos campos de batalha (1918), 146-7; transferido para Hastings (agosto 1918), 140; visita a Thatched House Lodge, 254; e Wallis Simpson, 257; e a questão Waterhouse, 204-9, 212; mulheres em sua vida (1918), 136-9, 141, 165-6, 168-71; caráter diligência, 32; hipersensível, 98; nervosismo, 131; timidez, 179, 280
Albert, Príncipe Consorte (bisavô de Albert) 4, 20, 155
Albert, Rei dos Belgas, 144-5
Aldershot, 133, 139
Alemanha: a Inglaterra declara guerra (5 de agosto 1914) 52, 86; expansão 271; queda do império 33; invade Luxemburgo (1914) 51; esforços dos judeus para emigrar 271-2; ódio nacional contra (Primeira Guerra Mundial) 125; portos do Mar do Norte 97
Alexander, Grão-Duque, 29
Alexandra (iate real), 173
Alexandra, Imperatriz da Rússia, 28
Alexandra, Rainha (avó de Albert) 26, 28, 105, 118, 121-2, 125, 203
Alexandria, 37
Alexei, Tsarevitch, 289
Alice, Princesa, 285, 297
Alice, Princesa de Hesse, 20
All-England Wimbledon Tennis Club, 267, 303
Almirantado: 47, 51, 56, 65; Albert incorporado ao, 88, 91; Estado-Maior de Guerra, 88
Alto-Comando alemão 29, 52, 77, 143-4
Amelia, Princesa, 250
Anne, SAR Princesa, 297
Antuérpia 52-60, 63, 65, 69, 82, 87, 116
Armistício, Comissão 149
Arquivos Reais, 204
Ascot, 171
Asquith, Arthur 56
Asquith, Herbert Henry 47-8, 51, 56, 125
Associação Anglo-Germânica (Deutsch-Englische Vereinigung) 272-3
Astor, J.J., 34
Attlee, Clement, 247, 293-4
Augusta (tia-avó de Albert), 26
Áustria, Itália declara guerra, 80-81
Bagehot, Walter: *The English Constitution*, 27
Baía de Biscaia 36, 41
Bailey, Sir Abe 226
Baldwin, Stanley 203, 223-4, 230-3, 256; coalizão, discussões 233-4; comparado com MacDonald

236; simpatia por MacDonald, 234
Ballantine, Mrs, 172
Balmoral, castelo de, 27, 111, 205
Báltico, 78
Barbados, 35, 42, 44-5
Baring, Helen Azalia "Poppy," 284
Baring, Sir Godfrey, 284
Barrington-Ward, Robin, 273
Batalha da baía de Chesme, 7
Batalha da Jutlândia, 95-7, 115
Batalha de Hogland, 7
Batalha do Heligoland Bight, 87
Batalha de Loos, 195
Batalha de Passchendaele, 175
Batalha do Somme, 122, 183
Battenberg, Príncipe Louis de (ver Mountbatten)
Battiscombe, Georgina, 122
BBC (British Broadcasting Corporation) 132, 291
Beaton, Cecil, 170
Beatty, David, almirante Conde, 97
Beaufort, Duquesa de, 281
Beaverbrook, Lord, 280
Bélgica: o tratado britânico com a, 52; deficiência de defesas, 55; os fuzileiros desembarcam na, 52, 55; neutralidade, 51, 55; prepara a própria reconstrução, 148;
Belgrado 203-8
Benes, Presidente Edouard, 283
Bennet, Arnold, 273
Berlin (navio de guerra), 34
Bermudas, 35, 45
Bertie, Lord, 115
Blériot, Louis, 127
Bolcheviques, 29
Bonar Law, Andrew, 189, 203, 204
Bonn, 149
Boulogne, 55
Bowes-Lyon, família, 193
Bowes-Lyon, Lady Elizabeth: Albert e Stuart competem por, 183-185; aparência, 185; infância, 186; educação, 186; noivado, 191-4; amizade com Dalrymple-Hamilton, 38; rejeita Albert, 187; casamento, 195-6; caráter; habilidade de se dar bem com as pessoas, 194; charme, 185, 187; autoconfiança, 185, 187; divertida 194; resoluta, 187, 195; vivacidade, 185
Bradford, Sarah 92, 129, 169 179
Bright Astley, Joan, 283
Brooke, Comandante Basil, 212, 215
Browning, General E.A.M., 279
Browning, Robert, 189, 231
Bruges, 145
Bruxelas, 144-5
Buchan, John, 230, 273
Buchanan, Jack, 168-70
Butler, J.R.M., 156-8
Cabinet War Rooms, Great George Street, Londres, 277-8, 282-3
Cairo, 288
Calais, 55

Callaghan, James, xviii
Câmara dos Comuns, 91, 224, 247
Câmara dos Lordes, 33, 281
Cambridge, University, 155-9, 175, 181
Campbell, John, 227-8
Canadá, 35, 42, 46, 283-6
Canárias, Ilhas, 35
Cannes, 217
Carron, Hugh, 68
Cartland, Barbara 180
Casa Branca, Washington, 286
Catarina, a Grande, 7
Cazalet, Victor, 281
Cecil, Lord Robert, 48
Cecil, Helen (mais tarde Hardinge), 187
Chadwick, James, 296
Chamberlain, Neville, 275, 281
Channon, "Chips," 185, 188, 192, 275
Charles I, Rei 250
Charles, SAR Príncipe de Gales, 46, 158, 297
Charlie, Chaplin, 43
Charteris, Martin, 40-41
Château de la Groupe, Antibes, 284
Château-Thierry, 145
Chequers, no Buckinghamshire, 238, 250-51
Cheyne, Sir Watson, 89, 101-2
Cholmondely, Marquês de, 265
Christ's College, Cambridge, 157
Churchill, Clementine, 48
Churchill, Sir Winston Spencer: 162, 230, 303; LG a respeito de, 242; no Almirantado, 47, 51, 56, 88; crise de Agadir, 47; e a conferência dos "Três Grandes," 192; e a Sala de Guerra do Gabinete, 278; debates em Cambridge, 157; e a morte de George VI, 299; seu "exército de espuma," 59-60; na Segunda Guerra Mundial, 285; e o cerco de Antuérpia, 55-8, 69; e Stuart, 184; tenta abrandar a corrida armamentista (1914), 47-8; greve nas docas galesas, 34; verba designada à família real, 201
Clark Kerr, Archie (mais tarde Lord Inverchapel) 188, 192-3
Clemenceau, Georges, 144, 146
Colville, Sir John, 161, 162, 281
Comintern, 229
Comitê de Defesa Imperial, 128
Commonwealth, 28
Connaught, Duque de, 96, 144
Convenção de Genebra, 64, 73
Conway (navio de treinamento), 24
Cooper, Joseph, 291, 293
Cortesãos, 174-5
Coryton, Marechal do Ar Sir Alec, 152, 154-5
Court Circular, 106, 192, 217; questão dos trajes da corte, 224-6
Coward, Nöel, 169
Cowes, Ilha de Wight, 47
Cromer, Lord, 118, 146, 171, 177, 180, 201-02, 217, 222, 259-60
Cromwell, Oliver, 28

Índice

Cruz Vermelha, 53-4, 75
Cunard, Sir Bache, 266
Cunningham-Reid, Alec 148
Curzon, Lord, 176, 203-6
Cust, Comandante Sir Charles, 110-11, 146
Daily Express, 302
Daily Mail, 214, 226, 228, 303
Daily Mirror, 37-8
Daily Province, 269
Daily Telegraph, 295
Dalrimple-Hamilton, Freddie, 31, 38-9, 172, 195-6
Dalton, Hugh, 236
Dartmouth, colégio naval, 32, 35
Davidson, John Colin Campbell, 174-5, 189-91, 193-4
Dawson, Bertrand, 92, 98, 104-5, 106, 110, 113
Dawson, Lord, 254
De Salis, 45
de Winton, Frank 36
Derby, Lord, 203
Desmatamento escocês, 10
Dia-D, invasão, 287
Diana, Princesa de Gales, 180
Dickens, Charles, 4, 114
Drina (navio hospital), 89
Duchess of York, navio de cruzeiro, 269
Dudley Ward, Freda 138
Dudley, Lord, 241-2
Duffering e Ava, Lord, 217
Dundee, Conde, 68
Dunquerque, 55, 57, 189
Durante, Jimmy, 302
E o vento levou (filme) 282
Eccentric Club, Londres, 168
Edward VII, Rei (avô de Albert), 16-17, 22, 32, 106, 114, 155-6, 165, 202
Edward VIII, Rei (mais tarde Duque de Windsor): a crise constitucional, 257-62; declarado Rei, 254; no exílio, 264, 286, 299; George VI e a condição de cadete 15-16; casa com Mrs. Simpson 256; tenta modernizar 121, 155; ver também Edward, Príncipe (irmão de Albert); Egbert, Rei de Wessex 28
Edward, Príncipe (irmão mais velho de Albert; conhecido como David): 89, 94, 114, 149-50, 196; e a ligação Albert/Sheila, 138-9; e a participação de Albert na Jutlândia, 95-6; antigermânico, 149; aparência, 22, 32, 88; aversão ao protocolo, 150; na zona de batalha (1914), 88; torna-se Príncipe de Gales, 32; e o Corpo Canadense, 144, 171; comparado a Albert, 16, 22-3, 32, 87-8, 131, 136, 152, 181; e a morte do Príncipe John, 151-2; aulas de voo, 152, 153; e as celebrações pela libertação francesa (1918), 145 ; desesperança de George V para com ele 167, 261; no Corpo de Guarda dos Granadeiros, 88,129; zomba da gagueira de Albert, 167-8; cadete naval, 15-16; popularidade, 32; rumores de estar comprometido com Elizabeth, 188; viagem pela Índia (1921),

177; ver também caráter de Eduardo VIII, Rei; charme, 22-3, 168, 257; irresponsabilidade, 32, 152, 173; loquacidade 22; egoísmo, 151-2, 251, 256, 263; vaidade, 32, 257;
Eisenhower, General Dwight D., 279, 287-8, 297, 302
Elgin, Lord, 176
Elizabeth, Duquesa de York: 261; ambição e força de vontade, xvii-xviii; aparência xvi; no jogo em Wimbledon de George VI e LG, xvi-xvii; nascimento da Princesa Elizabeth, xvii, 216-17; e a demissão de LG, 109-10, 213; ver também Bowes-Lyon, Elizabeth; Elizabeth, Rainha, a Rainha Mãe
Elizabeth, Princesa (filha mais velha de Albert), 41
Elizabeth, Princesa, nascimento, xvii, 216-17;
Elizabeth, Rainha (mais tarde Rainha Elizabeth, a Rainha Mãe): carta a Cosmo Lang, 266-7; e a morte de LG, 302; agradece Davidson pela carta e pelo conselho, 194; e os bombardeios de Londres na guerra, 280-81; torna-se Rainha, xvii, 299; e a morte do pai, 299, 300
Eslovacos, 275
Espanha, primeiros-ministros assassinados, 34
Esquadra de Alto-Mar alemã, 48, 78, 87
Esther, Lord, 32
Eton College, Berkshire, 253, 279
Exército alemão: e os refugiados belgas, 63; o sobrinho da Rainha Alexandra nele, 125; e o cerco de Antuérpia, 57,-60
Exército Francês, 52, 146
Fairbanks, Douglas, Junior 294
Família Real russa, 222
Família Real inglesa: antigermânica, 120; cortesãos, 27; gratidão a LG, 113-14; a Casa de Windsor, 125; entrelaçamento, 27-8; distanciamento da, 27, 116; russos 222; riqueza 27; Wigram, 176; Royal Flying Corps, 128,
Farouk, Rei 288-9, 297
Farquhar, Lord e Lady, 185
Fellow Travellers da direita, 273
Fenwick, Sir Townsend, 44
Ferdinand, Rei da Romênia, 203
Fisher, Lord, 121
Forbes, Grania: *My Darling Buffy*, 184
Força Aérea, lei de criação em 1917, 129
Força Expedicionária Britânica, 52, 56, 88, 171
Ford, Sir Edward, 288
Foreign Office, 205, 208
Fortnum & Mason, Piccadilly, 290
França, celebra sua libertação (1918), 146
Franz Ferdinand, Arquiduque, 48, 51, 78
Frazer, Sir William, 219
Freddy, Príncipe do Egito, 288
Frederick III, Imperador da Alemanha, 179
French, Marechal Sir John, 88
Gage, Lord, 188
Gaiety Girls, 166
Galsworthy, John 273
Gênova 38

George I, Rei da Grécia, 43, 203
George II, Rei 250
George V, Rei: 96-7, 103, 163, 266; e o noivado de Albert, 191, 192; e a cirurgia de Albert, 104-6; concede a LG a ordem CVO, 195, 197, 248; mudança do nome da família para Windsor, 124; fiscaliza os filhos em Cambridge, 156; Natal na York Cottage, 107, 113-14, 115-16; morte, 109-10, 254-5, 263; perde o ânimo com Edward, 195, 261; furioso com Albert sobre a demissão de LG, 211-12; o caso Harwood, 201; reforma na Câmara dos Lordes, 33; contusão em Hesdigneul, 91; inspeciona o *Collingwood* 86; LG estabelece ligação entre o Rei e MacDonald, 222-5; audiências com LG, 83, 85-6, 152, 155; modelo de monarca constitucional, 29; papagaio de estimação, Charlotte, 109-10; preconceito contra atrizes, 171-2; e o nascimento da Princesa Elizabeth, 216; septicemia, 106, 254; e caçadas, 118-119; e a vida social, 173-4; em Spithead, 33, 44; e seus súditos, 4; sucede ao trono, 32; tronos perdidos durante seu reinado, 28; percorre os campos de batalha (1918), 146-7; opinião sobre Mrs Simpson, 254-5; controvérsia sobre Waterhouse, 208-14; espiritismo, 120; *ver também* George, Príncipe de Gales
George VI, Rei: Coroação, 267-8; rei coroado, xvii; e seus súditos, 4; doença e morte, 298-9, 300; lealdade a Chamberlain, 281; popularidade, 291; sucede Edward, 262-4; e os bombardeios a Londres durante a guerra, 280-81; *ver também* Albert, Príncipe, Duque de York
George, Príncipe, Duque de Kent (irmão de Albert): 121, 203, 266; nascimento (1902), 22; morto em missão de voo, 286; visita Cranwell, 133;
George, Príncipe de Gales (pai de Albert): e a gagueira de Albert, 23; aparência, 17; torna-se Príncipe de Gales (1901), 22; caráter, 21; encoraja as relações Albert-LG, xviii, xx, 25, 32-3, 99, 108, 124, 152, 173, 196-7, 209; falta de demonstração afetiva, 21; modo para com os filhos 174; assiste Louis jogando rúgbi, 25-6; *ver também* George V, Rei
Gieves (fornecedor de uniformes), Savile Row, 17
Gilbert, W.S., 165
Gladstone, William Ewart, 20
Glasgow, Universidade 9-10, 54
Godfrey-Fausset, Sir Bryan, xviii, 91, 92, 96, 123-4, 134
Gordon Highlanders,80
Gorrel, Lord, 187-8
Governo de Coalizão Nacional, 236-7, 242-3, 247 }
Granadeiros, Guardas 129
Grande Esquadra, 89, 115
Grant, Sir Alexander, 196, 219, 246, 248; infância, 220; benfeitor generoso, 226-9; presente para a família real, 227; o trio Grant, Greig, MacDonald, 221; controvérsia sobre a dignidade de cavaleiro, 226-7, 246 }

Greig, Arthur (irmão de LG), 164, 170, 180
Greig, Sir Louis: e o namoro de Albert, xix-xx, 187-91, 193, 197-8; antifascista, 241; no casamento de Albert, 195, 196; alia-se a MacDonald e a Grant, 221; aparência, xv-xvi, 5-6, 18, 278; e uma corrida armamentista contra a Alemanha, 273; audiências com George V, 83, 85-6, 152, 155; começa a trabalhar para J. & A. Scrimgeour, 219; Binsness 296-7; nascimento (17 novembro1880), xii, x, 1, 4; nascimento de Bridget, 111; capturado pelos alemães, 64, 66, 85; infância, 5; compete em Wimbledon em dupla com Albert, xv-xviii; *comptroller* de Albert, 174, 199, 208-9; Cranwell, 111, 126, 129-36, 180; *Croix de Guerre*, 116; morte (1º de março 1953), 299, 302; morte da mãe, 80, 82; morte do Príncipe John, 150-1; retira "Leisler" de seu nome, 124; cargos de *board*, 267, 297; educação, 6, 8-10; Farouk, 288-9; supre Gweene com informação, 231-2; maçonaria, 179; celebrações da libertação francesa (1918), 146; amizade com Eisenhower, 287-8, 297; amizade com Scoop, 35; medalha de ouro em Haslar, 12; ajuda famílias judias, 272; no *HMS Attentive*, 89-90; doente de câncer (1952-3), 300-302; influência de Glasgow, 10, 11; apresenta Albert a mulheres glamourosas, 136; entra para a Marinha, 12, 108; entusiasta pela boa condição física, 23; cavaleiro (KBE) 246-5; apelidado "O Tônico," xviii, xix, xx, 248, 303; cuida de Albert e Henry em Cambridge, 155, 181; gosto pelo mundo do entretenimento 136-7, 169-70; e o *Malaya*, 98-9, 103, 180; desposa Phyllis, 92-4; treinamento médico, 9-10, 12, 54; conhece Albert, 13; missão no Canadá com o príncipe George (1941), 283-6; monarquismo, 41; distinção MVO, 106, 117; Ordem de Orange-Nassau, 283; Ordem da Polonia Restituta, 283; em Osborne 13, 18-19, 23-44, 28-31; introdutor em meio expediente, 210-11, 215, 217, 239, 253, 259,265, 267-8, 298, 300; Secretário Particular de Sir Archibald Sinclair, 282-3 ; prisioneiro de guerra em Halle, 73-8, 79-81, 85-6, 148, 304; relacionamento com Albert, xviii, xix-xx, 13, 18, 19, 24, 36-7, 40-41, 85, 92, 94, 98, 107, 116-17, 124, 132-6, 140-41, 154-5, 167-8, 194, 210, 217, 254, 300; demite-se, 209-15; retorna à Inglaterra de Augusbad, 81-2; gratidão da família real, 113-14; rúgbi, 9, 18, 19, 24-6, 36, 39, 78, 176, 303-4; na Segunda Guerra Mundial, 277-91, 293, 304; cirurgião de bordo no *Cumberland*, 31, 33-47, 172, 195; e o cerco de Antuérpia, 52-55, 57-9, 87; estada no York Cottage (Natal de 1917), 107, 109-14; incumbência em Sandringham, 122; turismo nos EUA e no Canadá (1937), 268-71; percorre os campos de batalha (1918), 146-7; transferido para Hastings (agosto 1918), 140; transfere-se para o Royal Marines, 47, 48; trata Albert, 28, 29-30, 98-106; trata dos feridos na Bélgica, 53,

Índice

54, 60-64, 66, 71-2; o assunto Waterhouse, 203-9; pondera sobre a própria existência, 302-3; corteja Phyllis, 67, 99; caráter; diligência, 18; atletismo, 18, 37, 39; carisma, 18, 24, 37, 290; charme, xix, 304; linguagem forte, 24-5, 27, 37, 132, 246; bom senso, xix; confiança em si próprio, xix, 6, 101, 117; entusiasmo, xviii; bom humor, xviii, ixi, 26, 107, 246; bondade, 18-19; otimismo, 42; contador de estórias 113
Greve das docas, 34,
Greve Geral, xv, xvi, 242
Greville, Mrs Ronald, 196
Griffiths, Professor Richard, 272-3
Gwynne, Howell Arthur: carreira no jornalismo, 230-31; compara MacDonald e Baldwin, 236; congratula-se com LG, 244; apoia uma coalizão, 233; LG mantém-no informado, 231, 232; simpático a MacDonald 231-2
Haig, Conde, 231,
Halifax, Lord, 271, 281
Halle, Saxônia, 73-8, 79-81, 85-6
Halsey, Almirante Sir Lionel, 177-9, 255, 258, 260
Hamilton, Lord Claud, 146, 150, 255
Hansel, William, 16, 19, 22, 24, 94-5, 109, 110
Hardinge, Alec, 187, 255, 259, 285, 294
Havana, 35
Henry, Príncipe (irmão de Albert), 114, 119, 196; nascimento (1900),22; em Cambridge, 156-9; padrinho de Carron Greig, 216; visita Albert em Cranwell,131-2;
Hindenburg, Marechal von, 147
Hitler, Adolf, 144, 254, 271-5
HMS Attentive, 89, 90, 94
HMS Collingwood, 47, 48, 49, 78, 86, 88-9, 90, 95, 97
HMS Cumberland, 31, 33-7, 172, 195, 269, 302
HMS Daedalus, 128
HMS Hampshire (cruzador) 97
HMS Hibernia, 12, 13
HMS Implacable, 39
HMS Indefatigable, 97
HMS Invincible, 97
HMS Malaya, 98-9, 103, 180
HMS Renown, 152
HMS Victory, 12
Hoare, Samuel, 128, 241
Home Rule irlandesa, 33
Horder, Sir Thomas 239-40
Houghton, Norfolk, 265
Hudson, Lady, 242
Igreja da Inglaterra, 258
Illustrated London News, xv
Império Austro-Húngaro, 33
Império Britânico: xix, 16-17, 19, 27, 28, 33, 172, 261
Índia, 3, 254; viagem em 1903 de George V, 176; independência, 28, 33, 231
Índias Ocidentais 35, 42, 44, 46, 48, 100
Inglaterra: declara guerra à Alemanha (5 de agosto de 1914), 52, 86; declara guerra à Alemanha (1939), 275; tratado com a Bélgica, 52
Irlanda, 18

Irmandade Anglo-Germânica, 272
Irmãos Wright, 127
Itália, declara guerra à Áustria, 80-81
Iugoslávia, Rei da, 203
Jamaica, 35, 42
James V, Rei da Escócia, 184
James, Henry: *The Golden Bowl*, 21
James, Thomas, 240-1
Jellicoe, Almirante Sir John, 97, 115
John, Príncipe (irmão de Albert), 22, 150-52, 286
John, Rei, o tesouro, 252
Joint Intelligence Committee, 277-8
Keppel, Sir Derek, 25, 146
Keynes, John Maynard, 229
Kiel, regata, 48
King's College, Londres, 89
Kingston, Jamaica, 42
Kipling, Rudyard, 231
Kitchener, Lord, 52, 57, 85, 88, 97, 231
Laking, Sir Francis. 30
Lampson, Sir Miles (mais tarde Lord Killearn), 89
Lang, Cosmo, Arcebispo de Canterbury, 117, 266
Larmandie, Hubert de, 79
Lascelles, Alan "Tommy," 256, 301
Lavery, Sir John, 272
Lee de Fareham, Lord, 250-1
Legh, Piers "Joey," 177, 180, 255-6, 265
Leonardo da Vinci (encouraçado italiano), 38
Leopold, Rei dos belgas, 17
Liga das Nações, 271
Lincolnshire, Lord, 118-19
Lloyd-George, David, 125, 144, 226
London Gazette 247
Londonderry, Lady, 230
Longford, Elizabeth, 185
Longford, Frank Pakenham, Conde, xvii
Los Angeles Evening News, 270
Lothian, Milícia, 6
Loughborough, Lord, 138-9
Loughborough, Sheila Chisholm, Lady, 138-9
Lusitania, 81
Luxemburgo, 51, 149
MacDonald, Ramsay: 157, 173; e a crise econômica, 243; "traição," 247; caráter, 221, 245-6, 249; e Chequers, 250-51; infância, 220-21; a favor de uma coalizão, 234-5, 244; primeiro-ministro trabalhista, 223; A investidura de Grant cavaleiro, 226 ; LG dá parecer médico, 239; questão das honrarias, 238-9 ; LG impressiona-o como homem do mundo, 240-41; o assunto John Campbell, 227; LG estabelece contato entre ele e o Rei, 222-5; e o acesso de LG ao Palácio, 233; e LG cavaleiro, 246-8; sobre o príncipe Edward, 173; retorna ao poder, 229; sugere neutralidade inglesa na Grande Guerra, 247; valoriza LG como intermediário, 232; valoriza lealdade, 241, 247; a carta de Zinoviev, 228; perda do idealismo, 240
Macmillan, Harold (mais tarde Lord Stockton), 293-4

Maçonaria, 179
Malcolm, Rei da Escócia, 68
Mann, Thomas: *Morte em Veneza*, 43
Mar do Norte, 78
Marie, Rainha da Romênia, 203
Marina, Duquesa de Kent, 203, 285-6
Marinha alemã, 97
Marinha Real Britânica: Albert cadete, 12; Batalha do Heligoland Bight, 87; e Churchill, 47-8, 51; regata Kiel (junho 1914), 48; LG entra para, 12, 108; parada naval em Spithead, 33; vence a Batalha da Jutlândia, 95-7
Marinha russa, 7
Marinha turca, 7
Marlborough Club, Londres, 165
Marlborough House, Londres 25, 286
Marquand, David, 235,
Martinica, 35, 42
Marx, Irmãos, 294
Mary Rainha dos Escoceses, 184
Mary, Princesa (irmã de Albert), 88, 114, 139-40
Mary, Rainha (mãe de Albert): xviii, 102, 118, 157, 163, 261, 266, 279; e a cirurgia de Albert, 106-7; Natal no York Cottage, 113-14; refúgio no interior, em Badminton, 281-2; morte do Príncipe John, 150; madrinha de Henry Greig, 216; falta de demonstração afetiva, 20-21; e a derradeira doença de LG, 302; perda de seus filhos, 286, 299; gosto por filmes, 281-2; problemas médicos, 120-21, 123; e o nascimento da Princesa Elizabeth, 216; triste pela exoneração de LG, 212; visita Thatched House Lodge, 254, 290, 297; calorosa sob uma conduta glacial, 120
Marylebone, clube de críquete (MCC), 44
Maurice de Battenberg, Príncipe 125, 147
McAlpine, Malcolm 219,
Mendl, Lady, 264,
Mercier, Cardeal, 145-6
Metcalfe, Major Edward "Fruity," 256
Miller, Ruby, 166: *Champagne from My Slipper*, 166-7
Mons, 52, 125
Monte Carlo, 38
Montreal Daily Star, 46
Moray, Conde de, 183-4
Mosley, Oswald. 230, 241
Mountbatten, Louis, Conde Mountbatten de Burma: 126, 157, 177
Mountbatten, Príncipe Louis (Battenberg de origem), Marquês de Milford Heaven: 125-6
Mu, o continente perdido, 296
Mussolini, Benito. 254
Namur. 52
Napier, John, 9
Názis, 271-4
Nelson, Almirante Horatio, 23, 129
Newall, Marechal do Ar Sir Cyril Newall, 154
Nicholas II, Czar da Rússia, 29
Nicolson, Harold, 3-4
Niven, David, 253, 294
Nova Zelândia, 3, 7, 253

Nugin, General, 149
O ladrão de Bagdad (filme), 282
Obolensk, Dmitri, 139
Olga, Princesa da Grécia, 203
Oppenheim, Joseph, 272
Orion (navio a vapor), 7
Orkneys, 3, 4, 67, 78, 98-9
Os Três Grandes, conferências, 102
Osborne House, Ilha de Wight, 15, 16, 17; arquitetura, 16, 129; aversão de Edward VII, 17; a Escola Naval, 15-19, 23, 180; carinho de Victoria por, 17
Ostend, 52, 55, 66
Oxford, Universidade, 175
Paine, General Sir Godfrey, 140
Palácio de Holyrood, 227
Partido Comunista Britânico, 228
Partido Conservador: de volta ao poder (1924), 226; e propostas de coalisão, 236; fora do governo (1924), 223; greve nas docas galesas, 34;
Partido Liberal, 223
Partido Social Democrata Alemão, 144
Partido Trabalhista, 33, 172, 220-28, 247, 259, 274
Paul, Príncipe da Yugoslávia, 203-04
Peake, Dame Felicity, 287
Peter, Príncipe Herdeiro da Iugoslávia, 203
Pichon, M., 146
Plymouth, 35, 47
Polesden Lacey, 196, 198
Ponsonby, Sir Frederick ("Fritz"), 201-2, 252
Ponsonby, Sir Henry, 252
Port of Spain, Trinidad, 44
Preston, Harry, 161-4; *Memories*, 163
Priestley, J.B., 8
Primeira Guerra Mundial: antecedentes, 43-4; Churchill vaticina uma "guerra perversa," 48; a morte do Arquiduque Ferdinand, 48, 71, 78; George V como pessoa representativa, 33; eclosão da influenza (1918), 29; MacDonald sugere neutralidade, 247; a paz, 144; tratamento dos prisioneiros de guerra, 85-6; Zeppelin ataca em Norfolk, 121-2
Primeiro Exército alemão, 52
Puerto Rico, 35
Quebec, 35, 45
Queen Mary, 97
Quinto Exército, 150
Rank, J. Arthur, 303
Recessão mundial, 229-30
Reid, Sir James, 87
Ribbentrop, Joachim von, 273-4
Rigby, Sir Hugh, 137
Ritz, Hotel, Londres, 180, 185
Rohilla (navio-hospital), 87, 90
Romênia, 202, 204, 212
Roosevelt, Franklin D., 192, 286
Rosa Cruz, Capítulo (maçonaria), 179
Rose, Kenneth, 254-5
Rosebery, Lord, 116
Rossetti, Christina, xix

Índice

Rossetti, Dante Gabriel, 41
Rosslyn, Conde de, 138
Rothermere, Lord, 129
Royal Albert Hall, Londres, 164, 232
Royal Naval College, Osborne, Ilha de Wight, 13
Rússia, queda do império, 33
Ruthven, General Lord, 172
Rutland, Duque de, 269
Salmond, General Sir Hugh, 147
Salônica, 43
San Domingo, 35
Sandhurst, próximo a Camberley, Surrey, 279
Sandringham, propriedade, Norfolk, 3, 16, 19, 200, 27, 88, 103, 105, 150, 175, 191, 238, 251, 254, 298; Albert convalesce em, 88; Casa Grande 21, 23; Natal de 1916, 107, 109-26; relógios meia hora adiantados, 121, 255; principal tarefa de LG, 122; York Cottage, 3-4, 16, 21-2, 24, 92, 107, 109-10, 113-14, 118
Sarajevo, 48
Sassoon, Philip, 216
Saunders, Madge, 136, 137-8, 138
Scapa Flow 78, 87, 89, 98, 286
Scrimgeour, Phyllis (Phig), 82; aparência, 67; correspondência com LG em Halle, 75, 80; LG corteja-a, 67, 99; e a captura de LG, 68, 69-70; desposa LG, 92-4; voz, 67-8
Seattle, Post-Intelligence, 270
Segundo Exército alemão, 52
Sérvia, 51, 205
Sikorski, General Wladyslaw, 283
Simpson, Wallis (mais tarde Duquesa de Windsor), 217, 254-62, 264
Sinclair, Gordon, 283, 290
Sinclar, Sir Archibald, 280, 282
Singapura, 3, 80
Sitwell, Osbert: "Rat Week," 264, 265
Slessor, Comodoro da Ar, 277
Smyth, Brigadeiro Jackie: *History of Lawn Tennis*, 294
Snowden, Philip; Visconde Snowden, 239
Spark, Muriel: *The Prime of Miss Jean Brodie*, xvi
Special Operation Executives (SOE), 278
Spectator, 80
Spencer-Cooper, Comandante Henry "Scoop," 35, 43, 45
Spencer, Lady Lavinia, 186
Spithead, 28, 33
Sporting Life 26
St James, Palácio de, Londres, 164, 265
Stalin, Iosef, 192
Stamfordham, Arthur Bigge, Lord, 30, 90-91, 157, 158, 171, 176-9, 193, 199, 200-01, 203-8, 210-11, 214, 225-6, 238, 241, 285
Standart (iate imperial), 28
Stanley, Venetia, 56
Strathmore, Conde de, 185
Strathmore, Lady 187
Stravinsky, Igor: *The Rite of Spring* 43
Stuart, James, 107, 167, 183-5
Sufrágio feminino, 16

Sullivan, Sir Arthur, 165
Sunday Times, xviii
Tait, Tenente Campbell 95, 100, 178-9
Tchecos, 275
Telegraph Cottage, Richmond Park, 287
Thatched House Lodge, Richmond Park, 250-53 268, 274, 283, 287-90, 294, 297
Thatcher, Sir Denis, 229
The Oregonian, 273
The Scotsman, 51, 65
The Times, 66, 85, 114-6, 227, 231, 237, 242, 273, 293, 303-4
Thomas, Sir Godfrey, 169-70, 237-8, 255, 257, 273
Thyra, Duquesa de Cumberland, 125
Tirpitz, Almirante Alfred von, 48
Titanic 34
Todd, Ann, 294
Tons of Love (filme) 136
Toronto News, 45-6
Trenchard, General Sir Hugh, 129
Treves, Sir Frederick, 88, 98, 102, 106, 108, 250
Trinidad, 35, 44
Trinity College, Cambridge: LG cuida de Albert e Henry, 155
Uhlans, 62, 64
União dos Fascistas Britânicos, 241
United Service Club, Londres 180
Universidade de Dublin, 12
Universidade Edimburgo, 226-7
Vansittart, Robert, 238
Vaudeville Theatre, Londres 168
Velez, Lupe, 268, 270,
Verney, Sir Harry, 102, 110, 170
Versatile (torpedeiro), 193
Victoria da Prússia, Princesa, 148-9
Victoria, Princesa, 109, 113, 118, 122, 148
Victoria, Rainha (bisavó de Albert): 87, 148, 179, 202, 299; e o nascimento de Albert, xix; e o batismo de Albert, 20 ; morte, 22; Jubileu de Diamante (1897), 19; família, 27, 28; e seus súditos, 4; preferência por Osborne, 17
Vorwarts (jornal alemão), 144
Walpole, Sir Robert, 250
Waterhouse, Comandante Ronald, 203-6, 208-9, 212-13
Wayne, John, 297
Webb Bowen, General T.I., 153
Weir, Sir John, 284
Weissmuller, Johnny, 253, 268-9
Wells, H.G., 125, 273; *The War in the Air*, 127
Wemyss, Sir Rosslyn, 115
Westminster Abbey, Londres, 195-6, 267-8
Wheeler-Bennet, Sir John, xix, 107, 301
White's Club, Londres, 165, 219, 283, 298
Wigram, Coronel Clive, 100, 114, 121, 140, 146, 152, 154-5, 160, 175-7, 180, 199, 206-7, 208-11, 214, 222, 224-5, 240, 242, 248, 251, 255, 258, 260, 285
Wiklisfelt, General von, 149
Wilhelm II, Kaiser, 97, 115, 148-9

William, Prince, 42
Wills, Helen, 269
Wilson, Horace, 275
Wilson, Presidente Woodrow, 144
Wimbledon Lawn Tennis, Campeonatos, xv, 164, 215, 269, 293-5, 299
Windsor, Casa de 124-5
Windsor, Castelo de, Berkshire, 101, 103, 118, 206, 261
Woolf, Virginia, 255
Workers' Weekly, revista, 277
Yapp, Sir Arthur, 115
Ypres, 9
Zeebruge, 145
Zeppelin, 91-2
Zinoviev, Grigori, 228
Zoubkoff, Alexander, 148

Este livro, composto na fonte Fairfield LT Std, foi impresso em papel pólen soft 70 g/m², na gráfica Cromosete. São Paulo, março de 2017.